Makroökonomik

Dirk Ehnts

Makroökonomik

Wirtschaftstheorie für das 21. Jahrhundert

 Springer Gabler

Dirk Ehnts
Dozent, Torrens University
Adelaide, Australien

ISBN 978-3-658-41054-4   ISBN 978-3-658-41055-1 (eBook)
https://doi.org/10.1007/978-3-658-41055-1

Die Deutsche Nationalbibliothek verzeichnet diese Publikation in der Deutschen Nationalbibliografie; detaillierte bibliografische Daten sind im Internet über https://portal.dnb.de abrufbar.

Planung/Lektorat: Isabella Hanser
Springer Gabler ist ein Imprint der eingetragenen Gesellschaft Springer Fachmedien Wiesbaden GmbH und ist ein Teil von Springer Nature.
Die Anschrift der Gesellschaft ist: Abraham-Lincoln-Str. 46, 65189 Wiesbaden, Germany

Das Papier dieses Produkts ist recyclebar.

Vorwort von Dorothea Schäfer

Es gibt keine „Naturgesetze" in der Ökonomie. Alles ist menschengemacht, unsere Währung, unser Geldsystem, unser Staat, unsere Märkte. Ein Preis steigt nicht deswegen, weil „der Markt" es so will oder weil die Geldmenge hoch ist. Er steigt, weil ein Unternehmen die Entscheidung trifft, den Preis für sein Produkt anzuheben. Ansonsten bleibt der Preis stabil, auch wenn Geldmenge und Kosten gestiegen sind. Wird erhöht, kommt es auf den Wettbewerb an, ob der höhere Preis durchsetzbar ist, oder ob der Aufschlag Kundenflucht und maximale Kundenzurückhaltung bewirkt, also dem Unternehmen letztlich schadet. Preiserhöhungen sind dann durchsetzbar, wenn nicht genügend preisgünstige Alternativen verfügbar sind, das Güterangebot also knapp ist. Die wichtigen Zinssätze werden von den Zentralbanken gesetzt und nicht durch Angebot und -nachfrage auf anonymen Kapitalmärkten bestimmt. Ebenso entscheiden nicht die Geldmenge oder „die Märkte", sondern Menschen darüber, ob Einkommen auf Sparkonten oder anderen finanziellen Anlageformen verbleiben, und damit auf den Gütermärkten Nachfrage-unwirksam sind. Auch die EZB musste diese Erfahrung machen. Weil sich die Regierungen der Austeritätspolitik verschrieben hatten, blieb nach der Europäischen Schuldenkrise das Risiko der Deflation stets präsent, aller quantitativen Lockerungsbemühungen der EZB zum Trotz.

Ob der Euro funktioniert und als gemeinsame Währung auf Dauer erhalten bleibt, ist das Werk von Menschen, die an den zentralen Stellen von Wirtschaft und Gesellschaft die Hebel in der Hand halten und von allen anderen, die auf Basis der vorgelagerten Entscheidungen ihre Mikroentscheidungen treffen. Gewählte Regierungen entscheiden darüber, ob Euroländer die gemeinsame Währung auf Dauer oder temporär verlassen müssen. 2015 hätte Griechenland dieses Schicksal beinahe ereilt. Ob der Euro den temporären Ausschluss auf Dauer überlebt hätte, weiß niemand. Der griechische Ausschluss hätte womöglich die vielen Finanzinvestoren an Mario Draghis „Whatever it takes"-Bekenntnis zweifeln lassen. Das hätte die Spekulation gegen einzelne Mitgliedsländer anheizen und den Niedergang der gemeinsamen Währung einläuten können. Andererseits hat möglicherweise erst das Votum der Regierenden für den Verbleib Griechenlands, Investorinnen und Investoren, genauso wie Spekulantinnen und Spekulanten, endgültig davon überzeugt, dass der Euro gekommen ist, um zu bleiben, wobei das Bleiben durch die Europäische Zentralbank garantiert wird.

Das Fehlen von „Naturgesetzen" hat zur Folge, dass in der ökonomischen Wissenschaft Deutungshoheit eine zentrale Rolle spielt. Welche Vorstellung von der Funktionsweise unseres Wirtschaftssystems an Universitäten gelehrt, und über Katalysatoren, wie Journalistinnen und Journalisten, auch an eine breitere Bevölkerung herangetragen wird, hat viel mit Deutungshoheit und Präferenz für ein bestimmtes Narrativ zu tun. Ein Beispiel dafür ist die (vorherrschend) gelehrte Vorstellung von der Kreditvergabe durch Banken. Das (gewünschte) Bild vom Staat, der analog zur „sparsamen schwäbischen Hausfrau", nur das ausgeben kann, was er einnimmt, verträgt sich einfach besser mit dem Narrativ „Kredite sind die von Banken vermittelten Sparguthaben der Kundinnen und Kunden an Unternehmen und Privatleute" als mit dem Narrativ „Banken schöpfen die Guthaben selbst indem sie Kredite vergeben und die Kreditsumme auf den Konten von Kreditnehmern oder Kreditnehmerinnen gutschreiben".

Weil es in den Wirtschaftswissenschaften nicht die eine Wahrheit gibt, ist es umso wichtiger, dass die an der Beobachtung der Wirklichkeit orientierten Erklärungen der wirtschaftlichen Phänomene einen gleichberechtigten Stellenwert in Lehre und Forschung der Wirtschaftswissenschaften bekommen. Das vorliegende Lehrbuch „Makroökonomik" von Dirk Ehnts leistet einen bedeutenden Beitrag zur Paradigmen- und Methodenpluralität in der Ökonomie, weil es die Makroökonomie von der „Modern Monetary Theory" her denkt. Die Geld- und Wirtschaftspolitik in den Dienst des zentralen Ziels der Vollbeschäftigung zu stellen, entspricht meiner Erfahrung nach auch einem weitverbreiteten Interesse und Bedürfnis der Studentinnen und Studenten in den Wirtschaftswissenschaften.

Berlin, Deutschland   Dorothea Schäfer
2. Mai 2023

Vorwort von Stephanie Kelton[1]

Die Schöpfung einer neuen Währung ist ein historisches Ereignis. Als die europäischen Staaten beschlossen, eine pan-europäische Währung in Form des Euro einzuführen, arbeitete ich gerade an meiner Doktorarbeit in Wirtschaftswissenschaften. Die Aussicht, die europäischen Nationen mit einer gemeinsamen Messlatte (Zahlungseinheit) und einem gemeinsamen Tauschmittel zu verzahnen, löste große Begeisterung aus, und viele der bekanntesten Wirtschaftswissenschaftler der Welt verglichen die Wirtschafts- und Währungsunion mit dem System, das in den Vereinigten Staaten seit Jahrhunderten existiert. Einige von uns sahen das anders.

Die Vereinigten Staaten haben zwar eine Währungsunion – der US-Dollar ist die gemeinsame Währung aller 50 Bundesstaaten und US-Territorien –, aber sie haben auch eine starke Fiskalunion. Das bedeutet, dass die amerikanische Zentralbank (die Federal Reserve) die Zinssätze (d. h. die Geldpolitik) ändert, was sich auf die Kreditbedingungen in den gesamten USA auswirkt, während die Bundesregierung (der Kongress und das Weiße Haus) Ausgabenprioritäten festlegt und Entscheidungen über die Steuerpolitik (d. h. die Fiskalpolitik) in Form eines einheitlichen Haushalts für die gesamte Nation trifft. Im Falle eines ungünstigen Ereignisses wie einer Pandemie, einer Finanzkrise, eines Inflationsanstiegs oder einer Konjunkturabschwächung können die politischen Entscheidungsträger die Steuer- und Geldpolitik einsetzen, um Preise, Einkommen und Beschäftigung landesweit zu stabilisieren. Und da der US-Dollar eine souveräne Fiat-Währung ist, gibt es keine finanziellen Beschränkungen für die Interventionsmöglichkeiten der Regierung. Die Regierung kann ausgeben, was immer der Kongress für angemessen hält, und sie muss sich nie Sorgen machen, dass sie gezwungen ist, Kredite zu exorbitanten Zinssätzen aufzunehmen. Wie wir im Zuge der globalen Finanzkrise 2008/09 gesehen haben, sieht es für Länder, die an den Euro gebunden sind, anders aus.

In den meisten europäischen Ländern wird die Geldpolitik von der währungsgebenden Europäischen Zentralbank (EZB) durchgeführt, während die Finanzpolitik größtenteils den währungsgebenden Mitgliedstaaten überlassen wird. Indem der Vertrag von Maastricht den nationalen Zentralbanken – wie der Deutschen Bundesbank und der Banque de

---

[1] Aus dem Englischen übersetzt von Dirk Ehnts.

France – die Befugnis zur Geldausgabe entzog, schuf er eine Art Scheidungsvertrag zwischen den Finanz- und Währungsbehörden. Dadurch wurde das Ansehen der EZB gestärkt, während gleichzeitig die Fähigkeit der einzelnen Regierungen, die Fiskalpolitik zur Verfolgung innerstaatlicher Ziele innerhalb ihrer eigenen Grenzen einzusetzen, erheblich untergraben wurde.

Während viele Ökonomen dieses Merkmal der WWU verstanden (und sogar begrüßten), sahen einige wenige von uns – mich eingeschlossen – darin einen Konstruktionsfehler, der von den Kapitalmärkten in Krisenzeiten ausgenutzt werden würde. Und genau das geschah, als Länder wie Portugal, Irland, Italien, Griechenland und Spanien (die sogenannten „PIIGS") im Jahr 2010 eine ausgewachsene Schuldenkrise erlebten. In der Zwischenzeit erlebten die USA und andere souveräne, währungsgebende Regierungen keine derartige Krise, trotz ähnlicher Haushaltsbelastungen.

Warum haben sich die europäischen Länder also bereit erklärt, ihre Währungssouveränität aufzugeben? Und wie haben ihre Regierungen die Menschen davon überzeugt, den Euro als Ersatz für die alten Landeswährungen zu akzeptieren? Warum waren nicht mehr Ökonomen besorgt über das Risiko, die Finanzpolitik zu degradieren und die Geldpolitik zur Steuerung des Konjunkturzyklus einzusetzen? Wie viel Geld braucht das System, um effizient zu funktionieren, und wie sollte dieses Geld geschaffen und verteilt werden? Was sind die Ziele der makroökonomischen Wirtschaftspolitik, und wie sollten sie erreicht werden? Brauchen wir fiskalische Regeln, um die Staatsverschuldung zu begrenzen, oder sollten die politischen Entscheidungsträger ein anderes Regelwerk einführen? Wie haben die Länder der Eurozone eine Wiederholung der Schuldenkrise von 2010 vermieden, als die COVID-19-Pandemie die öffentlichen Defizite stark ansteigen ließ? Was kann getan werden, um den Inflationsdruck einzudämmen, wenn er erst einmal da ist? Dies sind nur einige der Fragen, mit denen sich die Studierenden in diesem Buch auseinandersetzen werden.

Die Pandemie hat gezeigt, dass die Eurozone auf eine große Wirtschaftskrise reagieren kann, ohne die strafenden Auswirkungen steigender Zinssätze zu erleiden, sofern sie die volle Unterstützung der währungsgebenden Zentralbank an ihrer Seite hat. Im Frühjahr 2020 versprach die EZB, für alle Länder als „Dealer of Last Resort" zu fungieren. Die allgemeine Ausstiegsklausel des Stabilitäts- und Wachstumspakts wurde aktiviert und die willkürlichen Grenzen für Haushaltsdefizite wurden ausgesetzt. Infolgedessen haben die europäischen Volkswirtschaften den wirtschaftlichen Schock viel besser verkraftet. Die Frage ist: Wird die Eurozone nun zu dem alten dysfunktionalen finanzpolitischen Rahmen zurückkehren oder wird sie aus den Fehlern (Eurokrise) und Erfolgen (Pandemie) der Vergangenheit lernen?

Das Studium der Makroökonomie ist sehr wichtig. Die Studierenden müssen verstehen, wie das Geldsystem funktioniert. Ich glaube, dass dieses Lehrbuch Studierenden und Wissenschaftlern der europäischen Wirtschaft ein solides Paket von Materialien bietet, das ihnen helfen wird, die Wirtschaft und die Wirtschaftspolitik zu analysieren. Die Vereinigten Staaten brauchten Jahrzehnte, um ihr Währungssystem anzupassen. Die Eurozone hat bereits wichtige Veränderungen durchlaufen, und es ist sehr wahrscheinlich, dass weitere Veränderungen erforderlich sind, damit die europäischen Volkswirtschaften in den kommenden Jahrzehnten florieren können. Ob die europäischen Nationalstaaten am Ende beschließen, den Vereinigten Staaten von Amerika zu folgen und sich in die Vereinigten Staaten von Europa zu verwandeln, würde den Rahmen dieses Buches sicherlich sprengen. Nichtsdestotrotz muss jede angemessene Untersuchung der Wirtschaft mit einem Verständnis des Geldes beginnen, und dieses Buch erklärt die Gestaltung und Funktionsweise des Geldsystems, wie es in Deutschland und der Eurozone existiert.

New York, USA   Stephanie Kelton
Juni 2023

Vorbemerkung

Die Idee zu diesem Lehrbuch entstand im Sommer 2015. Ich hatte als Dozent am Bard College Berlin gerade die Makroökonomik-Vorlesung gehalten und merkte, dass die damaligen Lehrbücher der Zeit hinterherhinkten. Die Finanzkrise von 2008/09 mit ihren Folgen dominierte die Nachrichten. Quantitative Easing, TARGET2-Salden, Nullzinsen und Austeritätspolitik wurden diskutiert sowie die Ankaufprogramme der EZB. All diese Themen waren nur verständlich, wenn die Geldschöpfung bereits verstanden war. Das Problem mit den etablierten, größeren Lehrbüchern war und ist das Herunterspielen der Rolle des Geldes. Die Wirtschaft dreht sich um Geld – warum sind dann Geldschöpfung und Geldvernichtung in den Lehrbüchern nicht der zentrale Ausgangspunkt? Und warum stehen derart viele Aussagen in den Lehrbüchern, die einer genaueren Überprüfung nicht standhalten (Keen 2011, Ehnts und Helmedag 2018, Romer 2018)?

Dieses Lehrbuch ist der Versuch, das Thema Makroökonomik neu zu erschließen. Wesentlich ist eine empirische Herangehensweise. Unser Geldsystem wurde von Menschen geschaffen, es sollte also nicht allzu schwer sein, die Geldschöpfung genau zu verstehen. Es lassen sich Aussagen über unser Geldsystem, den Euro, treffen, die richtig oder falsch sind. Diese Möglichkeit der Falsifizierung von Aussagen ist in den Sozial- und Geisteswissenschaften selten sinnvoll, da beispielsweise in den Geschichtswissenschaften es nicht *die* richtige Sicht auf ein historisches Ereignis gibt. Unterschiedliche Perspektive ergänzen sich und erlauben eine bessere Sicht auf die Vergangenheit.

Bei der Geldschöpfung hingegen sollte es keine unterschiedlichen Sichtweisen geben. Wenn Banken einen Kredit vergeben, dann löst dies einen Geschäftsprozess aus, der von den Banken auch dokumentiert wird. Demnach werden bei einem Kredit an Unternehmen oder Haushalte neue Guthaben auf dem Konto der Kreditnehmerin oder des Kreditnehmers geschöpft. Mithilfe des Computers und einer Software erhöht die Bank den Kontostand. Wenn die Bundesregierung Ausgaben tätigt, schöpft die Bundesbank im Auftrag des Bundesfinanzministeriums neues Geld in Form von Guthaben der Banken bei ihrer Zentralbank. Institutionelle Mechanismen sorgen dann dafür, dass anderswo in gleicher Höhe Zentralbankguthaben aus dem Geldkreislauf entfernt werden. Bei der Rückzahlung eines Kredits werden dann Bankguthaben vernichtet, bei Steuerzahlungen sowohl Bankguthaben (nämlich die der Steuerzahlerin oder des Steuerzahlers) wie auch Zentralbankguthaben der beteiligten Bank.

Meiner Meinung nach laufen diese Prozesse – Kreditvergabe der Banken, Staatsausgaben der Bundesregierung – so ab und nicht anders. Die meisten Lehrbücher bilden sie allerdings völlig anders ab. In ihrer Welt verleiht zum Beispiel die Zentralbank „Geld" an Banken, welches diese dann an Haushalte und Unternehmen weiterverleihen. Auf den Einwand, dass weder wir als Haushalte noch die Unternehmen ein Konto bei der Bundesbank unterhalten und deswegen gar kein Guthaben von der Zentralbank empfangen können, habe ich keine überzeugende Antwort gehört. Sogar die Deutsche Bundesbank (2017, S. 18) weist darauf hin, dass sich bei der Kreditvergabe die Bilanz der Zentralbank nicht verändert. Wenn also auch die Bundesbank die Kreditvergabe als Geldschöpfung per Bilanzverlängerung (dazu später mehr) darstellt, dann kann es nicht richtig sein, dass Banken Zentralbankgeld an uns verleihen. Genauso wenig verleihen sie als Intermediär „Ersparnisse" weiter, so wie in vielen Lehrbüchern behauptet.

Das gleiche gilt für die sogenannte „Staatsfinanzierung". Die institutionelle Ausgestaltung der Zusammenarbeit zwischen Deutscher Bundesbank und dem Bundesministerium der Finanzen (BMF) folgt den Gesetzen der Europäischen Union mit Bezug auf die Eurozone. Demnach „finanzieren" weder Steuern noch die Erlöse aus dem Verkauf von Staatsanleihen die Bundesregierung. Die Zentralbank schöpft im Auftrag des BMF Geld, was übrigens keine (in der Eurozone verbotene) Staatsfinanzierung darstellt. Wenn die Bundesregierung 100 € ausgibt, erhöht die Bundesbank das Guthaben der Bank der Empfängerin oder des Empfängers um 100 €. Eine in den meisten Lehrbüchern unterstellte „Steuerfinanzierung" oder „Schuldenfinanzierung" ist unter aktuellen institutionellen Regeln nicht möglich. Aus diesem Grund habe ich mich entschlossen, mich an empirisch richtigen Erklärungen zu orientieren und meiner Meinung nach empirisch falsche Erklärungen auszublenden.

Da die Geldschöpfung der zentrale Punkt der Wirtschaft ist, liegt es nahe, ein Makroökonomik-Lehrbuch um die Geldschöpfung herum aufzubauen. Erst wird erklärt, wie und warum Banken Geld in Form von Bankguthaben schöpfen. Dann wird erklärt, wie Banken Zahlungen untereinander abwickeln und welche Rolle die Zentralbank dabei spielt. Diese ist auch zentral für die Frage, wie die Bundesregierung Geld ausgibt. Da sich sämtliche Ausgaben für Güter und Dienstleistungen innerhalb eines Jahres zum BIP summieren, geht es im Anschluss um die Volkswirtschaftliche Gesamtrechnung (VGR). Dabei wird die Wirtschaft in drei Teile zerlegt, nämlich in den privaten Sektor bestehend aus Haushalten und Unternehmen, den öffentlichen Sektor bestehend aus den Regierungen auf allen Ebenen und den externen Sektor, der den Rest der Welt repräsentiert.

Hier setzt dann ein einfaches grafisches makroökonomisches Modell an, welches erklärt, warum es zu Konjunkturschwankungen kommt und welche Wirtschaftspolitik wie funktioniert. Dieses Modell ersetzt das IS/LM-Modell aus den alten Lehrbüchern, welches eklatante Schwächen aufweist. Das hier verwendete Modell hat den Vorteil, dass es konsistent ist. Jeder Überschuss eines Sektors findet eine Gegenstück in einem Defizit (oder verringerten Überschuss) eines anderen Sektors. Es ist ja schön, wenn in einer Wirtschaft Unternehmen, Haushalte und die Bundesregierung sparen können, nur können halt nicht weltweit alle Sektoren gleichzeitig Einkommensüberschüsse erwirtschaften (gleichbedeutend mit Sparen). Irgendwo muss es ein Defizit geben und dieses erlaubt ein Wirtschaften nur solange es weiter bestehen kann. In Deutschland basierten in den 2010er-Jahren die Überschüsse des privaten und staatlichen Sektors auf dem Handelsbilanzüberschuss und den entsprechenden Defiziten des Auslands.

Die neue Struktur erlaubt es den Leserinnen und Lesern (wobei ich aus ästhetischen Gründen im folgenden nur die männliche Form nutze, dabei allerdings alle Menschen meine), auf der Grundlage der modernen Geldtheorie makroökonomische Phänomene zu verstehen und einzuordnen sowie wirtschaftspolitische Maßnahmen zu analysieren. Die Geldschöpfung steht dabei im Mittelpunkt und führt zu anderen Resultaten als die meisten heutigen Lehrbücher. Diese sehen meist die „Staatsverschuldung" als das zentrale Problem, welches die Wirtschaftspolitik in den Griff bekommen muss. „Nachhaltige Finanzen" heißt das Zauberwort, und sowohl die Defizitgrenzen der EU wie auch die nationalen Schuldenbremsen sind die „fiskalischen Daumenschrauben", durch welche die Theorie zu praktischer Politik führt. Inzwischen hat sich allerdings die Erkenntnis durchgesetzt, dass sich die Politik derartige Regeln nicht mehr „leisten" kann. So wurde in der Covid-19-Pandemie die Ausstiegsklausel der Defizitgrenzen der EU aktiviert und auch die deutsche Schuldenbremse wurde ausgesetzt.

Die Wirtschaftspolitik ist also den Lehrbüchern weit enteilt. Dieses Lehrbuch ist ein Versuch, den großen Abstand zwischen Theorie und Praxis ein Stück weit wieder zu schließen. Wir sehen in den alten Lehrbüchern eine strikte Trennung zwischen Geld- und Fiskalpolitik. Geldpolitik soll nur das Inflationsziel im Blick haben, die Fiskalpolitik soll auf „Nachhaltigkeit" ausgerichtet sein. In der Realität gäbe es in der Eurozone ohne die „Geldpolitik" der EZB keine Fiskalpolitik auf nationalstaatlicher Ebene. Zudem reagiert die Inflation so gut wie gar nicht auf Zinsveränderungen. Nullzinsen in den 2010er-Jahren haben eben nicht für hohe private Investitionen gesorgt (und höhere Inflation). Genauso wenig können wir jetzt (Anfang 2023) von steigenden Zinsen erwarten, dass sie kurzfristig die Inflationsrate senken. Zentral dafür ist die Entwicklung der Energiepreise, was auch wirtschaftspolitischer Konsens sein sollte.

Vor einigen Monaten meldete das ifo-Institut (2022), dass Unternehmen in Handel, Bau und Landwirtschaft Inflation nutzten, um Gewinne zu steigern. Während die meisten Lehrbücher Inflation als Lohn-Preis-Spirale und nur als solche darstellen, müssen wir Inflation als ein komplexes Phänomen verstehen. Bei der Frage, wer welche Preise und Löhne wie erhöht, spielt die Machtverteilung in der Gesellschaft eine große Rolle. Höhere Löhne erhöhen die Kaufkraft der Arbeitnehmer. Erhöhen jedoch die Unternehmen die Preise, dann steigen die Gewinne auf Kosten der Arbeitnehmerschaft. Dies ist besonders schwer zu ertragen, wenn die Löhne gar nicht stark wachsen, so wie es in den letzten Jahren der Fall war. Die Bekämpfung der Inflation sollte auch die Frage behandeln, wie die Unternehmen gezwungen werden könnten, ihre Preiserhöhungen zurückzunehmen.

Auf der fiskalpolitischen Seite ist durch die Sondervermögen für die Bundeswehr (100 Mrd. €) und die Gaspreisebremse (200 Mrd. €) im Jahr 2022 deutlich geworden, dass der Staat mehr Geld ausgeben kann, wenn er nur will. Politische Regeln, die dem entgegenstehen, können kurzfristig umgangen werden. So hat die Bundesregierung mit dem 9-Euro-Ticket und dem Tankrabatt im Jahr 2022 versucht, dämpfend auf die Inflationsrate einzuwirken. Die strikte Trennung der wirtschaftspolitischen Instrumente ist also in der Realität schon längst aufgehoben. Es dürfte auch klar sein, dass staatliche Investitionen in erneuerbare Energien die Energiepreise und damit die Inflation drücken sollten.

Die Jahre nach der Finanzkrise von 2008/09 haben sehr viele Umwälzungen nach sich gezogen. Viele Makroökonomen hoffen noch heute auf eine „Normalisierung" der Geldpolitik. Sie wollen zurück in die vermeintlich „einfache" Welt, in der alles klar geregelt war. Das wird nicht funktionieren. Im Altgriechischen gibt es den Spruch „Panta rhei" – alles fließt. Wir können in der Zeit nicht vor oder zurückspringen, ohne dass sich die Dinge ändern. Dieses Buch versucht daher, die neue „Normalität" zu beschreiben. Dabei wird klar getrennt zwischen faktenbasierter Geldtheorie und der resultierenden Makroökonomik, die ebenfalls auf Fakten basiert, allerdings aufgrund ihrer Komplexität und der Unsicherheit bezüglich der Zukunft anders analysiert werden muss. Unterschiedliche Szenarien mit unterschiedlichen Eintrittswahrscheinlichkeiten werden in Erwägung gezogen. Wenn dieses Jahrhundert eins gezeigt hat, dann ist es, dass die Wirtschaft nicht als Mechanik gedacht werden sollte.

Eine weitere wesentliche Erkenntnis ist die, dass unser jetziges Wirtschaften den Planeten überfordert. Der Verbrauch von Ressourcen (Energie, Rohstoffe, Land, Arbeitskraft, etc.) ist so hoch, dass eine Klimakrise resultiert (Schellnhuber 2015). Die Erde erwärmt sich und dies hat Auswirkungen auf die Gesellschaft. Ärzte beispielsweise sehen den Klimawandel als das größte Problem des Jahrhunderts an, denn höhere Temperaturen werden zu mehr Krankheiten und mehr gesundheitlichen Problemen führen. Was aber hat das mit Makroökonomik zu tun? Traditionelle Ziele der makroökonomischen Wirtschaftspolitik sind Preisstabilität und Vollbeschäftigung (die Vermeidung von unfreiwilliger Arbeitslosigkeit). Nachhaltiger Ressourcenverbrauch muss also ein übergeordnetes Ziel sein. Es macht keinen Sinn, Arbeitsplätze zu schaffen oder die Inflationsrate zu senken, indem wir die Erde kaputtmachen. Insofern sollte die Gesellschaft zukünftig immer ein Auge auf die Nachhaltigkeit haben. Mit dem Pariser Klimaschutzabkommen hat sich auch die deutsche Politik verpflichtet, ihre Klimaziele zu erfüllen. Der Ukrainekrieg hat allerdings dafür gesorgt, dass Kohlekraftwerke länger laufen sollen und nun flüssiges Erdgas aus den USA gekauft wird, welches durch eine sehr umweltschädliche Art der Gewinnung von Gas („Fracking") produziert wurde. Da der Energiepreis einen großen Einfluss auf die Inflation hat, dürfen wir die Energiepolitik an dieser Stelle nicht ausblenden.

Die letzte wesentliche Erkenntnis ist die, dass wir den Staat neu denken müssen, um die Probleme des 21. Jahrhunderts zu lösen. Im ideologisch aufgeladenen 20. Jahrhundert wurden die Extremlösungen erprobt. Auf der einen Seite ein Staat, der lediglich dazu da ist, den Unternehmen die Macht zu übertragen. Auf der anderen Seite ein Staat, der sämtliche Macht an sich zieht. Heute erscheint es logisch, dass wir eine Zwischenlösung suchen müssen. Dabei sollte klar sein, dass weder „Markt" (die privaten Unternehmen) noch „Staat" (die Bundesregierung) alleine die gesellschaftlichen Probleme lösen können. Einige dieser Probleme lassen sich gut durch gewinn-orientierte Unternehmen lösen, andere durch den gemeinwohl-orientierten Staat. Oft sind beide an der Lösung von Problemen beteiligt. Dies sollte eine Stärke unserer Gesellschaften sein und kein Grund für Spaltung!

Eine wesentliche Spaltung unserer Gesellschaft liegt allerdings schon vor, nämlich im Bereich der Einkommen und Vermögen. Die Ungleichheit in der Verteilung heute ist das Ergebnis eines schleichenden Prozesses von mehreren Jahrzehnten. Wie das DIW (2020) in einer Studie ermittelt hat, vereint das reichste Prozent der Bevölkerung rund 35 % des Vermögens auf sich. Etwa ein weiteres Drittel des Vermögens wird vom Rest der obersten zehn Prozent der Vermögenden besessen, womit den untersten 90 % nur noch ein Drittel bleibt. Diese Ungleichheit der Einkommen und Vermögen gefährdet die Demokratie, denn mit Geld lässt sich politischer Einfluss kaufen. Ein weiteres direktes Problem ist der Ressourcenverbrauch der obersten zehn Prozent der Vermögenden. In einem Bericht von Oxfam (2015) wird darauf hingewiesen, dass die reichsten zehn Prozent der Weltbevölkerung etwa die Hälfte der weltweiten Treibhausgase verursachen würden.

Inzwischen hat sich auch die EU des Problems angenommen und versucht mit dem Green Deal, Klimaziele und Nachhaltigkeit zu stärken. Zudem sollen die Fiskalregeln der Eurozone reformiert werden, unter anderem um öffentliche Investitionen zu stärken. Auch in Deutschland haben die Staatsausgaben in Zeiten der Pandemie zur Lösung unserer gesellschaftlichen Probleme beigetragen. So wurde Arbeitslosigkeit vermieden durch die Zahlung von Kurzarbeitergeld und Zuschüsse bei der Impfstoffforschung haben privaten Unternehmen erlaubt, schneller und effektiver zu handeln als sie das sonst getan hätten. Es ist zu hoffen, dass unsere Gesellschaften im 21. Jahrhundert weniger ideologisch an die Probleme herangehen, als dass über lange Zeit im 20. Jahrhundert der Fall war. Es gilt, die ökologischen wie auch die sozialen Grenzen nicht zu überschreiten. Die Makroökonomik kann insbesondere bei den sozialen Grenzen hilfreich sein, denn Vollbeschäftigung und Preisstabilität sollten auch Ziele einer Transformation sein. Welche Ressourcen wir dauerhaft einsetzen können, müssen andere Wissenschaften diskutieren. Im Gegensatz zum theoretisch unbegrenzt verfügbaren Geld sind diese nämlich meist begrenzt.

Zuletzt möchte ich mich bei den Menschen bedanken, die mich über inzwischen mehr als 25 Jahre begleitet haben und mit ihren Ideen, kritischen Anmerkungen, langen Debatten und Hinweisen zum Gelingen dieses Buches beigetragen haben. Ich möchte nur einige nennen, stellvertretend für Dutzende Kollegen: Stephanie Kelton, Randall Wray, Pavlina Tcherneva, Fadhel Kaboub, Fritz Helmedag, Hans-Michael Trautwein, Ronny Mazzocchi, Nicolas Barbaroux, Maurice Höfgen, Marcel Dimke, Peter Bofinger, Stefan Angrick, Erik Jochem, Alex Hofmann, Nathalie Freitag, Peo Hansen, Jakob Feinig, Aaron Sahr, Joscha Wullweber, Frau Richter, Achim Truger, Eckhart Hein, Jan Priewe, „meine" Studierenden in Berlin, Chemnitz, Oldenburg, Stendal, Maastricht und Poznan. Mein herzlichster Dank geht an Nora Valussi, Monika Mühlhausen und Isabella Hanser bei Springer, die mir mit Rat und Tat zur Seite standen. Alle verbliebenen Fehler sind meine.

Literatur

Deutsche Bundesbank (2017), Die Rolle von Banken, Nichtbanken und Zentralbank im Geldschöpfungsprozess, Monatsberichtsaufsatz April 2017, S. 15–36

DIW (2020) MillionärInnen unter dem Mikroskop: Datenlücke bei sehr hohen Vermögen geschlossen – Konzentration höher als bisher ausgewiesen, https://www.diw.de/de/diw_01.c.793802.de/publikationen/wochenberichte/2020_29_1/millionaerinnen_unter_dem_mikroskop__datenluecke_bei_sehr_ho___geschlossen_____konzentration_hoeher_als_bisher_ausgewiesen.html, abgerufen am 31.03.2023

Ehnts, Dirk und Fritz Helmedag (2018), The Present State of Economics: Errors and Ommissions Excepted, in: Feraboli, Omar und Carlo J. Morelli (Hrsg.), Post-Crash Economics: Plurality and Heterodox Ideas in Teaching and Research, London: Palgrave Macmillan, S. 149–172

ifo Institut (2022), Unternehmen in Handel, Bau und Landwirtschaft nutzten Inflation, um Gewinne zu steigern, Pressemitteilung vom 13. Dezember 2022, https://www.ifo.de/pressemitteilung/2022-12-13/unternehmen-handel-bau-und-landwirtschaft-nutzten-inflation-um-gewinne, abgerufen am 31.03.2023

Keen, Steve (2011), *Debunking Economics: The Naked Emperor Dethroned?*, 2. Auflage, London: Zedbooks

Oxfam (2015), Extreme Carbon Inequality, https://www.oxfam.de/ueber-uns/publikationen/oxfam-bericht-extreme-carbon-inequality, abgerufen am 31.03.2023

Romer, Paul (2018), The Trouble with Macroeconomics, https://paulromer.net/trouble-with-macroeconomics-update/WP-Trouble.pdf, abgerufen am 31.03.2023

Schellnhuber, Joseph (2015), *Selbstverbrennung: Die fatale Dreiecksbeziehung zwischen Klima, Mensch und Kohlenstoff*, Gütersloh: C.Bertelsmann Verlag

Inhaltsverzeichnis

Einleitung

1

Zusammenfassung

In einer monetären Wirtschaft führen Ausgaben zu Einkommen. Verkäufer werden durch die Auferlegung von Steuerpflichten geschaffen. Wir müssen zunächst Steuern erheben, um Verkäufer zu schaffen. Der erste Kauf in einem Zahlungssystem muss durch Schulden finanziert werden. Die Banken als Vertreter des Staates erzeugen (und vernichten) Zahlungsversprechen in staatlicher Währungseinheit. Für die weitere makroökonomische Analyse werden drei Sektoren unterschieden: der private, der öffentliche und der externe Sektor. Konjunkturzyklen bilden sich im Zeitablauf, von der Rezession zum Aufschwung zurück in die Rezession. Wirtschaftspolitik stabilisiert die Beschäftigung und die Produktion.

Wenn die Menschen von „Wirtschaft" hören, denken sie oft an die Produktion und den Austausch von Waren und Dienstleistungen. Dies ist jedoch nur die Hälfte der wirtschaftlichen Geschichte. Die andere Hälfte ist die finanzielle Seite. Bankeinlagen, Bargeld und bargeldähnliche Zahlungsmittel werden verwendet, um Waren und Dienstleistungen zu kaufen. Die Wirtschaft ist also ein „Netz von Verträgen", wie Axel Leijonhufvud (2012) es ausdrückte, die in der Rechnungseinheit des Staates ausgedrückt werden. In der Eurozone ist dies der Euro (€). Anderswo werden bzw. wurden Dollar, Yen, Pesos, Yuan, Francs oder Lira verwendet. Der Staat bestimmt, welche Rechnungseinheit innerhalb seiner Grenzen verwendet wird. Einige dieser Geldverträge beinhalten Bargeld als Zahlungsmittel, andere beinhalten Bankguthaben oder Zahlungsversprechen. Letztere werden auch als Schuldscheine („I owe you") oder Kredite/Schulden bezeichnet. In modernen Geldwirtschaften stützen wir uns nicht auf den Tauschhandel oder den Austausch von Waren gegen Waren (oder Dienstleistungen), sondern auf die Verwendung von monetären Finanzinstrumenten zum Erwerb von Waren und Dienstleistungen.

Die meisten Konsumgüter (Kleidung, Elektronik, Lebensmittel usw.) werden durch die Ausgabe von Einkommen gekauft, während die meisten Investitionsgüter (Gewerbe-immobilien, Maschinen, Rohstoffe usw.) wahrscheinlich mit Krediten oder anderen Ver-bindlichkeiten gekauft werden, wenn Unternehmen finanzielle Mittel durch die Ausgabe von Anleihen oder Aktien bereitstellen. Daher können wir uns die Wirtschaft als ein Ge-flecht von Verträgen vorstellen, in dem sich finanzielle Vermögenswerte durch einen Geld-kreislauf bewegen. Das bedeutet, dass Geld und Finanzen wichtig für das Verständnis der Wirtschaft sind.

Ausgaben schaffen Einkommen
Bankguthaben und Bargeld werden für Waren und Dienstleistungen ausgegeben. Auch Kreditkarten werden für Ausgaben verwendet. Warum aber bietet jemand seine Arbeits-kraft und Ressourcen (Besitz) gegen Geld an? Liegt es an der Tradition? Als vor einigen Jahrhunderten in den britischen Kolonien in Amerika Papierwährungen in Umlauf waren, wurden Steuern eingeführt, um die Nachfrage nach Geld zu sichern. Der Staat erlegte der Bevölkerung eine Steuerpflicht auf. Um die Steuern zahlen zu können, brauchten die Bür-ger Geld – Geld, welches von der Regierung bereitgestellt wurde. Mit Papierscheinen wurden die Staatsausgaben bezahlt und die Bürger akzeptierten sie, weil sie diese brauch-ten, um ihre Steuern zu bezahlen. Da viele Bürger Steuern zahlen mussten, bot es sich an, auch untereinander Waren und Dienstleistungen, Land und Schiffe, Maschinen und Ge-bäude, Aktien und Anleihen in staatlicher Währung zu bezahlen. Es entstand so die mo-derne Geldwirtschaft.

Geld, wie wir es oben definiert haben, ist das Rechtsinstrument, das für Zahlungen an den Staat verwendet wird. Nach dieser Definition ist Bargeld Geld, aber Bankguthaben sind es nicht. (Auf Bankguthaben und auch Zentralbankguthaben werden wir später noch näher eingehen.) In einer solchen Geldwirtschaft werden bei den erkäufern Einkommen geschaffen. Die Summe dieser Einkommen in einer Volkswirtschaft über ein Jahr ent-spricht in etwa dem Bruttoinlandsprodukt (BIP). Die Nachfrage nach Waren und Dienst-leistungen basiert auf der Zahlungsfähigkeit. Diese hängt von der Verfügbarkeit von Geld und Kredit ab. Daher stellt sich die Frage, wie Geld und Kredite geschaffen werden. Wie wir in Zeiten wirtschaftlicher Schwierigkeiten gesehen haben, kann das BIP ziemlich stark sinken, wenn weniger Geld für Waren und Dienstleistungen ausgegeben wird.

Während der Großen Depression in den 1930er-Jahren und auch während der Globalen Finanzkrise 2008/09 schrumpften die Volkswirtschaften schnell, so auch die deutsche (siehe Abb. 1.1). Der Grund dafür lag nicht auf der Produktionsseite: Die Fabriken waren noch vorhanden, Rohstoffe waren verfügbar, teilweise sogar zu sinkenden Preisen, und es gab genügend Arbeitskräfte. Auch die Umweltprobleme waren nicht die Ursache für den plötzlichen Produktionsrückgang. Diese Ursache muss auf der monetären Seite gelegen haben. Es muss zu Ausgabenkürzungen gekommen sein, die die Unternehmen dazu ver-anlassten, ihre Produktion angesichts des sinkenden Absatzes zu drosseln.

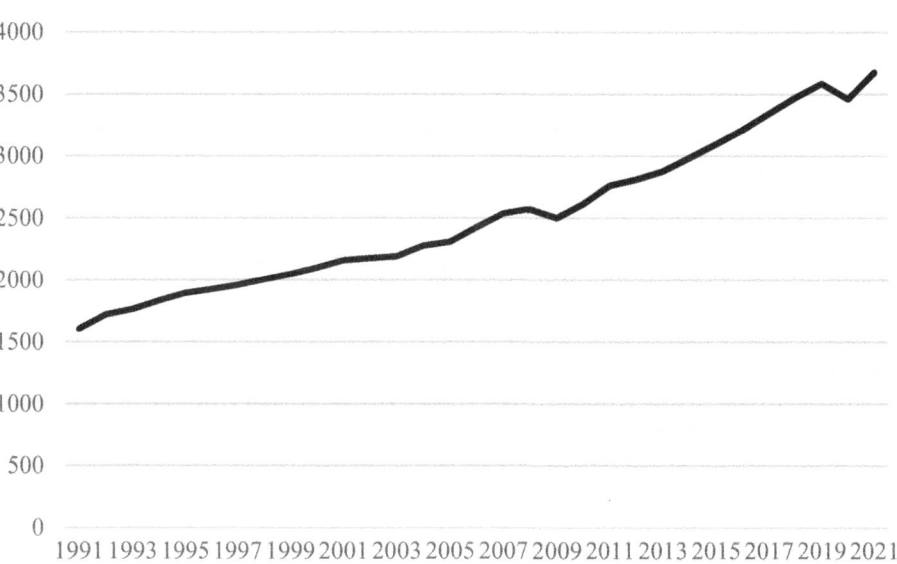

Abb. 1.1 Bruttonationaleinkommen in Mrd. €, 1991–2021. (*Quelle: DESTATIS, Genesis-Online, VGR*)

Die sektorale Analyse

Die Wirtschaft wird für die weitere Analyse in drei Sektoren unterteilt. Es gibt den privaten Sektor, der aus Haushalten und Unternehmen besteht. Dann gibt es den öffentlichen Sektor, der aus der Regierung und der Zentralbank besteht. Und schließlich gibt es noch den Rest der Welt, also alles außer dem inländischen Sektor (privat und öffentlich), der als externer Sektor bezeichnet wird. Wir werden im Folgenden sehen, dass die Unterteilung der Wirtschaft in diese drei Bereiche sinnvoll ist, weil sie hilft, die Funktionsweise der Wirtschaft zu verstehen.

Die mit Geld unterlegte Nachfrage nach Waren und Dienstleistungen kommt aus diesen drei Sektoren. Das Angebot wird durch die Besteuerung beeinflusst und hängt sehr stark von technologischen und organisatorischen Faktoren ab. Wenn wir uns ein Zahlungssystem vorstellen, das diese Sektoren miteinander verbindet, dann würden wir bestimmen, dass jeder Verkauf ein Guthaben für den Verkäufer erzeugt und die Höhe des Guthabens für den Käufer verringert. Wenn also Person A etwas verkauft, erhält sie ein Guthaben (+). Verkäufer B hat ein Guthaben (−) ausgegeben und verfügt somit über weniger Guthaben als zuvor. Definitionsgemäß besteht eine Transaktion aus zwei Teilen, die gleichzeitig stattfinden: eine Erhöhung des Guthabens der einen Person und eine Reduktion des Guthabens einer anderen Person. Was ein Sektor verliert, gewinnt ein anderer.

Es gibt ein kleines Problem mit einem imaginären Zahlungssystem wie diesem. Es kann nicht beginnen! Um den ersten Verkauf zu tätigen, brauchen wir eine Käuferin oder einen Käufer mit einem ausreichenden Guthaben. Wenn wir aber das System bei null beginnen, dann kann niemand etwas kaufen, weil niemand über Guthaben verfügt! Das ist ein Problem (Ehnts 2020).

Jedes Zahlungssystem muss es Akteuren ermöglichen, sich vorübergehend zu verschulden. So können diese zuerst Guthaben ausgeben und ihr Konto später wieder ausgleichen. Beispiele hierfür sind ein Bankkredit oder eine Kreditkarte. Dies ist eine grundlegende Erkenntnis für eine moderne Geldwirtschaft: Ohne Schulden gibt es keine Guthaben. Ohne Guthaben gibt es keine Ausgaben und damit keine Einnahmen – die Wirtschaft kann nicht anspringen. In der realen Welt verwenden wir hauptsächlich Bankguthaben und Bargeld, um Geld auszugeben, was die Wirtschaft antreibt.

Der Wirtschaftskreislauf

Zusammenfassend lässt sich sagen, dass das Bild der „Wirtschaft" der Abb. 1.2 entspricht. Im Zentrum steht der Wirtschaftskreislauf. Geld wird ausgegeben und Geld wird eingenommen. Innerhalb des Geldkreislaufs zirkuliert das Geld, um Konsumgüter zu kaufen. Der Konsum der in der Wirtschaft produzierten Güter wurde bereits von Adam Smith, dem Großvater der Wirtschaftswissenschaften, in „Der Reichtum der Nationen" beschrieben.

Wir wissen, dass das Zahlungssystem für den Produktions- und Verteilungsprozess von zentraler Bedeutung ist. Deshalb müssen wir verstehen, wie Geld geschaffen und vernichtet wird. Wir sind davon ausgegangen, dass die Wirtschaft in drei Bereiche unterteilt

Abb. 1.2 Der Wirtschaftskreislauf. (*Quelle: Dirk Ehnts. Welt Icon erstellt von turkkub; Household Icon erstellt von Becris; Amerika Icon erstellt von Smashicons; Verschmutzung Icon erstellt von Sripoomss – Flaticon, bpb,* https://www.bpb.de/themen/wirtschaft/europa-wirtschaft/516436/staatsschulden-sollten-staatsausgaben-nicht-begrenzen/, *Lizenz: cc by-sa/4.0/deed.de, abgerufen am 31.03.2023*)

werden kann. Sie alle können von der Wirtschaftspolitik beeinflusst werden. Der öffentliche Sektor kann sein Verhalten durch die Ausgaben- und Steuerpolitik (Fiskalpolitik) anpassen, der private Sektor kann durch die Veränderung des Zinssatzes (Geldpolitik) beeinflusst werden (durch die Zentralbank, die hier nicht abgebildet ist), und das Verhalten des
externen Sektors reagiert auf Veränderungen in der Handelspolitik (z. B. des Wechselkurses oder der relativen Lohnstückkosten).

Die Regierung kann den Wirtschaftskreislauf durch Ausgaben anstoßen und durch höhere Steuersätze verlangsamen. Da Regierungen auf Bundesebene zwangsläufig zuerst
Geld ausgeben und erst später dieses Geld über Steuern wieder aus dem Kreislauf ziehen,
sind die Staatsausgaben unabhängig von der Besteuerung. Die Regierungen der Bundes-
länder und Kommunen müssen im Gegensatz dazu zuerst Steuern erheben und können erst
dann Geld ausgeben. Der private Sektor – Unternehmen und Haushalte – kann keine Euros
produzieren.

Die Staatsausgaben sind die wichtigste Komponente des Wirtschaftskreislaufs. Eine
Kürzung der Staatsausgaben wie in der Eurokrise Anfang der 2010er-Jahre (Austeritätspolitik) bewirkt einen Anstieg der Arbeitslosigkeit (siehe Abb. 1.3). Weniger staatliche Ausgaben führen zu weniger privaten Einkommen und damit zu einer geringeren Nachfrage
nach Gütern und Dienstleistungen sowie Arbeitskräften. Dadurch werden die Unternehmen

Abb. 1.3 Austeritätslinie mit Endhaltestelle Agentur für Arbeit. (*Quelle: eigene Abbildung (Nathalie Freitag)*)

die Produktion einschränken, was zusätzliche Arbeitskräfte freisetzt. Die Wirtschaftspolitik hat also einen sehr großen Einfluss auf die Höhe der Arbeitslosigkeit in einer Wirtschaft.

Private Banken können Bankguthaben schöpfen. Dabei handelt es sich um Zahlungsversprechen, welche in staatlicher Währung ausgedrückt sind. Bankguthaben werden auch geschöpft, wenn Banken Zahlungen des Staates für ihre Kunden empfangen. Bei der Kreditvergabe kauft eine Bank quasi ein Zahlungsversprechen von einem Haushalt oder einem Unternehmen. Die Kreditnehmerin oder der Kreditnehmer verspricht die Rückzahlung des Kredits, und dieses Versprechen bildet den finanziellen Vermögenswert – einen Schuldschein – den die Bank erwirbt, indem sie dessen Guthaben erhöht. Die Kreditvergabe ist eine Unterkategorie der Ausgaben, die den Erwerb von finanziellen und nicht-finanziellen Vermögenswerten umfasst. Sie dient im Wesentlichen der Finanzierung privater Investitionen, was bedeutet, dass Bankguthaben in der Hoffnung auf mehr Bankguthaben in der Zukunft ausgegeben werden. Bei einem Anstieg der (Netto-)Kreditvergabe wird der Wert der Bankguthaben erhöht. Die Rückzahlung von Krediten und die Erhöhung der Ersparnisse (= nicht verausgabtes Einkommen) führen zu einem Abzug von Bankguthaben aus dem Kreislauf.

Die Banken verpflichten sich bei der Kreditvergabe, in Höhe der Bankguthaben Zahlungen für die Kunden durchzuführen bzw. Bargeld in entsprechender Höhe bereitzustellen, damit diese selbst zahlen können. Aus diesem Grund werden Bankguthaben auch als Zahlungsversprechen der Banken bezeichnet. Die Banken sind dafür an das staatliche Zahlungssystem angeschlossen und können so an Bargeld kommen sowie Zahlungen an andere Banken durchführen. Ohne die staatliche Infrastruktur könnten die Banken ihr Zahlungsversprechen nicht einhalten – sie könnten weder Bargeld auszahlen noch Überweisungen tätigen.

Zu guter Letzt gibt es noch den externen Sektor – den Rest der Welt. Die Ausfuhr von Waren und Dienstleistungen (Exporte) in diese Länder erzeugt neue Bankguthaben, sodass die Ausfuhren den Wirtschaftskreislauf ankurbeln. Durch die Einfuhr von Waren und Dienstleistungen aus dem Ausland (Importe) werden Bankguthaben reduziert, was den inländischen Wirtschaftskreislauf bremst. Das Bankguthaben könnte eines Tages wieder zurückkehren, wenn die Nicht-Inländerin oder der Nicht-Inländer Güter aus Deutschland kauft. Genauso gut könnte sie oder er einen finanziellen Vermögenswert aus der Eurozone kaufen und sich entscheiden, später zu konsumieren. Durch den Kauf von finanziellen Vermögenswerten werden diese umverteilt. Oft wird Bankguthaben verwendet, um Aktien oder Anleihen eines anderen Landes zu kaufen. Dadurch wird der Weltwirtschaft nichts hinzugefügt. Es werden lediglich die Eigentumsverhältnisse an bestehenden Vermögenswerten umgeschichtet, wie z. B. Bankeinlagen in Euro.

Insgesamt wird die Wirtschaft durch das Verhalten dieser drei Sektoren angetrieben. Sie alle können Geld schaffen und vernichten und damit dem Wirtschaftskreislauf Ausgaben und Einkommen hinzufügen oder abziehen. Natürlich kann der Rest der Welt keine Euro schaffen, aber er kann andere Währungen schaffen, die dann in Euro umgetauscht werden können. Dies kann zu höheren Ausgaben für deutsche oder europäische Waren und Dienstleistungen führen und tut es auch. Nach Angaben des Statistischen Bundesamts (2022) entfielen 2021 49,4 % der Ausgaben auf Konsumgüter, 22,7 % auf private Bruttoinlandsinvestitionen, 5,5 % auf den Außenbeitrag (Exporte minus Importe) und 22,4 % auf staatliche Konsumausgaben und Investitionen.

1.1   Grundriss dieses Buches

Im nächsten Abschnitt dieser Einführung wird eine Erörterung der Methodik die Leser mit der Idee vertraut machen, zu erörtern, was wir eigentlich tun, wenn wir „Wirtschaft betreiben". Wie der argentinische Schriftsteller Jorge Luis Borges schrieb, ist Denken nichts anderes als Abstrahieren. Es ist nützlich, sich darüber klar zu werden, wie wir von der Realität abstrahieren, wie wir Geschichten mit Hilfe von konstruierten Karten der realen Welt erzählen und was dabei an Details verloren geht und warum. Bei unseren Abstraktionen geht es in erster Linie darum, dass sie realistisch bleiben oder, anders gesagt, der Realität entsprechen. Die Einführung endet mit einer Diskussion der Opportunitätskosten und der realen (nicht-monetären) Ressourcen sowie der menschlichen Arbeit.

Kapitel zwei befasst sich dann mit Bilanzen, Schulden und Institutionen. Zunächst wird der Aufbau und die Verwendung von Bilanzen erläutert. Die doppelte Buchführung und die Unterscheidung von Bestands- und Stromgrößen stehen im Mittelpunkt dieses Abschnitts. Im letzten Abschnitt über Institutionen werden sowohl private als auch öffentliche Schulden behandelt.

Kapitel drei ist mit Banken und Bankwesen überschrieben. Es enthält Abschnitte über Kredite und Bankguthaben, den Interbankenmarkt und den Geldkreislauf. Hier werden die Bilanzen der wichtigsten Operationen in einer monetären Wirtschaft entwickelt. Das Konzept des Gleichgewichts wird als Gleichheit von Forderungen und Verbindlichkeiten in allen Bilanzen eingeführt.

In Kapitel vier wird dann die Zentralbank in den Mittelpunkt gerückt. Die Rolle der Deutschen Bundesbank und der Europäischen Zentralbank im Eurosystem werden genauso beschrieben wie ihre Geldschöpfung. Ebenso wie erklärt, wie die Zentralbank den Zins auf dem Interbankenmarkt und die Menge an Guthaben der Banken bei der Zentralbank beeinflusst.

In Kapitel fünf geht es um das Bundesministerium der Finanzen. Die Regierung beschließt einen Haushalt, der Bundestag genehmigt ihn und dann gibt die Regierung Geld aus. In diesem Kapitel wird erklärt, wie genau das funktioniert. Ebenfalls behandelt werden die Fragen, ob eine Regierung zahlungsunfähig werden kann, wo die Grenzen der Staatsausgaben liegen und wie sich Staatsausgaben auf den privaten Sektor auswirken.

Kapitel sechs führt in die volkswirtschaftliche Gesamtrechnung (VGR) ein, die das Bruttoinlandsprodukt (BIP) umfasst. In diesem Kapitel gehen wir von den Bilanzen der einzelnen Akteure zu den aggregierten Bilanzen über und damit von der Geldtheorie zur Makroökonomik. Derartige Statistiken können uns einen guten Überblick geben über die jüngere Geschichte und erlauben durch Szenarioanalyse Vorhersagen für die Zukunft, die jedoch immer mit fundamentaler Unsicherheit behaftet sind (Carrión Álavarez und Ehnts 2016; Kolmogorov 1986).

Kapitel sieben befasst sich mit der Zahlungsbilanz (engl.: *balance of payments*, BoP). Wir beleuchten, wie bestimmte Transaktionen wie Exporte, Importe, Käufe ausländischer Vermögenswerte und Ähnliches in der Zahlungsbilanz verbucht werden. Dabei müssen immer Inländer und Nicht-Inländer beteiligt sein. Das Verständnis dieser Statistiken ist von entscheidender Bedeutung für die Erörterung von Fragen, die sich mit der internationalen Dimension der deutschen und europäischen Wirtschaft befassen.

In Kapitel acht wird das einfache makroökonomische Modell entwickelt, das auf den ersten fünf Kapiteln des Buches aufbaut. Dieses ist das Arbeitspferd für den Rest des Buches. Es werden die drei verschiedenen Teile des Modells erläutert, nämlich Bankguthaben und Einkommen, Nachfrage und Angebot auf dem Güter- und Dienstleistungsmarkt sowie die finanzielle Nettoersparnis des privaten Sektors. Das Kapitel schließt mit einem Hinweis auf die Funktionsweise des Konjunkturzyklus.

In Kapitel neun werden die Konjunkturzyklen ausführlicher dargestellt. Es folgt ein Abschnitt über die Wirtschaftspolitik, in dem die Fiskal-, Geld- und Handelspolitik erläutert werden.

Kapitel zehn gibt einen Überblick über die Arbeitsbeziehungen. Löhne und Produktivität sind wichtige Themen in einer Volkswirtschaft und werden im ersten Teil behandelt. Anschließend werden Beschäftigung und Arbeitslosigkeit erörtert.

In Kapitel elf wird die Bestimmung des Preisniveaus und der Inflationsrate untersucht. Auch die Sonderfälle Deflation, d. h. die negative Inflation, und Hyperinflation werden analysiert.

Die Kapitel können als ein Modul unterrichtet werden. Ziel ist es, den Studierenden zu erklären, wie eine moderne Geldwirtschaft funktioniert, welche gesellschaftlichen Probleme es gibt und welche Lösungen möglich sind. Dies wäre eine typische „Makroökonomik"-Vorlesung.

Da es sich um ein Einführungslehrbuch handelt, ist es nur natürlich, dass die Leser auf Fragen stoßen, die in diesem Lehrbuch nicht behandelt werden. Diese Fragen könnten etwas mit Ungleichheit, Finanzmärkten und Wechselkursen, Entwicklung und Wirtschaftswachstum oder globalen Institutionen wie der WTO (Welthandelsorganisation) oder dem IWF (Internationaler Währungsfonds) zu tun haben. Für die Behandlung dieser institutionellen Themen ist mehr Zeit erforderlich, weshalb sie nicht in dieses Lehrbuch aufgenommen wurden.

Dieses Buch eignet sich auch zum Selbststudium. Die Lektüre von Finanznachrichten und aktuellen Wirtschaftsanalysen trägt dazu bei, dass das Wissen erhalten bleibt und aktualisiert wird. Dabei sollte darauf geachtet werden, dass Autoren unterschiedlicher Denkschulen gelesen werden, damit keine Trägheit des Denkens einsetzt.

1.2 Die Methodologie der modernen Makroökonomik

Die meisten Makroökonomen erklären nicht, was genau sie zu tun glauben. Woher wissen wir, dass eine Theorie wertvoll oder wissenschaftlich ist? Glauben wir, dass sie wahr ist oder vielleicht wahr sein könnte? Diese Fragen sind oft schwer zu beantworten, vor allem zu Beginn des Studiums. Dennoch werden in diesem Abschnitt einige Fragen der Ontologie – zum Wesen der Makroökonomie – und der Epistemologie – was können wir wissen – kurz angesprochen. Bevor wir beginnen, sollten wir den Begriff „Sozialwissenschaft" definieren. Laut Dudenredaktion (o. J.) bedeutet dieser Begriff das gleiche wie die Gesellschaftswissenschaft: „Gesamtheit der Wissenschaften, die sich mit dem gesellschaftlichen Leben befassen". Wie studieren wir also die Gesellschaft?

In diesem Lehrbuch folgen wir dem, was der Evolutionsbiologe Richard Dawkins als *hierarchischen Reduktionismus* bezeichnet. Das bedeutet, dass wir, um das Ganze – den Wirtschaftskreislauf – zu verstehen, es auf seine Teile reduzieren müssen. In unserem Fall sind die Teile die Bilanzen der verschiedenen Akteure in der Wirtschaft, ihre Transaktionen (die von ihrem Verhalten abhängen) und ihre Funktionen. Das Verständnis der Bilanzen ermöglicht es uns, die einzelnen Teile der Wirtschaft zu verstehen: Haushalte, Unternehmen, Banken und andere Finanzinstitute, die Zentralbank und das Finanzministerium.

Wenn wir die Teile zusammenzählen, werden die Verbindungen zwischen ihnen deutlich und wir erkennen, dass ein System, wie so oft, komplizierter ist als die Summe seiner Teile. Die Wirtschaft wird oft als komplex beschrieben, was in diesem Zusammenhang passt. Das Wort „komplex" kam in den 1650er-Jahren in Gebrauch und bedeutet „zusammengesetzt; nicht allein für sich auftretend, ineinandergreifend, nicht auflösbar" (Dudenredaktion o. J.). Um die Komplexität zu reduzieren, zerlegen wir die Geldwirtschaft in ihre Einzelteile.

Die Hierarchie des Geldes

Wir gehen die Geldhierarchie abwärts (Kap. 2 liefert eine Erklärung dafür), welche Guthaben bei der Zentralbankgeld (Reserven) an der Spitze sieht, gefolgt von Staatsanleihen, Bankguthaben und anderen geldähnlichen Finanzinstrumenten sowie anderen Schuldscheinen. Aus dieser Geldpyramide ergibt sich die Struktur des Buches. Zunächst werden die Bilanzen als Abstraktionsinstrument erläutert, dann die Banken und das Bankwesen, gefolgt von den Institutionen des Staates – der Zentralbank und dem Bundesministerium der Finanzen.

Reinhart und Rogoff über die Staatsverschuldung im Verhältnis zum BIP
In einem NBER-Papier aus dem Jahr 2010 mit dem Titel „Growth in Time of Debt"
(Wachstum in Zeiten der Verschuldung) behaupten Carmen Reinhart und Kenneth
Rogoff, dass „oberhalb von 90 % die medianen Wachstumsraten um ein Prozent sinken und das durchschnittliche Wachstum deutlich stärker zurückgeht". Diese Aussage wurde von Robert Pollin, Thomas Herndon und Michael Ash bestritten, die einige Fehler in den Kalkulationstabellen von Reinhart und Rogoff fanden (Ash et al.
2013). Sie schreiben, dass „unsere korrigierten Belege zeigen, dass das Wachstum
eines Landes etwas langsamer sein kann, sobald es die 90 %-Marke der Staatsverschuldung im Verhältnis zum BIP überschreitet. Aber wir können nicht davon ausgehen, dass dies unter allen oder gar den meisten Umständen der Fall ist". Wie wir
später sehen werden, ist eine wichtige theoretische Erkenntnis, dass Regierungen,
die ihre eigene Währung ausgeben, nicht zahlungsunfähig werden können. Daher ist
es sehr unwahrscheinlich, dass eine hohe Staatsverschuldung per se eine Bremse für
das BIP-Wachstum darstellt. Heimberger (2022) zeigt jüngst, dass auch empirisch
nichts darauf hindeutet.

Wichtig für die Methodik ist auch, dass wir uns ausdrücklich auf Strom- und Bestandsgrößen beziehen. Eine Bestandsgröße ist die Menge oder der Wert von etwas zu einem bestimmten Zeitpunkt, während eine Flussgröße die Menge oder der Wert von etwas während eines bestimmten Zeitraums ist. Das BIP zum Beispiel ist eine Flussgröße. Wir messen das BIP als den Wert der Produktion von Waren und Dienstleistungen eines bestimmten
Jahres (Zeitraums) in Euro. Bei der Messung von Vermögenswerten verwenden wir dagegen meist die Aktienkapitalisierung. Wie viel des Gesamtvermögens besaß das oberste
1 % der Vermögensbesitzer zu einem bestimmten Zeitpunkt? Die Antwort muss eine Bestandsgröße sein, die im Laufe der Zeit angehäuft wurde.

Bestands- und Stromgrößen
So sind die Gewinne eines Unternehmens eine Stromgröße, während seine Bankguthaben
eine Bestandsgröße darstellen. Wenn Bankguthaben der einzige Vermögenswert wären, den
das Unternehmen besitzt, dann würden sie als Vermögen gelten. In ähnlicher Weise stellt das
Haushaltseinkommen eines Geschäftsjahres eine Stromgröße dar, während der Besitz von
Immobilien eine Bestandsgröße abbildet. Im Laufe der Zeit führen Stromgrößen zu einer
Veränderung der Bestandsgrößen. Ströme von Ersparnissen (Überschuss des Einkommens
über die Ausgaben) verwandeln sich in Vermögen, Ströme von Krediten in Schulden.

Bestands- mit Stromgrößen zu vergleichen ist konzeptionell problematisch, wie der
Vergleich von Äpfeln mit Birnen. So ist zum Beispiel das Verhältnis der Staatsver-

schuldung zum BIP, auch wenn es weit verbreitet ist, insofern problematisch, als es eine Bestandsgröße (Staatsverschuldung) mit einer Flussgröße (BIP) vergleicht. Die daraus resultierende Zahl muss theoretisch interpretiert werden.

In Bezug auf die makroökonomische Theorie werden wir in diesem Lehrbuch sicherstellen, dass alle Ströme berücksichtigt werden (woher kommt das Geld und wohin geht es?). Manche Dinge können nicht ewig weitergehen, und das bedeutet, dass sie irgendwann einmal aufhören müssen. Das Aufzeigen von Prozessen, die nicht nachhaltig sind, kann uns wichtige Erkenntnisse für die Zukunft liefern.

Wenn zum Beispiel Haushalte und Unternehmen (der private Sektor) mehr ausgeben als sie einnehmen, werden sie nicht sparen. Dies ist eine Flussgröße, und es ist nicht ungewöhnlich, dass der private Sektor in eine Position gerät, in der er sich immer mehr verschuldet. Der Anstieg der Verschuldung akkumuliert sich jedoch als wachsender Bestand an privaten Schulden. Auch wenn dieser Bestand jahrzehntelang weiterwachsen wird, ist es unwahrscheinlich, dass er im Laufe der Zeit mit der gleichen Rate wächst. Es stellen sich also interessante Fragen in Bezug auf das Wachstumspotenzial der privaten Verschuldung und dessen Auswirkung auf die Ausgaben der Haushalte und Unternehmen.

Da ein großer Teil der Schulden des privaten Sektors zur Finanzierung von Immobilien verwendet wird, die in der Volkswirtschaftlichen Gesamtrechnung (welche zur Berechnung des Bruttoinlandsprodukts herangezogen wird) als private Investitionen gezählt werden, besteht ein direkter Zusammenhang zwischen Schuldenveränderungen und Wirtschaftswachstum. Abb. 1.4 zeigt die Wohnungsbaukredite an private Haushalte. Dabei handelt es sich um eine Bestandsgröße, da alle zu einem bestimmten Zeitpunkt existierenden Kredite erfasst werden. Die Bestandsgröße steigt, wenn mehr Wohnungsbaukredite aufgenommen als zurückgezahlt werden, und sie sinkt, wenn das Gegenteil der Fall ist. Bei steigenden Häuserpreisen nimmt auch das Kreditvolumen zu. Dies erklärt wahrscheinlich den Anstieg seit 2014. Aufgrund der Immobilienblasen in den USA, Irland und Spanien wissen wir, dass ein rapider Preisverfall bei den Immobilien in eine Rezession führen würde, da dann die privaten Investitionen im Baubereich einbrächen. Damit würde die Arbeitslosigkeit ansteigen und das Bruttoinlandsprodukt sinken. Tut es das in zwei aufeinander folgenden Quartalen sprechen wir von einer Rezession.

Komplexität und Vorhersagbarkeit

Das Verhalten einer komplexen Geldwirtschaft ist zeitweise sehr konstant, dann aber plötzlich unvorhersehbar. Die Komplexität lässt sich auf zwei Probleme zurückführen. Der erste ist die Frage des Verhaltens und der Identitätsgleichungen. Viele Variablen der Wirtschaft können auf der Grundlage des in der Vergangenheit beobachteten Verhaltens geschätzt werden. Doch selbst wenn alle Variablen mit allen verfügbaren Daten geschätzt werden, können die Ergebnisse inkonsistent sein. Das Haushaltsdefizit des Staates hängt zum Beispiel vom Verhalten des privaten Sektors in Bezug auf seine gewünschte Netto-Sparposition ab. Wenn die Menschen optimistisch sind und weniger für schlechte Zeiten sparen, können sie sich mehr Geld bei den Banken leihen und mehr Geld für den Konsum

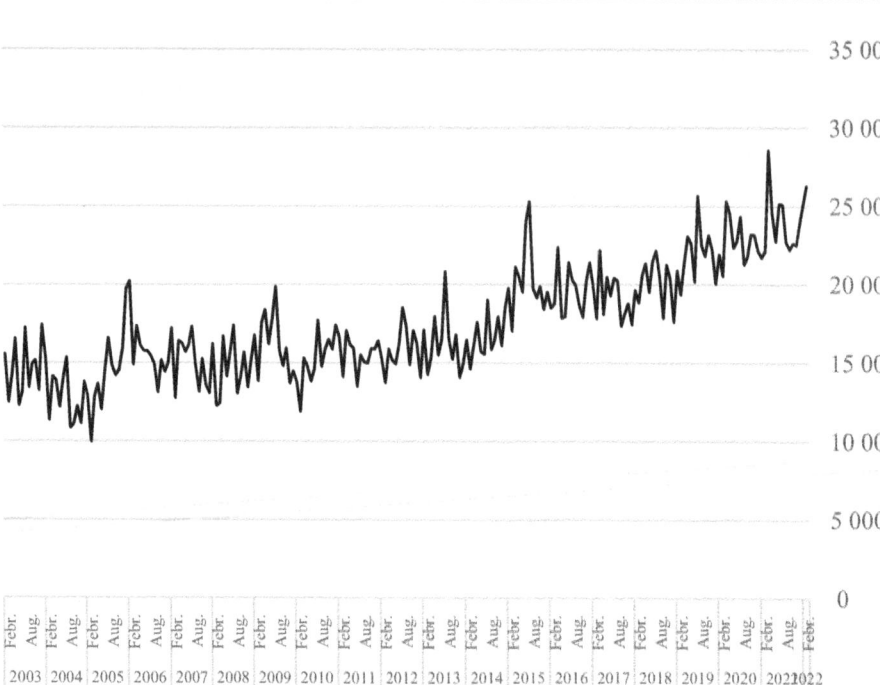

Abb. 1.4 Wohnungsbaukredite an private Haushalte, in Mio. €. (*Quelle: Deutsche Bundesbank,* https://www.bundesbank.de/de/statistiken/geld-und-kapitalmaerkte/zinssaetze-und-renditen/ wohnungsbaukredite-an-private-haushalte-hypothekarkredite-auf-wohngrundstuecke-615036)

ausgeben. Da die Steuereinnahmen unter anderem vom Konsum abhängen – etwa über die Mehrwertsteuer – kann dies zu einem geringeren öffentlichen Defizit oder sogar zu einem Überschuss führen. Das Verhalten des Staates ist hier also nicht entscheidend. Es ist das Verhalten der Haushalte und Unternehmen, welche die staatliche finanzielle Nettoersparnis determiniert.

Die Psychologie der Menschenmenge
Die Sozialpsychologie untersucht, wie sich Menschen verhalten, wenn andere Menschen um sie herum sind. Eines der berühmtesten Experimente ist das Milgram-Experiment (Milgram 1963, 1974). Die Teilnehmer wurden aufgefordert, Opfern, die angeblich Teil eines Lernexperiments waren, „schmerzhafte, aber nicht gefährliche" Elektroschocks zu verabreichen. Ein sehr hoher Anteil der Teilnehmer befolgte die Anweisungen, was zum Tod des Opfers geführt hätte, wenn die Elektroschocks tatsächlich verabreicht worden wären. Stanley Milgran schreibt in seinem Aufsatz: „Ein gewisses System der Autorität ist eine Voraussetzung für jedes Gemeinschaftsleben, und nur der Mensch, der in Isolation lebt, ist nicht gezwungen, auf die Befehle anderer zu reagieren, sei es durch Trotz oder Unterwerfung." Wenn die Psychologie der Menschenmenge eine Rolle spielt, dann fügt sie der sozialen Realität eine zusätzliche Ebene der Komplexität hinzu.

Wenn die Menschen jedoch pessimistisch sind und mehr sparen wollen, um zu horten und um Schulden zurückzuzahlen, dann könnte das staatliche Defizit relativ groß sein. Der Grund dafür sind höhere Ausgaben für Arbeitslosenunterstützung und Sozialleistungen sowie geringere Steuereinnahmen, wenn sich die Wirtschaft abkühlt. Transferzahlungen sind ein weiteres Beispiel für die automatischen Stabilisatoren, welche die staatlichen Ausgaben in Krisenzeiten erhöhen. Es ist recht schwer vorherzusagen, wann und in welchem Umfang Haushalte und Unternehmen von der Nettokreditaufnahme zur Nettotilgung von Schulden übergehen.

Die britische Königin Elisabeth II. fragte im November 2008 auf dem Höhepunkt der Finanzkrise: „Warum hat es niemand kommen sehen?". In der Tat sahen einige Wirtschaftswissenschaftler sehr wohl „es" kommen. Dirk Bezemer zeigt auf, welche Autoren die Krise tatsächlich richtig vorhergesehen haben (Bezemer 2009). Sie alle betrachteten Bilanzen. Wenn die Menschen erkennen, dass ihr Einkommen angesichts fallender Immobilienpreise nicht mehr ausreicht, um ihre Schulden zu tilgen oder ihr Vermögensziel zu erreichen, kürzen sie ihre Ausgaben. Die Ausgabenkürzung der einen Person ist die Einkommenskürzung der anderen Person. Wenn die Menschen gleichzeitig ihre Ausgaben kürzen, bricht die Wirtschaft zusammen.

Das menschliche Verhalten ist daher für die Wirtschaft von Bedeutung. Es hat vor allem Einfluss auf die privaten Investitionen, die davon abhängen, dass die Menschen oder Unternehmen optimistisch sind. Das Verhalten der Menschen vorherzusagen ist an sich schon schwierig. Verhaltensänderungen können unvorhersehbar, plötzlich und dramatisch sein. Der Herdentrieb veranlasst die Menschen oft dazu, alle auf die gleiche Weise zu handeln. Oftmals werden die Investoren on einem relativ unbedeutenden Ereignis beeinflusst, welches den Ansturm oder die Flucht auslöst. Manchmal können auch schlichtweg ungenaue Nachrichten die Anleger dazu bringen, sich so zu verhalten, dass sie das Ereignis selbst herbeiführen. Wir sprechen dann von einer sich selbst erfüllenden Prophezeiung. Die Vorhersage des menschlichen Verhaltens ist aufgrund seiner sozialen Dimension, zu der auch das Phänomen des Herdenverhaltens gehört, sehr schwierig und es besteht wenig Hoffnung, dass wir auf diesem Gebiet Fortschritte machen.

Auf den Finanzmärkten ist es für den einzelnen Spekulanten oft nützlich, seine Mitstreiter zu beobachten und zu erraten, was diese kaufen werden. Besser noch, sie erraten, was andere Anleger darüber denken, was andere Anleger darüber denken, was diese kaufen werden! Wenn Menschen sich unsicher fühlen, weil sie die Zukunft nicht vorhersagen können, neigen sie dazu, der Masse zu folgen, und genau diese Situationen führen in der Regel zur Bildung von sogenannten Blasen, denen dann Finanzkrisen folgen. Es sollte sich daher lohnen, die Art und Weise zu betrachten, wie die Bilanzen miteinander verbunden sind, da hier relativ begrenzte Einzelmaßnahmen große systemische Auswirkungen haben können. Wenn Ausgaben durch Auslandsschulden wie Kredite oder Anleihen finanziert werden, sind künftige Zahlungen in der Wirtschaft fest verankert, was das „Netz von Verträgen" bildet, über das Axel Leijonhufvud schrieb. Da diese Zahlungen unbedingt geleistet werden müssen, wirken sie als eine Art Beschränkung für künftiges Verhalten.

Abgesehen von der Schwierigkeit, das menschliche Verhalten vorherzusagen, gibt es das Problem des Gleichgewichts. Gleichgewicht im älteren Sinne bedeutet „Ausgleich". Im Falle der doppelten Buchführung müssen die Salden natürlich ausgeglichen sein! Dies bedeutet jedoch, dass einige Variablen durch das Verhalten und andere durch die einfache Tatsache bestimmt werden, dass die Bücher immer im Gleichgewicht bleiben müssen. Wenn beispielsweise die Regierung einen ausgeglichenen Haushalt anstrebt und der private Sektor eine gewünschte Nettoersparnis erzielen möchte, kann es Situationen geben, in denen diese gewünschten Ergebnisse nicht miteinander vereinbar sind. Wenn man den Rest der Welt außer Acht lässt, kann der private Sektor eines Landes nur dann positive Nettoersparnisse (Überschuss der Einnahmen über die Ausgaben) erzielen, wenn der öffentliche Sektor ein Defizit aufweist. Irgendetwas muss also nachgeben. Wenn der Privatsektor nicht viel ausgeben will, werden die Steuereinnahmen relativ niedrig sein, und die Regierung könnte ein Haushaltsdefizit verzeichnen, auch wenn sie das nicht will.

Vergangenheit, Gegenwart und Zukunft
Was verstehen wir unter Makroökonomie? In diesem Lehrbuch versuchen wir, Bilanzen und das Verhalten der verschiedenen Akteure in der Wirtschaft zu verstehen. Aus dieser Reduktion auf einzelne Einheiten bilden wir dann Aggregate und verwenden Begriffe wie Unternehmen, Banken, Haushalte, BIP und Investitionen. Mit diesen Begriffen beschreiben wir die Wirtschaft und abstrahieren so von der Realität.

In der Erkenntnistheorie, die sich damit befasst, was wir zu wissen hoffen, gehen wir davon aus, dass es Dinge gibt, die wir wissen können, und solche, die wir nicht wissen können. Wir können verstehen, was in den Bilanzen geschieht und geschehen kann. Wir können auch verstehen, welche Anpassungen anderswo in der Wirtschaft notwendig sind und wären.

Wir wissen jedoch, dass wir die Zukunft nicht vorhersagen können. Daher müssen wir uns auf bedingte Szenarien stützen und fragen: „Was würde mit der Wirtschaft passieren, wenn [politische Änderung/Ereignis/Innovation] X eintritt?" Das bedeutet, dass wir in der Lage sein sollten, die Vergangenheit und den größten Teil der Gegenwart zu erklären. Aber wir sollten auch verstehen, dass wir die Zukunft nicht mit Sicherheit vorhersagen können. Dies ergibt sich aus der Erkenntnis, dass die Welt voll von stochastischen und nichtstochastischen Zufallsprozessen ist. Nicht-stochastische Prozesse sind, im Gegensatz zu Zufall beim Würfelwurf oder beim Roulette-Spiel, unglaublich schwer vorherzusagen. Kolmogorov (1986, S. 467) schrieb in diesem Zusammenhang:

> „In der Alltagssprache bezeichnen wir solche Phänomene als zufällig, bei denen wir keine Regelmäßigkeit finden, die es uns erlaubt, ihre Ergebnisse genau vorherzusagen. Im Allgemeinen gibt es keinen Grund zu der Annahme, dass ein Zufallsphänomen eine bestimmte Wahrscheinlichkeit haben sollte. Daher sollten wir zwischen dem eigentlichen Zufall (als Fehlen einer Regelmäßigkeit) und dem stochastischen Zufall (der Gegenstand der Wahrscheinlichkeitstheorie ist) unterscheiden. Es stellt sich das Problem, die Gründe für die Anwendbarkeit der mathematischen Wahrscheinlichkeitstheorie auf die Phänomene der realen Welt zu finden."

Wir können uns auf die Zukunft vorbereiten, indem wir verschiedene Szenarien durch-spielen, die wir für mehr oder weniger wahrscheinlich halten. Wir können nach Schulden-beständen Ausschau halten, die nicht ewig steigen oder fallen können. Wir können auf Stromgrößen wie die privaten Nettoinvestitionen achten, die ihre Vorzeichen ändern könn-ten, und auf andere Probleme, von denen wir wissen, dass sie mit dem zusammenhängen, was der britische Ökonom John Maynard Keynes im Jahr 1930 – ein Jahr nach dem großen Crash, der die Weltwirtschaftskrise auslöste – als wirtschaftliche „Probleme mit dem Kom-pass" bezeichnete (Keynes 2010 [1930], S. 128).

Die Entwicklung der Institutionen
Ein weiterer Punkt, der unsere Analyse erschwert, ist der institutionelle Wandel. Im Laufe der Zeit entstehen neue Institutionen, alte ändern ihr Verhalten oder verschwinden. Bis 2002 zahlten die Deutschen in D-Mark, seitdem zahlen sie in Euro. Zur Deutschen Bundes-bank kam die Europäische Zentralbank hinzu, die zusammen mit den nationalen Zentral-banken das Eurosystem bildet, welches am ehesten der Idee einer Zentralbank entspricht. Mit dem Euro kam auch der Stabilitäts- und Wachstumspakt mit Defizitgrenzen in Höhe von 3 % des Bruttoinlandsprodukts. Dazu kam Anfang der 2010er-Jahre noch eine Schuldenbremse. Vorher gab es diese Institutionen nicht.

Dies bedeutet, dass sich die Funktionsweise des Finanz- und Geldsystems im Laufe der Zeit ändert. Da das Verhalten das Vorhandensein von Institutionen berücksichtigt, sollten wir uns darüber im Klaren sein, dass wir davon ausgehen müssen, dass Veränderungen der Institutionen Auswirkungen auf das Verhalten der Gesellschaft und der Menschen haben. Die meisten Institutionen werden geschaffen, um dieses Verhalten zu beeinflussen. Viele dieser Institutionen sind öffentlich und befassen sich mit einer Vielzahl von Themen, wie z. B. dem Rechts- und Justizsystem, der Gesundheitsversorgung, den Verkehrssystemen und dem Bildungswesen, um nur einige zu nennen.

Institutionen entwickeln sich im Laufe der Zeit weiter, um Technologien zu aktualisie-ren oder neue Dienste zu integrieren. Wir erwarten, dass institutionelle Veränderungen – die meist durch politische Reformen erreicht werden – zu einer besseren Welt führen, aber das ist nicht immer der Fall. Wir können versuchen, Gutes zu tun, aber es gibt keine Ga-rantie dafür, dass eine Reform das Leben der Bürger verbessert. Geschichte und Kultur spielen eine Rolle, wenn Menschen ihre Meinungen ändern und dann Institutionen auf-bauen und umgestalten, um die Ziele zu erreichen, auf die sie sich einigen können. Dieses komplexe Zusammenspiel von sozialem Verhalten und Institutionen ist sehr wichtig. Än-derungen im Geldsystem waren oft das Ergebnis von Meinungsänderungen, die zu Ände-rungen in Politik und Recht führten.

Der Mensch ist also gleichzeitig ein Teil einer Gesellschaft und bildet diese, mit ande-ren Menschen zusammen. Dabei bestimmt der Eigennutz das Handeln des Menschen, wobei dieser aber auf die Teilnahme an der Gesellschaft ausgerichtet ist. Menschen wollen mit anderen Menschen zusammen sein. Wir sind soziale Wesen, die sich über ihre sozialen Bindungen definieren und daraus Bestätigung beziehen. Allerdings wissen wir auch, dass

Menschen sich gegenseitig furchtbare Dinge angetan haben und dies auch heute noch tun. Daher bedarf es einer Gesellschaft, die als erstes den Frieden herstellt. Dieser Friede, der Verzicht auf Anwendung von Gewalt, basiert auf einem gesellschaftlichen Konsens. Teil dieses Konsenses in der Nachkriegszeit war, dass der Staat Vollbeschäftigung herstellte und so dafür sorgte, dass genügend Arbeitsplätze zur Verfügung stehen würden. Die Arbeitslosigkeit treibt die Arbeitslosen in die Arme reaktionärer Ideologien und politischer Kriminalität. Die wissenschaftliche Forschung bestätigt diese Sicht (Bauer 2010). Menschen wenden Gewalt an, wenn sie im sozialen Gefüge eine Stellung einnahmen, die ihrer Meinung nach nicht dem entspricht, wo sie sich selbst sehen würden.

Klimawandel, Nachhaltigkeit und Ungleichheit
Die Probleme der Nachkriegszeit waren andere als die Probleme, die wir im 21. Jahrhundert lösen müssen. Ein Stück weit sind die Problemlösungen der Vergangenheit sogar die Ursache für unsere heutigen Probleme. Die Befriedung der Gesellschaft durch Massenkonsum und Vollbeschäftigung hat dazu geführt, dass wir die Grenzen der Natur überschreiten. Wir beuten Ressourcen aus, die unwiderruflich verloren sind (z. B. fossile Brennstoffe). Andere Ressourcen werden nicht nachhaltig bewirtschaftet. Gleichzeitig kam es zu einem beispiellosen Artensterben in der Tierwelt. Wir befinden uns nun im Anthropozän, dem Zeitalter des Menschen. Die Erde wird durch unser Handeln geprägt, wir sind der größte Einflussfaktor für Veränderungen.

Auch in unseren Gesellschaften hat sich sehr viel verändert. Die Abkehr vom Ziel der Vollbeschäftigung hat im Zusammenspiel mit einer Geldpolitik, die Arbeitslosigkeit erzeugt, um Inflation zu bekämpfen, zu einer hohen Ungleichheit der Einkommen und Vermögen geführt. Steuersenkungen, Schwächung der Gewerkschaften, Liberalisierung und Privatisierung haben ihre Spuren hinterlassen. Der Finanz- und Bankensektor, der die Finanzkrise von 2008/09 wesentlich verursacht hat, wurde bisher nicht so reformiert, dass eine Wiederholung der Krise unmöglich ist. Gleichzeitig drängen sogenannte „virtuelle Währungen" wie Bitcoin in die Öffentlichkeit, die jedoch sehr wenig mit unseren staatlichen Währungen zu tun haben und höchst spekulativ sind. Vor dem Hintergrund des Kampfs gegen den Klimawandel entsteht gerade sehr viel Unsicherheit für Unternehmen und Menschen.

Es gibt aber auch gute Nachrichten. Skidelsky und Skidelsky (2012) beschäftigen sich mit der Frage, wieviel genug ist. Sie schlagen vor, andere Indikatoren als das Bruttoinlandsprodukt zu nutzen. Diese sollen aus den Bereichen Gesundheit, Sicherheit, Respekt, Persönlichkeit, Harmonie mit der Natur, Freundschaft und Freizeit stammen. Raworth (2018) beschreibt ein Modell, mit dem sich Wirtschaft und Natur zusammen denken lassen und Mazzucato (2021) erklärt, wie wir das Zusammenspiel von Staat und Privatwirtschaft verändern können, um unsere Probleme besser lösen zu können. Reardon et al. (2018) beschäftigen sich mit der Frage, welche Rolle Macht in der Wirtschaft spielt.

Neue Probleme erfordern neue Lösungen. Geld ist dabei ein zentrales Element, denn damit lassen sich Ressourcen bewegen. Mit Geld kaufen wir Güter und Dienstleistungen, Firmen und Aktien, Staatsanleihen und Rohstoffe, Währungen und Energie. Dieses Buch soll dazu beitragen, die makroökonomische Perspektive zu erweitern, um auf die Probleme des 21. Jahrhunderts stärker fokussieren zu können.

Zusammenfassung

- Die Wirtschaft besteht aus einem „Geflecht von Verträgen", die in der von der Regierung gewählten Rechnungseinheit denominiert sind.
- In einer monetären Wirtschaft schaffen Ausgaben Einkommen und Verkäufer werden durch die Auferlegung von Steuerpflichten geschaffen.
- Damit ein Zahlungssystem in Gang kommt, müssen wir zunächst Steuern erheben, um Verkäufer zu schaffen, und es ermöglichen, dass der erste Kauf durch Schulden finanziert wird.
- Die Banken als Agenten des Staates erzeugen (und vernichten) Bankguthaben.
- Für die weitere makroökonomische Analyse werden drei Sektoren unterschieden: der private, der öffentliche und der externe Sektor.
- Perioden mit relativ hohen Ausgaben führen zu einem relativ hohen Wirtschaftswachstum, aber auch zu einem Anstieg der Schulden, was zu einem zunehmenden Risiko von Zahlungsausfällen und Finanzkrisen führen kann.
- Die Wirtschaft ist komplex und besteht aus vielen kleinen Teilen.
- Das menschliche Verhalten spielt eine Rolle – ist aber schwer vorherzusagen.
- Ein Netz von Verträgen, die in der Vergangenheit festgelegt wurden, erlegt den möglichen Ergebnissen in der Zukunft Grenzen auf.
- Institutionen beeinflussen das Verhalten und ändern sich mit der Zeit.
- Wir können die Zukunft nicht kennen.
- Die Probleme des 21. Jahrhunderts in den Bereichen Klimawandel, Nachhaltigkeit und Ungleichheit sind teilweise durch die Problemlösungen des 20. Jahrhunderts verursacht worden.
- Geld bewegt Ressourcen, Geldverständnis hilft bei der Suche nach Problemlösungen. ◄

Fragen

1. Erklären Sie, was mit der Aussage gemeint ist, dass die Wirtschaft ein „Netz von Verträgen" ist.
2. Warum brauchen wir in einem Zahlungssystem Schulden?
3. Warum ist Geld für die Wirtschaft wichtig?
4. Welche Beziehung besteht zwischen Bestands- und Stromgrößen? Erläutern Sie die beiden Konzepte am Beispiel einer mit Wasser gefüllten Badewanne.
5. In welchem Sinne ist die Wirtschaft „komplex"?
6. Warum verändern wir die soziale Wirklichkeit, wenn wir sie untersuchen?
7. Beeinflussen Institutionen das Verhalten?
8. Warum entwickeln sich Institutionen im Laufe der Zeit?

Übungen

1. Diskutieren Sie den Zusammenhang zwischen Schulden und Ausgaben. Erläutern Sie, ob das Volkseinkommen, definiert als die Summe aller Einkommen, mit nur einem einzigen Ausgabenniveau in Verbindung gebracht werden kann. Wenn nicht, begründen Sie dies.
2. Erläutern Sie, wie Geld geschaffen und vernichtet wird.
3. Unternehmen tätigen Investitionen, weil sie sie für rentabel halten. Erläutern Sie, welche Rolle die Unsicherheit über die Zukunft bei solchen Entscheidungen spielt.
4. Stellen Sie sich eine Wirtschaft vor, in der A dem B 100 € schuldet, B dem C 100 € und C dem A 100 €. Wie viel Geld wird benötigt, um die Schulden zu begleichen?
5. Warum finanzieren Haushalte und Unternehmen nicht alle Ausgaben durch Kreditaufnahme?

Literatur

Ash, Michael, Thomas Herndon und Robert Pollin (2013), Does High Public Debt Stifle Economic Growth? A Critique of Reinhart and Rogoff, https://peri.umass.edu/images/WP322.pdf, abgerufen am 31.3.2023

Bauer, Joachim (2010), *Schmerzgrenze – Vom Ursprung alltäglicher und globaler Gewalt*, Heyne

Bezemer, Dirk (2009), "No One Saw This Coming": Understanding Financial Crisis Through Accounting Models, https://mpra.ub.uni-muenchen.de/15892/, abgerufen am 31.3.2023

Carrión Álavarez, Miguel und Dirk Ehnts (2016), Samuelson and Davidson on Ergodicity: A Reformulation, *Journal of Post Keynesian Economics* 39(1), S. 1–16

Dudenredaktion (o. J.): „Gesellschaftswissenschaft" auf Duden online. https://www.duden.de/rechtschreibung/Gesellschaftswissenschaft, abgerufen am 31.3.2023

Dudenredaktion (o. J.): „komplex" auf Duden online. https://www.duden.de/rechtschreibung/komplex, abgerufen am 31.3.2023

Ehnts, Dirk (2020), Macroeconomics and the world economy in one lecture: a didactic primer, *International Journal of Pluralism and Economics Education* 11(2), S. 149–159

Heimberger, Philipp (2022), Do higher public debt levels reduce economic growth?, *Journal of Economic Surveys*, Vorabdruck, https://onlinelibrary.wiley.com/doi/10.1111/joes.12536, abgerufen am 31.3.2023

Keynes, John Maynard (2010) [1930], The Great Slump of 1930, in Moggridge, Donald (ed.), Essays in Persuasion, London: Palgrave Macmillan

Kolmogorov, A. N. (1986), On the Logical Foundations of Probability Theory, in: K. Ito and J.V. Prokhorov (eds.), *Probability and Mathematical Statistics*, Moscow, S. 467–471

Leijonhufvud, Axel (2012), The Economy's Mysterious Web of Contracts: the origin of financial market instability, *International Economy* 26(2), S. 48–53

Mazzucato, Mariana (2021), *Mission: Auf dem Weg zu einer neuen Wirtschaft*, campus

Milgram, Stanley (1963), Behavioral Study of Obedience, *Journal of Abnormal and Social Psychology* 67(4), S. 371–378

Milgram, Stanley (1974), *Obedience to Authority. An Experimental View*, New York: Harper

Raworth, Kate (2018), *Die Donut-Ökonomie: Endlich ein Wirtschaftsmodell, das den Planeten nicht zerstört*, Carl Hanser Verlag

Reardon, Jack, Maria Alejandra Caporale Madi und Molly Scott Cato (2018), Introducing a New Economics: Pluralist, Sustainable and Progressive, London: Pluto Press

Reinhart, Carmen und Ken Rogoff (2010), Growth in a Time of Debt, *American Economic Review* 100(2), S. 573–578, https://scholar.harvard.edu/files/rogoff/files/growth_in_time_debt_aer.pdf, abgerufen am 31.3.2023

Skidelsky, Robert und Edward Skidelsky (2012), *How Much is Enough?*, Other Press

Statistisches Bundesamt (2022), https://service.destatis.de/DE/vgr-monitor-deutschland/bip.html, abgerufen am 31.3.2023

Soziale und natürliche Grenzen, der monetäre Kreislauf und die Märkte

2

Zusammenfassung

In diesem Kapitel lernen wir den Unterschied zwischen Schöpfer der Währung und Nutzer der Währung kennen. Der Staat als Monopolist der Währung gibt Geld heraus und kann daher aus technischer Sicht nicht zahlungsunfähig werden, was bei Haushalten und Unternehmen natürlich durchaus zutreffen kann. Wir schauen uns den Geldkreislauf genauer an und auch die Überlebensrestriktionen der Unternehmen und Banken. Ebenfalls betrachtet wird die Auswirkung des Wirtschaftens auf die Natur. Am Ende des Kapitels geht es um Spekulation, Finanzierung und Finanzkrisen.

In einer modernen Geldwirtschaft verfügen die Akteure über Vermögenswerte und haben oft auch Verbindlichkeiten oder Schulden. Zu den Vermögenswerten gehören physische Objekte wie Grundstücke, Häuser und Maschinen sowie finanzielle Vermögenswerte wie Geld, Aktien und Anleihen. Die Summe aller Vermögenswerte eines Akteurs wird als Vermögen bezeichnet. Das Vermögen besteht häufig aus einem Portfolio von Vermögenswerten mit unterschiedlichem Liquiditätsgrad. Liquidität ist definiert als die Leichtigkeit, mit der ein Vermögenswert in Geld umgewandelt werden kann. Geld ist schließlich nicht nur das Rechtsinstrument, mit dem Steuern gezahlt werden, sondern es kann auch dazu dienen, Waren und Dienstleistungen zu kaufen, Arbeitskräfte einzustellen und private und öffentliche Schulden zu tilgen. Daher gibt es eine Prämie für Liquidität. Außerdem ändert sich der Nominalwert des Geldes nicht. Das Horten von Geld wirft keine Zinsen ab, während die meisten Finanzanlagen einen positiven Zinssatz oder Ertrag abwerfen. Allerdings können letztere auch einen negativen Ertrag bringen, wenn z. B. Aktienpreise fallen. Geld verliert seinen nominalen Wert nicht und ist daher risikofrei.

Letztendlich verwenden wir Bankguthaben und Bargeld, und vielleicht in gewissem Maße auch Kreditkarten, um Zahlungen zu leisten. Wir kaufen Waren und Dienst-

D. Ehnts, *Makroökonomik*, https://doi.org/10.1007/978-3-658-41055-1_2

leistungen, die wir konsumieren wollen. Wir kaufen Finanzanlagen und Investitionsgüter wie Häuser und Maschinen, um sie zu einem späteren Zeitpunkt zu einem höheren Preis zu verkaufen. Wir zahlen Steuern und tilgen Bankkredite sowie andere Verbindlichkeiten.

Warum Geld annehmen?

Eine der interessantesten Fragen in Bezug auf Geld ist, warum wir es überhaupt akzeptieren. Warum ist der Euro die Währung in Deutschland und der Eurozone? Zunächst einmal ist er als Geld positioniert. Das bedeutet, dass die Menschen den Euro als Geld verwenden, weil dies der gesellschaftliche Konsens ist. Die meisten Menschen haben nie darüber nachgedacht, warum sie den Euro verwenden. Sie benutzen ihn, weil er da ist und weil andere ihn auch benutzen. Diese Antwort führt jedoch zu einer weiteren Frage. Welche Eigenschaften muss das rechtliche Konstrukt, das als Geld positioniert wird, haben, damit es akzeptiert wird? Schließlich nutzen wir ja den Euro und nicht eine der vielen anderen Währungen in Europa. Tschechien hat die tschechische Krone, die Schweiz den Franken, die Dänen ebenfalls Kronen. Diese Währungen scheinen nicht die richtigen Eigenschaften für uns zu haben.

Die beste Antwort auf diese Frage ist, dass wir etwas brauchen, um Steuern zu zahlen, und dass wir deshalb bereit sind, unsere Arbeit, unsere Waren und Dienstleistungen oder unser Vermögen für diese Währung anzubieten. In der Eurozone können Steuern nur mit Euro bezahlt werden. Aus der Sicht der deutschen Regierung ist es der Euro, der es ihr ermöglicht, sich die Ressourcen anzueignen, die sie zur Erfüllung ihrer Aufgaben benötigt. Die Regierung eignet sich die Mittel an, indem sie Waren, Dienstleistungen, Arbeit und finanzielle Vermögenswerte mit Euro bezahlt. Auf diese Weise erhält der private Sektor die Euro, die er zur Zahlung von Steuern benötigt.

Als Monopolist der Währung ist das Eurosystem, welches aus EZB und nationalen Zentralbanken besteht, jederzeit in der Lage, neue Euro zu schöpfen (Reuters 2020). Die deutsche Regierung kann über die Deutsche Bundesbank ihre Ausgaben tätigen und ist an keine technische Budgetrestriktionen gebunden. (Es gibt einige politische Zwänge wie Schuldenbremse und Defizitgrenzen, die wir später erörtern werden.) Die Regierung gibt einfach Geld aus für das, was im Haushalt festgehalten ist. Die Grundlage der staatlichen Ausgaben ist also der erfolgreich verabschiedete Haushalt im Bundestag. Steuern werden erhoben, um die Bürger zu zwingen, dem Staat Waren und Dienstleistungen anzubieten, und um den Haushalten und Unternehmen Kaufkraft zu entziehen, sowie aus anderen politischen Gründen, die mit dem Gemeinwohl zusammenhängen. Dazu gehört auch die Besteuerung als Instrument zur Erhöhung der sozialen Gerechtigkeit (Umverteilung).

Mehr Geld später für Geld heute

Die Wirtschaft kann auch als ein Netz von Verträgen betrachtet werden. Zu den Verträgen gehören die Lieferung von Gütern heute gegen eine spätere Zahlung, Finanzverträge über

US-Dollar heute für Euro morgen und Steuerzahlungen sowie Zahlungen, um andere Verbindlichkeiten in der Zukunft loszuwerden. Minsky (1982, 385) schrieb:

> „Der grundlegende monetäre Prozess in einer kapitalistischen Wirtschaft ist die Finanzierung von Positionen und Investitionen; insbesondere Investitionen und der Besitz von Kapitalvermögen sind ein Tausch von Geld jetzt gegen Geld später."

Investitionen bestimmen darüber, was gebaut wird, von wem und für wen, und zu welchen Kosten es genutzt werden kann. Ein Schwimmbad kann privat oder öffentlich sein, es kann für die Öffentlichkeit gegen eine Gebühr, kostenlos oder durch eine Lotterie zugänglich sein. Der Zugang kann auf Hotelgäste beschränkt sein, und die Größe des Schwimmbads und seine Ausstattung hängen von der Zielgruppe ab. Jede private Investition wird durch eine Erhöhung der Nettoverschuldung finanziert, was bedeutet, dass entweder die Verschuldung des investierenden Unternehmens steigt oder sein Vermögen sinkt (oder eine Kombination aus beidem). Eine Investition wird getätigt, wenn das Geld nicht in der Erwartung des Konsums, sondern in der Erwartung zukünftiger Einkommensströme ausgegeben wird. Private Investitionen werden also in der Zukunft validiert – oder eben nicht. Es sind die Cashflows, die zur Rückzahlung von Schulden verwendet werden. Die Verträge, die regeln, wie Schulden zurückgezahlt werden, sind in einer Volkswirtschaft sehr wichtig.

In den letzten Jahrzehnten haben Finanzkrisen an vielen verschiedenen Orten gezeigt, dass finanzielle Vereinbarungen zusammenbrechen können. Wenn dies der Fall ist, führt dies in der Regel zu einem Rückgang der privaten Investitionen und damit zu einer Krise im Nicht-Finanzsektor, der sogenannten Realwirtschaft. Oft werden Regeln gebrochen, um sicherzustellen, dass die Finanzvereinbarungen nicht in größerem Umfang zusammenbrechen. Dies ist eine gute Definition von „Finanzkrise". Es ist bekannt, dass die Banken im Zentrum dieses Problems stehen. Moderne Zentralbanken haben in den meisten Ländern seit mehr als hundert Jahren die Position des Kreditgebers der letzten Instanz inne, da Bankenkrisen eine recht häufige Nebenwirkung der Art und Weise sind, wie das kapitalistische System organisiert ist. Da die Banken auf dem Interbankenmarkt, auf dem sie sich gegenseitig Kredite (oft in der Form von Zahlungsaufschub) gewähren, in ihrem eigenen Vertragsnetz gefangen sind, kann der Ausfall einer großen Bank (wie Lehman Brothers am 15. September 2008) oder einiger kleinerer Banken das gesamte Finanzsystem zum Wackeln bringen. Aus diesem Grund ist das Bankensystem in der Regel stark reguliert.

Diese spezifische Sichtweise der Wirtschaft als ein Netz von Verträgen legt es nahe, Bilanzen und Institutionen zu untersuchen, um zu verstehen, wie private und öffentliche Investitionen finanziert werden und wo die Grenzen dieser Aktivität liegen. Wir werden feststellen, dass der öffentliche und der private Sektor in einem Netz von Verträgen verstrickt sind, da die Staatsausgaben dem privaten Sektor Einkommen, Ersparnisse und Bankguthaben verschaffen, während die Besteuerung diese verringert.

Bilanzen sind immer ausgeglichen

Bilanzen sind immer ausgeglichen, was bedeutet, dass sie sich im Gleichgewicht befinden. Das Wort leitet sich vom lateinischen „equilibrium" ab. Eine Bilanz besteht aus Aktiva und Passiva bzw. Forderungen und Verbindlichkeiten (die hier austauschbar benutzt werden), wobei eine eventuelle Differenz durch einen Eintrag namens „Nettovermögen" oder „Eigenkapital" ausgeglichen wird. Dies wird in Tab. 2.1 dargestellt.

Wenn, wie üblich, der Wert der Forderungen höher ist als der der Verbindlichkeiten (natürlich ohne das Nettovermögen), dann ist das Nettovermögen positiv (siehe Bilanz oben). Es wird zu den Verbindlichkeiten addiert, sodass diese den gleichen Betrag erreichen wie die Aktivseite. Es ist auch möglich, dass in einer Bilanz die Verbindlichkeiten größer sind als die Forderungen, was bedeutet, dass das Nettovermögen negativ ist. Dies deutet auf Zahlungsunfähigkeit hin, kann aber bei Haushalten auch völlig unproblematisch sein, solange ein ausreichendes Einkommen erzielt wird.

In dem obigen Beispiel gibt es zwei Forderungen. Beide sind 100.000 € wert. Es könnte sich um eine Wohnung in der Stadt und ein kleines Haus auf dem Land handeln. Wie ihr Preis ermittelt wird, spielt hier keine Rolle. In der realen Welt gibt es viele verschiedene Möglichkeiten, einen Preis für einen Vermögenswert festzulegen. Oft sind wir aufgrund von Rechnungslegungsvorschriften gezwungen, eine bestimmte Methode zu verwenden, z. B. Mark-to-Market (unter Verwendung des aktuellen Marktpreises). Auf der rechten Seite haben wir eine Verbindlichkeit von 50.000 €. Dabei kann es sich um ein Bankdarlehen handeln, das in der Zukunft zurückgezahlt werden muss. Wir haben 100.000 € plus 100.000 € an Gesamtaktiva, was 200.000 € entspricht. Die Verbindlichkeiten belaufen sich auf nur 50.000 €. Da die Summe der Aktiva höher ist als die Summe der Passiva, stellen wir 150.000 € Nettovermögen in die Bilanz ein, damit sie ausgeglichen ist. Das Nettovermögen ist also ein Platzhalter (ein statistischer Wert) und nicht das Vermögen selbst.

Tab. 2.1 Erklärung einer Bilanz. Eigene Darstellung

Forderungen Bilanz Verbindlichkeiten			
Forderung 1	100.000 €	Verbindlichkeit 1	50.000 €
Forderung 2	100.000 €	*Nettovermögen*	150.000 €

Verschuldung und künftige Generationen
Aufgrund der doppelten Buchführung entspricht der Wert aller finanziellen Vermögenswerte auf diesem Planeten zu jeder Zeit dem Wert aller finanziellen Verbindlichkeiten. Eine Erhöhung der Staatsverschuldung erhöht also nicht die Schulden der zukünftigen Generationen. Wenn die Staatsverschuldung steigt, steigt auch das private Vermögen! Da Staatsanleihen ebenso wie Staatsschulden von Generation zu Generation weitergegeben werden, gibt es keine Möglichkeit, zukünftigen (oder vergangenen) Generationen netto Geld zu entziehen!

Bilanzen sind ein Instrument zur Erfassung von Forderungen und Verbindlichkeiten. Da eine doppelte Buchführung verwendet wird, steht jedem Vermögenswert eine Verbindlichkeit gegenüber. Eine von der Regierung ausgegebene Staatsanleihe ist beispielsweise eine Verbindlichkeit. Andererseits hält der Besitzer der Staatsanleihe einen Vermögenswert, denn aus seiner Sicht ist die Staatsanleihe ein Versprechen einer Zahlung, wenn die Fälligkeit der Anleihe erreicht ist. Die Staatsanleihe ist also ein Schuldschein (Kelton 2020).

Der Reichtum der Nationen
Während der finanzielle Reichtum im Hinblick auf die Kaufkraft von Bedeutung sein kann, beruht der reale Reichtum auf der Existenz von Kapitalgütern, mit deren Hilfe wir Konsumgüter produzieren: Immobilien, Maschinen, geistige Eigentumsrechte usw. Man könnte alle Schuldverträge löschen oder für ungültig erklären – die Wirtschaft wäre immer noch in der Lage zu produzieren (zumindest technisch). Die Vernichtung des gesamten Kapitals würde jedoch die Produktion unmöglich machen. Adam Smith (1776, 39) definiert in seinem berühmten Buch „An Inquiry into the Nature and Causes of the Wealth of Nations" Reichtum als Konsum:

> „Die jährliche Arbeit einer jeden Nation ist der Fonds, der sie ursprünglich mit allen Notwendigkeiten und Annehmlichkeiten des Lebens versorgt, die sie jährlich konsumiert, und die immer entweder in den unmittelbaren Produkten dieser Arbeit oder in dem bestehen, was mit diesen Produkten von anderen Nationen gekauft wird."

Das Ziel der Wirtschaft – nicht der Gesellschaft! – wäre es, den Menschen zu ermöglichen, Güter und Dienstleistungen zu konsumieren. Dieser Gedanke ist immer noch sehr aktuell, auch wenn viele Güter und Dienstleistungen wie Bildung und Gesundheitsversorgung heute teilweise vom Staat produziert und/oder bezahlt werden.

In einer modernen Geldwirtschaft gibt es eine Vielzahl von Akteuren: Haushalte, Unternehmen, Banken, Staat und Zentralbank. Einige von ihnen bezeichnen wir als Institutionen. Diesen kommt eine besondere Rolle zu: Sie geben das aus, was wir Geld nennen. Geld in Form von Banknoten kommt von der Zentralbank und Münzen vom Bundesfinanzministerium. Dies hat rein historische Gründe.

Institutionen

Eine Definition findet sich bei John Searle (Searle 2005, S. 21–22). Ihm zufolge ist „eine Institution jedes kollektiv akzeptierte System von Regeln (Verfahren, Praktiken), das es uns ermöglicht, institutionelle Fakten zu schaffen". Denken wir an eine Banknote. Die Banknote (X) gilt als Zahlungsmittel (Y) im Inland (C). In Searles abstrakten Begriffen: „X zählt als Y in C". Einem Gegenstand, einer Person oder einem Sachverhalt X – der Banknote – wird in der deutschen Wirtschaft (C) ein besonderer Status Y zugewiesen. In unserem Fall wird der Banknote der Status eines Zahlungsmittels zugewiesen. Nochmals Searle: „Der neue Status ermöglicht es der Person oder dem Objekt, Funktionen zu erfüllen, die sie/es allein aufgrund ihrer/seiner physischen Struktur nicht erfüllen könnte, erfordert aber als notwendige Bedingung die Zuweisung des Status."

Während die Nutzer des Geldes dieses auf der Aktivseite verbuchen, verbuchen die Geldschöpfer es auf der Passivseite. Die Zentralbanken versprechen nicht, etwas zurückzugeben, wenn sie ihr eigenes Geld erhalten, aber jede geschaffene Währungseinheit ist nach (relativ willkürlichen) buchhalterischen Normen gesehen eine Verbindlichkeit gegenüber der Zentralbank. In den nächsten beiden Kapiteln werden wir sehen, warum private und öffentliche Schulden, obwohl sie in den Bilanzen recht ähnlich aussehen, in der Praxis sehr unterschiedlich sind.

In den folgenden Abschnitten werden wir die Rolle der Ressourcen im Produktionsprozess, die Erstellung und Aufrechterhaltung von Bilanzen, die Art der Schulden und die Art und Weise, in der Schulden und Bilanzen für verschiedene Institutionen erstellt werden, näher untersuchen. Zu guter Letzt werden wir die Produktionsseite der Wirtschaft mit der spezifischen Mischung aus Märkten und Vorschriften untersuchen, die die Produktion und den Verkauf von Produkten gegen Geld ermöglichen.

2.1   Soziale und natürliche Grenzen

Einige Produkte und Ressourcen sind erneuerbar und können nachhaltig bewirtschaftet werden (Fische, Pflanzen), andere nicht (seltene Erden, fossile Brennstoffe). Auch wenn fossile Brennstoffe noch verfügbar sind, kann ihre weitere Nutzung aus Gründen wie Umweltverschmutzung, Abwasserentsorgung, zu hohen Kohlenstoffemissionen und anderen biophysikalischen Beschränkungen unhaltbar sein. Die Produktion von Gütern erfordert in der Regel physische Inputs und Energie. Manchmal gibt es keine wirkliche Produktion: Die tatsächlichen physischen Inputs sind der Output. Orangen zum Beispiel werden angebaut, bewässert und mit Sonnenenergie versorgt und dann teilweise direkt auf dem Markt verkauft. Ein anderer Teil der Orangenernte wird zu Produktionsstätten transportiert, in denen Orangensaft hergestellt wird. Dort werden die Orangen mit Hilfe von Arbeit (durch Arbeiter), Kapital (Maschinen usw.) und noch mehr Energie (Strom) verarbeitet. Andere Produkte, wie Computer oder Mobiltelefone, haben einen komplexeren Input.

Primäre Produkte und Rohstoffe

Primärprodukte (Biomasse) und Rohstoffe können geerntet, angebaut oder abgebaut werden. Die beiden erstgenannten können nachhaltig bewirtschaftet werden, um einen Teil des Bestands für die spätere Nutzung zu erhalten, die letzteren werden so lange abgebaut, bis die Ressource erschöpft ist. Fisch kann so bewirtschaftet werden, dass die Arten nicht aussterben. Alternativ kann Fisch auch in Aquakulturen gezüchtet werden. Nicht zuletzt sind auch Kohle, Gas und Öl Ressourcen, die mit einem gewissen Aufwand aus der Erde gewonnen werden können. Da es Millionen von Jahren gedauert hat, die jeweiligen Bestandteile in Kohle, Gas und Öl umzuwandeln, und da die Menschen im Durchschnitt weniger als hundert Jahre leben, können wir nicht darauf hoffen, sie zu „produzieren", um ihre Bestände wieder aufzufüllen.

Kosten und Mengen von Primärprodukten hängen von der Menge an Arbeit und Kapitalgütern ab, die notwendig sind, um sie auf den Markt zu bringen, und von der anhaltenden Bereitschaft der Verbraucher, Preise zu zahlen, die über den Kosten liegen. Nur dann sind die Anbieter bereit, ihre Produkte zu verkaufen, da sie die Differenz als Gewinn einstreichen. Wenn die Marktpreise unter die Kosten fallen, führt dies zu Verlusten. Die meisten Unternehmen können Kredite aufnehmen, um Zeiten schwacher Nachfrage zu überstehen, aber die Fähigkeit, Verluste zu tragen, ist zeitlich begrenzt.

Der Schweinezyklus

Das Zusammenspiel von Primärproduktpreisen und -mengen ist als „Schweinezyklus" bekannt. Wenn der Preis für Schweine ungewöhnlich hoch ist, züchten die Landwirte mehr Schweine. Das Züchten von Schweinen dauert eine Weile, sodass das Angebot an Schweinen erst langsam und dann schneller wächst. Irgendwann übersteigt die das Angebot die Nachfrage, und dann fällt der Schweinepreis. Auch wenn die Realität etwas komplexer ist, können einfache Modelle einen guten Einstieg bieten (Elsner et al. 2014) (Abb. 2.1).

Sinkende Schweinepreise werden die Landwirte dazu veranlassen, weniger Schweine zu züchten, was im Laufe der Zeit zu einem Rückgang des Angebots an Schweinen führen wird. Irgendwann wird das Angebot unter die Nachfrage fallen, und wenn die Marktteilnehmer dies erkennen, wird sich der Preis für Schweine wieder erholen. Wenn die Landwirte

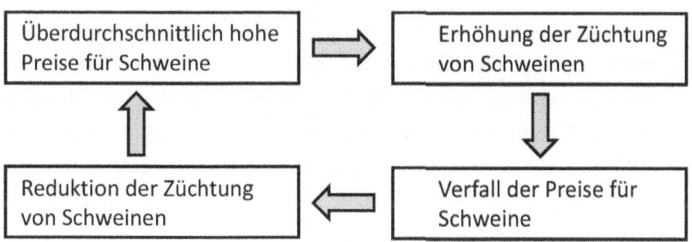

Abb. 2.1   Der Schweinezyklus. (*Quelle: eigene Abbildung*)

einen Teil ihrer Schweinezuchttätigkeit durch Schulden finanziert haben, ist es wahrscheinlich, dass es in der Zeit fallender Preise zu einigen Konkursen kommt. Diese werden zu weiteren Preisveränderungen bei Schweinen und Land führen, da beide von finanziell angeschlagenen Landwirten versteigert werden, um so viel wie möglich von ihren Schulden zurückzuzahlen.

Schweinezyklen hängen von Veränderungen der relativen Preise ab und erfordern keinen Anstieg der Inflationsrate. Sie sind stärker ausgeprägt, wenn Schulden in die Produktion einfließen. Eine der berühmtesten daraus resultierenden „Blasen" ist die holländische „Tulpenmanie", die 1637 zu Ende ging (Mackay 1852, S. 85–92). Tulpen waren in dem Teil Europas, der heute zu den Niederlanden gehört, sehr beliebt, und Tulpenzwiebeln wurden zu sehr hohen Preisen verkauft. Irgendwann wurde den Menschen klar, dass die Preise nicht ewig steigen können – und sie hörten auf, Tulpen zu kaufen. Als sich das Blatt wendete, fielen die Preise und fielen und fielen. Diejenigen, die Tulpen besaßen, verloren. Diejenigen, die keine besaßen, waren nicht betroffen. Der Markt war voller Verkäufer, aber kaum jemand wollte kaufen. Es wurde allgemein erwartet, dass die Preise noch weiter sinken würden. Der Wert der Tulpen brach ein und ruinierte diejenigen, die ihre Häuser und andere Vermögenswerte verkauft oder Geld geliehen hatten, um in Tulpen zu investieren.

Während der Anbau von Tulpen ein eher unbedeutendes Vorkommen eines Primärprodukts ist (man sollte, wenn man nicht emotional an diese Blume gebunden ist, problemlos ohne sie leben können), gibt es einige Primärprodukte, die wichtig sind. Die Frage der Nachhaltigkeit stellt sich, wenn Ressourcen bewirtschaftet werden müssen, um ein Aussterben oder die Zerstörung der Ressource zu vermeiden. Ein weiterer Grund für die Bewirtschaftung von Ressourcen ist der Einfluss – oft während der Produktion – auf andere. So wirkt sich beispielsweise ein Kraftwerk, das einen Fluss verschmutzt, auf die flussabwärts arbeitenden Fischer aus.

Wenn die Nutzung einer Ressource zur Emission eines „Übels" (des bösen Zwillings eines „Gutes") führt, ist dem Preismechanismus nicht zu trauen, da die Kosten für den Rest der Gesellschaft in den privaten Berechnungen von Erzeuger und Verbraucher nicht enthalten sind (Raworth 2017). Sie können durch Steuern auf die betreffende Ware oder Dienstleistung kompensiert werden, sodass die Nachfrage nach dieser Ressource sinkt und Einkommen generiert wird, um die Verlierer zumindest potenziell zu entschädigen. Alternativ dazu werden einige Güter und Stoffe vom Staat verboten (z. B. die Ozonschicht schädigende Stoffe wie Fluorchlorkohlenwasserstoffe/FCKW).

Im Laufe der Zeit führen die Veränderungen bei den Preisen und Mengen von Primärprodukten zu Innovationen, da diejenigen Primärprodukte, die extrem teuer und/oder knapp sind und/oder erhebliche negative Umwelteffekte verursachen, durch synthetische Produkte oder andere Alternativen ersetzt werden. Diese Produkte werden so entwickelt, dass sie ein möglichst guter oder sogar besserer Ersatz sind. So wurde im Laufe der Jahrhunderte Naturkautschuk durch synthetischen Kautschuk ersetzt, und Ähnliches geschah mit anderen Primärprodukten.

Wie wir wissen, haben technische Innovation nicht alle Probleme gelöst. Die Nutzung von Gas, Öl und Kohle hat zur globalen Erwärmung geführt, einer potenziell verheerenden Veränderung der Temperaturen und des Klimas, die im Laufe dieses Jahrhunderts eintreten wird, wenn die Politik nicht geändert wird. Dabei ist dieses Jahrzehnt entscheidend dafür, ob die Klimaziele des Pariser Abkommens noch eingehalten werden können.

Umwelt und Klimawandel

Wie Abb. 2.2 zeigt, haben wir in den letzten Jahrzehnten einen Anstieg der globalen Temperaturen erlebt. Der globale Land-Ozean-Temperaturindex ist seit etwa 1910 angestiegen, wobei seit den späten 1970er-Jahren ein deutlich schnellerer Anstieg der Temperaturen verzeichnet wird. Nach Angaben der NASA sind sich die Wissenschaftler einig, dass die Erwärmung unserer Erde von uns Menschen verursacht wird. Die globale Erwärmung können wir nur stoppen, wenn wir unseren Verbrauch von Öl, Kohle und Gas drastisch reduzieren oder ganz einstellen. Das bedeutet, dass wir einen großen Teil unserer natürlichen Ressourcen im Boden lassen müssten, obwohl es noch viele Vorräte an Öl, Kohle und Gas gäbe, die ausgebeutet werden könnten.

Wenn wir dem nicht Einhalt bieten, könnten die wirtschaftlichen Kosten aller Art steigen. Es handelt sich dabei nicht um monetäre Kosten, sondern um Kosten in dem Sinne, dass wir andere Ressourcen als Öl, Kohle und Gas einsetzen müssten, um das Problem zu lösen. So müssten wir beispielsweise höhere und mehr Deiche bauen, um unser Land vor dem Anstieg des Meeresspiegels zu schützen. Das bedeutet, dass einige Arbeiter und einige Maschinen mit dieser Tätigkeit beschäftigt sein werden. Sie stünden nicht mehr für

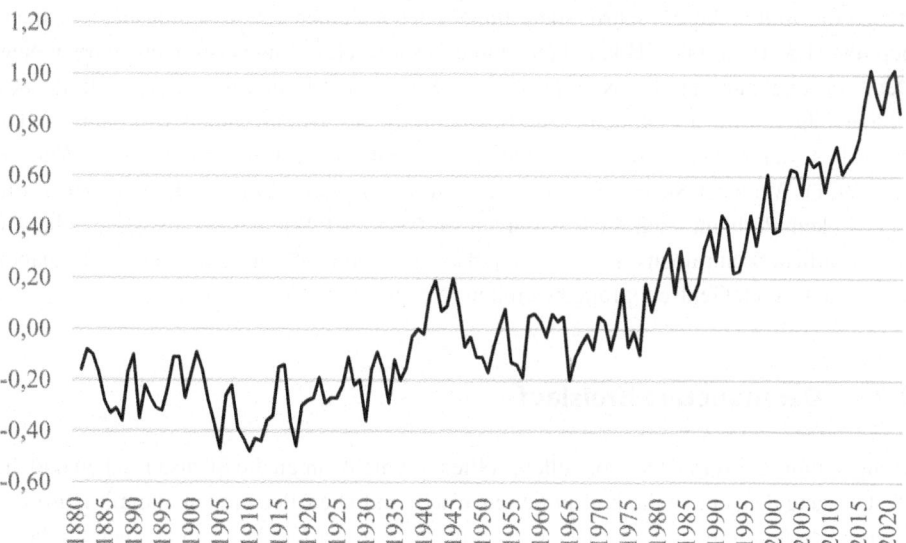

Abb. 2.2 Globale Land-Ozean Temperaturen Index. (*Quelle:* https://climate.nasa.gov/vital-signs/global-temperature/)

andere Aufgaben zur Verfügung. Länder, die keine oder nicht genügend Ressourcen zur Bekämpfung des Klimawandels haben, müssen sich auf andere Weise anpassen. Wenn es einem Land an Steinen, Sand und Maschinen mangelt und kein Deich gebaut werden kann, müssen die Menschen von der Küste wegziehen und sich woanders ansiedeln, wobei sie ihre Häuser und Arbeitsplätze verlieren.

Da die globale Erwärmung ein Problem ist, das alle Länder betrifft, hat sich die globale Politik bemüht, alle Länder an einen Tisch zu bringen und sich auf eine gemeinsame Politik zu einigen. Das jüngste Ergebnis einer solchen globalen Politikgestaltung ist das Pariser Abkommen von 2015, das vom Umweltbundesamt (2022) wie folgt beschrieben wird:

> „Auf der ‚Pariser Klimakonferenz'(COP 21) im Jahr 2015 einigte sich die Staatengemein-schaft erstmals völkerrechtlich verbindlich darauf, die Erderwärmung auf deutlich unter 2 °C gegenüber dem vorindustriellen Niveau zu begrenzen. Darüber hinaus sollen sich die Staaten bemühen, den Temperaturanstieg unter 1,5 °C zu halten, um die verheerendsten absehbaren Folgen des Klimawandels zu verhindern. Sobald wie möglich muss deshalb der globale Scheitelpunkt der Emissionen erreicht werden mit anschließend drastisch sinkenden Emissio-nen. Außerdem muss in der zweiten Hälfte des 21. Jahrhunderts Treibhausgasneutralität er-reicht werden. Dafür soll an erster Stelle durch die Dekarbonisierung unserer Wirtschafts- und Lebensweise der Ausstoß von Treibhausgasemissionen drastisch gesenkt werden. Zu-sätzlich sollen natürliche Kohlenstoffsenken, wie Wälder oder Moore, die Treibhausgase aus der Atmosphäre binden, erhalten und gestärkt werden. Weitere Ziele sind, die Fähigkeiten der Länder beim Umgang mit den Auswirkungen des Klimawandels zu stärken (Anpassung) und die Umlenkung der Finanzströme hin zu einer Wirtschaftsweise mit niedrigen Treibhausgas-emissionen und nachhaltiger Entwicklung zu gewährleisten."

Wie der Emissionslückenbericht 2021 der Vereinten Nationen (UNEP 2021) feststellte, steuert die Welt in diesem Jahrhundert immer noch auf einen Temperaturanstieg von deut-lich über 1,5 °C zu. Die EU hat einen „Green Deal" bereits angestoßen, ein „Green New Deal" in Anlehnung an den New Deal von US-Präsident Franklin D. Roosevelt aus den 1930er-Jahren wird als Strategie zur Bekämpfung des Klimawandels diskutiert. Dabei gilt: Alles, was wir produzieren können, können wir uns auch finanziell leisten (Mazzu-cato 2021). Wenn der Staat mehr Geld zur Bewältigung des Klimawandels ausgeben soll, ist Geld kein Problem – nur die Ressourcen sind begrenzt. Wie wir bereits gesehen haben, sind staatliche Zentralbanken die Monopolschöpfer von Geld und können die Ausgaben des Staates durch Geldschöpfung bestreiten (Nersisyan und Wray 2019).

2.2   Der monetäre Kreislauf

Wenn wir uns die Wirtschaft vorstellen, sollten wir nicht nur an die Staatsausgaben und die Besteuerung denken, an die konsumierten Waren und Dienstleistungen, die mit Hilfe von materiellen und immateriellen Ressourcen produziert werden. Wir sollten auch an die fi-nanziellen Arrangements denken, die zum Kauf der Produktion verwendet werden. Manchmal werden Vermögenswerte eingesetzt, um den Erwerb von Gütern zu finanzieren, manchmal werden Schuldvereinbarungen getroffen, um Zahlungen in die Zukunft zu ver-schieben. Da der größte Teil der Produktion in der Regel konsumiert wird, bleibt nur die finanzielle Seite in der Zukunft bestehen. Die Schulden werden in Zukunft beglichen und die Einnahmen können vom Gläubiger später ausgegeben werden.

Bilanzen sind dabei Abstraktionen. Sie ermöglichen es uns, uns ein Bild von den Forderungen und Verbindlichkeiten eines Akteurs und damit von seinem Nettovermögen zu machen. Grundlage der Einträge sind die Eigentums- und Besitzverhältnisse an Vermögenswerten und Verbindlichkeiten im rechtlichen Sinne. Die rechtlichen Regelungen, die den Besitz oder die Schaffung von Bankguthaben ermöglichen, werden manchmal angegeben und manchmal nicht. Beispielsweise wird Bargeld in den meisten Ländern als Eigentum behandelt, und daher gibt es eine klare Rechtsgrundlage, wenn es darum geht, Bargeld als Vermögenswerte in einer Bilanz auszuweisen.

Haushalte
Nehmen wir an, ein Haushalt hat zwei Vermögenswerte (eine Wohnung und ein Haus) und eine Verbindlichkeit (einen Bankkredit). Wenn wir das Nettovermögen des Haushalts berechnen wollen, addieren wir einfach den Wert der Vermögenswerte und ziehen die Verbindlichkeiten ab. So kommen wir in Tab. 2.2 auf ein Nettovermögen von 250.000 €.

Tab. 2.3 zeigt einen Haushalt, der netto verschuldet ist. Die Hypothek ist höher als die beiden Vermögenswerte zusammen, sodass der Haushalt ein Nettovermögen von minus 250.000 € hat. Ein negatives Nettovermögen ist für einen Haushalt kein Problem, solange sein Einkommen ausreicht, um die Zahlungen (sowohl für die Zinsen als auch für die Rückzahlung des ursprünglichen Darlehens) zu leisten. Die meisten Haushalte haben ein positives Nettovermögen, da sie Vermögen für das Rentenalter ansparen. Je nach Rentensystem kann dies zu einer größeren oder kleineren Bilanz führen. Wenn es ein öffentliches Rentensystem gibt, kann ihre Bilanz relativ klein ausfallen. Wenn es nur eine private Rente gibt, sollte die Bilanz länger sein.

Die privaten Haushalte können Kredite aufnehmen, sind aber letztlich einer Beschränkung unterworfen. Da die Haushalte die Zinsen aus dem verfügbaren persönlichen Einkommen zahlen, können die Schuldendienstzahlungen nicht über 100 % des verfügbaren persönlichen Einkommens steigen. Ein Blick auf Abb. 2.3 zeigt, dass in den USA die Schuldendienstzahlungen der Haushalte in Prozent des verfügbaren Einkommens in

Tab. 2.2 Das Nettovermögen als Differenz. Eigene Darstellung

Forderungen Bilanz Verbindlichkeiten			
Forderung 1	100.000 €	Verbindlichkeit 1	50.000 €
Forderung 2	200.000 €	*Nettovermögen*	250.000 €

Tab. 2.3 Das negative Nettovermögen. Eigene Darstellung

Forderungen Bilanz Verbindlichkeiten			
Forderung 1	100.000 €	Verbindlichkeit 1	550.000 €
Forderung 2	200.000 €	*Nettovermögen*	− 250.000 €

Abb. 2.3 Schuldendienstzahlungen der privaten Haushalte als Prozentsatz des verfügbaren Einkommens in den USA. (*Quelle:* https://fred.stlouisfed.org/graph/?g=EZJ7)

den Jahren nach 1980 meist zwischen 10 und 13,5 % lagen. Während des Anstiegs der Immobilienpreise, der Anfang der 1990er-Jahre begann, stiegen die relativen Schuldendienstzahlungen der Haushalte. Angesichts der Tatsache, dass immer mehr Hypotheken und Kredite zum Kauf oder Bau von Häusern aufgenommen wurden, passen diese Daten zum Hintergrund eines Immobilienbooms.

Firmen

Unternehmen sind insofern etwas Besonderes, als sie in Konkurs gehen können. Während Haushalte ohne weiteres ein negatives Nettovermögen haben können – solange sie ihre Schulden bedienen – ist dies für Unternehmen nicht so einfach. Wenn die Aktiva zu irgendeinem Zeitpunkt unter die Passiva fallen, ist das Unternehmen technisch gesehen bankrott. Wenn ein Unternehmen nicht genug Geld (Bargeld plus Bankeinlagen) hat, um seine Schulden zurückzuzahlen, ist es illiquide und gezwungen, Vermögenswerte zu verkaufen.

Während private Haushalte meist Kredite bei Banken aufnehmen, können Unternehmen ihre eigenen Schuldtitel ausgeben: Aktien, Anleihen und andere Formen von Verbindlichkeiten. Unternehmen erfolgen in der Regel das Ziel der Gewinnerzielung. Sie nehmen regelmäßig Kredite auf, um Investitionen und Produktion zu finanzieren. Dies sollte zu Erträgen führen sollte, die höher als die Kosten sind. Die Unternehmen zahlen die Zinsen aus ihren Gewinnen, sodass sie, wenn sie Kredite aufnehmen wollen, positive Gewinne erwirtschaften müssen. Ob sie letztendlich Gewinne erzielen oder nicht, ist für die Gegenwart irrelevant; niemand kann wissen, was die Zukunft bringt. Was zählt, ist, dass sie heute Kredite aufnehmen können. Die Unternehmen können Investitionen und Produktion auch aus den einbehaltenen Gewinnen der Vergangenheit finanzieren. Ein Wachstum der Produktion ist dafür nicht zwingend notwendig, denn auch ein Anstieg des Preisniveaus kann dazu führen, dass das Unternehmen die nötigen Gewinne in Geld gemessen erwirtschaftet, die es für die Tilgung der Schulden braucht.

Unternehmen können sich auf zwei verschiedene Arten finanzieren: durch Eigenkapital und durch Fremdkapital. Beim Eigenkapital erhalten die Investoren eine Beteiligung an dem Unternehmen und damit einen Teil der künftigen Gewinne sowie die Möglichkeit, den jeweiligen Anteil am Eigenkapital gewinnbringend zu verkaufen. Fremdfinanzierung ist das Ausleihen von Geld von außerhalb des Unternehmens. Dabei verspricht das Unternehmen die Rückzahlung der geliehenen Summe sowie des vereinbarten (normalerweise festen) Zinssatzes.

Wie viel Geld ein Unternehmen leihen kann, hängt von seinen Sicherheiten und Zukunftsaussichten ab, die von den Banken und Investoren beurteilt werden. Die Finanzierung über die Ausgabe von Aktien oder Anleihen hängt von den Erwartungen an die Zukunftsaussichten ab, aber vielleicht noch realistischer von der Einschätzung der Investoren über die Einschätzung der anderen Investoren, wie diese das Unternehmen morgen bewerten.

Wenn das alles verwirrend ist, dann zu Recht! Auf den Finanzmärkten geht es nicht darum, die künftigen Erträge von Unternehmen richtig einzuschätzen, sondern vielmehr darum, wie sich die Preise von Vermögenswerten kurzfristig entwickeln. Daher versuchen die Teilnehmer an den Finanzmärkten, ihre Kollegen zu überrumpeln. Sie versuchen, heute zu kaufen, was sie glauben, dass ihre Kollegen morgen kaufen werden, oder besser gesagt, was ihre Kollegen glauben, dass andere übermorgen kaufen werden. (Immer noch zu kompliziert? Macht nichts, das Thema wird in diesem Lehrbuch nicht mehr behandelt. Wichtig ist nur, dass es keine „fundamentalen" Preise gibt. Es ist alles getrieben von Erwartungen.)

Minskys Ebenen der Finanzierung
Der Wirtschaftswissenschaftler Hyman Minsky (1919–1996) unterscheidet drei Ebenen der Finanzierung (Minsky 2011, 2017):

1. *Hedge*-Finanzierung: Der Kreditnehmer ist in der Lage, sowohl die zur Verfügung gestellte Geldsumme als auch die Zinsen bei Fälligkeit zurückzuzahlen.
2. *Spekulations*-Finanzierung: Der Kreditnehmer ist nur in der Lage, die Zinsen bei Fälligkeit zu zahlen, nicht aber die zur Verfügung gestellte Geldsumme.
3. *Ponzi*-Finanzierung (nach Charles Ponzi): Der Kreditnehmer ist weder in der Lage, die Zinsen noch die zur Verfügung gestellte Geldsumme zurückzuzahlen.

Die verschiedenen Finanzierungsebenen implizieren eine unterschiedliche Abhängigkeit von den Finanzmärkten für das Überleben des jeweiligen Unternehmens. Bei der Hedge-Finanzierung muss sich der Kreditnehmer nicht refinanzieren und ist daher überhaupt nicht von den Finanzmarktbedingungen abhängig. Bei der Spekulations- und Ponzi-Finanzierung muss der Kreditnehmer seine Position refinanzieren. Das Überleben des Unternehmens hängt davon ab, ob eine weitere Finanzierung möglich ist.

Charles Ponzi (1882–1949)
Ponzi war ein Hochstapler in den USA und Kanada. Im frühen 20. Jahrhundert verloren seine Anleger 20 Mio. US-Dollar, nachdem sein System zusammengebrochen war. Ponzi versprach hohe Renditen und verwendete das von neuen Anlegern eingezahlte Geld, um Zahlungen an die alten Anleger zu leisten. Solange es genügend neue Anleger gab, lief dieses System weiter. Dies ist nicht der einzige derartige Fall. Im Jahr 1997 verloren Anleger in Albanien nach dem Zusammenbruch einiger solcher Systeme mehr als 50 % des BIP an Vermögen. 2008 wurde Bernie Madoff verhaftet, weil er das größte Schneeballsystem der Geschichte betrieben hatte. Es wurden etwa 68 Mrd. US-Dollar investiert, was zu Verlusten von 18 Mrd. Dollar führte, von denen 14,4 Mrd. Dollar wieder zurückgewonnen wurden.

Welche Art von Finanzierung möglich ist, hängt weitgehend von der Marktstimmung ab. Wenn die Anleger optimistisch sind, können die Unternehmen mehr Schulden aufnehmen als in schlechten Zeiten. Ponzi-Finanzierung ist zwar nicht die Art und Weise, wie sich die meisten Unternehmen finanzieren, aber sie ist dennoch sehr wichtig. Junge und vielversprechende Unternehmen fallen oft in diese Kategorie. Sie versprechen glänzende Gewinne für die Zukunft, weisen aber in den ersten Jahren ihrer Tätigkeit Verluste aus.

Die Menschen, die an eine glänzende Zukunft dieses Unternehmens glauben, kaufen jedoch weiterhin Aktien und ermöglichen so das Überleben des Unternehmens. Wenn alles gut geht, erwirtschaftet das Unternehmen schließlich Gewinne und kann seine Schulden abbauen. Wenn nicht, wird das Unternehmen in Konkurs gehen oder übernommen werden. Das Konkursrecht wird jedoch nicht immer durchgesetzt. Nach dem Platzen der Immobilien- und Börsenblase in Japan Anfang der 1990er-Jahre sollen die Banken es vorgezogen haben, dass Unternehmen, die technisch gesehen bankrott waren (wenn Immobilien zum Marktwert bewertet wurden), weiterarbeiten und ihren Cashflow zum Abbau ihrer Bankschulden verwenden konnten. In der darauffolgenden Periode schwachen Wachstums gingen die Unternehmen von der Gewinnmaximierung zur Schuldenminimierung über.

Das Streben nach Gewinn
Das Produktionsmotiv eines Privatunternehmens ist die Erzielung von Gewinn. Vor dem Aufkommen von Banken und Krediten waren es die Eigentümer der Produktionsfaktoren, die den Produktionsprozess kontrollierten. Heute werden die Produktionsfaktoren in der Regel finanziert, d. h. sie werden mit Hilfe von Finanzmitteln erworben. Das Eigentum an den Produktionsfaktoren ist darauf ausgerichtet, monetäre Gewinne zu erzielen, die es dem Eigentümer (dem Unternehmen und seinen Investoren) ermöglicht, finanziellen Verpflichtungen nachzukommen und das jeweilige Vermögen zu vermehren.

Zu den Produktionsfaktoren gehören Grundstücke und Gebäude (Immobilien), Investitionsgüter (Maschinen, Werkzeuge, etc.) und menschliche Arbeitskraft. Investitionsgüter umfassen auch Patente oder andere materielle oder immaterielle nicht-finanzielle Vermögenswerte. Arbeit ist ein Produktionsfaktor, der in der Regel in Eigenbesitz ist, aber es gibt auch Ausnahmen von dieser Regel. Sklaverei gibt es seit Jahrtausenden und wird in Teilen der Welt immer noch praktiziert. Das Streben nach Gewinn führt zu einem Paradoxon in der Geldsphäre. Unternehmen brauchen Gewinne, weil sie normalerweise Zinsen zahlen müssen. Das liegt daran, dass sie zunächst Kredite aufnehmen müssen, um die Produktion zu finanzieren, und erst später verkaufen. Nehmen wir einmal an, dass Gewinne nichts anderes sind als die finanziellen Nettoersparnisse eines Unternehmens:

▶   *Gewinne = Einnahmen − Ausgaben*

Nach der obigen Definition nimmt ein Unternehmen, das einen Gewinn erwirtschaftet, mehr ein als es ausgibt. Das Problem wird deutlich, wenn wir die systemische Perspektive betrachten. Wenn die Unternehmen mehr einnehmen als sie ausgeben, dann muss irgendein anderer Akteur mehr ausgeben als er einnimmt! In einer Welt, in der die Ausgaben gleich den Einnahmen sind – was die Logik gebietet – und die nur von Unternehmen bevölkert wird, müsste der Gewinn des einen Unternehmens der Verlust des anderen sein. Der Anstieg der Gewinne muss dann Hand in Hand mit dem Anstieg der Verluste gehen. Das ist keine gute Art, eine kapitalistische Wirtschaft zu führen, in der alle Unternehmen langfristig Gewinne brauchen, um zu überleben! Wir werden später auf dieses Thema zurückkommen und beginnen mit der Untersuchung des Geldkreislaufs unter der vereinfachenden Annahme, dass es keine Zinszahlungen gibt.

Der monetäre Kreislauf

Wer die Produktionsfaktoren kontrolliert, hat viel Macht und wurde früher als Kapitalist bezeichnet. Mit dem Aufkommen des Bankwesens wurden neue Begriffe populär: der des Bankiers und der des Unternehmers. Die Unternehmer besitzen keine Produktionsfaktoren, sondern kaufen diese mit geliehenen Bankguthaben. Den institutionellen Mechanismus, der dies ermöglicht, ist das, nennen wir Bankwesen.

Betrachten wir einen einfachen Geldkreislauf mit nur einer Bank, die Guthaben erzeugt, indem sie Kredite gegen Sicherheiten vergibt. Die Wirtschaft ist bargeldlos, daher herrscht das Giralgeld (die Bankguthaben). In Anlehnung an das Beispiel von Wicksell (1936 [1898], S. 138–139) gehen wir davon aus, dass das Unternehmen über genügend Sicherheiten verfügt, um sich für einen Bankkredit zu qualifizieren. Die Bank kann per Tastendruck ein Guthaben auf dem Konto des Unternehmens erstellen. (Oder durch einen „Federstrich", wie zu Wicksells Zeiten.)

Das Unternehmer, welches den Schuldvertrag (Kredit) unterzeichnet hat, hat seine Bilanz verlängert. Es gibt in der Bilanz aus Tab. 2.4 einen neuen Vermögenswert (das Bankguthaben) und eine neue Verbindlichkeit (den Kredit). Das Nettovermögen hat sich nicht verändert, da

Tab. 2.4 Der Unternehmenskredit als Finanzierung. Eigene Darstellung

Unternehmen			
Guthaben	100.000 €	Kredit	100.000 €

Tab. 2.5 Der Unternehmenskredit aus Bankensicht. Eigene Darstellung

Bank			
Kredit	100.000 €	Guthaben	100.000 €

beide Seiten der Bilanz um den gleichen Betrag gestiegen sind. Der Einfachheit halber gehen wir davon aus, dass die Bank keinen Zinssatz verlangt. Das Unternehmen hat bei der Bank einen Kredit aufgenommen, um an Guthaben zu gelangen, welches die Arbeitskräfte als Zahlungsmittel für ihre Arbeitsleistung akzeptieren.

Die Bilanz der Bank ist das Gegenstück zu der des Unternehmens. Dieses hat einen Schuldschein, den Kreditvertrag, unterzeichnet und damit versprochen, den Kreditbetrag in der Zukunft zurückzuzahlen. Dieses Versprechen stellt einen Vermögenswert für die Bank dar. Die von der Bank erzeugten Guthaben stellen für die Bank eine Verbindlichkeit dar, während sie für den Kreditnehmer einen Vermögenswert darstellen. Genau wie beim Unternehmen ist das Nettovermögen (nicht verzeichnet) der Bank gleich Null. Dies zeigt Tab. 2.5.

Das künftige Nettovermögen hängt von dem Zinssatz ab, den die Bank den Kreditnehmern in Rechnung stellt, und von den Zinssätzen, die sie den Einlegern zahlt. Beide Zinssätze werden von der Bank festgesetzt, sodass diese sicherstellen kann, dass sie einen Gewinn erzielt. Sie setzt den Zinssatz für ihre Kreditgeschäfte höher an als den, den sie den Einleger gewährt. Dies funktioniert nur, solange es kein Bargeld und keine anderen Banken gibt. Wir werden später auf die Gewinne der Banken zurückkommen.

Das Unternehmen hat sich die Bankguthabgen geliehen, um Vorleistungen für den Produktionsprozess zu kaufen. Diese wurden von einer Bank mit dem Computer und einer Software erzeugt. Dem Guthaben entspricht ein Eintrag in einer Tabellenkalkulation. Dieser beruht auf einem Kreditvertrag. Um den Kredit zu ermöglichen, waren keine vorher existierenden Guthaben (weder Ersparnisse noch Zentralbankgeld) erforderlich. In einer reinen Kreditwirtschaft schaffen Banken Geld aus dem Nichts (*ex nihilo*). Allerdings vergeben sie Kredite in der Regel nur gegen Sicherheiten oder bei guter Bonität.

Das Unternehmen verwendet sein Guthaben, um Arbeitskraft zu erwerben. Vereinfachend wird hier angenommen, dass für die Produktion weder Werkzeuge noch Material benötigt werden. Im Gegenzug erhält der Haushalt das Bankguthaben des Unternehmens. Tab. 2.6 zeigt die Bilanzen nach dieser Transaktion (Abb. 2.4).

Nach Erhalt dieses Einkommens verfügt der Haushalt über Kaufkraft in Form von Bankhuthaben. Aus diesem Grund beträgt das Nettovermögen des Haushalts 100.000 €. Die Arbeit ist nicht Teil der Bilanzen, da sie weder Aktiva noch Passiva darstellt. Das Unternehmen bilanziert jedoch die Produktion. Sein Nettovermögen ist daher unver-

Tab. 2.6 Die Bezahlung der Arbeitskräfte. Eigene Darstellung

Unternehmen			
Dienstleistungen	100.000 €	Kredit	100.000 €

Haushalt			
Guthaben	100.000 €	*Nettovermögen*	100.000 €

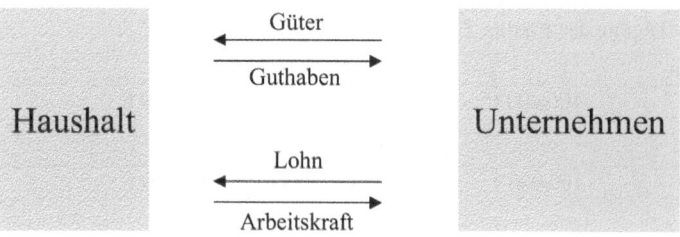

Abb. 2.4 Der Geldkreislauf. (*Quelle: Eigene Abbildung*)

ändert. Da die Kaufkraft des Haushalts 100.000 € beträgt, sollte die Produktion den gleichen Wert (Menge mal Preis) haben – es gibt nichts anderes, wofür der Haushalt sie ausgeben könnte.

> **Gewinn und Mehrwert**
>
> Was würde passieren, wenn ein Unternehmen den Preis erhöhen und nur die Hälfte der Produktion für 100 € verkaufen würde? In diesem Fall könnte das Unternehmen immer noch den Kredit zurückzahlen und hätte noch einige produzierte Dienstleistungen übrig. Die Besitzer des Unternehmens könnten diese Leistungen dann konsumieren, da keine finanziellen Ansprüche zu befriedigen sind, oder sie könnten sie gegen Geld an andere Haushalte verkaufen. Da das Unternehmen die Preise erst nach der Zahlung der Löhne festlegt, haben die Unternehmen die Möglichkeit, einen Teil der Produktion von den Arbeitnehmern auf ihren eigenen Bedarf umzulenken.

Nehmen wir der Einfachheit halber an, dass der Haushalt alle Dienstleistungen vom Unternehmen kauft, welches dafür alle Einlagen erhält. Wir wissen, dass das Unternehmen den Preis etwas hätte anpassen können, um einen Teil der produzierten Dienstleistungen für sich selbst zu behalten und trotzdem alle Einlagen zurückzubekommen (siehe Kasten). Die Bilanzen sehen dann aus wie in Tab. 2.7.

Der Haushalt konsumiert die von ihm produzierten Dienstleistungen, was bedeutet, dass sie nicht mehr vorhanden sind. Daher ist dieser Posten in der Bilanz eingeklammert. Die Bilanz des Haushalts kehrt zu ihrer ursprünglichen Position mit Nullen zurück. Das bedeutet aber nicht, dass sich nichts geändert hat – schließlich hat der Haushalt einige Dienstleistungen produziert und konsumiert! Ohne Bankguthaben wäre es wahrscheinlich

Tab. 2.7 Die Bezahlung der Dienstleistungen. Eigene Darstellung

Unternehmen			
Guthaben	100.000 €	Kredit	100.000 €

Haushalt			
(Dienstleistungen	100.000 €)		

Tab. 2.8 Vor Tilgung des Kredits. Eigene Darstellung

Unternehmen			
Guthaben	100.000 €	Kredit	100.000 €

Bank			
Kredit	100.000 €	Guthaben	100.000 €

nie zu dieser Entwicklung gekommen. (Tatsächlich gab es schon vor der Einführung des Bankwesens Schuldenregelungen, die nicht auf Bankguthaben beruhten.)

Was macht das Unternehmen mit den Guthaben, die es erhalten hat? Es kann diese verwenden, um den Produktionsprozess wieder in Gang zu bringen, oder es kann sie zur Rückzahlung des Kredits verwenden, wenn dieser fällig wird. Wie oft die Guthaben für die Produktion verwendet werden können, hängt davon ab, wie lange die Produktion dauert und wann der Kredit fällig ist. Wenn die Rückzahlung des Kredits fällig ist, gibt das Unternehmen die von der Bank geliehenen Guthaben zurück. Tab. 2.8 zeigt, wie die Bilanz aussehen könnte, kurz bevor der Kredit zurückgezahlt wird.

Da die Aktiva und Passiva, die wir in den beiden Bilanzen sehen, durch den Kreditvertrag entstanden sind, sollte die Rückzahlung des Kredits diese Einträge vernichten. Und das tut sie auch! Das Unternehmen hatte versprochen, der Bank 100.000 € an Guthaben zu schöpfen, und es erfüllt sein Versprechen. Es hat 100.000 € auf seinem Konto und überträgt das Eigentum an die Bank. Die Bank zerreißt daraufhin den Kreditvertrag, der einst ihr Vermögen war. Was ist mit den Guthaben?

Wenn das Unternehmen die Guthaben zurückgibt, bedeutet das, dass die Bank einen ihrer eigenen Schuldscheine erhält – das ist so, als würden Sie ein Stück Papier erhalten, auf dem Sie dem Eigentümer dieses Papiers versprechen, 100 € zu einem bestimmten Zeitpunkt zu zahlen. Sie können dieses Stück Papier ohne Verlust vernichten! Es macht keinen Sinn, sich selbst Geld zu schulden, daher werden diese Schuldscheine nicht in der Bilanz ausgewiesen. Genau das tut auch die Bank: Sie löscht einfach die 100.000 € in ihrer großen Tabelle von Ihrem Konto und das war es dann! Tab. 2.9 zeigt das Resultat.

Der Geldkreislauf ist nun geschlossen. Guthaben wurden geschaffen, um den Produktionsprozess (vor-)zu finanzieren, sie zirkulierten in der Wirtschaft sowohl auf dem Arbeits- als auch auf dem Waren- und Dienstleistungsmarkt, und wenn sie an den Kreditnehmer zurückflossen, der keine Verwendung mehr für sie hatte – oder gezwungen war, den Kredit zurückzuzahlen – dann wurden diese Guthaben wieder vernichtet.

Tab. 2.9 Nach Tilgung des
Kredits. Eigene Darstellung

Unternehmen			
Guthaben	0K €	Kredit	0K €

Bank			
Kredit	0K €	Guthaben	0K €

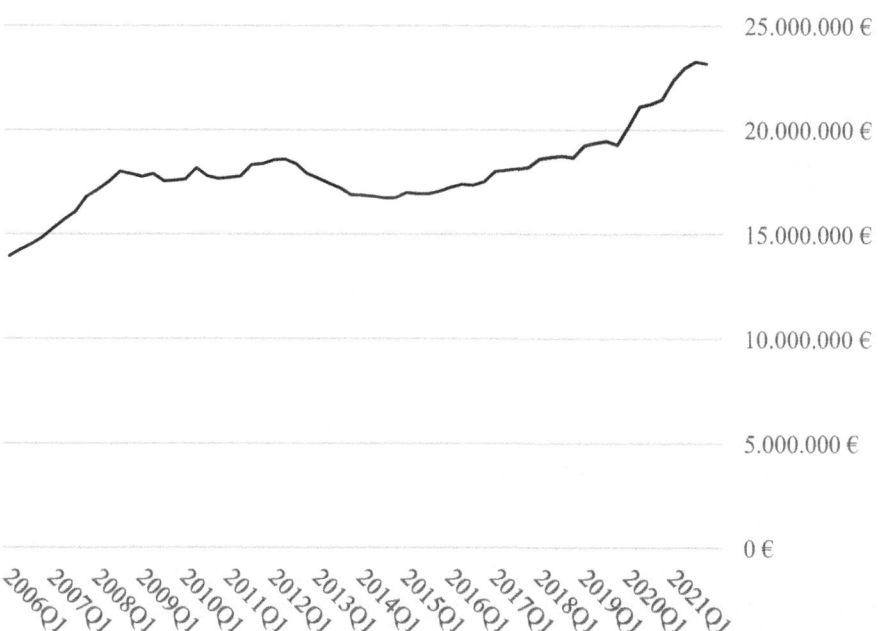

Abb. 2.5 Kredite der Banken der Eurozone an den privaten Sektor, Stand am Ende des Quartals in Millionen Euro. (*Quelle: Nationale Zentralbanken und EZB, BSI – MFI Balance Sheet Items, Credit institutions and money market funds T0101*)

Abb. 2.5 zeigt die Kredite der Banken der Eurozone an den privaten Sektor, jeweils den Stand am Ende des Quartals in Millionen Euro. Mehr als 23 Billionen Euro an ausstehenden Krediten wurden im 4. Quartal 2021 durch Bankkredite an Unternehmen und Haushalte geschaffen. Die Kreditschöpfung vor der globalen Finanzkrise von 2008/09 stieg stetig an, danach stagnierte sie. Erst mit der Überwindung der Austeritätspolitik Mitte des Jahrzehnts stieg die Menge an Kredit wieder an. Die Corona-Pandemie sorgt Anfang der 20er-Jahre für eine deutliche Beschleunigung.

Spekulation

Der bisher dargestellte Geldkreislauf hat einen eindeutigen sozialen Nutzen. Er ermöglicht Produktion und Vertrieb, schafft Arbeitsplätze und erhöht das BIP in Form von Konsumgütern und Dienstleistungen. Bankguthaben können aber auch zu Spekulationszwecken ausgeliehen werden. Das bedeutet, dass der Spekulant Ressourcen, Finanzanlagen, Immobilien usw. in der Erwartung kauft, dass die Preise dafür schneller steigen als der von ihm gezahlte Zinssatz. Der Spekulant hofft auf Gewinne, ohne die erworbenen Ressourcen einer wirtschaftlichen Nutzung zuzuführen. Er kauft und verkauft, um einen Gewinn zu erzielen ganz ohne reale Wertschöpfung. In diesem Fall sind die sozialen und wirtschaftlichen Folgen von Bankkrediten nicht so eindeutig.

Der Spekulant hat sich 100.000 € geliehen (Tab. 2.10) und kann nun Waren und Dienstleistungen kaufen, Arbeitsleistungen in Auftrag geben oder Finanzanlagen erwerben, in der Hoffnung, einen Gewinn zu erzielen. Das Vorgehen des Spekulanten kann sehr einfach sein. Wenn er ein Haus kauft, hofft er, dass der Preisanstieg im Durchschnitt einen höheren Prozentsatz an Rendite abwirft, als er an Zinsen zur Finanzierung seiner Spekulation zahlt. Wenn der Investor erfolgreich ist, werden die Aktiva in der Bilanz schneller wachsen als die Passiva. Ein erfolgreiches Ergebnis (Fortsetzung von oben) könnte aussehen wie in Tab. 2.11:

Nach einigen Jahren ist der Preis der Immobilie, die sich im Besitz des Haushalts befindet, um 20.000 € gestiegen, während die Kosten für die Finanzierung der Position 10.000 € betragen haben. Dies hat zu einem Nettovermögen von 10.000 € geführt, wobei davon ausgegangen wird, dass der Preis der Immobilie jederzeit realisiert werden kann, wenn der Spekulant sie verkaufen will – der Vermögenswert wird zum Marktwert bewertet (*engl.* mark-to-market). Der Spekulant könnte versuchen, weitere Guthaben zu leihen, indem er den Anstieg des Immobilienpreises als zusätzliche Sicherheit für Kredite nutzt. Die Finanzierung von Positionen als Spekulant ist kostspielig, wenn ein Kredit verwendet wird, da ein Zinssatz zu zahlen ist.

Bei Spekulation bestehen ein Verlustrisiko und die Ungewissheit über die Nachhaltigkeit der Vereinbarung. Kredite haben ein Fälligkeitsdatum, zu dem sie zurückgezahlt werden müssen, wenn sie nicht verlängert werden. Wenn wir davon ausgehen, dass sich der Immobilienmarkt nicht so gut entwickelt, wie der Spekulant angenommen hat, dann könnte seine Bilanz aussehen wie in Tab. 2.12.

Die Bank könnte nun kalte Füße bekommen, da der Wert der Aktiva unter den Wert der Passiva gefallen ist. Je nach Art des Kreditvertrags könnte sie den Spekulanten zu einem bestimmten Zeitpunkt um zusätzliche Sicherheiten bitten. Er müsste dann andere Finanzanlagen wie weitere Bankguthaben, Anleihen, Aktien usw. bei der Bank als Sicherheit hinterlegen, um den Kredit nicht sofort zurückzahlen zu müssen. Dies wird auch als „Nachschusspflicht" bezeichnet, ein Begriff, der während der Großen Depression bekannt

Tab. 2.10 Nach Kreditaufnahme. Eigene Darstellung

Spekulant			
Guthaben	100.000 €	Kredit	100.000 €
		Nettovermögen	0 €

Tab. 2.11 Nach Immobilienkauf. Eigene Darstellung

Spekulant			
Immobilien	120.000 €	Kredit	110.000 €
		Nettovermögen	10.000 €

Tab. 2.12 Nach Fall der	Spekulant			
Immobilienpreise. Eigene Darstellung	Immobilien	99.000 €	Kredit	100.000 €
			Nettovermögen	*− 1000 €*

wurde, als die Preise für Vermögenswerte auf breiter Front fielen, wie John K. Galbraith in seinem Buch „The Great Cra$h 1929" beschrieben hat (Galbraith 1954).

Diesmal ist es anders („This time it's different!")
Die Preise auf den Finanzmärkten wurden schon oft untersucht, da eine erfolgreiche Vorhersage künftiger Preise zu beträchtlichen Gewinnen führen könnte (zumindest dachten viele Forscher so). Bislang wurde noch keine Preistheorie gefunden, die „richtig" wäre. Es gibt also keine Möglichkeit, einen „Gleichgewichtspreis" oder „fundamentalen" Preis eines Finanzinstruments zu berechnen. Während eines Aufschwungs glauben die Menschen oft, dass sich etwas geändert hat, sodass höhere Preise auf breiter Front gerechtfertigt sind. „Diesmal ist es anders", dachten die Menschen während des *dot-com*-Booms, der in den 1990er-Jahren als „New Economy" bezeichnet wurde. In den 2000er-Jahren sollten dann die Immobilienpreise unaufhörlich steigen, was die Menschen dazu veranlasste, mehrere Häuser zu besitzen und sie zu „flippen" (zu einem höheren Preis weiterzuverkaufen), um damit ihren Lebensunterhalt zu verdienen.

Finanzspekulationen können zwar zu Blasen und Exzessen führen und tun dies auch, aber sie sind nur schwer wieder loszuwerden. Wenn Immobilienkredite verboten würden, gäbe es keine Immobilienspekulation mehr, aber andererseits müssten wir für ein Haus mit unseren Ersparnissen bezahlen. Das würde bedeuten, dass sich die meisten Menschen ein Haus erst nach ihrer Pensionierung leisten könnten, wenn die Kinder längst aus dem Haus sind. Die Möglichkeit, sich ein größeres Haus zu leisten, wenn man es nicht braucht, ist nicht geeignet, das Gemeinwohl zu steigern. Einige Unternehmen spekulieren rechtmäßig, wenn sie Terminkontrakte kaufen. Fluggesellschaften zum Beispiel kaufen Kerosin über Verträge, die ihnen irgendwann in der Zukunft Treibstoff für ihre Flugzeuge beschaffen werden. Sie zahlen heute den Preis X, ohne zu wissen, wie hoch der Ölpreis in der Zukunft sein wird. Wenn er höher als X ist, haben sie gewonnen, wenn er niedriger ist, haben sie bei diesem Geschäft Geld verloren. Die Sicherheit über den Preis erlaubt den Fluggesellschaften die Kalkulation von heutigen Preisen für die zukünftigen Flüge.

Konkurs: Zahlungsunfähigkeit und Illiquidität
Unternehmen haben eine Bilanz, die ein positives oder negatives Nettovermögen ausweisen kann. Diese Position wird im Zusammenhang mit Unternehmen oft als Eigenkapital bezeichnet. Unternehmen unterliegen dabei einem Überlebenszwang: Konkurs (Illiquidität) und Insolvenz sind möglich und zu vermeiden. Kehren wir zur obigen Bilanz des Spekulanten zurück und nehmen wir an, dass es sich um ein Unternehmen und nicht um eine Einzelperson handelt.

Die Bilanz in Tab. 2.13 weist ein negatives Nettovermögen aus, da der Wert des mit dem Darlehen gekauften Vermögenswerts unter den Wert des Darlehens gefallen ist. Wir gehen davon aus, dass der Marktwert der Immobilie 99.000 € beträgt und dass das Unternehmen den Wert seiner Aktiva zu aktuellen Werten in seiner Bilanz ausweisen muss (eine Alternative wäre der beim Kauf gezahlte Preis). Das Unternehmen ist technisch insolvent, was bedeutet, dass der Wert seiner Forderungen unter dem Wert seiner Verbindlichkeiten liegt. Mit anderen Worten, es hat mehr Schulden als es Vermögen besitzt. Wenn der Bankkredit zurückgezahlt werden muss, verkauft das Unternehmen seine Aktiva, hat aber immer noch einen Fehlbetrag. Aus diesem Grund dürfen insolvente Unternehmen in der Regel nicht weiterarbeiten.

Eine weitere Bedingung, die zur Einstellung der Unternehmenstätigkeit führen kann, ist Illiquidität. Ein illiquides Unternehmen kann solvent oder insolvent sein, genauso wie ein insolventes Unternehmen liquide oder illiquide sein kann. Aus der nachstehenden Bilanz geht hervor, dass das Unternehmen über Aktiva im Wert von 120.000 € verfügt, was 20.000 € über dem Kreditbetrag liegt. Wenn das Darlehen jedoch jetzt gekündigt wird und das Unternehmen die Immobilie nicht auf dem Markt verkaufen kann, weil es keine Käufer gibt, die bereit sind, den angenommenen Marktpreis zu zahlen, dann kann das Unternehmen den Kredit nicht zurückzahlen. In diesem Fall wird das Unternehmen als illiquide eingestuft. Tab. 2.14 zeigt die Bilanz für diesen Fall.

Beachten Sie, dass der tatsächliche Konkurs von den Rechnungslegungsvorschriften und deren Durchsetzung abhängt. Eine Änderung der Rechnungslegungsvorschriften kann insolvente Unternehmen retten, nicht aber illiquide Unternehmen. Das Problem des illiquiden Unternehmens besteht darin, dass eine Verbindlichkeit fällig wird, was bedeutet, dass sie entweder verlängert oder beglichen werden muss. Da kein Geld für die Begleichung vorhanden ist, müsste sich das Unternehmen Geld von einem Dritten leihen, um die Begleichung zu überleben. Aus diesem Grund haben die Unternehmen eine Überlebensbeschränkung.

Diese Überlebensbeschränkung ist jedoch nicht ganz hart und kann zeitweise verschoben werden. In Zeiten finanzieller oder realwirtschaftlicher Schwierigkeiten kann es für die Banken von Vorteil sein, einen weit verbreiteten Konkurs der Kreditnehmer zu ignorieren und deren Kredite trotzdem zu verlängern. Genau das scheint in Japan in den letzten 25 Jahren geschehen zu sein.

Tab. 2.13 Der Insolvenzfall. Eigene Darstellung

Unternehmen			
Immobilien	99.000 €	Kredit	100.000 €
		Nettovermögen	−1000 €

Tab. 2.14 Die Illiquidität. Eigene Darstellung

Unternehmen			
Immobilien	120.000 €	Kredit	100.000 €
		Nettovermögen	20.000 €

Japans Bilanzrezession

Der Wirtschaftswissenschaftler Richard Koo (2008) prägte den Begriff der „Bilanz-rezession", der eine Wirtschaft beschreibt, in der der private Sektor ein negatives Nettover-mögen aufweist. Während dies für Haushalte in der Regel kein großes Problem darstellt, solange Einkommen und Schulden in einem akzeptablen Verhältnis zueinander stehen, sind Unternehmen in der Regel nicht in der Lage, Zeiten mit negativem Eigenkapital zu überstehen. Wenn jedoch eine große Zahl von Unternehmen von der Insolvenz betroffen ist, handelt es sich um ein systemisches Problem. Die Banken haben kein Interesse daran, diese Unternehmen zu schließen, denn es gibt keine Käufer für die Vermögenswerte dieser Unternehmen. Die Preise, welche sie erzielen würden, wären aufgrund der vielen Verkäufe auf dem Markt viel niedriger. Die Banken könnten Warten dem Liquidieren der Unter-nehmen vorziehen. Solange der Cashflow des Unternehmens positiv ist, wird es seine Nettoverschuldung gegenüber seinen Kreditgebern verringern können, was im Interesse der Banken liegt.

Manager und Eigentümer eines insolventen Unternehmens drohen allerdings jederzeit die Kontrolle zu verlieren. Sie sind auf das Wohlwollen der Banken angewiesen, um ihre Geschäfte weiterführen zu können. Daher werden Unternehmen, die sich in einer Situa-tion der Zahlungsunfähigkeit befinden, von einer gewinnmaximierenden Arbeitsweise zu einer schuldenminimierenden Arbeitsweise übergehen. Hier ein Beispiel für ein bankrot-tes Unternehmen (Tab. 2.15):

In der nächsten Periode hat das Unternehmen einen Umsatz von 400.000 €, da es Waren im Wert von 400.000 € produziert und abgesetzt hat. Die Vorräte werden durch neu produ-zierte Waren ersetzt, ihr Wert bleibt unverändert. Der sich daraus ergebende Cashflow von 100.000 € wird zur Tilgung des Kredits verwendet. Tab. 2.16 zeigt die Situation am Ende der nächsten Periode.

Ein weiterer Zeitraum dürfte ausreichen, um das Unternehmen vom Problem der In-solvenz zu befreien. Es kann dann zur Gewinnmaximierung zurückkehren und mehr Kre-dite aufnehmen, um zu investieren, wenn die Nachfrage nach seinem Produkt steigt. In Japan hat sich allerdings gezeigt, dass die Unternehmen zusätzlicher Verschuldung sehr kritisch gegenüberstehen. Wer sich einmal daran verbrannt hat, lässt lieber erstmal die Fin-ger davon.

Tab. 2.15 Die Illiquidität. Eigene Darstellung

Unternehmen			
Immobilien	100.000 €	Kredit	500.000 €
Inventar	200.000 €	*Nettovermögen*	−200.000 €

Tab. 2.16 Der positive Cashflow mit Tilgung. Eigene Darstellung

Unternehmen			
Immobilien	100.000 €	Kredit	400.000 €
Inventar	200.000 €	*Nettovermögen*	− 100.000 €

Schuldendeflation

Der US-amerikanische Wirtschaftswissenschaftler Irving Fisher wies in einem 1933 ver-öffentlichten Aufsatz darauf hin, dass der gleichzeitige Verkauf von Finanzanlagen durch viele Akteure zu einem Prozess führen kann, den er als „Schuldendeflation" bezeichnete. Während wir im obigen Beispiel ein Unternehmen des realen Sektors betrachtet haben, denkt Fisher an Finanzunternehmen und die Preise von Finanzanlagen. Um seinen Standpunkt zu verdeutlichen, betrachten wir zwei Spekulanten, die die gleiche Art von Vermögenswerten gekauft haben, finanziert durch Kreditaufnahme. Dies war in den „Roaring Twenties" (die Goldenen Zwanziger), die der Großen Depression vorausgingen, nicht ungewöhnlich (Tab. 2.17).

Wir gehen davon aus, dass die Aktienkurse von 100 € auf 150 € gestiegen sind, jetzt aber wieder auf 100 € gesunken sind. Der Bank sind die von den Spekulanten eingenommenen Positionen nun unangenehm. Sie hatte den Spekulanten Kredite gewährt, und wenn die Kredite relativ kurzfristig sind (z. B. Tage oder Wochen), kann die Bank die Spekulanten zwingen, zur Rückzahlung des Kredits Vermögenswerte zu verkaufen.

Die Bank sollte erkennen, dass sie mit einem systemischen Problem konfrontiert ist. Wenn einer oder beide Spekulanten gezwungen werden, ihre Positionen zu verkaufen, sinkt der Preis der Aktie A. Wir nehmen an, dass der Verkauf von Aktien im Wert von 100.000 € den Marktpreis auf 90 € und der Verkauf von Aktien im Wert von 200.000 € den Marktpreis auf 75 € drückt. Wenn ein Spekulant gezwungen wird, seine Aktien zu verkaufen, wird der andere zahlungsunfähig, weil der Aktienkurs sinkt.

In der realen Welt haben Banken viele Kunden und daher sind die Preise von Vermögenswerten voneinander abhängig. Wenn viele Kunden mit kreditfinanzierten Portfolios gezwungen werden, Positionen aufzulösen, dann werden die Aktien auf dem gesamten Markt im Preis fallen. Der Börsenindex wird wahrscheinlich ebenso fallen, und dies könnte sich auch auf andere finanzielle Anlageklassen auswirken. Die Bank könnte selbst in Gefahr sein, da der Konkurs ihrer Kunden ihre eigene Bilanz gefährdet, wenn Kredite ganz oder teilweise abgeschrieben werden müssen.

Faule Kredite

Die Bilanzierung fauler Kredite verändert die Eigenkapitalposition der Bank. Tab. 2.18 zeigt die Bilanz der Bank, die den beiden Anlegern Kredite gewährt hat, bevor der Kurs der Aktie A gefallen ist:

Tab. 2.17 Zwei Spekulanten. Eigene Darstellung

Spekulant 1			
Aktie A	100.000 €	Kredit	100.000 €
		Nettovermögen	0 €
Spekulant 2			
Aktie A	100.000 €	Kredit	100.000 €
		Nettovermögen	0 €

Tab. 2.18 Zwei Spekulanten aus Sicht der Banken. Eigene Darstellung

Bank			
Kredit s1	105.000 €	Geldmarktkredit	200.000 €
Kredit s2	105.000 €	*Nettovermögen*	10.000 €

Tab. 2.19 Abschreibung von Krediten aus Sicht der Banken. Eigene Darstellung

Bank			
Kredit s1	94.500 €	Geldmarktkredit	200.000 €
Kredit s2	94.500 €	*Nettovermögen*	− 11.000 €

Der Einfachheit halber nehmen wir an, dass die Bank selbst Zentralbankgeld auf dem Geldmarkt (*engl*.: money market, MM) geliehen hat, um die Aktienkäufe der beiden Spekulanten zu finanzieren (auf die Einzelheiten des Bankwesens werden wir im nächsten Kapitel eingehen). Unter der Annahme, dass der MM-Kredit zu 5 % vergeben wird und die Spekulanten 10 % zahlen, erwartet die Bank einen Gewinn von 5 %, was 10.000 € entspräche.

Wenn die Bank nun davon ausgeht, dass die Wahrscheinlichkeit, dass jeder Spekulant seinen Verpflichtungen nicht nachkommt, 10 % beträgt, könnte es ratsam und/oder notwendig sein, die Kredite um 10 % abzuschreiben. Die neue Bilanz würde aussehen wie in Tab. 2.19.

Die Bank wäre zahlungsunfähig, und die Bankaufsichtsbehörden wären sicherlich bestrebt, die Bank zu schließen, sobald ihre Lage bekannt wird. Die Bank sieht es daher in ihrem eigenen Interesse, das Spiel der Spekulanten weiterlaufen zu lassen, da sie sonst sicher geschlossen würde. Diese Situation ist in Krisenzeiten nichts Außergewöhnliches.

Wie wir gesehen haben, hat der Geldkreislauf einen sozialen Zweck. Die Produktion wird finanziert, ebenso wie der Erwerb von Investitionsgütern wie Maschinen, Immobilien und Patenten durch Unternehmen. Die Banken erfüllen einen öffentlichen Zweck, indem sie dem privaten Sektor Bankguthaben zur Verfügung stellen, um die Produktion zu erleichtern und in geringerem Maße den Konsum der Haushalte zu glätten. Der Staat kann jedoch die gleiche Funktion erfüllen, und es lässt sich darüber diskutieren, ob es sinnvoll ist, einem Haushalt Kredite zu gewähren, um Autos, Universitätskarrieren oder andere Ausgaben zu finanzieren. Im nächsten Abschnitt werden wir uns genauer ansehen, wie die Produktion organisiert ist.

Schlussfolgerung

Dies führt uns zu Fragen rund um das Thema Geldsystem. Wie wird Geld geschaffen und wer darf es ausgeben? Wie wird es vernichtet und wer entscheidet, ob dies geschieht? Was passiert mit Geld, das einmal ausgegeben wurde? Welche systemischen Auswirkungen haben die Antworten auf die vorangegangenen Fragen? Diese Fragen werden in den nächsten Kapiteln behandelt.

Zusammenfassung

- Märkte durchlaufen häufig sogenannte Schweinezyklen mit Mengen- und Preisanpassungen.
- Einige wirtschaftliche Aktivitäten haben Effekte auf unbeteiligte Dritte.
- Der Klimawandel ist ein Ergebnis der wirtschaftlichen Aktivitäten der modernen globalen Gesellschaft.
- Die Produktion wird von Unternehmen vorfinanziert.
- Die Banken spielen eine zentrale Rolle im Geldkreislauf.
- Spekulation kann für die Gesellschaft schädlich sein.
- Das Bankwesen hat einen öffentlichen Zweck. ◄

Fragen

1. Was ist der grundlegende monetäre Prozess in einer Volkswirtschaft nach Hyman Minsky?
2. Wenn die Wirtschaft aus Märkten besteht, die Schweinezyklen durchlaufen, inwieweit ist die Wirtschaft dann „stabil"?
3. Was ist der öffentliche Zweck von Geschäftsbanken?

Übungen

1. Erläutern Sie anhand von Bilanzen, wie ein Unternehmen einen Kredit bei einer Bank aufnimmt, Arbeiter bezahlt, seine Produktion verkauft und dann den Kredit zurückzahlt.
2. Diskutieren Sie, was passieren würde, wenn das Unternehmen einen positiven Zinssatz für die Kreditaufnahme bei der Bank verlangen würde.

Literatur

Elsner, Wolfram, Torsten Heinrich und Henning Schwardt (2014), *The Microeconomics of Complex Economies: Evolutionary, Institutional, Neoclassical, and Complexity Perspectives*, Cambridge: Academic Press

Fisher, Irving (1933), The Debt-Deflation Theory of Great Depressions, *Econometrica* 1(4), 337–357

Galbraith, John Kenneth (1954), *The Great Crash 1929*, Houghton Mifflin Company

Kelton, Stephanie (2020), *The Deficit Myth: Modern Monetary Theory and How to Build a Better Economy*, John Murray

Koo, Richard (2008), *The Holy Grail of Macroeconomics: Lessons from Japan's Great Recession*, John Wiley and Sons

Mackay, Charles (1852), *Memoirs of Extraordinary Popular Delusions and the Madness of the Crowds*, Office of the National Illustrated Library, https://archive.org/details/memoirsextraord06mackgoog, abgerufen am 31.3.2023

Mazzucato, Mariana (2021), *Mission Economy: A Moonshot Guide to Changing Capitalism*, Harper Business

Minsky, Hyman (1982), Debt Deflation Processes in Today's Institutional Environment, Quarterly review/Banca Nazionale del Lavoro, Bd. 143., S. 375–393

Minsky, Hyman (2011), *Instabilität und Kapitalismus*, Zürich: diaphanes

Minsky, Hyman (2017), *John Maynard Keynes: Finanzierungsprozesse, Investition und Instabilität des Kapitalismus*, Marburg: Metropolis

Nersisyan, Yeva und Randall Wray (2019), How to pay for the Green New Deal, Levy Economics Institute working paper 931, http://www.levyinstitute.org/publications/how-to-pay-for-the-green-new-deal

Raworth, Kate (2017), *Doughnut Economics: Seven Ways to Think Like a 21st-Century Economist*, Chelsea Green Pub

Reuters (2020), ECB can't go bankrupt even it suffers losses, https://www.reuters.com/article/us-ecb-policy-bonds-idUSKBN27Z12S

Searle, John (2005), What is an Institution? *Journal of Institutional Economics* 1(1), S. 1–22

Smith, Adam (1982) [1776], *An Inquiry into the Nature and Causes of the Wealth of Nations*, Books I-III, Penguin Classics

Umweltbundesamt (2022), https://www.umweltbundesamt.de/themen/klima-energie/internationale-eu-klimapolitik/uebereinkommen-von-paris#ziele-des-ubereinkommens-von-paris-uvp, abgerufen am 31.3.2023

UNEP (2021), *Emissions Gap Report*, https://www.unep.org/emissions-gap-report-2021, abgerufen am 31.3.2023

Wicksell, Knut (1962) [1936], *Interest and Prices: A Study of the Causes Regulating the Value of Money*, Sentry Press

Banken und Bankwesen

3

Zusammenfassung

In diesem Kapitel werden wir die Banken und das Bankwesen näher untersuchen. Wir werden sehen, dass Banken zusätzliche Guthaben schaffen, wenn sie Kredite vergeben. Wir werden den im letzten Kapitel vorgestellten Geldkreislauf wieder aufgreifen und einen Zinssatz hinzufügen. Wir werden uns auch mit der Frage beschäftigen, warum jemand Bankguthaben als Geld akzeptieren sollte. Dabei erkennen wir, dass die Banken als Agenten des Staates wirken und auf diesen angewiesen sind. Ihre Zahlungsversprechen sind in der Geldpyramide unterhalb von Zentralbankguthaben und Bargeld angesiedelt. Die Nachfrage nach Kredit begrenzt dabei die Kreditmenge wohl effektiver als die Regulierung (Detzer und Dodig 2018).

Im letzten Kapitel sind wir von einer reinen Kreditwirtschaft ohne Bargeld ausgegangen. Nur Guthaben bei Banken waren Geld. In der realen Welt gibt es viele finanzielle Vermögenswerte, mit denen wir für bezahlen können: Bankguthaben, Bargeld, Kreditkarten, Debitkarten und mehr. Die wichtigsten Geldinstrumente für Haushalte und Unternehmen sind heute Bankguthaben und Bargeld (Desan 2015; Murphy 2017). Die Banken bieten beides den Kunden des privaten Sektors an. Sie stellen den Zugang zu Geld sicher, sodass der Geldkreislauf in Gang kommen kann.

Die Zinsen werden vom Konto des Unternehmens bei der Bank gezahlt, das sich in etwa im Einklang mit Gewinnen (nach oben) und Verlusten (nach unten) bewegt, wenn es sich um Unternehmen handelt, die Kredite zurückzahlen. Dies gibt uns bereits eine Vorstellung davon, nach welcher Idee die Zentralbanken den Zinssatz (auch Leitzins genannt) festlegen: Ist der Zinssatz hoch, dann werden nur sehr rentable Investitionen getätigt. Ist er niedrig, werden mehr Investitionsprojekte realisiert, weil nicht so viel Gewinn benötigt wird, um die Zinsen für die Kredite zu zahlen, die zur ursprünglichen Finanzierung des Projekts aufgenommen wurden. Wir werden später sehen, dass diese Logik in der realen Welt nicht notwendigerweise gültig ist. Wichtig ist: Der Leitzins oder besser gesagt die Zinsen, die von der Zentralbank direkt gesetzt werden, sind eine Politikvariable (Fullwiler 2007). Die Zentralbank kann den Zins nach eigenem Gutdünken setzen. Natürlich geschieht das nicht unabhängig von wirtschaftlichen Variablen, aber dennoch ist „der Zins" eine Politikvariable und wird keineswegs durch das Zusammenspiel von Angebot und Nachfrage determiniert.

Wir werden uns auch mit der Frage beschäftigen, warum jemand Bankguthaben als Geld akzeptieren sollte. Derzeit versprechen die Banken, alle Guthaben mehr oder weniger sofort in Bargeld umzuwandeln. Bargeld ist das „beste" Mittel, um Zahlungen an den Staat (Steuern oder Gebühren) zu leisten, da nichts ihre Zahlung aufhalten kann. Wenn wir Bankguthaben verwenden, kann es sein, dass die Bank in Konkurs geht, bevor die Zahlung ausgeführt wird (eigentlich werden die Guthaben von der Zentralbank überwiesen), oder dass die Bank aus irgendeinem Grund geschlossen wird. Steuerzahlungen erfolgen in Euro, und das ist der Hauptgrund, warum wir diese Währung verwenden, wie wir später sehen werden.

Das Bankensystem und das Finanzsystem im Allgemeinen funktionieren wie eine Pyramide von Versprechungen: Das beste „Geld", das man besitzen kann, ist Bargeld oder, was für Banken fast dasselbe ist, Guthaben bei der Zentralbank. Die nächste Stufe sind Bankguthaben, die in Bargeld umgewandelt werden können. Es besteht das Risiko, dass die Umwandlung scheitert, auch wenn wir normalerweise nie darüber nachdenken. Unterhalb dieser Ebene gibt es alle Arten von Verbindlichkeiten des privaten Sektors, die Versprechen auf Guthaben sind: Aktien und Anleihen, Rechnungen, verbriefte Immobilienkredite und andere Vermögenswerte.

Banken vergeben Kredite meist gegen Sicherheiten. Wir werden sehen, dass manchmal auch das, was mit Hilfe des Kredits gekauft wird, als Sicherheit dienen kann. Dies kann auf Immobilien zutreffen, bei denen die Bank das Haus beanspruchen kann, wenn der Kreditnehmer nicht in der Lage ist, seine Schulden zu begleichen. Die Verfügbarkeit von Sicherheiten ist eine der Voraussetzungen für die Nachfrage nach Bankkrediten. Der Preis der Sicherheiten kann jedoch eine Funktion der Kreditvergabe durch die Banken sein. Je mehr die Banken beispielsweise für den Kauf von Immobilien verleihen, desto höher sind die Immobilienpreise.

Wenn Banken untereinander Zahlungen abwickeln, nutzen sie normalerweise den Interbankenmarkt. Zwar wird für die Abwicklung Zentralbankgeld verwendet, doch ist es oft billiger, die Abwicklung zu verschieben und stattdessen Schulden zu verwenden, um Lücken bei den Zu- und Abflüssen zu überbrücken. Die Interaktion der Banken mit der Zentralbank auf dem Geldmarkt und die Rolle der Banken auf dem Primärmarkt für Staatspapiere (z. B. Staatsanleihen) werden in den Kapiteln vier und fünf behandelt.

3.1   Kredite und Guthaben

Zunächst betrachten wir die Entstehung von Bankguthaben. Geschäftsbanken sind Banken, die mit Haushalten und Unternehmen arbeiten. Wir werden sie von nun an als Banken bezeichnen. Banken können im Besitz der öffentlichen Hand oder des privaten Sektors sein. Zentralbanken hingegen gehören dem öffentlichen Sektor an (auch wenn einige, wie die Federal Reserve Bank, eine private Vergangenheit haben und im Grunde genommen hybride Organisationen sind), arbeiten mit Banken und dem Staat zusammen und gewährleisten das Funktionieren des Zahlungssystems.

Bankguthaben müssen von den Reserven (auch: Zentralbankguthaben) abgegrenzt werden, die im nächsten Abschnitt erläutert werden. Bankguthaben sind Einträge in den Bilanzen der Banken, die wie Bargeld auf Euro lauten. Sie werden wie Bankkredite durch rechtliche Verträge geschaffen. Zentral-, Geschäfts- und öffentliche Banken bilden die Ergebnisse ihrer Geschäftstätigkeit in ihrer laufenden Buchhaltung ab. Die Haushalte sehen die jeweiligen Veränderungen auf ihren Bankkonten durch einen Blick auf ihren Kontoauszug in gedruckter oder elektronischer Form. Wie aber entstehen die Bankguthaben?

Es gibt vier Arten der Guthabennbildung. Sie entstehen dadurch, dass Banken – dazu gehören sowohl Zentralbanken als auch öffentliche und private Banken – Guthaben auf den Konten ihrer Kunden erzeugen aufgrund von:

- Kreditvergabe
- Staatsausgaben
- Zufluss von Guthaben aus dem Ausland durch Exporte und Gewinne bzw. Einkommen
- von Kunden gekaufte Vermögenswerte

Staatsausgaben, Exporte und Kreditvergabe sind in Deutschland in der Regel die wichtigsten Kanäle für die Nettoguthabenbildung. Wir konzentrieren uns vorerst auf Letzteres. Die Vergabe von Krediten hängt von der Nachfrage nach Krediten ab. Eine Bank kann für Kredite werben, aber sie kann die Verbraucher nicht dazu zwingen, Kredite aufzunehmen. Die Bank kann die Kunden beeinflussen, aber es sind die Kunden, die den Kreditvertrag unterschreiben müssen. Daher ist es wenig sinnvoll, von einem „Angebot" an Krediten zu sprechen. Staatsausgaben, Exporte und Bankkredite schleusen Bankguthaben in den Geldkreislauf ein.

Bei der Kreditvergabe achtet die Bank in der Regel auf die Sicherheiten und die Zahlungsfähigkeit des Kunden. Letztere besteht aus einer Beurteilung der Fähigkeit, Schulden mit Hilfe von Einkommen oder Erträgen zurückzuzahlen. Im Falle eines Kreditausfalls – die Rückzahlung ist eingestellt – nimmt die Bank Rückgriff auf die gestellten Sicherheiten. Auch Dinge, die mit dem Kredit gekauft wurden, können offiziell oder inoffiziell als Sicherheiten gelten. Dies ist typisch für Immobilien- oder Hypothekendarlehen. Wenn der Kreditnehmer den Kredit nicht zurückzahlt, nimmt die Bank das Haus in Besitz und verkauft es in der Regel (Zwangsvollstreckung). Erhält die Bank auf diese Weise nicht den erforderlichen Geldbetrag, kann dem Kreditnehmer je nach Rechtslage eine Restschuld auferlegt werden. Bekommen die Banken ihr Geld nicht wieder, werden sie von der Bankenaufsicht geschlossen, wenn ihr Eigenkapital negativ ist. Die savings&loans-Krise in den USA Mitte der 1980er-Jahre (Pizzo et al. 1989) beispielsweise führte zu vielen Bankenschließungen. In der Folge der globalen Finanzkrise von 2008/09 riefen einige Ökonomen dazu auf, das Investmentbankinggeschäft vom Rest der Banken zu trennen (Hickel 2012). Bevor derartige Vorschläge beurteilt werden können, sollen Bankkredite genauer untersucht werden.

Bankkredite aus bilanzieller Sicht
Wie sieht die Gewährung eines Kredits an Haushalte und Unternehmen in den Bilanzen der beteiligten Parteien aus? Letztlich handelt es sich bei der Transaktion um einen Austausch von Zahlungsversprechen. Die Bank verspricht dem Kreditnehmer, Guthaben auf sein Konto aufzubuchen und diese Guthaben später zur Rückzahlung des Kredits zu akzeptieren. Die Bank verspricht außerdem, die Guthaben zu einem „Wechselkurs" von 1:1 (auch Parität genannt) in Bargeld umzuwandeln. So kann der Kunde die Zahlung selber durchführen. Alternativ führt die Bank eine Zahlung in entsprechender Höhe durch (Überweisung). Auf der anderen Seite verspricht der Haushalt, den Kredit inklusive Zins durch Übertragung von Guthaben zurückzuzahlen. Die Banken kaufen also praktisch das Zahlungsversprechen des Kunden, indem sie mit eigenen Zahlungsversprechen bezahlt.

Der Kredit ist ein Vermögenswert für die Bank und eine Verbindlichkeit für den Haushalt. Die Guthaben, die zu Gunsten des Haushalts gebildet wurden, sind der Vermögenswert des Haushalts und die Verbindlichkeit der Bank. Die Bank ist rechtlich nicht Eigentümerin ihrer Guthaben, bei denen es sich um Zahlungsversprechen handelt. Die Rechtsgrundlage ist der schriftliche Kreditvertrag, der Veränderungen in den Bilanzen der Beteiligten auslöst. Forderungen (Kredit) und Verbindlichkeiten (Guthaben) der Bank entstehen gleichzeitig, ebenso wie die Einträge in der Bilanz des Kreditnehmers. Kredite schaffen neue Forderungen und Verbindlichkeiten.

Warum gibt es überhaupt einen Zinssatz?
Ein Zinssatz ist für das Funktionieren eines Kreditsystems nicht unbedingt erforderlich. Ein Zinssatz lässt sich aus der Erwartung ableiten, dass einige Kredite nicht zurückgezahlt werden. Zinsen kompensieren dann Kreditausfälle. Wie wir später noch sehen werden, sind jedoch nicht alle Finanzanlagen mit einem Risiko verbunden. Eine Bank vergibt normalerweise keine Kredite an Schuldner, von denen sie erwartet, dass sie ihre Schulden nicht zurückzahlen. In einigen Religionen sind positive Zinssätze verboten, was zum Beispiel zum Islamic Banking geführt hat.

Es ist daher nicht korrekt zu sagen, dass die Banken die Guthaben ihrer Kunden (Ersparnisse) weiterverleihen. Ein neuer Kredit schafft neue Guthaben – sie werden niemandem weggenommen. Es handelt sich um zusätzliche Guthaben; sie basieren nicht auf oder aus den Ersparnissen anderer Haushalte oder Unternehmen. Deshalb nennt man es Kreditschöpfung. Allerdings muss die Bank mit anderen Banken konkurrieren, um ihre Guthaben zu behalten. Ist sie nicht erfolgreich, werden die Kunden ihre Guthaben zu anderen Banken transferieren. (Wie das funktioniert, wird später erläutert.)

Die Erstellung von Bankguthaben erfolgt über einen Computer, auf dem eine spezielle Buchhaltungssoftware läuft. Man kann sich das als eine sehr große Tabellenkalkulation vorstellen. In ihrer einfachsten Form könnten wir uns zwei Spalten vorstellen: die Kontonummer des Einlegers und die Gesamtsumme der Euro, die seinem Konto gutgeschrieben wurden. Weitere Spalten könnten den Namen des Kontoinhabers, seine Adresse usw. enthalten. Die Bank hat die volle Kontrolle über die Tabelle und kann die Einträge nach eigenem Gutdünken erhöhen bzw. reduzieren. Allerdings muss sie sich an die Gesetze und Vorschriften halten, wenn sie im Geschäft bleiben will.

Guthaben als Punktestand

Bankkonten funktionieren ähnlich wie eine Anzeigetafel im Sport. Sie sind Aufzeichnungen über Dinge, die in der Vergangenheit passiert sind. Während die Punkte eines Basketballspiels auf einer Anzeigetafel festgehalten werden, erfassen die Banken die Guthaben, die durch die Vergabe von Krediten an Kunden entstanden sind und dann per Banküberweisung bewegt wurden. Bankguthaben entstehen auch dadurch, dass Bargeld zu einer Bank gebracht und auf ein Konto eingezahlt wird. Die einfache Kreditschöpfung, auf Grundlage eines von zwei Parteien unterzeichneten Kreditvertrags, führt zu den Bilanzen aus Tab. 3.1.

Als Folge der Kreditvergabe kommt es zu einer Verlängerung der Bilanzen der beiden Parteien. Die Forderungen und Verbindlichkeiten haben sich für beide erhöht. Das Nettovermögen ist davon nicht betroffen, da beide Seiten um den gleichen Betrag gestiegen sind. Dennoch wird die Instabilität des Bankensystems zunehmen, da jeder Kredit eine gewisse positive Ausfallwahrscheinlichkeit hat! Die Ungewissheit hat zugenommen. Dies ist eine wesentliche Eigenschaft von Schulden: Schulden müssen in der Zukunft beglichen werden. Diese lässt sich bekanntlich nicht mit Sicherheit vorhersagen. Man kann sie mit Hilfe von Faustregeln und Datenerhebungen schätzen, aber es ist nichts Besseres zu erwarten.

Tab. 3.1 Einfache Kreditschöpfung. Eigene Darstellung

Bank			
Kredit	100.000 €	Einlagen	100.000 €
Haushalt			
Einlagen	100.000 €	Kredit	100.000 €

In der Regel hat ein Kredit eine gewisse Laufzeit, d. h. Zinsen und Kreditsumme müssen zu bestimmten Terminen gezahlt werden, entweder zusammen oder getrennt. Bei der Vergabe von Krediten ist nicht klar, ob die Zahlungen erfolgen werden, weshalb das Finanzsystem potenziell instabil ist. Die Stabilität hängt entscheidend von einem angemessenen und stabilen Einkommen der Kreditnehmer in der Zukunft ab.

Die Nachhaltigkeit eines Finanzsystems als Konzept ist schwer zu fassen. Da alle Kredite mit Risiken behaftet sind, kann ein nachhaltiges Finanzsystem im engeren Sinne nur eines sein, das absolut keine Kredite zulässt. Wir definieren die Nachhaltigkeit des Finanzsystems als Erwartung der erfolgreichen Tilgung von Schulden. Dazu müssen die verschuldeten Akteure die jeweiligen Einkommen erzielen, die zur Rückzahlung der Kredite erforderlich sind. In einer Wirtschaftskrise mit einer hohen Arbeitslosenquote werden viele verschuldete Akteure Probleme mit der Rückzahlung ihrer Schulden haben. Haushalte kommen mit ihren Hypothekenzahlungen in Verzug und müssen vielleicht sogar eine Zwangsversteigerung der Immobilie in Kauf nehmen. Unternehmen können ihre Kredite nicht zurückzahlen, weil sie ihre Produktion nicht verkaufen können. In dieser Situation ist Verschuldung ein mikroökonomisches (individuelles) Problem, das zu einem makroökonomischen (systemischen) Problem werden kann. Wir werden dieses Thema später noch eingehender behandeln.

Die neoklassische Perspektive
Die neoklassische Ökonomie, eine im 19. Jahrhundert entstandene und immer noch weit verbreitete ökonomische Denkschule, vertritt die Theorie des Spartopfes (Greitens 2022). Unter anderem glaubt der US-amerikanische Ökonom Paul Krugman, dass eine Bank die Guthaben der Sparer an Investoren weiterverleiht. Wie wir gesehen haben, wird diese Theorie nicht durch die Bilanzen gestützt. Auch die Bundesbank (2017) hat dies bestätigt. Eine Kartoffelbank, die Kartoffeln von Sparern an Investoren weiterverleiht, die dann mehr Kartoffeln zurückzahlen müssen, ist zwar möglich, hat aber mit einer modernen Bank nichts zu tun. Investitionen werden heute durch Kredit und damit Geldschöpfung finanziert, nicht durch Ersparnis (definiert als nicht konsumierte Produktion).

Kredite und Spekulation
Kehren wir zu einem Haushalt zurück, der erfolgreich einen Kredit beantragt und bewilligt bekommen hat. Der Haushalt kann nun über die von der Bank gutgeschriebenen Guthaben verfügen. Er weist die Bank an, die Guthaben auf das Konto eines anderen Haushalts zu überweisen. Die Guthaben verlassen die Bilanz des Haushalts, wenn z. B. ein Haus gekauft wird. Das Haus geht mit dem entsprechenden Wert in die Bilanz ein (Tab. 3.2).

Tab. 3.2 Nach der Überweisung. Eigene Darstellung

Haushalt 1			
Haus	100.000 €	Kredit	100.000 €
		Nettovermögen	0 €

Haushalt 2			
Einlagen	100.000 €	*Nettovermögen*	100.000 €

Tab. 3.3 Nach der Überweisung. Eigene Darstellung

Haushalt 1			
Haus	110.000 €	Kredit	100.000 €
		Nettovermögen	10.000 €

Haushalt 2			
Einlagen	100.000 €	*Nettovermögen*	100.000 €

Aus der Sicht des Verkäufers ergibt sich ein spiegelbildliches Bild. Der zweite Haushalt hat ein positives Nettovermögen, da er Vermögenswerte, aber keine Verbindlichkeiten hat. Früher hatte er ein Haus und keine Verbindlichkeiten, jetzt hat er Bankguthabenund immer noch keine Verbindlichkeiten. Haushalt 2 hat sein Portfolio von illiquiden Vermögenswerten (Haus) auf liquide Vermögenswerte (Bankguthaben) umgestellt. Dies ist ein Tausch von Vermögenswerten und ändert nichts an der Nettovermögensposition.

Haushalt 1 nutzte das Darlehen, um auf steigende Immobilienpreise zu spekulieren oder ein Haus zu kaufen, um es selbst zu bewohnen. Der Kauf des Hauses könnte die durchschnittlichen Immobilienpreise in die Höhe treiben. Dies ist nicht immer der Fall, und es ist ausgesprochen schwierig, wenn nicht gar unmöglich, die Entwicklung der Immobilienpreise vorherzusagen. Wenn sich die Hauspreise tatsächlich nach oben bewegen, wird sich Haushalt 1 reicher fühlen, ohne dass sich Haushalt 2 ärmer fühlt. Das Nettovermögen von Haushalt 1 ist größer als zuvor, wenn sich der Anstieg des Hauspreises in der Bilanz niederschlägt, wie Tab. 3.3 zeigt.

Wenn Haushalt 1 auf steigende Preise spekuliert hat und sich nun in seiner Erwartung steigender Immobilienpreise bestätigt fühlt, könnte er nun einen höheren Kredit aufnehmen. Da er höhere Sicherheiten hat – der Hauspreis ist um 10 % gestiegen – könnte die Bank bereit sein, den Kreditbetrag zu erhöhen. Der nächste Kredit in Höhe von 110.000 € wird wieder für den Kauf eines Hauses verwendet. Tab. 3.4 zeigt die Auswirkungen auf die Bilanz.

Auch hier gehen wir davon aus, dass der Kauf eines Hauses zu einem Anstieg der Hauspreise führt. Das Nettovermögen von Haushalt 1 steigt um weitere 10.000 €. Wir sind bei einem Kreditzyklus angelangt, bei dem steigende Preise zu mehr Spekulation führen (Käufe des Vermögenswerts mit geliehenen Bankguthaben), was wiederum zu höheren Preisen führt. Dieser Prozess kann sich selbst aufrechterhalten. Er wird oft als „Blase"

Tab. 3.4 Zweite
Kreditaufnahme. Eigene
Darstellung

Haushalt 1			
Haus 1	120.000 €	Kredit 1	100.000 €
Haus 2	110.000 €	Kredit 2	110.000 €
		Nettovermögen	20.000 €

Haushalt 2			
Einlagen	100.000 €	*Nettovermögen*	100.000 €

bezeichnet, was jedoch schwer zu definieren ist. Es gibt keinen „Gleichgewichtspreis" oder „fundamentalen" Preis von Häusern oder anderen Vermögenswerten, da diese oft zu einem großen Teil mit Krediten finanziert werden, was immer mit Unsicherheit einhergeht. Irgendwann platzt die Blase – Häuserpreise fallen, die Kreditnachfrage bricht ein.

Die Finanzinstabilitätshypothese
In seiner Finanzinstabilitätshypothese beschreibt der US-amerikanische Wirtschaftswissenschaftler Hyman Minsky (1992) die Art und Weise, wie Unternehmen des privaten Sektors den Kauf von Auslandsschulden (Anleihen, Kredite) finanzieren. Er verwendet drei Kategorien von Einkommens-Schulden-Beziehungen, die wir bereits im letzten Kapital kennengelernt haben.

Rechnungslegungsvorschriften und Prozyklizität
Es liegt auf der Hand, dass die Rechnungslegungsvorschriften einen Einfluss auf die Kreditvergabe haben. Je nachdem, ob in der Bilanz Marktwerte oder Anschaffungswerte verwendet werden, können dieselben Sicherheiten für unterschiedliche Kreditbeträge verwendet werden. Ein Anstieg der Vermögenspreise führt zu einem Anstieg des potenziell verfügbaren Kreditbetrags. Dadurch kann ein sich selbst erhaltender Zyklus entstehen – sowohl im Aufschwung als auch im Abschwung. Diese wird auch als Prozyklizität bezeichnet.

Daher hat die Art und Weise, wie der private Sektor externe Schulden verwendet, einen Einfluss auf die Preise von Vermögenswerten im Allgemeinen. Ein weiterer Einfluss ist der von Markthändlern, die verschiedene finanzielle und nicht finanzielle Vermögenswerte vermarkten. Da diese häufig Kredite zur Finanzierung ihres „Buches" (dort werden alle Forderungen erfasst) verwenden, könnten diese Märkte irgendwann zusammenbrechen, da die Risikobereitschaft durch einen Wettlauf um Liquidität (Halten von risikofreien Vermögenswerten wie Staatsanleihen, Abwicklungsguthaben und Bankguthaben) ersetzt wird. Die Händler sind entweder nicht willens oder in der Lage, ihre Bücher aufrechtzuerhalten, und der anschließende Ausverkauf drückt die Preise für Vermögenswerte in allen Marktsegmenten. Die Tatsache, dass in Krisenzeiten, wie zuletzt in der Globalen Finanzkrise 2008/09, die Preise von Vermögenswerten in fast allen Anlageklassen gleichzeitig fallen, lässt sich so erklären (Prins 2009).

Die Einheit der Währung und die Akzeptanz des Geldes
Bisher haben wir uns nicht mit den Einheiten der Guthaben in den Bilanzen von Banken, Unternehmen und Haushalten befasst. Theoretisch sind die Banken in der Lage, Guthaben in allen möglichen Einheiten zu schaffen: Dollar, Yen, Euro oder Äpfel. Warum wählen so viele Banken den Euro? Bankguthaben werden in Euro angelegt, weil dies die akzeptierte Währung in Deutschland und der Eurozone ist. Es wird oft gesagt, dass wir ein bestimmtes Zahlungsmittel akzeptieren, weil andere Menschen es akzeptieren. Das mag zwar heute zutreffen, erklärt aber nicht, wie es ursprünglich dazu kam. Bevor Geld allgemein als Zahlungsmittel akzeptiert wurde, muss jemand damit begonnen haben, es zu akzeptieren.

Der wichtigste Grund für die Akzeptanz von Geld ist wahrscheinlich, dass der Staat ein bestimmtes Geld als einziges akzeptiertes Zahlungsmittel ausgewählt hat, mit dem man seine Steuerschulden begleichen und seine Bußgelder und Gebühren an die Regierung zahlen kann. Dadurch entsteht fast automatisch eine gewisse Nachfrage nach jedem vom Staat so positionierten Zahlungsmittel (Lawson 2016), und die Menschen werden es als solches akzeptieren. Der Zusammenhang zwischen der Kaufkraft einer Währung in Bezug auf Konsumgüter und den Steuern ist der folgende:

1. Der Staat belastet den privaten Sektor mit Steuerverbindlichkeiten (Festlegung der Steuerarten und Steuersätze) und Gebühren und legt ein obligatorisches und exklusives Zahlungsmittel fest (in der Regel ein staatliches Monopol), das zur Erfüllung dieser Verbindlichkeiten in Einheiten (Währung) wie Euro oder Pfund Sterling akzeptiert wird.
2. Steuerverbindlichkeiten und Gebühren erzeugen Verkäufer von Waren und Dienstleistungen im Austausch für die benötigten Mittel. In der Regel schreibt die Zentralbank den Betrag auf dem Konto der Bank des Verkäufers gut.
3. Um Schwierigkeiten zu vermeiden, die bei Nichtzahlung von Steuern eintreten würden, haben die Steuerzahler einen Anreiz, miteinander zu produzieren und zu handeln, um an staatliches Geld zu gelangen. Nicht jeder will oder wird Geld direkt vom Staat erhalten.
4. Das staatliche Geld, das als Gegenleistung für Waren und Dienstleistungen oder Arbeit ausgezahlt wird, wirkt wie ein Steuerguthaben und wird daher als Verbindlichkeit gegenüber dem Staat behandelt. Die Verbindlichkeit besteht darin, dass der Staat sein eigenes Geld für Zahlungen an sich selbst zurücknimmt.

Nicht jedes Land hat eine eigene Währung, aber diejenigen, die eine haben, akzeptieren in der Regel nur ihre eigene Währung für Steuerzahlungen. Die vereinfachten Bilanzen der privaten Haushalte und des Finanzministeriums (beachten Sie, dass es in diesem Beispiel kein Bankensystem gibt) sehen vor der Zahlung von Steuern wie in Tab. 3.5 aus.

Die Haushalte wissen, dass ihre Steuern am Ende des Jahres fällig werden. Sie haben einen Anreiz, im Laufe des Jahres Einlagen bei den Banken anzuhäufen, weil sie für die Steuerzahlung benötigt werden. Wenn die Steuern in Höhe von 100.000 € gezahlt werden, überweisen die Haushalte ihre Einlagen an den Staat, sodass die Bilanzen aussehen wie in Tab. 3.6.

In den obigen vereinfachten Bilanzen, in denen ein Bankensystem fehlt, das in späteren Kapiteln hinzugefügt wird, ist es offensichtlich, dass Steuern Geld sind, das an den Staat zurückfließt, um Steuerschulden zu tilgen. Das Nettovermögen des privaten Sektors wird durch die Steuerzahlung verringert. Die Geldschulden des einen Sektors entsprechen dem Geldvermögen des anderen. Eine Steuersenkung würde den Haushalten zumindest relativ mehr Guthaben verschaffen und – sofern sich sonst nichts ändert – das Defizit des Staates (es entspricht den Staatsausgaben abzüglich der Steuereinnahmen) erhöhen.

Steuerverbindlichkeiten und Steuerzahlungen
Steuern sind auch eine Möglichkeit, die Kaufkraft des privaten Sektors durch den Wegfall von Bankguthaben zu verringern. Wenn ein Unternehmen oder ein Haushalt Steuern zahlt, dann werden Bankguthaben vernichtet, die andernfalls für Waren und Dienstleistungen hätten ausgegeben werden können. Der Staat verwendet Steuern, um seine Bürger dazu zu bringen, seiner Regierung (mehr) Waren und Dienstleistungen anzubieten, um Einkommen umzuverteilen, um Anreize für die Bürger zu schaffen, bestimmte Güter (Alkohol, Tabak usw.) zu konsumieren oder aus anderen Gründen.

Tab. 3.5 Vor der Steuerzahlung. Eigene Darstellung

Finanzministerium			
		Geld	200.000 €
		Nettovermögen	− 200.000 €
Haushalte			
Geld	200.000 €	Steuerverbindlichkeiten	0 €
		Nettovermögen	200.000 €

Tab. 3.6 Nach der Steuerzahlung. Eigene Darstellung

Finanzministerium			
		Geld	100.000 €
		Nettovermögen	− 100.000 €
Haushalte			
Geld	100.000 €	Steuerverbindlichkeiten	0 €
		Nettovermögen	100.000 €

Die Lehren aus den frühen Kolonien in Amerika

In einem Buch über das Bankwesen in der frühen amerikanischen Republik schreibt Sharon Ann Murphy: „Die Kolonisten waren bereit, dieses Geld zu akzeptieren, zum Teil weil sie keine andere Alternative hatten, aber die Regierung versprach, dieselben Noten zur Zahlung künftiger Steuern zu akzeptieren". Hamilton und andere sahen in der Staatsverschuldung „ein Mittel, um sowohl die finanzielle Grundlage für den Aufbau einer Wirtschaft zu schaffen als auch die wohlhabendsten Amerikaner eher an die nationale als an die staatliche oder lokale Identität zu binden".

Wie wir später sehen werden, benötigt die Bundesregierung keine Steuerzahlungen zur Finanzierung ihrer Ausgaben. Steuern helfen dem Staat, Ausgaben zu tätigen, ohne Inflation zu erzeugen. Es wäre also falsch zu sagen, dass in einer modernen Geldwirtschaft Steuerzahlungen für die Staatsausgaben nicht notwendig wären. Sie finanzieren sie nicht, aber sie erleichtern dem Staat den Zugriff auf Ressourcen. Abgesehen davon kann die Steuerpolitik angepasst werden, um gemeinwohlorientierte Ziele zu verfolgen. Wir werden auf dieses Thema in Kap. 5 zurückkommen.

Der monetäre Kreislauf

Wie wir im letzten Kapitel gesehen haben, ist die Nachfrage nach Guthaben teilweise auf die Nachfrage der Unternehmen zurückzuführen. Um mit der Produktion beginnen zu können, müssen sie Löhne zahlen, um Arbeitskräfte anzuwerben und Betriebsmittel zu kaufen. Sie müssen die Produktion vorfinanzieren. Die Unternehmen nehmen bei den Banken Kredite auf, und dann beginnt die Produktion. Waren und Dienstleistungen werden verkauft. Das Modell ist immer noch vereinfacht – es gibt keine Regierung, es gibt keinen Rest der Welt (keine Importe, keine Exporte) und die Haushalte nehmen auch keine Kredite auf.

Der vereinfachte monetäre Kreislauf wie in Abb. 3.1 dargestellt, beginnt mit der erwarteten Nachfrage, die die Unternehmen dazu bringt, ihre Produktion vorzufinanzieren. Die erwartete Nachfrage ist das, was die Unternehmen als die Nachfrage des Marktes nach ihren Produkten ansehen. Sie stellen Arbeitskräfte ein und kaufen Ressourcen, um mit der Produktion zu beginnen, die es ihnen ermöglicht, die Nachfrage zu befriedigen und hoffentlich einen Gewinn zu erzielen. Die Unternehmen bezahlen ihre Arbeitskräfte durch Überweisung von Bankguthaben. Diese können nun Waren und Dienstleistungen kaufen und zumindest teilweise die Nachfrageerwartungen der Unternehmen bestätigen. Die Guthaben der Unternehmen werden wieder aufgefüllt. Bis zu einem gewissen Grad finanziert sich die Produktion der Unternehmen selbst, da das verdiente Geld aus dem ausgegebenen Geld stammt.

Abb. 3.1 Der vereinfachte
Geldkreislauf (ohne Regierung
und Zentralbank). (*Quelle:
eigene Abbildung*)

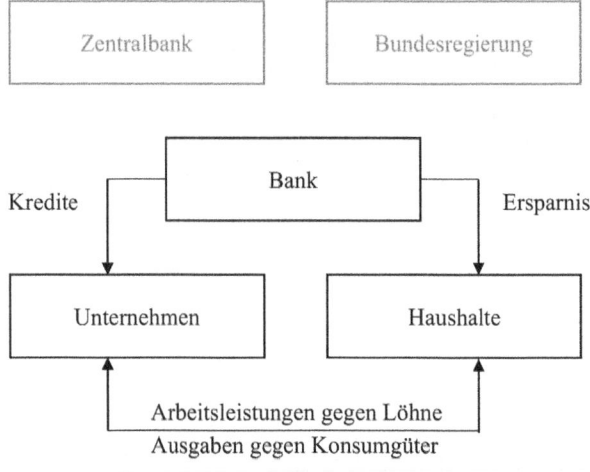

Wann endet dieser Kreislauf? Er endet, wenn der Eigentümer der Guthaben beschließt, sie zur Rückzahlung eines ausstehenden Kredits zu verwenden. Eine andere Möglichkeit ist, dass der Eigentümer der Guthaben sich damit zufriedengibt, sie zu halten und nicht auszugeben, und sie bei der Bank belässt. Er könnte sie auf ein Sparkonto überweisen, ein Zertifikat oder etwas Ähnliches kaufen. Er könnte die Guthaben verwenden, um Steuern oder Gebühren an die lokale oder föderale Regierung zu zahlen. Dadurch würden diese ebenfalls vernichtet und dauerhaft aus dem Verkehr gezogen. Wir werden uns diesen Vorgang später genauer ansehen.

Bankguthaben, die nicht erwünscht sind, werden beseitigt. Es gibt kein Gesetz, das es verbietet, unerwünschte Bankguthaben auszugeben oder sie zur Rückzahlung von Schulden oder zum Kauf von Finanzanlagen zu verwenden. Daher zirkulieren Bankguthaben so lange, bis sie entweder von jemandem freiwillig gehalten oder vernichtet werden, weil sie zur Zahlung von Steuern, zur Rückzahlung eines Kredits oder zur Bezahlung von Importen verwendet werden. Technisch gesehen bedeutet die letzte Option im letzten Fall nicht, dass die Bankguthaben für immer vernichtet werden – sie könnten eines Tages zurückkehren, wenn der ausländische Inhaber sie verwendet, um etwas von einer amerikanischen Wirtschaftseinheit zu kaufen. Dennoch werden die Guthaben dem inländischen Kreislauf entzogen.

Das Horten von Guthaben über den erwarteten Bedarf hinaus ist durchaus rational. Nicht jede unabdingbare Ausgabe ist planbar. Viele Haushalte und Unternehmen werden daher ein Pufferguthaben bei ihrer Bank halten wollen, um für künftige Unwägbarkeiten gewappnet zu sein. Mit der Verfügbarkeit von Überziehungskrediten ist diese Hortung von Guthaben etwas zurückgegangen. Unternehmen haben oft spezielle Kreditlinien bei ihrer Bank, die sie bis zu einem bestimmten Limit in Anspruch nehmen können. Es liegt auf der Hand, dass eine Erhöhung des Kreditvolumens nur von der Nachfrageseite abhängt, d. h. von den Handlungen des Unternehmens, sobald eine solche Vereinbarung getroffen wurde.

Horten von Geld und mangelnde Nachfrage

Ein weiteres Problem des Hortens, auch als Vorsorgesparen bezeichnet, besteht darin, dass die Wohlhabenden, wie Unternehmer und Kapitaleigner, viel mehr sparen als die weniger Wohlhabenden. Mit anderen Worten, die Wohlhabenden haben eine viel geringere Neigung, aus ihrem Einkommen zu konsumieren. Nehmen wir an, ein Unternehmer leiht sich eine Million Dollar und produziert, indem er seinen Mitarbeitern eine halbe Million Dollar an Löhnen zahlt. Die Produktion soll einen Ertrag von einer Million Dollar bringen, aber der Unternehmer möchte seine halbe Million Dollar behalten. Woher kommt die Kaufkraft, um die Lücke von einer halben Million Dollar zu schließen?

Der Unternehmer will nicht sparen, indem er einen Teil der Produktion als Lagerbestand hält. Er möchte Guthaben bei der Bank halten. Damit das klappt, muss zusätzliche Nachfrage geschaffen werden. Wie wir später sehen werden, kommt diese Nachfrage normalerweise vom Staat. Indem die Bundesregierung mehr ausgibt als sie in Form von Steuern einnimmt, führt sie den Bankkonten des privaten Sektors Nettoguthaben zu. Während die öffentlichen Ausgaben die Nachfragelücke schließen können, führen die entsprechenden Guthaben der Haushalte und Unternehmen zur Anhäufung der angestrebten Ersparnisse, was zu einer ungleichen Verteilung des Wohlstands führen kann. Eine Ausrichtung der öffentlichen Ausgaben unter Berücksichtigung der Verteilungswirkung erscheint sinnvoll.

Das makroökonomische Gebot der öffentlichen Defizite, das durch die Erhöhung der Staatsausgaben entsteht, wird also durch eine Nachfragelücke verursacht. Diese wird durch positive Nettoersparnisse der Haushalte und Unternehmen insgesamt erzeugt. Ohne Staatsausgaben in angemessener Höhe würde die Nachfrage (Kaufkraft) unter dem Angebot (Produktion zu gegebenen Preisen) liegen. Dies würde die Unternehmen veranlassen, ihre Produktion zu drosseln, da sie nicht verkaufen können, was sie produziert haben, was zu Arbeitslosigkeit führen würde, da die Unternehmen Arbeitnehmer entlassen würden. Das Vorhandensein dieser Nachfragelücke, in guten wie in schlechten Zeiten, erklärt, warum der Staatshaushalt fast immer rote Zahlen schreibt (Ausnahmen bestätigen die Regel). Ein dauerhaftes öffentliches Defizit ist also kein pathologisches Symptom, sondern eine makroökonomische Notwendigkeit zur Stabilisierung der Wirtschaft (durch Stabilisierung der Beschäftigung). In Deutschland nimmt zeitweise das Ausland die Defizitposition anstelle des Staats ein. Ohne die steigende Verschuldung des Auslands, welche die deutschen Exporte in den Rest der Welt finanziert, wäre die deutsche Arbeitslosenquote sehr viel höher. Die „schwarze Null" (Staatsausgaben auf Höhe der Steuereinnahmen) ist also kein Erfolg an sich, sondern nur ein Zeichen dafür, dass einheimische Schulden durch Schulden im Ausland ersetzt worden sind.

Der Zins und Zinszahlungen

Bislang haben wir von den Zinszahlungen abstrahiert. Zinszahlungen auf Kredite sind die Haupteinnahmequelle der traditionellen Banken. Um die Rentabilität einer Bank zu gewährleisten, müssen die Zinserträge aus den Forderungen (hauptsächlich Bankkredite) die Zinszahlungen für die Verbindlichkeiten (hauptsächlich Sparkonten) übersteigen. Folglich sind die Zinssätze auf Guthaben relativ niedrig. Kehren wir zu den Bilanzen der Bank und des Unternehmens nach der Vergabe eines Kredits zurück (Tab. 3.7). Das Unternehmen möchte sich

Tab. 3.7 Nach der Kreditaufnahme. Eigene Darstellung

Bank			
Kredit	100.000 €	Einlagen	100.000 €
Unternehmen			
Einlagen	100.000 €	Kredit	100.000 €

Tab. 3.8 Kreditaufnahme mit Zinsen. Eigene Darstellung

Bank			
Kredit	100.000 €	Einlagen	100.000 €
Zinsen	5000 €	Eigenkapital	5000 €
Unternehmen			
Einlagen	100.000 €	Kredit	100.000 €
		Zinsen	5000 €
		Nettovermögen	*− 5000 €*

Guthaben in Euro leihen, weil es diese braucht. Es muss Dinge bezahlen, die für den Betrieb des Unternehmens notwendig sind.

Die Bank wird für den Kredit einen Zinssatz verlangen, der höher ist als der Zinssatz, der für die Guthaben gezahlt wird. Jetzt konzentrieren wir uns auf die Seite des Unternehmens. (Im nächsten Unterabschnitt werden wir uns ansehen, wie die Banken ihre Zinssätze festlegen, wenn sie Reserven für die Verrechnung auf dem Interbankenmarkt benötigen). Das Unternehmen wird der Zahlung eines Zinssatzes nur zustimmen, wenn es einen höheren Gewinn erwartet. Nehmen wir an, wir betrachten die Bilanz zum Zeitpunkt der Fälligkeit des Kredits. Der Zinssatz für das Darlehen beträgt 5 % und der für die Einlagen 0 %. Die Bilanz ist in Tab. 3.8 abgebildet.

Dem Unternehmen sind Produktionskosten in Höhe von 100.000 € entstanden, es konnte sie aber für 110.000 € verkaufen. Bei Fälligkeit des Kredits wird das Unternehmen über zusätzliche Guthaben in Höhe von 10.000 € verfügen, nach Zinszahlung reduziert sich dieser Betrag auf 5000 €. Dies spiegelt sich in einer Erhöhung des Eigenkapitals um 5000 € wider. Die Bank verbucht die Zinszahlung des Unternehmens als Aktivum, sodass die Aktiva über die Passiva steigen. Auch hier geschieht die Anpassung über das Eigenkapital auf der Passivseite.

Positives Eigenkapital bedeutet, dass es einige Forderungen ohne entsprechende Verbindlichkeiten gibt. Das Eigenkapital ist keine Verbindlichkeit im üblichen Sinne (geschuldetes Geld), sondern eine reine Bilanzkonstruktion. In diesem Fall bezeichnet das Eigenkapital den Geldbetrag, der bei der Liquidation des Unternehmens zur Verfügung stehen würde, nachdem die Forderungen zu Bilanzwerten verkauft und alle Verbindlichkeiten beglichen wurden. Tab. 3.9 zeigt die Bilanz nach der Rückzahlung des Kredits.

Besonders interessant ist, dass für die Rückzahlung des Kredits mehr Guthaben benötigt werden, als zu diesem Zeitpunkt im Umlauf sind. Schauen wir uns die obigen Bilanzen

Tab. 3.9 Kredittilgung mit Zinsen. Eigene Darstellung

Bank			
~~Kredit~~	~~100.000 €~~	~~Einlagen~~	~~100.000 €~~
Reserven	5000 €	Eigenkapital	5000 €
Unternehmen			
Einlagen	~~1~~05.000 €	~~Kredit~~	~~100.000 €~~
		Nettovermögen	5000 €

noch einmal an. Die Bank hat einen Kredit gewährt, durch den Guthaben in Höhe von 100 €
entstanden sind. Das Unternehmen muss jedoch Guthaben im Wert von 105.000 € übertragen, um den Kredit zurückzuzahlen. Wenn durch die Kreditvergabe nur Guthaben in
Höhe von 100.000 € entstanden sind, woher kommen dann die zusätzlichen Guthaben, die
es dem Unternehmen ermöglichen, den Kredit zurückzuzahlen?

Die zusätzlichen Guthaben wurden von anderen Banken durch Kreditvergabe oder
vom Staat durch Ausgaben geschaffen, und die Eigentümer dieser Guthaben haben sie an
das Unternehmen übertragen. Oder eine Bank hat etwas vom Privatsektor gekauft, indem
sie neue Guthaben auf dem Konto des Verkäufers geschaffen hat. Dabei kann es sich um
ein Haus oder Aktien eines Unternehmens handeln. Natürlich ist die Rückzahlung von
Krediten einfacher, wenn die Kreditsumme stark wächst, da dann mehr Guthaben in der
Wirtschaft zirkulieren. Die Schaffung zusätzlicher Guthaben durch die defizitären Ausgaben des öffentlichen Sektors oder durch niedrigere Steuern könnte ebenfalls für eine Ent-
lastung sorgen. Die Bankerträge, einschließlich der Zinserträge, können von der Bank zur
Begleichung von Ausgaben verwendet oder in Form von Dividenden an die Aktionäre
ausgeschüttet werden, die diese Erträge dann ausgeben können.

Die Pyramide des Geldes

Im täglichen Leben unterscheiden wir nicht zwischen Euro in bar und Euro in Einlagen.
Wir gehen davon aus, dass jeder Euro auf unserem Girokonto bei der Bank in einen Euro
in bar umgetauscht werden kann, entweder in der Bankfiliale oder am Geldautomaten.
Unser Vertrauen wird von Institutionen gestützt, darunter die gesetzliche Einlagensicherung. Die Bundesbank (2022) schreibt dazu auf ihrer Homepage:

> Im Entschädigungsfall gewähren die gesetzlichen Sicherungssysteme einen Rechtsanspruch
> auf Entschädigung bis zur Höhe von maximal 100.000 Euro unter Einschluss eventueller Zins-
> ansprüche je Einleger und je Bank. Ein erhöhter Schutzumfang von bis zu 500.000 Euro für
> einen Zeitraum von bis zu sechs Monaten nach Gutschrift der Beträge besteht für besonders
> schutzwürdige Einlagen. Dies sind z. B. Einlagen, die aus dem Verkauf einer Privatimmobilie
> resultieren oder aufgrund sozialrechtlicher Ansprüche ausgezahlt werden.

Dazu gibt es noch einen privaten Einlagensicherungsfonds, in dem zahlreiche Banken
Mitglied sind.

Casino-Chips und Disney-Dollar

Die Geldpyramide kann auf verschiedene Weise nach unten erweitert werden. Kasinochips zum Beispiel sind Versprechen, die Landeswährung zu liefern. In ähnlicher Weise waren die 2016 eingestellten Disney-Dollars ein Versprechen, US-Dollar zu liefern. Sie wurden in den Disney-Themenparks in den USA als Zahlungsmittel verwendet. Es wurde erwartet, dass die Währungen ohne Kosten in beide Richtungen, in unbegrenzter Höhe und im Verhältnis eins zu eins umgetauscht werden können.

Geld in Form von Bankguthaben ist ein Versprechen, Bargeld zu zahlen. Dies funktioniert wie ein Wechselkurs zwischen Währungen, nur dass wir diesmal erwarten, dass dieser Kurs immer eins zu eins ist. Die Verbindung zwischen Bankguthaben und Bargeld wird daher oft als Parität bezeichnet. Abb. 3.2 zeigt die Geldpyramide.

An der Spitze stehen Reserven und Staatsanleihen. Reserven sind Verbindlichkeiten der Zentralbank, die durch Ausgaben und Kredite der Zentralbank entstehen. Diese Zentralbankguthaben können in Bargeld umgetauscht werden und umgekehrt. Staatsanleihen sind die Zahlungsversprechen des Staates. Versprochen wird die Zahlung von Reserven, in der Regel mit einer Verzinsung auf den überlassenen Kapitalbetrag. Anleihen sind in den meisten Währungssystemen so sicher wie Reserven, während Bankguthaben ein Versprechen darstellen, Bargeld zu liefern. Verbindlichkeiten des privaten Sektors entstehen aus der Geschäftstätigkeit des privaten Sektors und sind Versprechen, Bankguthaben und damit indirekt Bargeld zu liefern.

Die Pyramide veranschaulicht, dass Schulden immer durch die Übertragung von Zahlungsmitteln der nächsthöheren Ebene getilgt werden. Diese Zahlungsmittel sind Verbindlichkeiten der Institutionen der oberen Ebene gegenüber denen der unteren Ebene. Der private Sektor verwendet Bankguthaben, die Verbindlichkeiten der Banken sind, für Zahlungs- und Schuldentilgungszwecke, sowohl gegenüber Banken als auch gegenüber anderen Parteien des

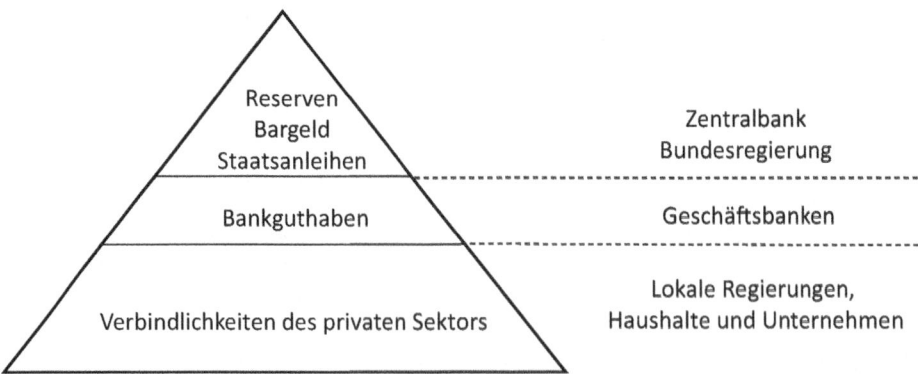

Abb. 3.2 Die Geldpyramide. (*Quelle: eigene Abbildung*)

privaten Sektors. Die Banken wiederum verwenden Guthaben bei der Zentralbank, die deren Verbindlichkeiten darstellen, um Schulden untereinander zu begleichen. Auf der gleichen Ebene gibt es auch Staatsanleihen. Sie sind den Reserven recht ähnlich, haben aber in der Regel eine zeitliche Begrenzung und einen Zinssatz. Im nächsten Unterabschnitt untersuchen wir die Rolle von Bargeld und Reserven im Geldsystem.

Ein weiterer Aspekt der Geldpyramide ist, dass potentiell jeder monetäre Vermögenswert – sprich: jedes Zahlungsversprechen –, der als Zahlungsmittel akzeptiert wird, Geld sein kann. Der US-amerikanische Wirtschaftswissenschaftler Hyman Minsky schrieb über dieses Phänomen, dass jeder Geld schaffen kann; das Problem besteht darin, eine Akzeptanz dafür zu erzeugen. In den meisten modernen Geldsystemen kann nur das Geld des Staates (Reserven, manchmal auch Bargeld) verwendet werden, um Steuerschulden und andere Schulden gegenüber dem Staat zu tilgen. Privates Geld – Bankguthaben– wird nicht akzeptiert! Auch wenn es so aussieht, als würden die Haushalte durch Überweisung von Guthaben Steuern zahlen, überweisen die Banken staatliches Geld auf das Konto der Regierung bei der Zentralbank. Da der Staat wählen kann, was er für die Steuerzahlung akzeptieren will, hat er mehr Macht als die Banken (siehe Abschn. 2.4).

Nachhaltigkeit der privaten Verschuldung

Wenn wir in einer Welt leben, in der die Banken gegen Sicherheiten einen – zumindest theoretisch – unbegrenzten Betrag an Guthaben per Kredit schöpfen können, wie sieht es dann mit der Rückzahlung der Schulden aus? Gibt es Grenzen für die Fähigkeit des Privatsektors, seine Schulden zurückzuzahlen? Auf einer sehr einfachen Ebene ist die Verschuldung so lange tragbar, wie Zins- und Tilgungszahlungen geleistet werden. Dabei handelt es sich um ein mikroökonomisches Phänomen in dem Sinne, dass das Ergebnis durch die Wechselwirkungen zwischen den einzelnen Teilen der Wirtschaft (Unternehmen und Haushalte) bestimmt wird und nicht direkt durch bestimmte Aggregate wie die persönlichen Nettoersparnisse oder die Gesamtgewinne der Unternehmen. Die Verteilung spielt eine große Rolle, da der Ausfall von Schulden oft durch unzureichendes Einkommen oder die Unfähigkeit, Schulden zu verlängern, verursacht wird, nicht aber durch einen Mangel an Bankguthaben in der Wirtschaft an sich.

Wie Abb. 3.3 zeigt, unterliegt die Verschuldung der Unternehmen und privaten Haushalte im Laufe der Zeit Schwankungen. Mit der deutschen Wiedervereinigung nahmen die Kredite naturgemäß zu, da es nun eine größere Einwohnerzahl gab. Die 1990er-Jahre waren geprägt vom *dot-com* Boom, dem Aufschwung im Bereich der Internetbranche. Als dieser 2000/2001 mit dem Absturz des Neues Marktes ein jähes Ende fand, stabilisierte sich die Kreditvergabe. Erst ab 2005 stieg sie wieder an, verursacht wohl durch den steigenden Export. Allerdings brach dann die globale Finanzkrise von 2008/09 aus, die in der Eurozone von Crashs auf den Immobilienmärkten von Spanien und Irland geprägt war. Die Kreditmenge in Deutschland ging zurück, weil der Export lahmte. Dies war auch die Konsequenz der Austeritätspolitik (Kürzungen der Staatsausgaben), welche die Troika – IWF, EZB

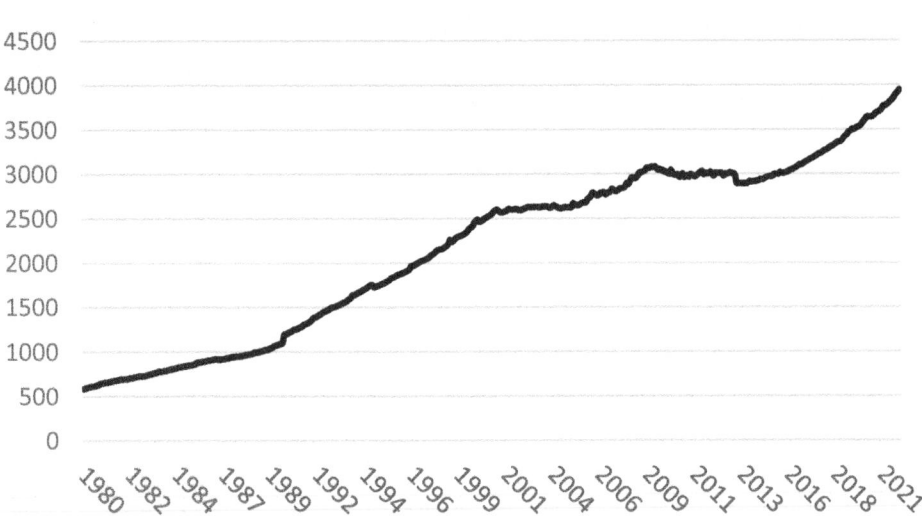

Abb. 3.3 Kredite an Unternehmen und Haushalte in Deutschland in Mrd. Euro. (*Quelle:* https://www.bundesbank.de/dynamic/action/en/statistics/time-series-databases/time-series-databases/759784/759784?listId=www_s101_sdds1, *abgerufen am 31.03.2023*)

und EU-Kommission – vor allem im Süden Europas durchsetzte. Erst nach der Abkehr von dieser um 2014 herum wuchsen auch die deutschen Exporte wieder und damit die Kredite an Unternehmen und Haushalte in Deutschland. Generell scheint es eine graduelle Abkehr zu geben von den Finanzmärkten hin zu staatlicher Organisation der Ressourcen (Schulmeister 2018; Schick 2020).

3.2   Zahlungsausgleich und der Interbankenmarkt

Die Banken schaffen Guthaben für ihre Kunden und halten selbst Guthaben bei der Zentralbank (Reserven), die sie in Bargeld umtauschen lassen können. Wenn ein Kunde einer Bank eine Zahlung an einen anderen Kunden derselben Bank leistet, ist die Abrechnung nicht sehr kompliziert. Die Guthaben von Kunde A werden um den Betrag X verringert, und dem Konto von Kunde B wird der Betrag X gutgeschrieben. Aber was passiert auf den Konten, wenn Kunde B nicht Kunde derselben Bank ist wie A?

Der Zahlungsausgleich zwischen den Banken (Interbankenmarkt)
In diesem Fall müssen die Banken am Ende des Tages einen Zahlungsausgleich vornehmen. Angenommen, Kunde A ist bei Bank A und Kunde B bei Bank B. Im Laufe des Tages führen die Kunden der beiden Banken mehrere Zahlungen aus. Am Ende des Geschäftstages sehen sie sich ihre Zahlungen an und ermitteln den Nettobetrag, den die eine Bank der anderen schuldet. Wenn die Kunden der Bank A 1000 € (z. B. 100 € + 500 € + 250 € + 150 €) an die Kunden der Bank B überwiesen haben, umgekehrt aber nur 950 € (z. B. 900 € + 50 €), dann muss die Bank A 50 € an die Bank B überweisen.

Tab. 3.10 Der Zahlungsausgleich. Eigene Darstellung

Bank A			
Kredit	100 €		
		Haushalt A	50 €
		Bank B	50 €

Bank B			
Kredit	100 €		
Guthaben@Bank A	50 €	Haushalt B	150 €

Haushalt A			
Guthaben	50 €	Kredit	100 €
		Nettovermögen	*– 50 €*

Haushalt B			
Guthaben	150 €	Kredit	100 €
		Nettovermögen	*50 €*

Die tatsächlichen Bilanzen könnten theoretisch wie die in Tab. 3.10 aussehen (in der Praxis tun sie das nicht). Haushalt A verliert 50 € an Guthaben, Haushalt B gewinnt 50 €. Die Guthaben von Bank A bleiben auf demselben Niveau, aber die Verteilung ändert sich. Bank B hat nun ein Konto bei Bank A mit 50 € an Einlagen. Die Zunahme der Aktiva wird durch eine Zunahme der Passiva ausgeglichen, da dem Konto von Haushalt B 50 € gutgeschrieben wurden. Der Ausgleich kann jedoch nicht in Form einer Gutschrift auf einem Konto erfolgen, das von Bank A geführt wird und im Eigentum von Bank B steht.

Die Banken sind Konkurrenten und versuchen als solche, sich gegenseitig aus dem Markt zu drängen. Daher wäre es problematisch, die Sicherheit des Zahlungssystems – ein öffentliches Gut – privaten Banken anzuvertrauen, die in einen Wettbewerb verwickelt sind. Schließlich müsste die Bank B ihre Aktiva abschreiben, wenn die Bank A in Konkurs geht, und das könnte eine unerwünschte Kettenreaktion im Bankensystem auslösen. A zahlt nicht an B, B zahlt nicht an C, und so weiter – bis alle Banken geschlossen werden, weil sie negatives Eigenkapital haben.

Der Ausgleich der Konten der Banken läuft daher über die Zentralbank. Die Differenz der Zahlungen über einen Tag kann in Reserven übertragen werden, die vom Konto der defizitären Bank abgezogen und dem Konto der Überschuss-Bank gutgeschrieben werden. Nehmen wir an, Bank A leiht sich am Ende des Tages von der Zentralbank 50 € in Form von Reserven, die auf dem als Sicherheit dienenden Privatkredit basieren. Bank A überträgt die Reserven an Bank B, deren Konto somit erhöht wird. Die tatsächlichen Bilanzen sind sowohl vor als auch nach der Transaktion ausgeglichen, wie in Tab. 3.11 zu sehen ist.

Eine interessante Beobachtung ist, dass der tatsächliche Zahlungsausgleich zwischen den Banken im obigen Fall nur eine Umverteilung der Reserven im Bankensystem be-

Tab. 3.11 Der
Zahlungsausgleich 2. Eigene
Darstellung

Bank A			
Kredit	100 €	Einlagen	50 €
~~Reserven~~	~~50 €~~	Kredit (zb)	50 €

Bank B			
Kredit	100 €	Einlagen	-
Reserven	50 €	Haushalt B	150 €

Haushalt A			
Einlagen	50 €	Kredit	100 €
		Nettovermögen	– 50 €

Haushalt B			
Einlagen	150 €	Kredit	100 €
		Nettovermögen	50 €

Tab. 3.12 Der
Zahlungsausgleich 3. Eigene
Darstellung

Bank A			
Kredit	100 €	Guthaben	50 €
		Kredit (ibm)	50 €

Bank B			
Kredit	100 €		
Kredit (ibm)	50 €	Haushalt B	150 €

Haushalt A			
Guthaben	50 €	Kredit	100 €
		Nettovermögen	– 50 €

Haushalt B			
Guthaben	150 €	Kredit	100 €
		Nettovermögen	50 €

wirkt. Der Zahlungsausgleich führt nicht zu einer Veränderung des Gesamtbetrags der Reserven im gesamten Bankensystem. Was die eine Bank an Reserven verliert, gewinnt eine andere. Damit eröffnet sich ein alternativer Weg, um die erforderlichen Reserven zu gewinnen.

Kredite auf dem Interbankenmarkt

In diesem Fall kommt es in der Bilanz von Bank B nicht zu einem Anstieg der Reserven, sondern ein Interbankenkredit an Bank A (Kredit ib) beseitigt die Notwendigkeit eines sofortigen Ausgleichs (Tab. 3.12). Dieser Kredit verschiebt die Zahlung in die Zukunft, um eine heutige Zahlung zu vermeiden. Der Preis ist der Zinssatz. Auf diese Weise wird ein Anstieg der Nachfrage nach Reserven und ein darauffolgender Anstieg des Interbankenmarkt-Zinssatzes verhindert.

Ein Interbankenkredit verschiebt die Abwicklung der Zahlung. Bank A muss immer noch Abrechnungssalden an Bank B zahlen, aber erst, wenn das von Bank B gewährte Darlehen fällig wird. Bank B erhält für den Aufschub der Abrechnung einen Zinssatz von Bank A. Dieser Zinssatz wird auf dem Interbankenmarkt festgelegt. Da sich die Banken bei der Zentralbank zum Hauptrefinanzierungssatz des Eurosystems verschulden können, wird der Interbankenmarktzins nicht allzu weit von diesem abweichen. Dieser Markt wird auch als Geldmarkt bezeichnet, da Geld in Form von Reserven gehandelt wird. Diese Reserven können bei der örtlichen Zentralbankfiliale gegen Bargeld getauscht werden. Der Markt, auf dem Guthaben bei Banken gehandelt werden, wird als Kapitalmarkt bezeichnet. Auf beiden Märkten können die jeweiligen Guthaben für kürzere oder längere Laufzeiten ausgeliehen werden.

Der Referenzsatz auf dem Euro-Geldmarkt ist die *Euro short-term rate* (€STR). Auf der Website der EZB heißt es (EZB 2022):

Der kurzfristige Euro-Zinssatz (€STR) spiegelt die Kosten der unbesicherten Euro-Tagesgeldaufnahme von Banken im Euro-Währungsgebiet wider. Der €STR wird an jedem TARGET2-Geschäftstag veröffentlicht und basiert auf den am vorangegangenen TARGET2-Geschäftstag (dem Berichtstag „T") getätigten und abgewickelten Geschäften mit dem Fälligkeitsdatum T+1, bei denen davon ausgegangen wird, dass sie zu marktüblichen Bedingungen ausgeführt wurden, und die somit die Marktzinsen in unvoreingenommener Weise widerspiegeln.

Geld- und Kapitalmärkte – wer ist wer?
Ursprünglich haben die Banken für den Zahlungsausgleich Reserven, d. h. Guthaben bei der Zentralbank, verwendet. In den letzten Jahren vor der Finanzkrise sind die Banken dazu übergegangen, den Ausgleich zu verschieben, indem sie sich gegenseitig Kredite gewähren. Die Kreditnehmer versprechen die Zahlung von Reserven in der Zukunft, die durch Sicherheiten aus dem Kapitalmarkt abgesichert werden. Die Geldmärkte (Handel mit Reserven) und die Kapitalmärkte (Handel mit Einlagen) sind funktionell zusammengewachsen.

Der Zinssatz auf dem Geldmarkt wird nicht durch Angebot und Nachfrage bestimmt, obwohl beide existieren. Im nächsten Abschnitt werden wir uns mit den Zentralbanken und ihren Instrumenten befassen, mit denen sie sicherstellen, dass die Zinssätze nicht von den von der Europäischen Zentralbank (EZB) festgelegten Sätzen abweichen. Die Art und Weise, wie die Banken teilweise ihren Zahlungsausgleich vornehmen, beinhaltet die Verwendung von Nettoschuldpositionen. Die Banken rechnen nicht am Ende des Tages ab, sondern sie erfassen ihre Positionen gegenüber anderen Banken. Wenn sie Nettoschuldner sind, erhalten sie Zinsen, wenn sie Nettogläubiger sind, erhalten sie Zinsen. In der Regel wird der Hauptrefinanzierungssatz gezahlt. Im Laufe der Zeit sollten sich die Reservenflüsse ausgleichen. Wenn dies nicht der Fall ist, werden die Banken es irgendwann ablehnen, die geschuldeten Beträge zu verlängern, und einen Ausgleich oder eine Kreditvergabe zu höheren Zinssätzen für einen längeren Zeitraum verlangen. Die Banken würden dann, wie oben beschrieben, nach längerfristigen Finanzierungsmöglichkeiten auf dem Interbankenmarkt suchen.

Eine Möglichkeit besteht darin, Guthaben von Sparern anzuziehen, denn wenn diese von Konten anderer Banken an die empfangende Bank überwiesen werden, erhöht sich der Betrag der von dieser Bank gehaltenen Reserven. Eine weitere Möglichkeit, Guthaben von Privathaushalten und Unternehmen anzuziehen, besteht darin, höhere Zinssätze anzubieten. Was die eine Bank an Reserven gewinnt, verliert die andere natürlich. Eine denkbare Alternative zum Interbankenmarkt wäre, dass die Zentralbank unbegrenzte Überziehungskredite zum Leitzins zulässt. Die Banken würden dann nur bei der Zentralbank Kredite aufnehmen. In Zeiten von Finanzkrisen kann es dazu kommen, dass der Interbankenmarkt „friert" und Banken sich dann nur noch bei der Zentralbank Reserven leihen können. Zudem nutzen sie dann keine Interbankenkredite mehr, sämtliche Zahlungen werden mithilfe von Reserven sofort durchgeführt.

Bankenregulierung

Geld und Kredit sind Rechtskonstruktionen, die ohne Regulierung nicht denkbar sind (Sahr 2022). Ohne Eigentumsrechte und einklagbare Verträge gäbe es weder Geld noch Kredit in dem Umfang, wie wir ihn heute kennen. Ohne eine Zentralbank gäbe es kein staatliches Geld (Bargeld und Reserven), ohne Steuern keine Vernichtung von staatlichem Geld (und keinen zwingenden Grund, staatliches Geld zu akzeptieren). Die Konstruktion einer Zentralbank, die den Banken gegen Sicherheiten Geld leiht, ermöglicht es den Banken, ein umfangreiches Kreditportfolio aufzubauen, ohne dass ihnen das Geld ausgeht (zumindest solange sie über genügend Sicherheiten verfügen). Wie bereits erwähnt, gibt es einige Bremsen für die Kreditvergabe:

- Der Zinssatz begrenzt die Nachfrage. Kredite müssen zurückgezahlt werden, und zwar mit Zinsen. Selbst bei einem Zinssatz von Null ist ein Bankkredit kein „kostenloses Geld" (*free lunch*).
- Je mehr Kredite vergeben werden, desto höher ist das Risiko, dass einige Kreditnehmer irgendwann nicht mehr zurückzahlen können.
- Wenn eine Bank mehr Kredite vergibt als andere Banken, muss sie mehr Zinsen zahlen, da Reserven abfließen. Dies verringert die Gewinne.
- Wenn eine Bank mehr Kredite vergibt als andere Banken, wird sie von anderen Banken oder der Zentralbank abhängig, was ein Risiko darstellt.

Es gibt es noch mehr Bremsen. Die Banken in den USA werden beispielsweise anhand des CAMELS-Ratings auf die Einhaltung der Vorschriften geprüft: **C**apital adequacy, **A**sset quality, **M**anagement, **E**arnings, **L**iquidity, **S**ensitivity – auf Deutsch: Kapital, Qualität der Aktiva, Management, Ertrag, Liquidität, Empfindlichkeit gegenüber Zinsänderungen (Lopez 1999). Andere wesentliche Vorschriften der letzten Jahrzehnte betrafen (auch in der Eurozone) die Mindestreserveanforderungen und die Eigenkapitalanforderungen. Beide

Tab. 3.13 Mindestreserven and Eigenkapitalanforderungen

	Mindestreserven	Eigenkapitalanforderungen
Regelwerk	national (Zentralbank)	international (Basel III)
Anwendung	Guthaben	Quantität und Qualität der Assets
Puffer	Reserven	Eigenkapital
Menge	1 % (seit 2012)	Risiko-gewichtet

Quelle: eigene Tabelle

sind eher unwirksam. Die Mindestreserveanforderungen beziehen sich auf die Passivseite einer Bank, während die Kapitalanforderungen die Aktivseite betreffen (vgl. Tab. 3.13). Die EZB hat die Mindestreserveanforderungen mit Wirkung vom 18. Januar 2012 auf ein Prozent reduziert. Sie werden hier erläutert, weil einige Zentralbanken sie noch anwenden.

Die Mindestreserveanforderungen beziehen sich auf die Guthaben einer Bank. Ob nur Giroeinlagen oder auch Termin- und Spareinlagen betroffen sind, hängt von den nationalen Vorschriften ab. Für jede 100 € an Guthaben müssen genau x Euro an erforderlichen Reserven gehalten werden. Die Guthaben multipliziert mit dem Mindestreservesatz (aktuell 1 %) ergeben die Mindestreserven.

Der Geldmultiplikator in makroökonomischen Lehrbüchern
Überraschenderweise erzählen die meisten makroökonomischen Lehrbücher immer noch eine Geschichte, in der eine Zentralbank Reserven an Geschäftsbanken verleiht, die diese Reserven dann an den privaten Sektor ausleihen. Die Menge der Kredite geteilt durch die Menge der Reserven ergibt den Geldmultiplikator (Lindner 2016). Da weder Unternehmen noch Haushalte über Konten bei der Zentralbank verfügen und die Kredite nicht in bar ausgezahlt werden, erweist sich diese Sichtweise als völlig unbegründet. Es gibt keine Schnittstelle zwischen den Konten bei der Zentralbank und den Konten bei den Banken, weshalb die Banken ihre Guthaben bei der Zentralbank nicht an Haushalte und Unternehmen übertragen können. Die in diesem Buch vertretene Theorie besagt, dass die Zentralbanken die Menge der Bankkredite nicht über den Geldmultiplikator „steuern" können.

Ursprünglich sollte die Mindestreservepflicht einen gewissen Bestand an Liquidität bei den teilnehmenden Banken sicherstellen. Auf diese Weise wird die Nachfrage nach Bargeld und Überweisungen an andere Banken gesichert, denn für beides werden Reserven benötigt. Eine höhere Menge an Reserven, so dachte man, würde die Sicherheit des Bankensystems erhöhen und die Menge an Krediten erhöhen, die von den Banken vergeben werden können, reduzieren. Die Mindestreserveanforderungen müssen jedoch im Nachhinein erfüllt werden und nicht vor der Kreditvergabe. Angesichts der Struktur der heutigen Bankensysteme ist diese Logik obsolet. Wenn Kredite und andere Vermögenswerte teilweise als Sicherheiten für Zentralbankkredite verwendet werden können, dann ist eine Bank nicht durch die Menge der erforderlichen Reserven begrenzt. Im Falle einer Finanzkrise kann die Zentralbank die Anforderungen an die Sicherheiten aufweichen und so die Liquiditätsversorgung des Bankensystems jederzeit sicherstellen.

Mindestreservevorschriften in China und Brasilien
Einige Zentralbanken verwenden weiterhin Mindestreservesätze. In Brasilien werden unterschiedliche Sätze für verschiedene Einlagen angewandt, und in China lagen die Quoten für Einlagen bei etwa 10 %. Die Anhebung des Satzes in den 2000er-Jahren hat jedoch den Anstieg der Kreditvergabe in China nicht gestoppt. Dies ist angesichts der Auswirkungen auf die Bilanzen kaum überraschend. Die hier vorgestellte Theorie besagt, dass die Zentralbanken die Menge der Bankkredite nicht durch Mindestreserveanforderungen „steuern" können. Erst vergeben Banken Kredite, danach erfüllen sie die Mindestreserveanforderungen.

Kapitalanforderungen

Die Eigenkapitalanforderungen betreffen die andere Seite der Bilanz einer Bank. Die Bank ist gezwungen, ihre riskanten Vermögenswerte mit Eigenkapital zu unterlegen. Dies soll die Fähigkeit der Bank stärken, Verluste zu überstehen. Die Eigenkapitalanforderungen werden auf internationaler Ebene von der Bank für Internationalen Zahlungsausgleich (BIZ) im Rahmen der so genannten Basler Vereinbarungen entwickelt und dann in nationales Recht umgesetzt. Die Übernahme des Regelwerks – wir sind jetzt bei Basel IV – ist nicht zwingend. Im folgenden Beispiel wird davon ausgegangen, dass Kredite mit Eigenkapital in Höhe von 10 % des ursprünglichen Wertes unterlegt werden müssen. Die Bilanz sähe dann aus wie in Tab. 3.14.

Die Bank muss über 80 € Eigenkapital verfügen, da sie Kredite im Wert von 800 € an den privaten Sektor vergeben hat. Bestände an staatlichen Wertpapieren und Reserven werden als risikofrei angesehen. Für sie wird daher kein Kapital benötigt. (Kredit (ib) in Tab. 3.14 steht übrigens für einen Interbankenkredit.) Eigenkapital kann durch Zahlungen von Investoren oder durch einbehaltene Gewinne aufgebracht werden. Würde die Bank mehr Kredite vergeben wollen, müsste sie mehr Eigenkapital halten. Eine Möglichkeit, das Eigenkapital zu erhöhen, ist die Ausgabe von Aktien. Die Bank des Käufers der Aktien überträgt der emittierenden Bank im Gegenzug für die Aktien zusätzliche Rücklagen.

Bei der emittierenden Bank würden sich Eigenkapital und Rücklagen um 100 € erhöhen, während die investierende Bank 100 € weniger an Rücklagen hätte, aber Aktien im

Tab. 3.14 Bankbilanz und Eigenkapital. Eigene Darstellung

Bank			
Reserven	100 €	Guthaben	700 €
Staatsanleihen	100 €	Kredit (ib)	100 €
Kredite	800 €	Eigenkapital	200 €

Tab. 3.15 Eigenkapital-
erhöhung durch Aktienausgabe.
Eigene Darstellung

Bank 1			
Staatsanleihen	100 €	Guthaben	700 €
Kredite	800 €	Eigenkapital	300 €
Reserven	200 €	Kredit (ib)	100 €

Bank 2			
Aktien	100 €	Guthaben	550 €
Kredite	500 €	Eigenkapital	100 €
Reserven	50 €		

Tab. 3.16 Nach Tilgung des
Kredits. Eigene Darstellung

Bundesbank			
		Reserve	0 €

BMF			
Zentralkonto	0 €	Staatsanleihen	100 €
		Nettovermögen	− 100 €

Bank			
Staatsanleihen	100 €	Guthaben	150 €
Kredite	50 €		

Haushalt			
Guthaben	150 €	Kredit	50 €
Immobilien	50 €	Nettovermögen	150 €

Wert von 100 € hinzukämen, wie Tab. 3.15 zeigt. Die Bank kann die Rücklagen nach eigenem Ermessen verwenden. Dank des höheren Eigenkapitals kann sie größere Verluste
als zuvor auffangen. Nehmen wir an, dass das Kreditportfolio neu bewertet wurde. Der
neue Wert ist 150 € niedriger als zuvor und stellt somit einen Verlust dar.

Wie Tab. 3.16 zeigt, reduziert sich die Aktivseite auf 950 €, woran die Passivseite angepasst
werden muss. Sie belief sich früher auf 1100 €. Da das Eigenkapital die Differenz zwischen den
Aktiva und den sonstigen Passiva ist, wird es entsprechend um 150 € verringert. Es verbleibt ein
Eigenkapital von 50 € (vorher: 200 €). Hätte das Eigenkapital vorher 100 € betragen, wäre es
jetzt negativ – und die Bank wäre insolvent. Das Eigenkapital schützt die Bank vor der Insolvenz, aber es kann sie nicht vor größeren Einbrüchen in die Vermögenswerte der Bank schützen.
Banken können höhere Eigenkapitalanforderungen auch dadurch erfüllen, dass sie Teile ihrer
Aktiva, die Eigenkapital erfordern, verkaufen und so ihren Bedarf an Eigenkapital verringern.
Wenn jedoch viele Banken diese Strategie anwenden, kann es zu einem Preisverfall von Vermögenswerten kommen, der sich stärker auf die Eigenkapitalanforderungen auswirkt als der relative Anstieg des Eigenkapitals, der sich aus dem Verkauf dieser Vermögenswerte ergibt.

Ein weiteres Problem ist, dass die Banken sich auch gegenseitig Aktien abkaufen und
so mehr Eigenkapital beschaffen könnten. Dadurch würden sich die Reserveguthaben keiner der beiden Banken erhöhen und die Banken wären stärker miteinander verflochten als

zuvor. Wenn eine Bank zusammenbricht, würde auch die andere Bank untergehen. Dies ist das so genannte „systemische Risiko".

Schlussfolgerung

In diesem Kapitel haben wir gesehen, dass Bankguthaben immer eine Verbindlichkeit der Bank sind, dass ihre Schaffung eine entsprechende juristische Grundlage (z. B. Kreditvertrag) erfordert und dass Banken Guthaben aus dem Nichts (*ex nihilo*) schaffen können. Guthaben der Kunden sind dabei ein Zahlungsversprechen der Bank, das Zahlungsversprechen des Kunden (Rückzahlung des Kredits) ist die Forderung der Bank. Forderungen und Verbindlichkeiten werden sowohl für den Kreditgeber als auch für den Kreditnehmer zur gleichen Zeit geschaffen. In einer perfekten Welt wird die Injektion von Guthaben Produktion, Investitionen und den Konsum anregen. Durch die Rückzahlung von Krediten oder die Zahlung von Steuern werden Guthaben vernichtet. Der Staat legt, wie wir gesehen haben, die Einheit fest, in der Steuern gezahlt werden müssen.

Die Banken sind von Illiquidität und Insolvenz bedroht. Die Möglichkeit, durch eigene Zahlungsversprechen die Guthaben ihrer Kunden zu erhöhen, ist dabei jederzeit gegeben. Nur können sie bei Illiquidität die Guthaben nicht mehr in Bargeld auszahlen und bei Insolvenz werden sie von der Regulierungsbehörde üblicherweise geschlossen. Der Grund ist der, dass Banken nur Guthaben erzeugen dürfen, die auch zurückgezahlt werden. So sollen die Banken, die erfolgreich Investitionen finanzieren, weitermachen und die Banken, die das nicht tun, geschlossen werden. Kreditanalyse ist die wesentliche Funktion der Banken. Im Winter 2022/23 wurde die Silicon Valley Bank geschlossen, da ihr Eigenkapital zusammenschrumpfte (Kelton und Wray 2023).

Die Banken benötigen für die Abrechnung Reserven. Wenn ein Kunde Guthaben an eine andere Bank überweist, sorgt dieser Mechanismus dafür, dass das Bankensystem miteinander verbunden ist – Guthaben können problemlos verschoben werden. Die Banken rechnen schließlich über ihre Konten bei der Zentralbank ab, verwenden aber normalerweise Schulden im Tagesgeschäft, aber auch über einen längeren Zeitraum, um die Zu- und Abflüsse von Guthaben auf dem Interbankenmarkt zu berücksichtigen. Bisher haben wir uns nur mit den Bankguthaben befasst, d. h. mit den Forderungen des privaten Sektors, die bei Banken gehalten werden. Der nächste Abschnitt befasst sich mit der Frage, wie Bankguthaben in Bargeld umgetauscht werden können. Immerhin versprechen die Banken, Guthaben eins zu eins in Bargeld umzutauschen. Wie funktioniert das in der Praxis?

Zusammenfassung

- Kredite schaffen Guthaben. Die Bank kauft das Rückzahlungsversprechen des Kreditnehmers.
- Kredite werden durch die Nachfrage gesteuert, es gibt kein „Angebot".
- Die Nachfrage nach Krediten hängt teilweise vom Zinssatz ab, aber vor allem von der Gesamtnachfrage nach Güter und Dienstleistungen.
- Die Banken werden bei der Kreditvergabe nicht durch die Höhe der vorhandenen Reserven oder die Sparguthaben ihrer Kunden eingeschränkt.

- Die Guthaben bewegen sich durch den Geldkreislauf.
- Die Geldpyramide informiert die Nutzer über die Liquidität der verschiedenen Schuldtitel.
- Es ist leicht, Geld zu schaffen, aber es ist schwer, es akzeptiert zu bekommen.
- Durch den Transfer von Guthaben zwischen Banken können Schulden innerhalb der Banken entstehen.
- Das Clearing oder der Zahlungsausgleich ist der Prozess, der es den Banken ermöglicht, ihre Schulden gegenüber anderen Banken zu begleichen.
- Der Interbankenmarkt besteht sowohl aus dem Verleihen und Ausleihen von Verrechnungssalden als auch aus der Verschiebung von Zahlungen in die Zukunft durch Schuldvereinbarungen.
- Banken, die nicht genügend Reserven aufbringen können, sind in Schwierigkeiten. ◄

Fragen

1. Was kommt zuerst – der Kredit oder das Bankguthaben?
2. Warum können die Banken allein die Zahl der Kredite nicht erhöhen?
3. Warum vergeben Banken überhaupt Kredite?
4. Warum haben die Banken einen Anreiz, mehr Kredite zu vergeben?
5. Warum gibt es überhaupt einen Zahlungsausgleich?
6. Warum nutzen die Banken ihre Konten bei der Zentralbank für den Zahlungsausgleich?
7. In einer Finanzkrise stellen die Banken die gegenseitige Kreditvergabe auf dem Interbankenmarkt ein. Und warum?

Übungen

1. Diskutieren Sie, warum Kredite überhaupt sinnvoll für die Gemeinschaft sind.
2. Erläutern Sie, warum der Aufschub einer Zahlung einen Kredit begründet.
3. Kredite auf dem Interbankenmarkt sind häufig besichert, d. h. durch Sicherheiten unterlegt. Erläutern Sie, warum.
4. Erläutern Sie, worin der Unterschied zwischen Krediten für Bankguthaben und Krediten für Verrechnungsguthaben besteht.

Literatur

Desan, Christine (2015), *Making Money: Coin, Currency, and the Coming of Capitalism*, Oxford University Press
Detzer, Daniel und Nina Dodig (2018), *The German Financial System and the Financial and Economic Crisis*, Wiesbaden: Springer

Deutsche Bundesbank (2017), Die Rolle von Banken, Nichtbanken und Zentralbank im Geldschöpfungsprozess, Monatsbericht April 2017, S. 15–36, https://www.bundesbank.de/resource/ blob/614448/c0acb63e33120467bbb3615c63dc7e1a/mL/2017-04-geldschoepfungsprozess-data.pdf, abgerufen am 31.3.2023

Europäische Zentralbank (2022), Overview of the euro short-term rate (€STR), https://www.ecb. europa.eu/stats/financial_markets_and_interest_rates/euro_short-term_rate/html/eurostr_over-view.en.html, abgerufen am 31.3.2023

Fullwiler, Scott (2007), Interest Rates and Fiscal Sustainability, *Journal of Economic Issues* 41(4), 1003–1042

Greitens, Jan (2022), *Geld-Theorie-Geschichte*, Marburg: Metropolis

Hickel, Rudolf (2012), *Zerschlagt die Banken: Zivilisiert die Finanzmärkte. Eine Streitschrift*, Berlin: Econ

Kelton, Stephanie und Randall Wray (2023), Magical Monetary Thinking at the Fed Killed SVB, https://stephaniekelton.substack.com/p/magical-thinking-monetary-thinking, abgerufen am 31.3.2023

Lawson, Tony (2016), Social positioning and the nature of money, *Cambridge Journal of Economics* 40(4), S. 961–996

Lindner, Fabian (2016), Wie der Kredit wirklich in die Welt kommt ... und was die Standardlehrwerke der Volkswirtschaftslehre alles falsch machen, in: Urban, Janina und Till van Treeck (Hrsg.), *Wirtschaft neu denken: Blinde Flecken der Lehrbuchökonomie*, iRights.Media Verlag, S. 186–199

Lopez, Jose (1999), Using CAMELS Ratings to Monitor Bank Conditions, FRBSF Economic Letter 1999-19, https://www.frbsf.org/economic-research/publications/economic-letter/1999/june/ using-camels-ratings-to-monitor-bank-conditions/, abgerufen am 31.3.2023

Minsky, Hyman P. (1992), The Financial Instability Hypothesis, Levy Economics Institute working paper 74, http://www.levyinstitute.org/pubs/wp74.pdf

Murphy, Sharon Ann (2017), *Other People's Money: How Banking Worked in the Early American Republic*, Johns Hopkins University Press

Nomi Prins (2009), *It Takes a Pillage: Behind the Bailouts, Bonuses, and Backroom Deals from Washington to Wall Street*, Hoboken: John Wiley

Pizzo, Stephen, Mary Fricker und Paul Muolo (1989), *Inside Job: The Looting of America's Savings and Loans*, New York: McGraw Hill

Sahr, Aaron (2022), *Die monetäre Maschine – Eine Kritik der finanziellen Vernunft*, München: C.H. Beck

Schick, Gerhard (2020), *Die Bank gewinnt immer: Wie der Finanzmarkt die Gesellschaft vergiftet*, Frankfurt: Campus

Schulmeister, Stephan (2018), *Der Weg zur Prosperität*, Salzburg: Ecowin

Die Europäische Zentralbank und die nationalen Zentralbanken: das Eurosystem

4

Zusammenfassung

In diesem Kapitel betrachten wir Geldmenge und Zinssätze der Zentralbanken. Es wird erklärt, wie Zentralbanken den Interbankenmarktzins beeinflussen und warum Banken überhaupt Guthaben bei der Zentralbank brauchen. Wir betrachten die Rolle von Sicherheiten bei der Kreditvergabe der Zentralbanken und die Nachfrage nach Bankkrediten von Unternehmen und Haushalten. Zuletzt geht es um die Rolle der Zentralbank als Liquiditätsversorger des Bankensystems.

In den meisten heutigen Geldsystemen liegt das Monopol für die Währung beim Staat (Tcherneva 2016). Wie wir oben gesehen haben, besteht in einer reinen Kreditwirtschaft kein Bedarf an Bargeld. Auch wenn wir heute einen großen Teil unserer Transaktionen über die Überweisung von Bankguthaben abwickeln, erwarten wir immer noch, dass die Banken Bargeld in voller Höhe der Guthaben liefern. Da wir unser Bargeld nicht direkt von der Zentralbank erhalten, muss der Mechanismus komplizierter sein, als wir normalerweise annehmen. In diesem Kapitel werden wir uns ansehen, wie die das Eurosystem – bestehend aus Europäischer Zentralbank (EZB) und nationalen Zentralbanken – uns über das Bankensystem mit Bargeld versorgt.

Wir schauen uns auch an, wie die Regierung Geld ausgibt. Genauso wie Geschäftsbanken Bankguthaben in ihren Büchern schöpft, so erzeugt auch die Deutsche Bundesbank, die zum Staat gehört, Guthaben in ihren Büchern. Während wir das System diskutieren, in dem einer Regierung das Geld nicht ausgehen kann, schauen wir uns auch andere Geldsysteme an. Überall auf der Welt sind die Institutionen anders, aber der Charakter eines Geldsystems bleibt meist derselbe. Selbst die Eurozone, in der die (Europäische) Zentralbank keine Staatsanleihen direkt von den Regierungen der Mitgliedstaaten kaufen darf, kommt dem im nächsten Abschnitt behandelten System recht nahe.

Ist eine Zentralbank „unabhängig"?
Nein. Die Deutsche Bundesbank wurde durch ein Gesetz gegründet. Das Gesetz über die Deutsche Bundesbank wurde am 26. Juli 1957 erlassen. Sie beschreibt sich selbst als „unabhängige Zentralbank", aber auch als „Hausbank des Staates" (Bundesbank 2020). Sie ist unabhängig von Weisungen Dritter (z. B. der Bundesregierung) in der Ausführung der Geldpolitik, allerdings werden die Entscheidungen über Zinsen und Sicherheiten bei der EZB getroffen. Was bei den Treffen des EZB-Verwaltungsrates gesagt und diskutiert wird lässt sich auf den Internetseiten der EZB (2022a) nachlesen (vgl. Bibow 2010; Binder und Spindel 2017).

Zusätzliche Staatsausgaben können die Lage einer Volkswirtschaft verbessern oder zu einer negativen Entwicklung führen. Wir erörtern in diesem Abschnitt einige der Bilanzfragen und lassen die makroökonomischen Probleme für später übrig. Die Zentralbank und das Finanzministerium sind beide Geschöpfe des Staates und stehen daher in Wechselwirkung zueinander (Tymoigne 2014). Wir werden den fiskalisch-monetären Nexus analysieren und einige der institutionellen Entscheidungen in diesem und im nächsten Kapitel erörtern.

4.1   Die Rolle der Zentralbank

Das Eurosystem, bestehend aus EZB und den nationalen Zentralbanken, hat ein Instrument und ein Ziel. Die Zinssätze sollen so gesetzt werden, dass die Inflationsrate sich mittelfristig im Bereich der Zielinflation von 2 % einpendelt. Die EZB (2022a) schreibt: „Unser vorrangiges Ziel besteht darin, Preisstabilität zu gewährleisten, also den Wert des Euro zu wahren. Preisstabilität ist unabdingbar für das Wirtschaftswachstum und die Schaffung von Arbeitsplätzen – zwei Ziele der Europäischen Union. Sie stellt den wichtigsten Beitrag dar, den die Geldpolitik auf diesem Gebiet leisten kann." Andere Zentralbanken haben neben der Preisstabilität noch Ziele wie Vollbeschäftigung und langfristig moderate Zinsen, wie z. B. die Federal Reserve Bank in den USA. Die EZB soll als Sekundärziel noch die Wirtschaftspolitik der EU unterstützen, zu deren Zielen auch sozialer Fortschritt und Vollbeschäftigung gehören – die EZB ist also als Teil der EU wie auch der Eurozone zu sehen (Torrent 1999).

Warum beträgt die Zielinflation der EZB zwei Prozent?
Die erste Zentralbank mit einer Zielinflation war die von Neuseeland. Don Brash, der Gouverneur der Zentralbank von Neuseeland, wurde 1988 in einer Fernsehsendung gefragt, wo er die Zielinflation sehen würden (QZ 2022). Seine Antwort war,

dass eine Inflationsrate von 0 bis 1 % ideal wäre. Später erkannten seine Kollegen, dass Inflationsraten meist niedriger ausfallen als sie zuerst berechnet werden. Also erhöhten sie das Inflationsziel auf 0 bis 2 %. Da Zentralbanken Deflation vermeiden wollen, betonten sie die 2 % als maximale Grenze und der Korridor wich über die Zeit dem Inflationsziel. Andere Zentralbanken wie die von Kanada übernahmen ebenfalls die 2 % als Inflationsziel und als die EZB sich ein Inflationsziel suchte, waren 2 % schon etabliert.

Die EZB verwaltet das Zahlungssystem (TARGET2) und damit die Guthaben von Banken und Regierungen bei den jeweiligen nationalen Zentralbanken. Es gibt drei wesentliche Mechanismen, um die Menge an Reserven zu erhöhen:

- Kreditaufnahme der Banken bei der Zentralbank
- Offenmarktgeschäfte (*engl.*: open market operations, OMOs)
- Staatsausgaben
- Umwandlung von Bargeld in Reserven

Die Banken können ihren Bestand an Mindestreserven erhöhen, indem sie direkt bei der Zentralbank Kredite aufnehmen. In der Eurozone haben die nationalen Banken jeweils ihr Konto bei der nationalen Zentralbank. Das Konto deutscher Banken ist also bei der Deutschen Bundesbank angelegt. Für Zentralbankkredite benötigen die Banken Sicherheiten. Sie verpfänden u.a. die vom Eurosystem geforderten „notenbankfähigen" Sicherheiten. Die EZB kann nach eigenem Ermessen entscheiden, welche Sicherheiten akzeptabel sind. Zu den Sicherheiten gehören Staatsanleihen, die Anleihen von Bundesländern, einige ausländische Staatsanleihen, Unternehmensanleihen, Anleihen von Banken und andere Vermögenswerte.

Zweitens kann die Zentralbank die Höhe der Reserven durch Offenmarktgeschäfte beeinflussen, indem sie illiquide Vermögenswerte kauft (verkauft) und somit mehr (weniger) Reserven bereitstellt. In der Eurozone wird das so gehandhabt, dass die EZB nur Rückkaufvereinbarungen abschließt. Sie kauft also bei den Offenmarktgeschäften (das gilt nicht für andere Anleihenkaufprogramme) immer mit dem Zwang zum Rückkauf, und sie verkauft nur mit dem Zwang zum Rückkauf. Die Zentralbank tut dies in der Regel, um den kurzfristigen Zinssatz zu verändern. Die dritte Möglichkeit ist die Erhöhung der Zentralbankguthaben infolge einer Erhöhung der Staatsausgaben. In diesem Abschnitt konzentrieren wir uns auf die ersten beiden Möglichkeiten, die dritte wird im folgenden Abschnitt behandelt. Schauen wir uns zunächst die Bildung von Bankguthaben genauer an.

Die Bank hat dem Unternehmen auf der Grundlage eines Vertrags zwischen den beiden Parteien ein Darlehen gewährt (Tab. 4.1). Die Bank legt in ihrer Buchhaltungssoftware Guthaben an, aus denen hervorgeht, dass das Unternehmen 100.000 € an Guthaben besitzt. Gleichzeitig wird der Kredit als Vermögenswert für die Bank verbucht. Nirgendwo im

Tab. 4.1 Eigene Darstellung

Bank			
Kredit	100.000 €	Guthaben	100.000 €
Firma			
Guthaben	100.000 €	Kredit	100.000 €

System werden die Guthaben um 100.000 € verringert. Es ist offensichtlich, dass Banken nicht das Geld anderer Leute (Guthaben, Ersparnisse) verleihen und auch keine Reserven. Wir sehen auch, dass die Bank vor der Kreditvergabe nicht über Bargeld verfügt. Wie kommt sie dann an Bargeld, wenn das Unternehmen Bargeld für die Guthaben verlangt, die sie hält? Wir haben (noch!) kein Bargeld in der Bilanz der Bank.

Ist die US-amerikanische *Federal Reserve Bank* privat oder öffentlich?
Bei dieser Frage herrscht Verwirrung. Während die Europäische Zentralbank und die Deutsche Bundesbank ganz klar staatlich sind, ist die Fed sowohl privat als auch öffentlich. Die dreizehn regionalen *Federal Reserve Banks* sind wie private Unternehmen aufgebaut. Sie ernennen sechs von neun Mitgliedern ihres Verwaltungsrats. Der Gouverneursrat in Washington D. C. hingegen ist eine unabhängige Regierungsbehörde. Er besteht aus sieben Mitgliedern, die vom Präsidenten der Vereinigten Staaten ernannt und vom Senat bestätigt werden. Sie leiten die Politik der *Federal Reserve*.

Das Hauptrefinanzierungsinstrument der Zentralbank
Die Antwort ist einfach, aber raffiniert. Die Banken leihen sich bei der Zentralbank Reserven und stellen dafür Sicherheiten. Diese Guthaben können bei den nächstgelegenen Filialen der nationalen Zentralbank in Bargeld umgetauscht werden. Die Banken haben virtuelle Konten bei der Deutschen Bundesbank, die – so wie überall in der Eurozone – ebenfalls auf Euro (Kürzel: EUR) lauten. Die Banken können Reserven aufbauen, indem sie sich diese bei der Zentralbank ausleihen. Dies geschieht in der Regel durch die Vergabe von Krediten zu einem Zinssatz, der 150–200 Basispunkte (0,15 bis 0,2 Prozent) über dem Zins der Einlagefazilität liegt. Der Kredit ist sehr kurzfristig (über Nacht) und muss am nächsten Tag zurückgezahlt werden. Dieses Instrument der Zentralbank wird als Spitzenrefinanzierungsfazilität bezeichnet. Die Bilanzen sind in Tab. 4.2 dargestellt.

Die Zentralbank bietet an, in regelmäßigen Abständen Reserven gegen Sicherheiten zu verleihen. Die Reserven werden bei Unterzeichnung des Kreditvertrags geschaffen. Eine Zentralbank hat weder Geld noch hat sie kein Geld. Sie schafft Reserven durch Operationen, die von den Banken oder von ihr selbst initiiert werden. Da sie die Schöpferin der Wäh-

Tab. 4.2 Kredit der Spitzenrefinanzierungsfazilität. Eigene Darstellung

Zentralbank			
Kredit (Bank)	100.000 €	Reserven	100.000 €

Bank			
Kredit	100.000 €	Guthaben	100.000 €
Reserven	100.000 €	Kredit (zb)	100.000 €

rung ist, besitzt sie selbst keine Reserven. Es wäre jedoch falsch anzunehmen, dass die Bundesbank kein Geld schöpfen könne. Sie kann es, wenn sie als Zentralbank agiert. Manchmal wird Geld geschaffen, wenn sie als Bank der Banken agiert, manchmal, wenn sie als Bank des Staates agiert.

In einem Zeitungsartikel im November 2020 wurde EZB-Präsidentin Christine Lagarde zitiert (Reuters 2020): „Als einziger Emittent von Euro-Zentralbankgeld wird das Eurosystem immer in der Lage sein, bei Bedarf zusätzliche Liquidität zu schaffen. Per Definition wird es also weder bankrott gehen, noch wird ihm das Geld ausgehen. Außerdem würden etwaige finanzielle Verluste, sollten sie eintreten, unsere Fähigkeit, Preisstabilität zu erreichen und zu erhalten, nicht beeinträchtigen." Die Zentralbank, hier das Eurosystem, hat also das Monopol auf Währung. Sie kann diese nach Bedarf schöpfen, wobei der Bedarf durch politische Regeln festgelegt wird.

Um auf das obige Beispiel zurückzukommen: Der Zentralbankkredit wird als Verbindlichkeit der Bank verbucht, die sich verpflichtet, diesen bei Fälligkeit zurückzuzahlen. Gleichzeitig ist der Kredit, der mit Sicherheiten unterlegt ist, eine Forderung für die Zentralbank. Mit der Möglichkeit, bis zu hundert Prozent des Kredits durch den Verkauf der zugrunde liegenden Sicherheiten zurückzuerhalten, kann die Zentralbank – zumindest theoretisch – nahezu risikofrei arbeiten. In der Praxis ist dies jedoch in der Regel nicht der Fall.

Sicherheiten

In dem oben beschriebenen Szenario waren die Sicherheiten für den Kredit der Zentralbank der Kredit der Bank an das Unternehmen (was nach den heutigen Regelungen nicht möglich ist). Da die Bilanz der Bank keine anderen Posten aufweist, ist der Kredit die einzig mögliche Sicherheit. Die Zentralbank, in diesem Fall die Bundesbank, akzeptiert einige Sicherheiten – Unternehmensanleihen – je nach Rating. Die EZB legt das Mindestrating fest und kann es nach Belieben ändern. Wenn das reibungslose Funktionieren des Zahlungssystems gefährdet ist, kann die Zentralbank Sicherheiten von geringerer Qualität akzeptieren. Dies ist ein wichtiger Bestandteil der Geldpolitik in Krisenzeiten.

Wer hat ein Konto bei der EZB?
Bei den Organisationen, die Konten bei der EZB unterhalten, handelt es sich in der Regel um internationale Finanzinstitute des öffentlichen Sektors, wie etwa Zentralbanken aus Nicht-EU-Ländern, oder um EU-Institutionen wie die EU-Kommission,

ESM/EFSF oder die nationalen Zentralbanken der Mitgliedstaaten im Zusammenhang mit der Verwaltung der Anleihe- und Darlehenstätigkeit der EU, wobei die EZB als fiskalischer Agent für die Europäische Kommission fungiert. *(Übersetzt aus einer E-Mail der EZB Informationsstelle vom 8. Juli 2022 an den Autor.)*

Nur Banken und Regierungen besitzen Konten bei der Deutschen Bundesbank und haben so direkten Zugang zu den Reserven. Weder Firmen noch Haushalte haben ein Konto bei der Bundesbank, obwohl einige Firmen Banken besitzen, die ein Konto bei der Zentralbank haben. Die Bundesregierung, vertreten durch das Bundesministerium der Finanzen, hat auch ein Konto bei der Bundesbank. Es heißt „Zentralkonto des Bundes". Die Bundesregierung gibt also unter Nutzung des Zentralkontos des Bundes bei der Bundesbank Geld aus. Allerdings läuft das anders als bei uns. Die Bundesbank führt erst die Zahlungen für die Bundesregierung durch, wobei das Zentralkonto des Bundes negativ wird. Erst am Ende des Tages muss die Bundesregierung das Konto wieder mindestens auf null bringen, damit die Bundesbank am nächsten Tag wieder die Zahlungen im Auftrag des Bundesministeriums der Finanzen durchführen darf. So sind die politischen Regeln der Eurozone.

Es ist dabei eine Konvention, dass Reserven als Verbindlichkeiten bei der Institution verbucht werden, die sie schafft. Während vor Jahrzehnten die Reserven zumindest teilweise durch Gold „gedeckt" waren (d. h. die Reserven auf der rechten Seite stellten Zahlungsversprechen für Gold auf der linken Seite der Zentralbank-Bilanz dar), ist dies heute nicht mehr der Fall. Das bedeutet, dass die Reserven keine Verbindlichkeit in dem Sinne darstellen, dass die Bundesbank denjenigen, die die Reserven besitzen, etwas schuldet. Der Versuch der Banken, Reserven bei der Bundesbank in etwas anderes umzutauschen, wird scheitern. Das Versprechen der deutschen Bundesregierung, Euro für Zahlungen an sich selbst zu akzeptieren, ist der Grund, warum die Positionierung des Euros als Währung so erfolgreich ist.

Das Ende des Systems von Bretton Woods
Im globalen Währungssystem von Bretton Woods (1945–1971) war der US-Dollar an Gold gebunden: Bei der Zentralbank wurden 35 Dollar auf Verlangen gegen eine Unze Gold getauscht. Da die anderen teilnehmenden Währungen – auch die D-Mark – an den US-Dollar gebunden waren, waren auch sie indirekt an Gold gebunden. Im Jahr 1971 setzte US-Präsident Richard Nixon die Goldkonvertibilität aus (Garten 2021). Trotz weit verbreiteter Befürchtungen kam es weder zu einer Hyperinflation noch zu einem Zusammenbruch der Weltwirtschaft.

Das Eurosystem verwendet (umgekehrte) Rückkaufvereinbarungen (kurz: Repo), um den Interbankenmarktzins im Zielbereich zu halten. Das bedeutet, dass die Banken für eine gewisse Zeit Sicherheiten abtreten und verpflichtet sind, diese für einen bei Vertragsabschluss vereinbarten Betrag zurückzukaufen. Bei einem Reverse-Repo tauschen Verkäufer und Käufer die Plätze. Der Preis wird unter Berücksichtigung des Leitzinses der Zentralbank und der Qualität der Sicherheiten berechnet. Betrachten wir die Bilanz eines Unternehmens, nachdem es Bargeld von seiner Bank erhalten hat. Die Bank hat die Zentralbankguthaben gegen Bargeld bei der örtlichen Filiale der Zentralbank getauscht. Dieser Handel funktioniert natürlich in beide Richtungen. Bargeld kann auf das Konto der Bank bei der Zentralbank eingezahlt werden, wo die Zentralbankguthaben entsprechend aufgewertet werden.

Wie Tab. 4.3 zeigt, führt die Auszahlung der Guthaben zu einem Vermögenstausch im Unternehmen: Ein Vermögenswert gegenüber der Bank (Guthaben) wird in einen Vermögenswert gegenüber der Zentralbank (Bargeld) getauscht. Das Nettovermögen des Unternehmens ändert sich nicht, nur seine Zusammensetzung. Die Bank hingegen hat ihre Verbindlichkeit in Form von Guthaben verloren, gleichzeitig aber auch Vermögenswerte in gleicher Höhe (Bargeld). Übrig bleiben der Kredit der Zentralbank als Verbindlichkeit und der Kredit an das Unternehmen als Vermögenswert. Das Eigenkapital ändert sich nicht.

Solange der Zinssatz für den Kredit an das Unternehmen, den die Bank erhält, höher ist als der Zinssatz, den die Zentralbank verlangt und den die Bank zahlt, ist die Bank rentabel. Dies ist einer der Gründe, warum der Zinssatz, den die Banken für Kredite an den privaten Sektor verlangen, eigentlich immer über dem von der Zentralbank festgelegten Zielzinssatz liegt.

Geld als Punktesystem

Während die Banken die Initiative ergreifen, wenn es um die Kreditvergabe durch die Zentralbank geht, kann diese die Höhe der Reserven im Bankensystem selbst verändern, beispielsweise durch den Ankauf von Anleihen durch Gutschrift auf dem Konto des Verkäufers. Dies wird als Offenmarktgeschäfte bezeichnet. Genau wie bei Bankkrediten handelt es sich um elektronische Transaktionen. Während Waren, Dienstleistungen, Rohstoffe und Arbeitskräfte knapp sein können, ist die Knappheit von Bankguthaben und Reserven menschengemacht. Wenn die Knappheit von Reserven ein Problem darstellt, können leicht zusätzliche Reserven geschaffen werden. Genauso kann die Knappheit von Bankguthaben durch die Schaffung zusätzlicher Bankguthaben behoben werden. Die Frage ist, welches Institut dazu berechtigt ist und welche Regeln den Prozess bestimmen.

Tab. 4.3 Zentralbankkredit mit Bargeldauszahlung. Eigene Darstellung

Bank			
Kredit (Firma)	100.000 €	~~Guthaben~~	~~100.000 €~~
~~Bargeld~~	~~100.000 €~~	Kredit (zb)	100.000 €

Unternehmen			
~~Guthaben~~	~~100.000 €~~	Kredit (Firma)	100.000 €
Bargeld	100.000 €		

Das Ganze ähnelt dem Spielstand bei einem Fußballspiel. In einem modernen Stadion kann die digitale Anzeigetafel eine praktisch unbegrenzte Zahl von Zahlen anzeigen. Der Spielstand ist nicht von der Technik abhängig. Selbst ein dreistelliger Spielstand wäre leicht anzuzeigen. Andererseits erhöht das Vorhandensein einer digitalen Anzeigetafel nicht die Anzahl der Tore, nur weil es einfacher ist, sie anzuzeigen! Das Ergebnis des Spiels ist unabhängig von der Anzeige des Spielstands. Die Anzeigetafel ist die buchhalterische Aufzeichnung des Spiels. Eine Zentralbank ist so etwas wie der Wächter des Spielstandes. Sie wacht über das Zahlungssystem.

Auf ihrem Rechenblatt kann die Zentralbank theoretisch unbegrenzte Guthaben produzieren (durch Tippen auf einer Tastatur hinzufügen), aber praktisch ist dies nicht erlaubt. Das Problem der Hyperinflation besteht zum Beispiel nicht darin, dass einer Zentralbank „das Geld ausgeht". Weder die Menge an gedruckten Banknoten und geprägten Münzen noch die Menge an virtuellem Geld in Form von Bankguthaben ist in irgendeiner Weise physisch oder digital begrenzt. Was begrenzt ist, sind die Ressourcen, die Arbeitszeit und das Angebot an Produkten und Dienstleistungen aus dem In- und Ausland. In dieser Hinsicht sollte die Wirtschaft nur das produzieren, was den höchsten Nutzen stiftet.

Eine unbegrenzte Geldmenge?
Die bloße Feststellung, dass Banken und Zentralbanken unbegrenzte Mengen an Guthaben schaffen können, bedeutet nicht, dass sie eine unbegrenzte Kreditschöpfung anstreben oder tolerieren sollten! Ebenso wenig ist es sinnvoll, den Abbau aller Schulden zu fordern – dies würde das Geldvermögen des privaten Sektors Euro für Euro verringern.

Das Geldsystem erfüllt einen bestimmten Zweck. Es ermöglicht dem demokratisch verfassten Staat, sich mit den notwendigen Ressourcen zu versorgen, um so das Gemeinwohl zu erhöhen und die Wirtschaft zu organisieren. Dies erleichtert die Produktion von Gütern und Dienstleistungen und deren anschließende Verteilung. Um diese Ziele zu erreichen, ist es sinnvoll, Zwischenziele festzulegen, die jedoch nicht in Stein gemeißelt sein sollten. Eine niedrige Inflationsrate zum Beispiel kann sinnvoll sein, muss es aber nicht. Auch ein geringes staatliches Haushaltsdefizit lässt sich oft nicht mit den Endzielen wie hohes Produktionsniveau, niedrige Arbeitslosigkeit, Preisstabilität in Einklang bringen und sollte daher nicht als Zwischenziel verwendet werden.

Wir halten an der Vorstellung fest, dass materielle Fragen bei der Geldschöpfung der Zentralbanken (Reserven) und Banken (Guthaben) keine Rolle spielen. Die sehr reale Verknappung von Produktionskapazitäten, Arbeitskräften und Rohstoffen führt jedoch dazu, dass ein Anstieg der Einkommen (und Guthaben) unter Umständen zu einem Anstieg der Inflationsrate führen kann. Ein wichtiger Indikator für eine Währung ist ihre Kaufkraft in Bezug auf Konsumgüter und ihre Veränderungsrate, die durch die Inflationsrate dargestellt wird. Ein anderer, vielleicht noch wichtigerer Aspekt für eine Gesellschaft ist die Produktion und Verteilung.

Die mögliche Beziehung zwischen Produktion und Guthaben oder weiter gefassten Maßstäben für monetäre Aggregate ist ein kompliziertes Thema. Abb. 4.1 zeigt die Veränderungen der Geldmengenaggregate M1, M2, M3 und die Verbraucherpreisinflation in der

Eurozone. Es gibt keine eindeutige Korrelation. Die Inflationsrate liegt bis 2021 recht stabil bei etwa 2 %. Die Geldmengenaggregate bewegen sich mal nach oben, mal nach unten.

Die Definition der verschiedenen Geldmengenaggregate hängt von der Laufzeit der Guthaben ab, wobei M0 – die monetäre Basis – nur Bargeld und Zentralbankguthaben enthält und M3 relativ langfristige Finanzaktiva umfasst. M3 enthält M2, M2 enthält M1, und M1 enthält M0 (siehe Tab. 4.4). Es gibt keine empirischen Belege dafür, dass Veränderungen in diesen Geldmengenaggregaten mit der Inflationsrate zusammenhängen. Eine exakte Vor-

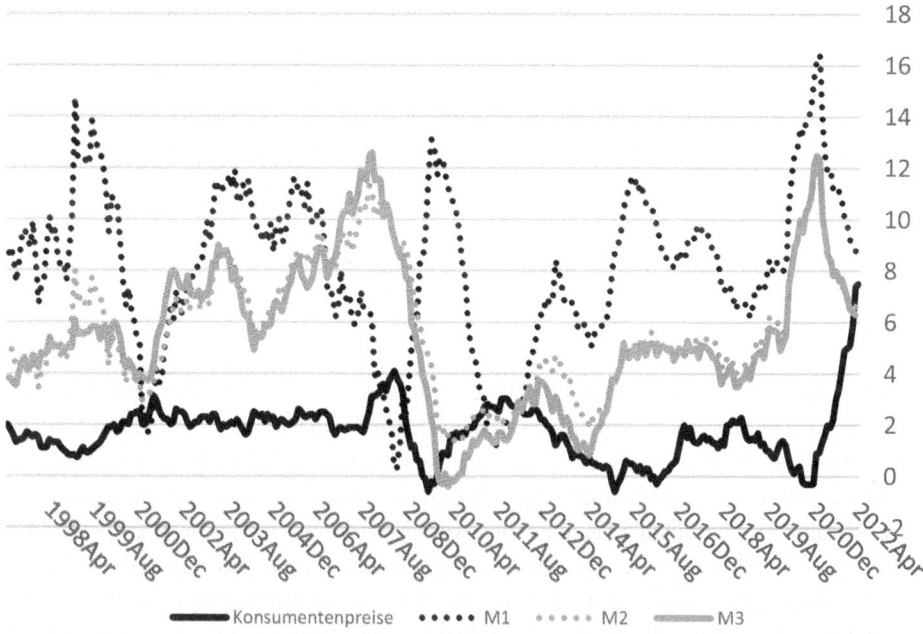

Abb. 4.1 Inflationsrate (schwarz) und jährliche Veränderungsraten der Geldmengenaggregate M1, M2 und M3, in Prozent. (*Quelle: OECD [DEUCPIALLMINMEI] und EZB*)

Tab. 4.4 Definitionen der Geldmengenaggregate der Deutschen Bundesbank

Aggregat	Definition
M1	Zur Geldmenge M1 zählen das außerhalb des Bankensektors zirkulierende Bargeld sowie täglich fällige Einlagen (Sichteinlagen) von Nichtbanken.
M2	Rechnet man zur Geldmenge M1 noch Spareinlagen mit einer Kündigungsfrist von bis zu drei Monaten und Termineinlagen mit einer Laufzeit von bis zu zwei Jahren hinzu, erhält man die Geldmenge M2.
M3	Die Geldmenge M3 beinhaltet zusätzlich zur Geldmenge M2 noch Geldanlagen, die von Banken und Finanzinstituten ausgegeben werden und hinsichtlich des Grads ihrer Liquidität mit den in M2 enthaltenen Bankeinlagen vergleichbar sind: Bankschuldverschreibungen mit einer Ursprungslaufzeit von bis zu zwei Jahren, Anteile an Geldmarktfonds sowie die sogenannten Repogeschäfte.

Quelle: Deutsche Bundesbank (2019), Geld und Geldpolitik, S. 75–76

hersage ist ebenso unmöglich wie die der Wechselkurse. Es ist wichtig, die Grenzen der eigenen Disziplin zu kennen! Seit wir wissen, dass die Banken keine Reserven an Unternehmen und Haushalte ausleihen können, hat die Geldbasis viel von jener Bedeutung verloren, die ihr oft zugeschrieben wurde. Gerade in Krisenzeiten ist ein Anstieg der Geldmenge meist nicht mit einem Anstieg der Inflation verknüpft. Genau dann ist aber die Wirtschaftspolitik gefragt.

Offenmarktgeschäfte der Zentralbank

Im obigen Beispiel hat eine Bank, die über ausreichende Sicherheiten verfügt, bei der Zentralbank einen Kredit genommen und damit ihre Reserven erhöht. Die Initiative zu dieser Transaktion ging von der Bank aus, während die Bundesbank eine passive Rolle spielte. Laut Gesetz muss die Bundesbank Reserven bis zur Höhe der von der Bank verpfändeten Sicherheiten zum Zielsatz bereitstellen. Gegebenenfalls liegt die Kreditsumme etwas geringer, weil ein Abschlag auf die Sicherheit (*engl.*: hair cut) vorgesehen ist. Es gibt keinen Entscheidungsspielraum für die Zentralbank. Auf diese Weise sollen gleiche Wettbewerbsbedingungen geschaffen werden. Die Zentralbank kann Reserven also nicht verweigern, wenn eine Bank zulässige Sicherheiten stellt. Entgegen der landläufigen Meinung kontrolliert die Zentralbank daher nicht die Geldmenge, sondern den Zins, da die Banken sich immer Reserven gegen Sicherheiten leihen können (Mosler 1995).

Allerdings kann die Zentralbank die Höhe der Reserven im System aktiv verändern. Sie kann ihrer Bilanz Reserven hinzufügen, indem sie etwa einer Bank Vermögenswerte abkauft. Durch diese Transaktion, ein so genanntes Offenmarktgeschäft, werden dem Konto der Banken Reserven hinzugefügt, wodurch sich die Menge der Reserven im System erhöht. Warum die Zentralbank das tun sollte, werden wir später sehen. In Tab. 4.5 sind die Bilanzen vor der Operation vereinfacht dargestellt, da die Zentralbank (noch) keine Aktiva oder Passiva besitzt. Da die Banken noch nach Schluss des Zahlungssystems TARGET2 Zentralbankgeld leihen können, die Zentralbanker dann aber schon auf dem Weg nach Hause sind, bestimmt die Nachfrage der Banken nach Reserven deren Menge.

Wir nehmen an, dass die Bank eine Staatsanleihe besitzt, die die Zentralbank kaufen möchte. Die Zentralbank schafft per Tastendruck am Computer Reserven, indem sie die Konten der Banken, die ihr Aktiva wie Staatsanleihen verkaufen, erhöht. Die Zentralbank kündigt an, dass sie eine Staatsanleihe kaufen möchte. Zentralbank und Bank müssen sich nun auf einen Preis einigen. Die nachstehenden Bilanzen zeigen, was nach der Transaktion geschieht. In Wirklichkeit hat die Zentralbank das Reservekonto der Bank erhöht (Tab. 4.6).

Tab. 4.5 Ausgangslage. Eigene Darstellung

Zentralbank			
(leer)		*(leer)*	
Bank			
Kredit (hh)	100.000 €	Guthaben	100.000 €
Staatsanleihe	100.000 €	Kredit (zb)	100.000 €

Tab. 4.6. Eigene Darstellung

Zentralbank			
Staatsanleihe	100.000 €	Reserven	100.000 €

Bank			
Kredit (hh)	100.000 €	Guthaben	100.000 €
Reserven	100.000 €	Kredit (zb)	100.000 €

Da die Bank über zusätzliche Reserven verfügt, muss ihr Guthaben gestiegen sein. Ist es dann richtig, dass ein Anstieg der Inflationsrate folgen wird? Die Antwort lautet nein, und das ist nicht einmal strittig. Aus bilanzieller Sicht gibt es keine Kausalität. Und warum nicht?

Ben Bernanke erklärt die quantitative Lockerung (QE)
Die US-Notenbank kann Staatsanleihen mit langen Laufzeiten kaufen, um deren Preise zu erhöhen und ihre Renditen (Verzinsung) zu senken. QE ist eigentlich nichts anderes als eine Offenmarktoperation, die auch Vermögenswerte mit längeren Laufzeiten umfasst. Der Vorsitzende der Fed, Ben Bernanke, wurde in einem CBS-Interview am 12. März 2009 gefragt, ob er Steuergelder ausgeben würde, und antwortete: „Es sind keine Steuergelder. Die Banken haben Konten bei der Fed, ähnlich wie Sie ein Konto bei einer Geschäftsbank haben. Wenn wir also einer Bank einen Kredit gewähren wollen, nutzen wir einfach den Computer, um die Größe des Kontos, das sie bei der Fed haben, zu erhöhen."

Wie wir oben gesehen haben, sind für die Gewährung eines Kredits durch eine Bank an einen Haushalt oder ein Unternehmen keine Ersparnisse oder Mindestreserven erforderlich. Die Banken sind bei der Kreditvergabe an den privaten Sektor keine Intermediäre, die Guthaben von Sparern an die Kreditnehmer verleihen, sondern sie schaffen Guthaben durch Kreditvergabe. Eine Erhöhung der Reserven erhöht die Inflationsrate nicht per se, da die Höhe der Kredite davon nicht betroffen ist. Das Zentralbankguthaben der Bank ist für die Kreditvergabe an Haushalte und Unternehmen völlig irrelevant. Es gibt keinen Mechanismus, der von einem Anstieg der Reserven zu einem Anstieg der Nachfrage nach Bargeld oder Krediten führen würde. Selbst wenn die Kreditnehmer einer Bank die Guthaben anderswohin transferieren würde, ist die Bank bei der Begleichung ihrer Interbankenschulden nicht auf ein Überangebot an Reserven angewiesen.

Wie wir bereits gesehen haben, kann die Bank jederzeit mehr Reserven ausleihen, solange sie über ausreichende Sicherheiten verfügt. Die Erhöhung der Reserven erleichtert die Kreditvergabe der Banken also nicht. Sie spielt im Prozess der Kreditschöpfung keine Rolle. Der Grund für die Offenmarktgeschäfte ist der Prozess der Zinsfestsetzung durch die Zentralbank. Bevor wir uns diesem Thema zuwenden, müssen wir näher untersuchen, woher die Nachfrage nach Reserven kommt. Ein Teil dieser Nachfrage kommt von der

Nachfrage des privaten Sektors nach Bargeld. Ein anderer Teil der Nachfrage kommt aus dem Zahlungsausgleich der Bank. Diese Vorgänge werden im nächsten Unterabschnitt durch Bilanztransaktionen beschrieben.

4.2   Die Instrumente einer Zentralbank (Geldpolitik)

Der Begriff „Geldpolitik" bezieht sich auf die Maßnahmen, die eine Zentralbank wie die Bundesbank ergreift, um die Zinssätze für verschiedene Klassen von privaten und öffentlichen Kreditnehmern (Staaten und Kommunen, nicht aber die Bundesregierung) zu beeinflussen und so zur Förderung der nationalen Wirtschaftsziele beizutragen. Die Zuständigkeit der Europäischen Zentralbank (EZB) für die Festlegung der Geldpolitik beruht auf dem Vertrag über die Arbeitsweise der Europäischen Union und der Satzung des Europäischen Systems der Zentralbanken und der Europäischen Zentralbank. Der EZB stehen drei Instrumente zur Verfügung:

1. Offenmarktgeschäfte,
2. die Zinsfazilitäten und
3. der Mindestreservesatz.

Die Zinsfazilitäten – Offenmarktoperationen wurden ja bereits oben behandelt – bestehen aus einer Einlagefazilität und zwei Ausleihfazilitäten:

- Einlagefazilität
- Spitzenrefinanzierungsfazilität
- Hauptrefinanzierungsfazilität

Der EZB-Rat legt die Höhe der Zinsen fest und übernimmt auch ganz generell die Festlegung der Geldpolitik des Euroraums. Dies beinhaltet auch die Annahme von Beschlüssen über geldpolitische Ziele, Leitzinssätze und die Bereitstellung von Zentralbankgeld. Bei der Einlagefazilität werden die Guthaben der Banken bei den jeweiligen nationalen Zentralbanken verzinst. Ist der Zinssatz positiv, bekommen die Banken Geld von der jeweiligen Zentralbank. Ist er negativ, dann zahlen die Banken Geld an die jeweilige Zentralbank. Die anderen beiden Fazilitäten betreffen die Ausleihe von Reserven. Hier zahlen die Banken einen Zins an die Zentralbank. Diese Zinsen waren in der Eurozone noch nie negativ, wobei dies theoretisch möglich wäre. Banken, die dann gegen Sicherheiten einhundert Millionen Euro von der Bundesbank ausleihen, müssten bei einem Zins von minus fünf Prozent nur 95 Mio. € zurückzahlen. Da dies als ungerecht empfunden würde, ist es sehr unwahrscheinlich, dass es jemals in der Eurozone negative Ausleihzinsen geben wird.

Die Kredite der Hauptrefinanzierungsfazilität unterscheiden sich sowohl im Zins wie auch in der Dauer von denen der Spitzenrefinanzierungsfazilität. Während letztere schon am nächsten Tag zurückgezahlt werden müssen, beträgt die Laufzeit bei der Hauptrefinanzierungsfazilität eine Woche. Der Zins ist dabei kurzfristig teurer als langfristig. Banken nutzen die Spitzenrefinanzierungsfazilität also nur dann, wenn sie müssen, denn die Kredite der Hauptrefinanzierungsfazilität sind günstiger. Banken müssen immer gültige Sicherheiten vorweisen, wenn sie Kredite bei der jeweiligen Zentralbank aufnehmen. Diese haben keine Möglichkeit, den Banken Kredite zu versagen. Die Hauptrefinanzierungsfazilität wird allerdings schon seit Jahren nur noch sehr wenig in Anspruch genommen, weil durch die Ankaufprogramme der EZB die meisten Banken mehr Reserven haben als sie benötigen.

Die Mindestreserveanforderungen
Die bereits im vorherigen Kapitel vorgestellten Mindestreserveanforderungen verlangen von den Banken, dass sie den Wert eines bestimmten Betrags der Bankguthaben ihrer Kunden als Reserven halten. Die Mindestreserve sollte vor hundert Jahren signalisieren, dass die Banken liquide sind und daher auch Abhebungen von Bargeld oder Überweisungen durchführen können, wenn viele Kunden ihrer Gelder abziehen. Heute gibt es eine Einlagensicherung, daher haben viele Zentralbanken die Mindestreserven abgeschafft (u. a. England und Neuseeland).

Die EZB möchte mit ihren Offenmarktoperationen und den Zinsen der Fazilitäten sowie den Mindestreserveanforderungen auf den Interbankenmarktzins einwirken. Das ist der Zins, den Banken sich gegenseitig berechnen, wenn sie sich Reserven untereinander leihen. Dabei kann eine Leihe auch ein Zahlungsaufschub sein, bei dem dann der Zins der Preis dafür ist, die Zahlung später durchzuführen. Es ist dabei nicht trivial, den Zins festzustellen, den Banken sich untereinander berechnen. Seit 2019 nutzt die EZB die *euro short-term rate* (€STR; dt.: kurzfristiger Eurozins). Dabei werden zur Berechnung tatsächlich vergebene Kredite der Banken herangezogen, die am nächsten Tag zurückgezahlt werden und nicht besichert sind.

Wir haben gesehen, dass die Banken Reserven benötigen, um Zahlungen an andere Banken und an die Regierung zu leisten und um an Bargeld zu gelangen. Es ist daher gut möglich, dass eine Verschiebung des Leitzinses nach oben oder unten zu einer Änderung der Zinssätze führt, die die Banken ihren Kunden im Privatsektor anbieten. Die Banken müssen ja immer damit rechnen, dass Kunden ihren Kredit in bar ausgezahlt haben wollen oder ihn direkt für eine Überweisung nutzen. Dann braucht die Bank Reserven in Höhe des Kredits, was entsprechend Kosten verursacht – nämlich Zinsen des Zentralbankkredits oder des Interbankenkredits bei Aufschiebung der Zahlung oder Ausleihe von Reserven einer anderen Bank. Ein anderes Resultat wäre der Abfluss von verzinsten Reserven, was ebenfalls den Ertrag der Bank schmälern würde. Über diesen Mechanismus bewegen die Zinsen der Zentralbank auch die Zinsen der Banken, welche diese den Unternehmen und Haushalten bei Krediten berechnen.

Die Auswirkung von Zinsänderungen auf die Wirtschaft

Das Eurosystem – EZB und nationale Zentralbanken – kann über diesen indirekten Zinskanal auf die Wirtschaft einwirken. Ein weiterer Kanal ist die Veränderung des Wechselkurses in Reaktion auf Zinsänderungen, allerdings ist diese Reaktion bisher nicht verlässlich genug gewesen, um auf einen wirkungsvollen Kanal schließen zu lassen. Der Wechselkurs zwischen Euro und US-Dollar schwankt beispielsweise auch dann, wenn in beiden Ländern jahrelang Nullzinsen herrschen. Es gibt sog. swap lines zwischen der Federal Reserve Bank und der EZB, über welche das Eurosystem den europäischen Banken in begrenztem Rahmen US-Dollar zur Verfügung stellen kann. Die EZB stellt auch anderen Zentralbanken wie der von Polen Euros über derartige Abkommen zur Verfügung. Dazu wertet der Euro auch dann mal ab, wenn durch höhere Zinsen eigentlich eine Aufwertung erwartet werden müsste. Hier ist der spekulative Einfluss der Finanzmärkte wohl so groß, dass Zinsänderungen kein wesentlicher Bestimmungsfaktor des Wechselkurses sind. Der wesentliche Kanal bleibt also die Wirkung auf die Kreditzinsen der Banken.

Deren Änderungen könnten sich auf die privaten Investitionen auswirken. Ob sie das tun, ist umstritten. Letztlich ist es eine rein empirische Frage, denn in der realen Welt zählen die Ergebnisse der Wirtschaftspolitik. In den Modellen lassen sich unterschiedliche Annahmen treffen, die dann entsprechend zu unterschiedlichen Vorhersagen führen. Die Theorie des Inflationsziels ist momentan der theoretische Unterbau der Geldpolitik der meisten Zentralbanken (Mitchell und Muysken 2008). Hier wird davon ausgegangen, dass die Leitzinsen die Kreditzinsen der Banken beeinflussen und diese wieder um die Höhe der privaten Investitionen. Dabei wird die Annahme getroffen, dass höhere Zinsen zu weniger Investitionen führen, weil die Kosten der Investition entsprechend ansteigen würden. Eine Investition, welche drei Prozent Rendite abwirft, würde als bei Bankzinsen in Höhe von zwei Prozent durchgeführt werden, nicht aber bei Bankzinsen in Höhe von fünf Prozent. Diese Annahme muss in der Realität nicht erfüllt sein. Es ist sogar recht unwahrscheinlich, dass Unternehmen ihre Investitionen zurückstellen, nur weil die Zinsen steigen. Es wäre nur logisch, dass die Unternehmen bei vorhandener Nachfrage einfach die höheren Zinskosten auf die Preise und damit die Konsumenten überwälzen. Damit lohnt sich die Investition finanziell, denn die Rendite steigt dann über den Zins. Warum sollten die Unternehmen das nicht tun? Die Konkurrenz schläft ja bekanntlich nicht und wer nicht investiert, der kann auch keine Gewinne machen.

Die Theorie der Transmission

Die EZB stellt die Übertragung (Transmission) von Zinsen zur Inflationsrate etwas komplizierter dar (Bofinger 2001, Kap. 4; Tamborini 2021). Ein Kanal ist die eben vorgestellte Logik, die von höheren Zinsen zu niedrigeren Investitionen und damit zu weniger Nachfrage auf dem Markt für Güter und Dienstleistungen führt. Allerdings gibt es noch andere Transmissionskanäle, u. a. über den Wechselkurs oder die Vermögenspreise. Der wesentliche Kanal scheint allerdings über die Nachfrage zu laufen. So schreibt die EZB (2022b) auf ihren Internetseiten:

„Änderungen bei Verbrauch und Investitionen werden das Niveau der Inlandsnachfrage nach Waren und Dienstleistungen im Verhältnis zum Inlandsangebot verändern. Wenn die Nachfrage das Angebot übersteigt, ist mit einem Aufwärtsdruck auf die Preise zu rechnen. Darüber hinaus können Änderungen der Gesamtnachfrage zu engeren oder lockereren Bedingungen auf den Arbeits- und Zwischenproduktmärkten führen. Dies wiederum kann sich auf die Preis- und Lohnfindung im jeweiligen Markt auswirken."

Die Idee der Geldpolitik ist also, dass die Zentralbank Einfluss auf die privaten Investitionen nehmen kann. Man geht davon aus, dass die Verbilligung von Krediten durch niedrigere Zinssätze die privaten Investitionen und damit die Nachfrage nach Waren und Dienstleistungen erhöht, während höhere Zinssätze diese verringern. Dies bedeutet, dass die Arbeitslosigkeit ansteigt, wenn die Nachfrage zurückgeht in der Folge höherer Zinsen. Die Zentralbanken bekämpfen also aktuell Inflation, indem sie die Arbeitslosigkeit erhöhen. Dies wird unerwünschte soziale Folgen haben (El-Jahel et al. 2020). Diese Geldpolitik des Inflationsziels ist aber nicht in Stein gemeißelt.

Inflationserwartungen – was ist das?
Die Theorie des Inflationsziels postuliert eine Rolle für die sogenannten Inflationserwartungen. Danach würde bereits die Erwartung einer höheren Inflation dazu führen, dass diese dann zustande kommt. Allerdings ist nicht klar, wie genau der Mechanismus funktionieren soll. Der gesunde Menschenverstand besagt, dass sich Erwartungen an die Realität anpassen und nicht umgekehrt, zumindest bei Themen wie der Inflationsrate, die einzelne Menschen nicht direkt beeinflussen können. Rudd (2021) kommt zu dem Schluss, dass Inflationserwartungen auf wackligen Füßen stehen und nicht einfach unkritisch in Politikentscheidungen einfließen sollten.

Die empirischen Belege dafür, dass niedrigere „Finanzierungskosten" zu höheren Investitionen führen, sind nicht schlüssig. Sharp und Suarez stellen in einem Papier der Fed von 2014 fest: „Unter den mehr als 500 Antworten auf die speziellen Fragen finden wir, dass die meisten Unternehmen angeben, ziemlich unempfindlich auf Zinssenkungen und nur geringfügig empfindlicher auf Zinserhöhungen zu reagieren." Der breite Konsens besteht darin, dass eine Senkung der Zinssätze nicht unbedingt zu einer Erhöhung der Investitionen führt, während eine deutliche Anhebung der Zinssätze eine gewisse negative Auswirkung auf die privaten Investitionen haben könnte. Dabei ist der Transmissionskanal aber umstritten. Während die Zentralbanken argumentieren, dass der hohe Zins die Investitionen reduziert, argumentieren einige Ökonomen, dass der Staat im Laufe des Aufschwungs über höhere Steuerzahlungen (bei konstanten Steuersätzen) Kaufkraft aus der Wirtschaft zieht und diese so in die Rezession stürzt. Forstater und Mosler (2005) und andere plädieren für einen permanenten Zielsatz von Null oder nahe bei Null. Wir kommen auf die Frage der Investitionen zurück, wenn wir das makroökonomische Modell in den Kap. 7 und 8 erörtern.

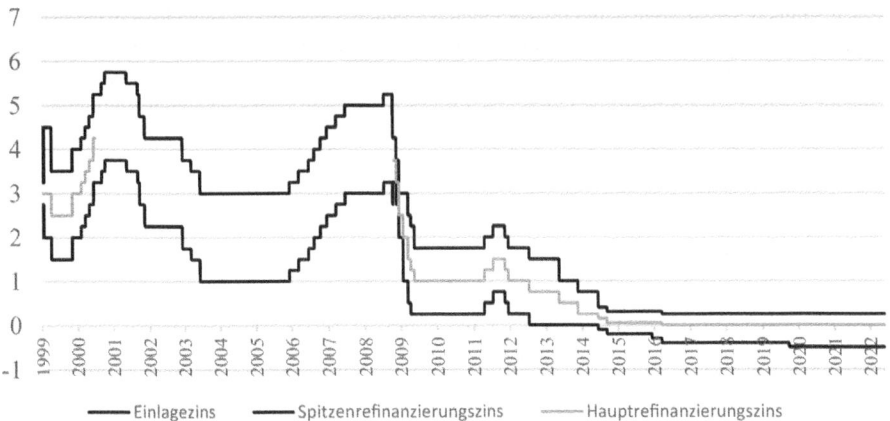

Abb. 4.2 Spitzenrefinanzierungssatz, Hauptrefinanzierungssatz und Einlagesatz. (*Quelle: EZB (Key ECB Interest Rates)*)

Wie Abb. 4.2 zeigt, geben die Zinsen der EZB einen Korridor vor, innerhalb dessen sich die Zinsen auf dem Interbankenmarkt bewegen. Der Zins am Interbankenmarkt, den sich Banken berechnen für die Ausleihe über eine Nacht und ohne Sicherheiten, heißt €STR (*engl.* euro short-term rate). Die EZB veröffentlicht €STR jeden Morgen auf Grundlage der Zahlen des Vortags. Die EZB nutzt OMOs – den An- und Verkauf von Wertpapieren auf dem Markt – und ihre Zinssätze, um ihre Geldpolitik umzusetzen. Das heißt, sie beginnt mit dem Verkauf (mit Rückkauf) von Staatsanleihen, wenn der Leitzins in der Nähe des Spitzenrefinanzierungszinses liegt, und sie beginnt mit dem Kauf, wenn er in der Nähe des Einlagenzinses liegt. Da die EZB auf dem Interbankenmarkt präsent ist, auf dem Reserven gehandelt werden, weiß sie, welche Zinssätze die Banken über Nacht für das Ausleihen oder Verleihen von Reserven zahlen. Sie nutzt dieses Wissen, um den Interbankenmarktzins innerhalb oder knapp unterhalb dieses Korridors zu halten. Da €STR ein unbesicherter Kreditzins ist, liegt er teilweise unter dem Einlagezins.

Die Einlagefazilität

Während Banken, die Reserven benötigen, diese jederzeit bei der Zentralbank (gegen Sicherheiten) ausleihen können, gibt es für Banken mit überschüssigen (über den erwarteten Bedarf hinaus) Reserven eine weitere Möglichkeit. Die nationale Zentralbank „leiht" sie über Nacht aus und zahlt dafür einen Zinssatz. Die Einlagefazilität des Eurosystems steht den Banken offen, die ihre überschüssigen Reserven loswerden wollen. (Die Zentralbank benötigt die Reserven jedoch für nichts.) Gelder, die der Einlagefazilität zugeführt werden, werden für die Dauer der Termineinlage (über Nacht) vom Hauptkonto der Banken und anderen Institutionen abgezogen. Damit entziehen sie dem Bankensystem vorläufig Reserven. Dies ist in etwa so, als würde eine Person bei einer Geschäftsbank Geld von einem Girokonto auf ein Sparkonto (und zurück) umbuchen.

Kann eine Zentralbank negative Zinssätze festlegen?
Ja. Der Einlagesatz der EZB lag 2022 bei − 0,5 %. Der Einlagesatz der dänischen Zentralbank war von Mitte 2012 bis Frühjahr 2014 negativ. Im Jahr 2015 legte die schwedische Zentralbank ihren Repo-Satz auf einen negativen Wert fest. Der Kreditnehmer zahlt weniger zurück, als er sich geliehen hat. So könnte eine Bank beispielsweise 100 Mio. € leihen (gegen Sicherheiten wie eine Staatsanleihe) und ein Jahr später nur 99,5 Mio. € zurückzahlen. Es entsteht ein Gewinn, ohne dass die Bank ein Risiko eingeht. Sie kann einfach abwarten und den Kredit zurückzahlen, wobei 500.000 € als Gewinn verbleiben. Dies ist schwer zu rechtfertigen.

Eine traditionellere Art, mit überschüssigen Reserven umzugehen, besteht darin, dass das Eurosystem Zinsen auf Mindestreserven und Überschussguthaben zahlt. Damit wird eine Untergrenze für die Zinssätze auf dem Geldmarkt festgelegt. Da die Gelder immer mit einem (bisher positiven) Zinssatz im Eurosystem belassen werden können, besteht keine Notwendigkeit, Offenmarktoperationen durchzuführen, um den Interbankenmarktzins vom unteren Zielwert weg zu steuern. Warum sollten die Banken überschüssige Reserven an andere Banken zu einem geringeren Preis verleihen, als sie erhalten, wenn sie die Reserven auf ihrem Konto bei der Bundesbank belassen? Sie werden es nicht tun.

Der kurzfristige Zinssatz
Wir können uns nun der Bestimmung des kurzfristigen Zinssatzes auf dem Interbankenmarkt zuwenden. Wir haben eben den Fall untersucht, dass Bank A bei der Zentralbank einen Kredit aufnimmt, um mit Bank B abzurechnen. Wenn Bank A einen Kredit bei der Zentralbank aufnimmt, zahlt sie einen Zinssatz von, sagen wir, 2 %. Bank B erhält den Zinssatz für Überschussreserven, der 1,5 % beträgt (Tab. 4.7).

An diesem Punkt gibt es für beide Parteien eine Möglichkeit, ihre Situation zu verbessern. Bank A könnte sich, anstatt sich Reserven von der Zentralbank zu leihen, diese auch von Bank B leihen. Dies nennen wir einen Interbankkredit (IB). In diesem Fall handelt es sich um eine Vereinbarung, später zu zahlen: einen Zahlungsaufschub. Wenn man sich auf einen Zinssatz von 1,75 % einigen kann, sind beide Parteien besser dran. Bank A zahlt einen reduzierten Zinssatz von 1,75 % (statt 2 %), und Bank B erhält 1,75 % statt 1,5 %,

Tab. 4.7 Zahlungsausgleich. Eigene Darstellung

Bank A			
Kredit	100.000 €	Guthaben	100.000 €
		Kredit (zb, 2 %)	50.000 €
Bank B			
Kredit	100.000 €	Guthaben	100.000 €
Reserven (1,5 %)	50.000 €		

Tab. 4.8 Zahlungsaufschub oder Interbankenmarktkredit. Eigene Darstellung

Bank A			
Kredit	100.000 €	Guthaben	100.000 €
		Kredit (ib, 1,75 %)	50.000 €

Bank B			
Kredit	100.000 €	Guthaben	100.000 €
Kredit (ib, 1,75 %)	50.000 €		

wenn (überschüssige) Reserven in der Einlagefazilität geparkt wurden. Beide Banken sind besser dran als vorher (Tab. 4.8).

Solange das Risiko eines Konkurses für Bank A vernachlässigbar ist (oder billig versichert werden kann), werden die Banken den Interbankenmarkt nutzen. Die Zentralbank brauchen sie nicht. Da die Zahlungsfähigkeit in den vielen Fällen nicht in Frage steht und alle Beteiligten bessergestellt sind, wird dies in den meisten Fällen auch so sein. Was würde jedoch passieren, wenn Bank A mehr Reserven auf dem Interbankenmarkt aufnehmen möchte, andere Banken aber nicht bereit sind, Kredite zu vergeben?

Es wird davon ausgegangen, dass die Bank nicht versucht, mehr Guthaben von Einleger anderer Banken anzuziehen, um ihre Reserven zu erhöhen. Wenn Bank A keine Reserven zu 1,75 % von anderen Banken leihen kann, setzt der übliche Marktmechanismus ein, wenn etwas knapp ist. Bank A wird einen höheren Preis, in diesem Fall einen höheren Zinssatz, zahlen müssen. Die Angebote werden in kleinen Schritten erhöht, bis eine Einigung erzielt wird. Vielleicht kann sich Bank A mit Bank C auf einen Zinssatz von 1,76 % einigen, da Bank C diese Reserven nicht benötigt und Bank A das Risiko vermeidet, sich über Nacht bei der Fed zu 2 % verschulden zu müssen. Dies führt zu einem Anstieg des Zinses auf dem Interbankenmarkt.

> **Reserven im Eurosystem und Kapitalströme**
> Reserven können nur von angeschlossenen Banken gehalten werden. Ausländische Banken können Reserven über Tochtergesellschaften oder andere Banken (Korrespondenzbanken) halten. Die Reserven bleiben also immer auf den Konten im Zahlungssystem der Zentralbank. Wenn Banken Reserven in Euro verkaufen, werden sie auf Konten anderer Banken bei einer nationalen Zentralbank der Eurozone übertragen. Reserven können nicht „aus dem Land abfließen" oder „flüchten". Dies ist nur mit Bargeld möglich, was aber relativ strikt reglementiert ist.

Der Zinsanstieg hält sich in Grenzen, da sich die Banken bei kurz- und mittelfristigen Krediten immer bei der Zentralbank verschulden können. Keine Bank würde einen Zinssatz von mehr als 2 % akzeptieren, da dies in unserem Szenario der Zielbereich der Zentralbank ist. Auf der anderen Seite wird eine Untergrenze eingeführt, da keine Bank Kredite zu einem Zinssatz vergeben würde, der unter den Zinsen für die Einlagefazilität liegt.

Die Festlegung angemessener Zinssätze ist das, was eine Zentralbank tun muss, um den Interbankenmarktzins zu verankern. Sie hält ihn in einem mehr oder weniger engen Korridor. Offenmarktoperationen können dann eingesetzt werden, um die Ausschläge nach oben und unten abzumildern. Es werden illiquide Aktiva von Banken gekauft, um die Reserven zu erhöhen und den Interbankmarktzins zu senken, was ihn in Richtung des unteren Ziels drückt. Um den Zinssatz zu erhöhen, würde die Zentralbank illiquide Aktiva an die Banken verkaufen. In den letzten Jahren lag der Interbankenmarktzins auf Höhe des Einlagezinses, da die Zentralbanken im Rahmen der Anlaufprogramme sehr viele Anleihen aufkauften. Kurzfristige Offenmarktoperationen spielten daher keine große Rolle (vgl. Heine und Herr 2022).

Die Kontrolle über die Geldmenge

Die Veränderung der Höhe der Reserven bedeutet nicht, dass die Zentralbank sie kontrolliert (Fullwiler 2003). Auf Initiative der Banken können Reserven in der Einlagefazilität geparkt oder über die Ausleihfazilitäten (unter Einsatz von Sicherheiten) aufgenommen werden. Die Zentralbank bestimmt nicht die Menge der Reserven, da sie die Banken nicht daran hindern kann, diese jederzeit zu leihen. Die Zentralbank kann die Zinssätze nach eigenem Ermessen ändern. Die Banken geben die Änderungen des Leitzinses an ihre Kunden weiter. Es besteht dabei eine gewisse Asymmetrie. Zinssenkungen werden in der Regel mit einer gewissen Verzögerung weitergegeben, während Erhöhungen in der Regel sofort weitergegeben werden. Die Bank erhöht die Zinssätze für Verbraucherkredite, Hypotheken usw., die sie anbietet. Sie kann auch die Zinssätze im Vergleich zu anderen Banken und unabhängig von der Geldpolitik ändern, um ihre Kreditvergabe anzupassen. Wenn einer einzelnen Bank etwas Schlimmes zustößt, wird es als Problem der Bank angesehen. Wenn aber alle Banken ein Problem haben, wird dies als systemisches Problem behandelt und die Zentralbank oder die Politik sollen es lösen. Daher sind Banken bestrebt, ihr Portfolio an dem der Konkurrenz auszurichten.

Wenn sich die Zinssätze ändern, werden einige bestehende Darlehensverträge entsprechend angepasst, da diese häufig variable Zinssätze enthalten. Es ist üblich, dass Kreditnehmer einen Aufschlag auf den Interbankenzinssatz wie die €STR oder einen von der EZB festgelegten Zinssatz zahlen. Dadurch verringert sich das Zinsrisiko für die Bank, denn ein Anstieg des Zielsatzes bedeutet, dass die Reserven teurer werden. Wenn sich jedoch die Zinssätze auf der Aktivseite an den Leitzins anpassen, hat die Bank nichts zu befürchten. Ganz im Gegenteil: Der Gewinne der Banken erhöht sich, wenn die Zinsen steigen, weil die Bank mehr Zins auf ihre Guthaben bei der Zentralbank bekommt und auch die variablen Kreditzinsen ansteigen. Ob die Zinsen für die Sparer ansteigen kann die Bank selbst bestimmen. Abschließend sei erwähnt, dass es für die Banken noch eine andere Möglichkeit gibt, ihre Reserven zu erhöhen, auch wenn es sich dabei um eine sekundäre Methode handelt: Sie könnten versuchen, mehr Guthaben von Einlegern anderer Banken anzuziehen. Dies kann durch Marketingmaßnahmen oder überdurchschnittliche Zinssätze auf Sparkonten erreicht werden.

4.3   Grenzen der Kreditschöpfung der Banken

Wir können zusammenfassen, dass Banken theoretisch unbegrenzt hohe Guthaben schaffen können. Praktisch ist dies den Politikern bewusst. Mitte März 2020 sagten Kanzlerin Merkel (CDU) und Finanzminister Scholz (SPD) unbegrenzte KfW-Kredite zu, um die Wirtschaft vor den Folgen eines *lock-downs* zu schützen.[1] Die theoretisch unbegrenzte Kreditschöpfung gilt sowohl für Banken, die Guthaben für Haushalte und Unternehmen schaffen, als auch für Zentralbanken, die Guthaben für Banken und den Staat schaffen. Wenn diese Möglichkeit besteht, warum wird dann die Kreditvergabe an den privaten Sektor nicht unbegrenzt ausgeweitet, in Verbindung mit einer unbegrenzten Ausweitung der Reserven bei der Zentralbank?

Wir müssen zwischen der theoretischen Möglichkeit des Gesamtsystems und dem tatsächlichen Verhalten der einzelnen Akteure unterscheiden. Nicht alles, was machbar ist, liegt im Interesse der Akteure. Was hält eine einzelne Bank davon ab, praktisch unbegrenzt Kredite zu vergeben? Schließlich stellt die Spanne (die Differenz) zwischen den Kreditzinsen und den Zinsen für Guthaben und Rücklagen einen Gewinn dar, sodass die Bank daran interessiert sein sollte, so viele Kredite wie möglich zu vergeben, oder nicht? Schauen wir uns das einmal genauer an. Diese Art von Strategie bedeutet, dass Bank A mehr Kredite vergibt als Bank B. Die Kunden der Bank A werden mehr Guthaben an die Kunden der Bank B überweisen als umgekehrt, wenn sie ihre Guthaben ausgeben, sodass die Bank A eine gewisse zusätzliche Nachfrage nach Reserven hat. Tab. 4.9 veranschaulicht dies.

Eine Bank, deren Kreditportfolio deutlich stärker wächst als das der Konkurrenz, wird im Laufe der Zeit ein Defizit bei den Reserven anhäufen, dass durch Kredite von anderen Banken (auch durch den Aufschub von Zahlungen) oder der Zentralbank ausgeglichen wird. Ein Kredit auf dem Interbankenmarkt wird als Kredit (ib) gekennzeichnet. Eine Bank hat eine Forderung gegenüber der anderen. Solange die an Haushalte und Unternehmen vergebenen Kredite bei der Zentralbank als Sicherheiten akzeptiert werden (was heute in normalen Zeiten meist nicht möglich ist), ist die Refinanzierung um den Preis gesichert, dass sie höhere Zinsen als andere Banken zahlen. Außerdem ist die Bank den Entscheidungen der Zentralbank über Zinserhöhungen ausgeliefert. Die Refinanzierung auf dem Interbankenmarkt senkt die Kosten, aber der Zinstransfer verbessert die Finanzergebnisse der anderen Banken.

Tab. 4.9 Übermäßige Kreditgewährung. Eigene Darstellung

Bank A			
Kredit	1.000.000 €	Guthaben	750.000 €
		Kredit (ib)	250.000 €

Bank B			
Kredit	100.000 €	Guthaben	350.000 €
Kredit (ib)	250.000 €		

---

[1] Vgl. https://www.tagesschau.de/wirtschaft/coronakrise-wirtschaft-101.html.

Die anderen Banken erhalten zusätzliche Zinsen, indem sie mehr Kredite auf dem Interbankenmarkt vergeben. Allerdings ist auch ihr Risiko geringer. Zusammenfassend lässt sich sagen, dass ein gewisser Zwang die Banken dazu bringt, die Kreditportfolios im Gleichschritt zu erweitern. Andernfalls droht einigen beim nächsten Abschwung die Insolvenz. Mit der Zeit sollten Banken, die zu hohe Risiken eingehen, den Markt verlassen. Wenn alle Banken gleichzeitig in Schwierigkeiten geraten, kann man von einer systemischen Bankenkrise sprechen und die EZB und die Politik zur Hilfe rufen, um die Bilanzen zu bereinigen.

Kreditqualität im Bankensystem
Eine andere Sache ist der Rückgang der Qualität des Kreditportfolios von Bank A im Laufe der Zeit. Wir nehmen an, dass mit den Krediten von Bank A der Kauf von Immobilien finanziert wurde. Aufgrund eines Preisverfalls bei Immobilien und eines anschließenden Anstiegs der Arbeitslosigkeit können einige Kreditnehmer ihre Kredite nicht zurückzahlen – sie haben nicht genug Einkommen und können ihre Häuser nicht zu Preisen verkaufen, die es ihnen ermöglichen würden, die Kredite zurückzuzahlen. Die Bank muss ihre Kredite abschreiben, was sich negativ auf das Eigenkapital auswirkt. Wir nehmen an, dass das Eigenkapital von Bank A 50.000 € beträgt. Das Eigenkapital ist der Überhang der Aktiva über die Passiva. Wir nehmen weiter an, dass Bank A in der Vergangenheit Eigenkapital aufgebaut hat, das in Staatsanleihen investiert wurde. Die Bilanzen sind in Tab. 4.10 dargestellt.

Der Rückgang der Immobilienpreise setzt das Kreditportfolio unter Druck. Vielleicht plante die Bank, einen Teil der Kredite zu verbriefen (sofern erlaubt) und weiterzuverkaufen, aber jetzt kann sie sich durch dieses Geschäft keine zusätzlichen Reserven beschaffen – sie ist jetzt vollständig auf Kredite auf dem Interbankenmarkt und Zentralbankkredite angewiesen. Wenn die Bank keine weiteren Reserven ausleihen kann, wird sie nicht in der Lage sein, Bargeld auszuzahlen oder Überweisungen an andere Banken vorzunehmen, sofern sie keine Reserven und Sicherheiten mehr hat, die sie bei der nationalen Zentralbank verwenden kann. Eine solche Situation wird als Illiquidität bezeichnet. Eine illiquide Bank kann keine Transaktionen mehr durchführen und wird häufig auch als insolvent eingestuft.
Die Zahlungsunfähigkeit durch Überschuldung ist dem sehr ähnlich. Der Wert der Aktiva sinkt unter den Wert der Passiva (ohne Eigenkapital). Da die Bilanz ausgeglichen sein

Tab. 4.10 Vor dem Immobiliencrash. Eigene Darstellung

Bank A			
Kredit	1.000.000 €	Guthaben	750.000 €
Staatsanleihen	50.000 €	Kredit (ib)	250.000 €
		Eigenkapital	50.000 €
Bank B			
Kredit	100.000 €	Guthaben	350.000 €
Kredit (ib)	250.000 €		

Tab. 4.11 Nach dem Immobiliencrash. Eigene Darstellung

Bank A			
Kredit	900.000 €	Guthaben	750.000 €
Staatsanleihen	50.000 €	Kredit (ib)	250.000 €
		Eigenkapital	*– 50.000 €*

Bank B			
Kredit	100.000 €	Guthaben	350.000 €
Kredit (ib)	250.000 €		

muss, passt sich das Eigenkapital um einen entsprechenden negativen Wert an. Ein dauerhafter Rückgang des Wertes des Kreditportfolios der Bank A von 1.000.000 € auf 900.000 € würde zur Insolvenz führen, wie Tab. 4.11 zeigt.

Durch die Verringerung des Wertes der Vermögenswerte wird zunächst das vorhandene Eigenkapital aufgezehrt und dann negativ. Der Verkauf aller Vermögenswerte würde, wenn er möglich wäre, etwa 950.000 € einbringen. Die bestehenden Verbindlichkeiten betragen 1.000.000 €. In diesem Fall muss die Aufsichtsbehörde eingreifen und die BaFin (Bundesanstalt für Finanzdienstleistungen) benachrichtigen, die dann die Bank schließt. Andernfalls könnte es zu einem Bank Run kommen. Während Bank B eine Zahlungsaufforderung nach der anderen an Bank A richten würde, würden die Kunden der Bank A vor den Geldautomaten und in den Filialen der Bank Schlange stehen. Sie wissen, dass die Reserven nicht ausreichen, um alle Verbindlichkeiten zu honorieren, selbst wenn Bank A alle Kredite zum Marktpreis verkaufen oder bei der Zentralbank als Sicherheit hinterlegen kann. Aus diesem Grund gibt es in Deutschland eine Einlagensicherung – sie verhindert den Bank Run (Bundesbank 2022).

Lender of Last Resort und Bail Out

Sollte es dennoch zu einem *bank run* kommen, kann die Zentralbank als sogenannter *lender of last resort* (Kreditgeber der letzten Hand) fungieren (Bindseil und Fotia 2021, Kap. 6). Dabei verleiht sie gegen Sicherheiten und zu etwas erhöhten Zinsen Reserven an Banken, die einen Bank Run abwenden wollen. Da sich die Reserven in Bargeld tauschen lassen, kann die Zentralbank helfen, derartige Liquiditätsengpässe zu überwinden. Droht allerdings eine Insolvenz der Bank, muss die Zentralbank überlegen, ob sie diese nationalisieren sollte. Der sog. Bail Out sieht vor, dass meist die Regierung der Bank Aktien abkauft (Roubini und Setser 2010). Dadurch wird ausreichende Liquidität bereitgestellt. Anschließend können Forderungen, die wohl nicht eingetrieben werden können, in eine Bad Bank überführt werden. Anschließend werden Gläubiger gezwungen, Verluste zu akzeptieren, sodass die Bilanz möglichst wieder ein positives Eigenkapital ausweist. Wichtiger aber noch ist, dass die Bank in Zukunft wieder Gewinne macht. So können auch Banken mit eigentlich negativem Eigenkapital jahrelang überleben, denn durch die Gewinne können sie fällige Kredit zurückzahlen. Dies ist u. a. in Japan (1990er-Jahre) und in Spanien (2010er-Jahre) passiert.

Moderne *bank runs*

Der US-amerikanische Ökonom Hyman Minsky hat darauf hingewiesen, dass sich der *bank run* über die Jahrzehnte verändert hat (Campbell und Minsky 1988, 10): „Modern runs, in a regime of deposit insurance, do not take the form of queues of depositors clamoring for currency; modern runs involve a refinancing crisis initiated by uninsured depositors". Wenn es also eine Einlagensicherung gibt, ist das Problem nicht die Schlange an Sparern vor der Bank (die ja versichert sind), sondern die Finanzierungskrise, die durch unversicherte Sparer (deren Guthaben die Höhe der Einlagensicherung übersteigt) ausgelöst wird.

In der Eurozone kann das Eurosystem als *Lender of Last Resort* auftreten. Dabei können nationale Zentralbanken die EZB um *emergency liquidity assistance* ersuchen. So kann die Zentralbank Kredite an Banken vergeben, die mit minderwertigen Sicherheiten unterfüttert sind. Gewinne und Verluste werden dann von der nationalen Zentralbank getragen. In der EU gibt es zudem EU-Richtlinie zur Sanierung und Abwicklung von Kreditinstituten. Diese sieht vor, dass zuerst mindestens acht Prozent gewisser Verbindlichkeiten reduziert werden müssen, bevor die Bank „gerettet" werden kann. Das Eurosystem darf keine nationalen Regierungen retten, weil ihr das nicht erlaubt ist. Allerdings kann sie als Dealer of Last Resort (Händler der letzten Hand) auftreten und durch ihre Ankaufprogramme für Staatsanleihen dafür sorgen, dass die nationalen Regierungen de facto nicht zahlungsunfähig werden können. (Mehr dazu findet sich im nächsten Kapitel.) Diese Rolle hatte sie allerdings erst mit Mario Draghi ab 2012 angenommen – Griechenland fiel in den 2010er-Jahren der alten Interpretation der Regeln zum Opfer (ESM 2020). Die Covid19-Pandemie wurde dann nicht mit Austeritätspolitik der Ausgabenkürzungen begleitet, sondern mit einer unterstützenden Zentralbank (Wullweber 2021, S. 14 ff.). Diese sorgt dafür, dass die Preise der Staatsanleihen nicht mehr abstürzen (van't Kloster 2022).

Die Bank im Bankensystem

Seriöse Banken sollten es in ihrem eigenen Interesse sehen, nicht deutlich mehr Kredite zu vergeben als die Konkurrenz und keine unzulässigen Kreditvereinbarungen zu treffen. Systemische Risiken entstehen, wenn viele (über den Interbankenmarkt) miteinander verbundene Banken zweifelhafte Kreditgeschäfte tätigen. Dies geschieht, wenn in Zeiten der Euphorie alle Banken ihr Kreditportfolio erhöhen, weil keine Bank in dieser kurzfristigen Situation enormer potenzieller Gewinne zurückbleiben will. In einer solchen Situation werden Kredite teilweise ohne angebrachte Weitsicht vergeben; konventionelle Normen werden außer Kraft gesetzt. Es kann von einem Herdenverhalten gesprochen werden, welches die üblichen Marktmechanismen und die erwartete Risikobewertung außer Kraft setzt. Diese Ereignisse ändern nichts an der Tatsache, dass eine theoretisch unbegrenzte Kreditvergabe in der Praxis nicht zu einer unbegrenzten Kreditvergabe führt, genauso wenig wie die Entdeckung des Feuers dazu führte, dass sofort alles niedergebrannt wurde. Hier und da muss der Gesetzgeber dafür sorgen, dass es sich nicht lohnt, die Regeln zu brechen. Zudem müssen diejenigen bestraft werden, welche sich nicht an die Regeln gehalten haben.

Eine allgemeine Bemerkung soll diesen Abschnitt abschließen. Wenn es richtig ist, dass die Schöpfung von Guthaben, sei es bei Banken oder bei der Zentralbank, grundsätzlich unbegrenzt ist, dann ist es wenig sinnvoll von Geldknappheit zu sprechen. Es geht nicht um die Knappheit des Geldes, sondern um die Schöpfung und die Verteilung. Ein Kreditausfall – von Banken bei den Reserven, von Haushalten und Unternehmen bei den Bankguthaben – entsteht nicht durch eine allgemeine Geldknappheit. Probleme entstehen vielmehr, wenn Kreditnehmer nicht über eine angemessene Menge des Zahlungsmittels verfügt, um ihre Schulden zu tilgen. Bislang wurden Zentralbank, Geschäftsbanken und privater Sektor untersucht. Es fehlt noch der Staat mit seinen Ausgaben und Steuern. Wie gibt die deutsche Bundesregierung aus? Was geschieht mit den Steuern und Staatsanleihen? Welche Funktion hat der Staat im Geldsystem? Diese Fragen sind Teil des nächsten Abschnitts.

Schlussfolgerung

In einem modernen Währungssystem vergeben die Banken Kredite und werden von der Zentralbank gegen Sicherheiten mit Reserven versorgt, die von der Zentralbank über Kredite und, wie im nächsten Kapitel gezeigt wird, Nettoausgaben der Bundesregierung bereitgestellt werden. Die Banken halten Guthaben bei der Zentralbank, die bei Bedarf in Bargeld umgewandelt werden können. Aufgrund des derzeitigen institutionellen Aufbaus haben Unternehmen und Haushalte keine Konten bei der Zentralbank. Ein digitaler Euro oder eine digitale Zentralbankwährung (*engl.* central bank digital cash/CBDC) könnte das ändern, aber bisher hat die EZB noch keine Entscheidung getroffen (Tab. 4.12).

Bankguthaben sind das Zahlungsmittel für den privaten Sektor, während die Banken Guthaben bei der Zentralbank (Reserven) oder Versprechen, diese in der Zukunft zu liefern, für die Abwicklung verwenden. Durch den Aufschub der Abwicklung wird der Zusammenhang zwischen Guthaben (Kreditmenge) und Reserven (Geldmenge) aufgeweicht. Während zusätzliche Bankguthaben die Nachfrage in der Realwirtschaft direkt erhöhen und unter bestimmten Umständen inflationär sein können, ist dies bei den von den Banken gehaltenen Reserven nicht möglich.

Weder Reserven noch Bankguthaben sind durch eine physische Grenze begrenzt. Dies ist darauf zurückzuführen, dass sowohl die Reserven als auch die Bankguthaben in einer Art Tabellenkalkulation in einem Computer erstellt werden. Das bedeutet jedoch nicht, dass sie unbegrenzt wachsen sollten. Die Zentralbanken können die Höhe der Reserven nicht wesentlich verändern, ohne den Interbankenzinssatz zu verändern, wenn sie sich

Tab. 4.12 Guthaben in Zentralbanken und Banken

Guthaben in	Zentralbank	Banken
Name	Reserven	Bankguthaben
Zahlungsmittel von	Banken	privatem Sektor
Zins	Interbankenmarkt	Kapitalmarkt
Illiquidität, Insolvenz	unmöglich	möglich

Quelle: eigene Tabelle

nicht am unteren oder oberen Ende des Korridors befinden. Außerdem vergeben die Zentralbanken Kredite gegen Sicherheiten, die begrenzt sind. Eine Zentralbank könnte auch Reserven verleihen, ohne Sicherheiten zu verlangen, obwohl dies angesichts der rechtlichen Beschränkungen für Zentralbanken außerhalb von Krisensituationen praktisch unwahrscheinlich ist. Im Frühling 2023 geschah dies allerdings in der Schweiz im Zusammenhang mit der Übernahme der Credit Suisse durch die UBS.

Auch werden die Banken ihre Kreditvergabe nicht übermäßig ausweiten, da sonst die Reserven aufgebraucht werden und sie vom Interbankenmarkt abhängig werden. Das Ausleihen von Reserven ist mit Kosten verbunden, was die Rentabilität der Banken verringert. Ein Anstieg der Kreditmenge führt in der Regel auch zu einem höheren Ausfallrisiko. Wenn sich die Qualität der Kredite verschlechtert, wird es für eine Bank schwieriger, Zugang zu Reserven zu erhalten. Wenn es schlecht läuft, ist eine Bank auf die Liquiditätsversorgung durch die Zentralbank angewiesen oder wird schlimmstenfalls, wenn die Summe der Verbindlichkeiten die Summe der Vermögenswerte übersteigt, geschlossen und liquidiert. Außerdem wissen die Bankkunden, dass sie ihre Kredite zurückzahlen müssen, und werden nicht bereit sein, quasi unbegrenzte Kreditbeträge auszuleihen.

Alan Greenspan, ehemaliger Vorstandsvorsitzender des Federal Reserve System von 1987 bis 2006, hielt eine strenge Regulierung der Banken damals nicht für notwendig, da er davon ausging, dass die Banken ein Eigeninteresse daran hätten, nicht in die Insolvenz zu gehen. Später verlor Greenspan seinen Glauben an den Markt. Vor einem Ausschuss des Kongresses sagte er im Oktober 2008: „Diejenigen von uns, die auf das Eigeninteresse der Kreditinstitute zum Schutz des Eigenkapitals der Aktionäre gesetzt haben, mich eingeschlossen, sind schockiert". Wie wir herausgefunden haben, berücksichtigen nicht alle Banken den Schutz ihrer Eigentümer oder Aktionäre. Das Management könnte versucht sein, sich durch kurzfristige Gewinne (z. B. Bonuszahlungen) schnell zu bereichern, die langfristig den Bankenkonkurs herbeiführen – ein Kollateralschaden, den es vielleicht in Kauf nimmt. Im März 2023 kam es in den USA erneut zu Insolvenzen im Bankensystem. Allerdings waren diesmal keine faulen Kredite schuld, sondern unvorsichtige Banken, die nicht mit höheren Zinsen rechneten.

Für die Zukunft bleibt die Frage offen, ob und wie Zentralbanken den Leitzins als Politikinstrument einsetzen sollten. Forstater und Mosler (2005) sehen den natürlichen Zins (der zu einer Inflation von null führt) bei null, denn es gäbe normalerweise mehr Menschen, die Geld verleihen wollen als welche, die Geld leihen wollen. Andere schlagen vor, den Zins auf die Zielinflationsrate zu setzen, was in der Eurozone zu einem permanenten Zins von von zwei Prozent führen würde. Diese Debatten um die Höhe des Zinses erinnern an den Streit der „currency school" (Zinsen hoch, Priorität: Geldwertstabilität) und der „banking school" (Zinsen runter, Priorität: Realwirtschaftswachstum) im 19. Jahrhundert (Wray 2012). Es ist sehr offen, wie Zentralbanken zukünftig mit ihrem Zinsinstrument umgehen.

Zusammenfassung

- Die Inflationsrate ist nicht eng mit irgendeinem Geldaggregat verbunden.
- Moderne Zentralbanken legen Zinssätze fest und verwenden keine Mengenziele.
- Die Banken können bei der Zentralbank Kredite aufnehmen, sofern sie über geeignete Sicherheiten verfügen.
- Die Zentralbank verwendet verschiedene Zinssätze, um den Interbankenmarktsatz zu beeinflussen.
- Die meisten Zentralbanken verwenden einen Einlagesatz und zwei Kreditzinsen, von denen einer ein Tagesgeldsatz ist und einer etwas langfristiger (meist eine Woche).
- Die Zentralbanken legen eine Ober- und Untergrenze fest, die als Korridor bezeichnet wird und innerhalb dessen sich der Interbankmarktsatz bewegt.
- Traditionell legen die Zentralbanken nur den kurzfristigen Zinssatz fest.
- Langfristige Zinssätze können die Zentralbanken festlegen, wenn sie dies wünschen.
- Es gibt keine theoretische Grenze für die Schaffung von Bankguthaben.
- Die Nachfrage der Haushalte und Unternehmen nach Krediten ist jedoch begrenzt.
- Die wichtigsten Faktoren sind die Zinssätze und die Einkommens- bzw. Gewinnerwartungen.
- Die Zentralbanken müssen sicherstellen, dass das Bankensystem ausreichend mit Reserven versorgt wird und gegebenenfalls ihre Sicherheitsanforderungen in Krisenzeiten absenken. ◀

Fragen

- Warum korrelieren die Inflationsrate und die Veränderung eines Geldmengenaggregats nicht miteinander?
- Warum bewegt sich der Interbankenmarktzins nicht außerhalb des Korridors, der durch die Zinssätze der Zentralbank festgelegt wird?
- Wie setzt eine Zentralbank langfristige Renditezielsätze durch?
- Warum muss die Zentralbank sicherstellen, dass die Banken über ausreichend Liquidität verfügen?
- Warum brauchen die Banken Sicherheiten, um sich bei der Zentralbank zu verschulden?

Übungen

- Erläutern Sie, wie Zentralbanken mit Hilfe von Zinssätzen einen Korridor für den kurzfristigen Interbankenmarktzins einrichten.
- Erläutern Sie, was mit einer Bank geschieht, die viel schneller Kredite vergibt als andere Banken. Was passiert, wenn andere Banken keine Kredite mehr an diese Bank vergeben?
- Erläutern Sie, wie die Geldpolitik auf die Wirtschaft einwirken soll.

Literatur

Bibow, Jörg (2010), A Post Keynesian Perspective on the Rise of Central Bank Independence: A Dubious Success Story in Monetary Economics, Levy Economics Institute working paper 625

Binder, Sarah und Mark Spindel (2017), *The Myth of Independence: How Congress Governs the Federal Reserve*, Princeton: Princeton University Press

Bindseil, Ulrich und Alessio Fotia (2021), *Introduction to Central Banking*, Wiesbaden: Springer

Bofinger, Peter (2001), *Monetary Policy: Goals, Institutions, Strategies, and Instruments*, Oxford: Oxford University Press

Campbell, Claudia und Hyman Minsky (1988), Getting off the Back of a Tiger: The Deposit Insurance Crisis in the United States, https://digitalcommons.bard.edu/hm_archive/67, abgerufen am 31.3.2023

Deutsche Bundesbank (2019), Geld und Geldpolitik, https://www.bundesbank.de/de/publikationen/schule-und-bildung/geld-undgeldpolitik-606038, abgerufen am 31.3.2023

Deutsche Bundesbank (2020), https://www.bundesbank.de/de/aufgaben/zentralbank-der-bundesrepublik-deutschland-597738, abgerufen am 31.3.2023

Deutsche Bundesbank (2022), Einlagensicherung, https://www.bundesbank.de/de/aufgaben/bankenaufsicht/einzelaspekte/einlagensicherung/einlagensicherung-597886, abgerufen am 31.3.2023

El-Jahel, Lina, Robert Mac Cullouch und Hamed Shafiee (2020), How does monetary policy affect welfare? Some new estimates using data on life evaluation and emotional well-being, Motu Working Paper 20–06, https://motu-www.motu.org.nz/wpapers/20_06.pdf, abgerufen am 31.3.2023

European Stability Mechanism (2020), Lessons from Financial Assistance to Greece, Independent Evaluation Report, https://www.esm.europa.eu/sites/default/files/lessons-financial-assistance-greece.pdf, abgerufen am 31.3.2023

EZB (2022a), Aufgaben, https://www.ecb.europa.eu/ecb/tasks/html/index.de.html, abgerufen am 31.3.2023

EZB (2022b), Transmission, https://www.ecb.europa.eu/mopo/intro/transmission/html/index.en.html, abgerufen am 31.3.2023

Fullwiler, Scott (2003), Timeliness and the Fed's Daily Tactics, *Journal of Economic Issues* 37(4), 851–880

Garten, Jeffrey (2021), *Three Days at Camp David: How a Secret Meeting in 1971 Transformed the Global Economy.* New York: Harper Collins

Heine, Michael und Hansjörg Herr (2022), *Die Europäische Zentralbank*, Marburg: Metropolis

Forstater, Mathew und Warren Mosler (2005), The Natural Rate of Interest is Zero, *Journal of Economic Issues* 39(2), 535–542

Mitchell, William und Joan Muysken (2008), *Full Employment Abandoned: Shifting Sands and Policy Failures*, Cheltenham: Edward Elgar

Mosler, Warren (1995), *Soft Currency Economics*, https://econpapers.repec.org/paper/wpawuwpma/9502007.htm, abgerufen am 31.3.2023

QZ (2022), https://qz.com/2022696/where-did-the-feds-2-percent-inflation-target-come-from/, abgerufen am 31.3.2023

Reuters (2020), ECB can't go bankrupt even if it suffers losses, https://www.reuters.com/article/us-ecb-policy-bonds-idUSKBN27Z12S, abgerufen am 31.3.2023

Roubini, Nouriel und Brad Setser (2010), Bailouts or Bail-Ins: Responding to Financial Crises in Emerging Markets: Responding to Financial Crises in Emerging Economies, Peterson Institute

Rudd, Jeremy B. (2021), Why Do We Think That Inflation Expectations Matter for Inflation? (And Should We?), Finance and Economics Discussion Series 2021–062

Sharp, Steve und Gustavo Suarez (2014) The insensitivity of investment to interest rates: Evidence from a survey of CFOs, Finance and Economics Discussion Series 2014–002

Tamborini, Roberto (2021), Unconventional Policy Instruments and Transmission Channels: A State-Contingent Toolbox for the ECB, Monetary Dialogue Papers, https://www.europarl.europa.eu/cmsdata/230560/TAMBORINI_formatted.pdf, abgerufen am 31.3.2023

Tcherneva, Pavlina (2016), Money, Power, and Monetary Regimes, Levy Economics Institute working paper 861, http://www.levyinstitute.org/publications/money-power-and-monetary-regimes, abgerufen am 31.3.2023

Torrent, Ramon (1999), Whom is the European Central Bank the Central Bank of?: Reaction to Zilioli and Selmayr, *Common Market Law Review* 36(6), 1229–1241

Tymoigne, Eric (2014), Modern Money Theory, and Interrelations Between the Treasury and Central Bank: The Case of the United States, *Journal of Economic Issues* 48(3), 641–662

van't Kloster, Jens (2022), The politics of the ECB's market-based approach to government debt, *Socio-Economic Review*, mwac014, https://doi.org/10.1093/ser/mwac014, abgerufen am 31.3.2023

Wray, L. Randall (2012), Monetary Policy: An Institutionalist Approach, in: Paul D. Bush und Marc R. Tool (Hrsg.), Institutionalist Analysis and Economic Policy, Heidelberg: Springer

Wullweber, Joscha (2021), *Zentralbankkapitalismus*, Berlin: Suhrkamp

Das Bundesministerium der Finanzen

5

Zusammenfassung

In diesem Kapitel werden wir sehen, dass Regierungen, die ihre Ausgaben in ihrer eigenen Währung tätigen, immer zahlungsfähig sind. Nur wenn sie Schulden in fremder Währung haben, können sie in dieser Währung zahlungsunfähig werden. Die Regierung gibt dabei zuerst Geld aus, bevor sie Steuern einzieht oder Staatsanleihen verkauft. Steuern verringern die Gesamtnachfrage und die Inflationsrate, wenn es sich um einen Nachfrageüberhang handelt, und beeinflussen die Verteilung von Einkommen und Vermögen. Öffentliche Defizite spiegeln sich in einer Zunahme des Nettofinanzvermögens des privaten Sektors wider, und zwar Euro für Euro.

„Das Geld ist ein Geschöpf der Rechtsordnung", schrieb Georg Friedrich Knapp 1905 als ersten Satz seines Buches „Die Staatliche Theorie des Geldes". Weiter definierte er Geld als das, was für Zahlungen an den Staat genutzt wird. In der Eurozone, also auch in Deutschland oder Österreich, ist es der Euro (EUR). In der Schweiz ist es der Franken (CHF) und in Großbritannien das Pfund (GBP). Der Staat gibt Geld aus, indem er es auf den Konten der Banken bei der Zentralbank gutschreibt. Diese fungiert auch als Hausbank des Staates. Die Gutschrift auf diesen Konten wird in der Regel von der staatlichen Zentralbank übernommen. Die dem Bundesministerium der Finanzen zugehörige Bundesfinanzagentur in Frankfurt am Main ist zudem befugt, drei Kategorien von Wertpapieren zu emittieren: Staatsanleihen, Schuldscheine und Anleihen.

- Bundesschatzanweisungen sind börsennotierte Papiere mit einer Laufzeit von unter zwei Jahren
- Bundesobligationen haben eine Laufzeit von fünf Jahren
- Bundesanleihen haben eine Laufzeit von 10, 15 und 30 Jahren

D. Ehnts, *Makroökonomik*, https://doi.org/10.1007/978-3-658-41055-1_5

Zinszahlungen erfolgen üblicherweise jährlich. Alle staatlichen Wertpapiere – die Staatsanleihen – werden gehandelt. In einigen Ländern, wie z. B. in Kanada, kann die Zentralbank Staatsanleihen direkt vom Finanzministerium kaufen und ihrem Konto die Kaufsumme gutschreiben. In den USA sind die Dinge etwas komplizierter, da die Federal Reserve Bank keine Staatsanleihen direkt vom Finanzministerium kauft. So ist es auch in der Eurozone. Weder die EZB noch die Bundesbank darf am Primärmarkt die Staatsanleihen direkt von der Bundesfinanzagentur kaufen. Befugt dazu sind lediglich die Banken, welche der Bietergruppe Bundesemissionen angehören. Im Jahr 2023 gehörten 32 Banken dieser Gruppe an. Alle hatten ihren Sitz in der EU, wobei einige Banken die Ableger von Banken aus den USA oder Japan sind. Die nationalen Zentralbanken der Eurozone kaufen also ihre Staatsanleihen am Sekundärmarkt, an dem „gebrauchte" Staatsanleihen gehandelt werden. Dadurch fließt kein Geld von Zentralbanken direkt an die nationalen Regierungen. Damit wollen sich die Zentralbanken lossagen von der Idee, dass sie die nationalen Regierungen „finanzieren". Allerdings werden Staatsanleihen am Primärmarkt immer nur mit Zentralbankgeld gekauft, sodass also erst genug Reserven da sein müssen, bevor die Staatsanleihen verkauft werden können.

Konten mit digitalen Zeichen statt Papier
Im 21. Jahrhundert gibt es keine physischen Staatsanleihen (oder Schatzanweisungen) mehr. Die Banken können wählen, ob sie ihre Reserven auf dem Master Account (Reserven) oder auf dem Sparkonto (Schatzanweisungen, Obligationen und Anleihen des Bundes) halten wollen. Die Zinsen für Staatsanleihen sind in der Regel höher als die Zinsen der Einlagefazilität. Für die Banken besteht somit ein Anreiz, ihre Überschussreserven für Staatsanleihen auszugeben, die an den Meistbietenden (mit der niedrigsten Rendite) versteigert werden, solange die (erwartete) Rendite der Staatsanleihen höher ist als der Zinssatz für die Überschussreserven.

Banken könnten es vorziehen, einen „Liquiditätspuffer" in Form von Überschussreserven zu halten. In einer Welt fundamentaler Unsicherheit ermöglicht dies der Bank, ihre Schulden zu tilgen und für eine gewisse Zeit über Barmittel zu verfügen. Da staatliche Wertpapiere auch sehr liquide sind – sie können zu einem stabilen Preis und in großen Mengen gegen Reserven verkauft werden – und als Sicherheiten für Kredite bei der Bundesbank oder Geschäftsbanken in Frage kommen, können sie ebenfalls auf den „Liquiditätspuffer" angerechnet werden.

Staatliche Ausgaben in vier Schritten
Wie aber gibt denn nun die Bundesregierung Geld aus? Wir können diese Frage in vier Schritten beantworten (Mosler 2010):

1. Der Staat will sich selbst mit Ressourcen (Arbeitskräfte, Energie, etc.) versorgen, um seinen gesellschaftlichen Auftrag mit dem Ziel des Gemeinwohls zu erfüllen.

2. Der Staat erhebt dazu Steuerverbindlichkeiten, um Verkäufer von Waren und Dienstleistungen zu schaffen, die im Gegenzug staatliche Steuergutschriften wollen. Man beachte, dass die bloße Verpflichtung zu einer zukünftigen Steuerzahlung diese Verkäufer hervorbringt. Auch Konsumwünsche oder private Schulden in staatlicher Währung sorgen für Nachfrage danach.

3. Der Staat gibt Geld aus. Er stellt Arbeitskräfte ein und versorgt sich selbst, indem er seine Steuergutschriften in Form von Euro für Waren und Dienstleistungen, Rohstoffe, Energie, Immobilien und Finanzanlagen ausgibt.

4. Dann können mit dem vom Staat ausgegebenen Geld Steuern gezahlt und Anleihen gekauft werden (Wray 2016). Reicht dies aus irgendwelchen Gründen nicht aus, um das Geldsystem stabil zu halten, kann die Zentralbank weiteres staatliches Geld per Kredit oder durch den Aufkauf von Finanztiteln schöpfen.

Der Staat braucht Ressourcen, um seine Aufgaben zu erfüllen. Er sollte so organisiert sein, dass er das Gemeinwohl fördert, die Menschenrechte (wie die im Grundgesetz verankerten) gewährleistet oder andere Aufgaben erfüllt, die in der Verfassung festgelegt sind oder von der Regierung (auf Bundes-, Landes- oder kommunaler Ebene) festgelegt wurden. In diesem Zusammenhang ist „Geld" die Institution, die der Staat benutzt, um sich mit Ressourcen zu versorgen. Er erlegt den Menschen Steuerpflichten auf, um sie zu zwingen, Waren und Dienstleistungen, Arbeit und Energie, Rohstoffe und Grundstücke gegen Geld anzubieten. Die Menschen brauchen Euro, um diese Steuerschulden zu begleichen. Sie brauchen auch Euro, um private Schulden zu begleichen, die auf Euro lauten. Tatsächlich zwingen heute private Schulden wahrscheinlich mehr Menschen dazu, Euro zu verdienen, als es Steuerschulden tun. Der Staat stellt dann einige Arbeitnehmer ein und gibt Steuergutschriften – „Geld" – aus, um sich selbst zu versorgen. Der Staat schafft so mit jedem Euro, den er ausgibt, einen Euro an Einkommen und Ersparnis, welche als nicht verausgabtes Einkommen definiert wird. Die Haushalte und Unternehmen lassen untereinander Euro zirkulieren.

Der Abfluss von Steuergutschriften erfolgt über Steuerzahlungen. Durch Steuerzahlungen werden sowohl Steuergutschriften als auch Steuerverbindlichkeiten vernichtet, was ja gerade der Sinn der Steuergutschriften und der Steuerpflicht ist. Aus der Sicht des Staates stellen die Steuerzahlungen Steuereinnahmen dar. Über Steuereinnahmen kommt das Geld zurück, das der Staat ausgegeben hat. Rechtswissenschaftlerinnen wie Christine Desan (2013) stellen fest, dass die Erfindung des Geldes es den Beteiligten ermöglichte, erst auszugeben und später zu besteuern – eine erstaunliche materielle Leistung. Wenn Haushalte oder Unternehmen ein positives Sparergebnis erzielen (der Überschuss des Einkommens über die Ausgaben), können sie mit ihren Euros unter anderem Staatsanleihen kaufen. Die Regierung kann diese Anleihen anbieten, um so einen risikofreien Zinssatz festzulegen. Beim Währungsemittenten besteht kein Ausfallrisiko, sofern die Zentralbank eine Regierung unterstützt: ausgezahlt wird jede Staatsanleihe. Daher würde niemand Geld zu einem Zinssatz unter dem Zinssatz für Staatsanleihen verleihen.

„Staatsverschuldung" und Staatsdefizit?

Wie können wir uns „Staatsverschuldung" und Staatsdefizit vorstellen? Da der Staat, unterstützt von der Zentralbank, aus technischer Sicht immer in der Lage ist, Zahlungen zu leisten, stellt sich die Frage der Zahlungsunfähigkeit oder Illiquidität nicht. Ein Blick auf die Bilanz des Staates sagt nichts über seine finanzielle Lage aus. Wenn sie nicht durch politische Regeln blockiert ist, sollte ihre Fähigkeit, Zahlungen zu leisten, nicht in Frage gestellt werden. Die deutsche Bundesregierung verspricht nichts anderes, als ihr eigenes Geld – Reserven und Bargeld – zu akzeptieren für Zahlungen an sich selbst. Man kann bei der Bundesbank weder Gold noch eine bestimmte Menge ausländischer Währung oder irgendeine andere Sache oder einen Finanztitel für Euro erhalten. Das Staatsdefizit ist die Differenz zwischen der Zuführung von Geld durch den Staat (Staatsausgaben) und der Entnahme von Geld durch Steuern und andere Zahlungen an den Staat. Es ist die Zunahme der Steuergutschriften des Privatsektors innerhalb eines Jahres. Wie die US-Ökonomin Stephanie Kelton immer betont: die rote Tinte der Bundesregierung ist die schwarze Tinte von Haushalten und Unternehmen. Wenn der Staat sein Defizit ausweitet, dann muss der Rest der Wirtschaft einen Überschuss haben. Die Summe der staatlichen Defizite saldiert sich dann zur „Staatsverschuldung". Diese ist nichts anderes als die Summe der Steuergutschriften im Besitz des privaten Sektors, die für zukünftige Zahlungen an den Staat verwendet werden können. Dabei verspricht kein Staat der Welt, seine „Staatsverschuldung" auf null zu reduzieren. Aus diesem Grund wird der Begriff der „Staatsverschuldung" hier in Anführungszeichen gesetzt.

Da unser Vermögen auch Geld umfasst, spiegelt sich die „Staatsverschuldung" im privaten Vermögen und das öffentliche Defizit in einem privaten Überschuss wider. Dies ergibt sich aus der Tatsache, dass sich die Ausgaben und Einnahmen in einer Volkswirtschaft die Waage halten müssen. Die Kausalität verläuft von den Ausgaben zu den Einnahmen, auch wenn beide gleichzeitig geschaffen werden. Es sind meine Ausgaben, die Ihr Einkommen verursachen – nicht umgekehrt. Um auf die Besteuerung zurückzukommen: Wir wissen, dass die Besteuerung viele Funktionen haben kann. Durch die Auferlegung von Steuerpflichten werden die Haushalte gezwungen, Waren und Dienstleistungen anzubieten. Dadurch wird dem privaten Sektor Geld entzogen und das kann dazu führen, dass Ressourcen für andere Zwecke frei werden. Ob dies der Fall ist, hängt davon ab, wer besteuert wird, ob die Steuern aus dem Einkommen oder aus dem (Netto-)Vermögen gezahlt werden und was mit Konsum und privaten Investitionen geschieht. Es ist sinnvoll, zwischen realen und nominalen Steuern zu unterscheiden. Die Realsteuer wird gezahlt, wenn der Staat etwas vom privaten Sektor kauft. Wenn er einen Lkw kauft, wird ein vom privaten Sektor produzierter Lkw in den öffentlichen Besitz überführt. Alle Ressourcen, Arbeitskräfte und Energie, die für den Bau dieses Lastwagens verwendet wurden, gehen nun auf den öffentlichen Sektor über. Das ist real ein Verlust für den privaten Sektor. Er kann weder auf diese Ressourcen noch auf den Lkw zugreifen.

Steuerverbindlichkeiten werden jedoch in nominalen Werten gezahlt. Euros, die in der Eurozone und in Deutschland verwendeten Steuergutschriften, sind eine nominale Ressource. Es ist möglich, den Kauf eines Lastwagens durch die Bundesregierung zu beschreiben, indem man sagt: „Sie haben einen Lastwagen gekauft" (real) oder: „Sie haben 50.000 € an Geld ausgegeben" (nominal). Sowohl die nominale als auch die reale Sichtweise sind korrekt. Es ist jedoch wahrscheinlich einfacher zu verstehen, dass die Bundesregierung einen Lastwagen gekauft hat, der dem privaten Sektor nicht mehr zur Verfügung steht, als zu sagen, dass der private Sektor den Lastwagen verkauft und 50.000 € in Bankguthaben gewonnen hat. Die Regierung gibt Geld aus, um sich selbst mit Ressourcen zu versorgen. Die reale Perspektive macht dies deutlicher.

Die „Kosten" der Staatsausgaben
Wenn der Staat Geld ausgibt, entnimmt er dem privaten Sektor Ressourcen. Da die Ressourcen begrenzt sind, sollte sich der Staat gut überlegen, welche Ressourcen er kauft und nutzt. Die Einstellung einer Lehrerin verringert die Zahl der für den privaten Sektor verfügbaren Arbeitskräfte. Hätte die Arbeitskraft dort besser einsetzen können? Wäre dem Gemeinwohl besser gedient gewesen? Diese Fragen sind schwer zu beantworten, aber das sind die politischen Entscheidungen, die wir seit Jahrhunderten treffen. Da die Ressourcen begrenzt sind, haben wir es mit Opportunitätskosten zu tun. Alles kann nur einmal verbraucht werden. Unterschiedliche Verwendungen ergeben einen unterschiedlichen Nutzen für das Gemeinwohl und die Individuen. Die Opportunitätskosten beschreiben den entgangenen Nutzen von Ressourcen. Wir könnten uns dafür entscheiden, einige von ihnen nicht zu nutzen, weil sie vielleicht mehr Schaden als Nutzen verursachen (z. B. die Verbrennung von Kohle) oder weil wir sie später nutzen wollen (wie Fische im Meer).

Kommen wir zurück zur Besteuerung und Verteilung. Die Besteuerung armer Menschen wird wahrscheinlich zu einem Rückgang des Verbrauchs um mehr als 80 Cent für jeden Euro zusätzlicher Steuern führen. Wenn man die Superreichen besteuert, dürfte der Verbrauch kein bisschen zurückgehen, da sie immer noch reich genug sind, um ihr derzeitiges Konsumverhalten aufrechtzuerhalten. Die Besteuerung der Mittelschicht könnte Ressourcen freisetzen, wenn diese sich nicht dazu entschließen, ihr Vermögen zu vermindern und/oder sich zu verschulden. So war es auch vor der globalen Finanzkrise 2008/09. Der Entzug von Kaufkraft und die Freisetzung von Ressourcen, mit denen sich der Staat selbst versorgen kann, wird wahrscheinlich zu einer niedrigeren Inflationsrate führen. Der Staat muss den privaten Sektor nicht überbieten, wenn er Arbeitskräfte einstellt oder Waren und Dienstleistungen kauft. Er kann sich einfach das besorgen, was unverkauft bleibt. Oder er kauft das, was sich mit den Ressourcen produzieren lässt, die noch nicht genutzt werden. Daher mildern Steuerzahlungen die tendenziell inflationären Auswirkungen der Staatsausgaben. Das ist ein Grund, warum Steuerzahlungen sehr wichtig sind.
Steuern können auch dazu verwendet werden, „schlechte" Güter zu besteuern, d. h. Güter, von denen wir nicht wollen, dass sie in großem Umfang konsumiert werden. Steuern auf Alkohol, Tabak und Autos bestrafen die Menschen, die diese „schlechten" Güter trotzdem konsumieren wollen. Steuern sind ein politisches Instrument, um die Entscheidungen der Bürger zu lenken, indem der Schaden, den ihre Handlungen anderen zufügen,

monetarisiert wird. Steuern können auch zur Umverteilung von Einkommen und Vermögen eingesetzt werden, wenn die Marktergebnisse der Einkommen und Vermögen gesellschaftlich unerwünscht sind. Damit die Demokratie funktionieren kann, könnte es klug sein, die Ungleichheiten bei Einkommen und Vermögen zu verringern. Außerdem zeigen Untersuchungen von Deaton und Kahneman (2010), dass das emotionale Wohlbefinden nicht mehr mit dem Einkommen steigt, sobald 75.000 Dollar (damals etwas über 50.000 Euro) überschritten werden. Letztendlich ist es Sache der Bürger, zu entscheiden, wie das Steuersystem aussehen soll. Dabei können Steuern nur eine Sache nicht – die Bundesregierung finanzieren (Kelton 2000).

5.1   Die Rolle des Bundesministeriums der Finanzen

So wie die Verfassungen unterschiedliche Rechte, Pflichten und Institutionen zu deren Durchsetzung und Schutz festlegen, so unterscheiden sich auch die öffentlichen Einrichtungen von Land zu Land. So ist beispielsweise jede Zentralbank einzigartig und dasselbe gilt für das Finanzministerium oder Schatzamt. Jedes Land hat seinen eigenen institutionellen Aufbau, der das Ergebnis einer langen Geschichte ist. Die Währungssysteme sind jedoch relativ ähnlich aufgebaut. Im 21. Jahrhundert haben fast alle Länder ihre eigene Zentralbank und ihre eigene Währung. In der Eurozone teilen sich 20 Länder eine Währung. Eine Regierung muss sich selbst versorgen. Sie braucht Zugang zu Waren und Dienstleistungen und die Möglichkeit, Arbeitskräfte einzustellen, um ihre Politik umzusetzen. Die Souveränität einer Nation lässt sich unter anderem dadurch definieren, dass das Parlament in der Lage ist, einen Haushaltsplan zu verabschieden und dann auszuführen, ohne dass das Ausland oder (willkürliche) Haushaltsgrenzen beschränkend eingreifen. Dies funktioniert nur, wenn die Regierung über eine eigene Währung verfügt oder einem Währungsraum angehört, in dem der Zugang zu Reserven über die Zentralbank in jedem Fall gewährleistet ist.

In den meisten westlichen Ländern hat sich eine Konstellation herausgebildet, in der Staatsanleihen als risikoloser Vermögenswert fungieren. Die Rendite dieses Vermögenswerts ist ein Richtwert, auf den bei der Verzinsung anderer Finanzanlagen ein Aufschlag erhoben wird. Eine solche Konstellation finden wir in den USA, Kanada, dem Vereinigten Königreich, Japan, China und Schweden. Die folgende Beschreibung erläutert das Währungssystem in Deutschland.

Staatsausgaben und …
Wenn die Bundesregierung Geld ausgibt, erhöht die Bundesbank das Guthaben der Empfängerbank gut und belastet das Konto der Regierung. Dieses Konto ist das *Zentralkonto des Bundes*. Die Empfängerbank schreibt einen Betrag gleicher Höhe dem Konto desjenigen gut, der das Einkommen von der Bundesregierung empfangen soll, in diesem Fall einem Haushalt. Wenn die Bundesregierung Geld ausgibt, schafft die Bank also neue Bankguthaben. Die Staatsausgaben erhöhen dabei auch die Menge der von den Banken gehaltenen Reserven.

Tab. 5.1 Staatsausgaben der Bundesregierung. Eigene Darstellung

Bundesbank			
		Reserven	100 €
		Zentralkonto	− 100 €
BMF			
Zentralkonto	− 100 €	Nettovermögen	− 100 €
Bank			
Reserven	100 €	Guthaben	100 €
Haushalt			
Guthaben	100 €	Nettovermögen	100 €

Die Bilanzen aus Tab. 5.1 zeigen, dass die Staatsausgaben das staatliche Nettovermögen (bezogen auf den öffentlichen Sektor, d. h. die Regierung) verringern. Mit anderen Worten, sie erhöhen die öffentliche Nettoverschuldung. Das ist keine Überraschung, denn die Bundesregierung hat für etwas gezahlt und (noch) nichts von ihrem Geld als Steuern zurückbekommen. Wir sehen auch, dass die Bank des Empfängers der staatlichen Zahlung nicht direkt Bargeld (Euro) erhalten hat, sondern Reserven. Diese digitalen Euros wurden durch Tastendruck der Bundesbank geschaffen, so wie die Bank die Bankguthaben für ihren Kunden durch Tastendruck geschaffen hat. Wir nennen diesen Vorgang Geldschöpfung, da neues Geld geschaffen wird. Das Zentralkonto des Bundes ist nun negativ in Höhe der Staatsausgaben, weil wir bei null angefangen hatten. Wir werden später sehen, was es mit dem Konto auf sich hat.

Betrachten wir die vier Bilanzen stellen wir fest, dass alle Salden ausgeglichen sind. Das mag zwar trivial klingen, aber es macht uns klar, dass wir die Buchhaltung sehr wahrscheinlich richtig vollzogen haben. Um dies zu erreichen, haben wir eine Nettovermögensposition in den Bilanzen des BMF (−) und der privaten Haushalte (+) eingeführt. Das Finanzministerium hat ein negatives Nettovermögen (positive Nettoverschuldung), die Haushalte haben ein höheres Nettovermögen. Die Staatsausgaben machen die deutschen Haushalte Euro für Euro reicher. Dies ist darauf zurückzuführen, dass die staatlichen Ausgaben private Einkommen geschaffen haben. Jeder Euro, den die deutsche Bundesregierung ausgibt, erhöht das Einkommen des Privatsektors (Haushalte und Unternehmen) oder der übrigen Welt. Das heißt, je mehr Euro die Bundesregierung ausgibt, desto höher ist unser Geldvermögen!

Im Sinne der Makroökonomik können wir Sparen als nicht verausgabtes Einkommen definieren. Jedes Einkommen, das nicht für den Konsum oder die Zahlung von Steuern ausgegeben wurde, wird als zusätzliches Sparen betrachtet. Man beachte, dass das Sparen somit eine Flussgröße darstellt (in einem bestimmten Zeitraum), während die Ersparnisse eine Bestandsgröße darstellen (zu einem bestimmten Zeitpunkt). Es ist wichtig, Bestands- und Stromgrößen nicht zu verwechseln, und daher ist es von Bedeutung, ob man von Sparen oder Ersparnissen spricht.

▶ *Definition: Sparen ist Einkommen, das nicht ausgegeben wird.*

Wenn die Staatsausgaben steigen, wird es immer wahrscheinlicher, dass die Empfänger einen Teil ihres neu erworbenen Einkommens ausgeben, anstatt es zu sparen. Dies führt zu einer Verschiebung des Sparens in der Wirtschaft, da die Käufer ihre Ersparnisse verringern und die Verkäufer sie erhöhen. Der Umfang des Sparens in der Wirtschaft kann also nicht durch den Konsum verringert werden. Die Ersparnis ist das Geldvermögen, das durch Sparen aufgebaut wird. Durch Neubewertung von Immobilien, Aktien oder Anleihen weichen die Summe des Sparens und die Ersparnisse (Vermögen) voneinander ab.

… Besteuerung

Wenn es eine Umsatzsteuer, Einkommensteuer oder andere Art von Steuer gibt, führt ein Anstieg der Steuerzahlungen zu einem Rückgang des Sparens, da Geld an den Staat zurückgezahlt wird. Die Bilanzen sehen aus wie in Tab. 5.2, wenn ein Haushalt 100 € an Steuern an den Staat zahlt (die Bilanzen unten zeigen nur noch die Veränderungen!).

Da Steuerzahlungen das Gegenteil von Staatsausgaben sind, verringern sie die Höhe der Bankguthaben und Reserven. Euro, die das Bundesministerium der Finanzen auf seinem Zentralkonto hält, verringern die Höhe der für das Bankensystem verfügbaren Reserven. Diese Euro werden von einer deutschen Regierungsinstitution (der Bundesbank) einer anderen (dem Finanzministerium) geschuldet und stellen daher weder Geld noch Staatsverschuldung dar. Daher verringern die Steuerzahlungen die öffentliche Verschuldung, da das Nettovermögen des Schatzamtes steigt, in diesem Fall um 100 €.

Die Kehrseite der Medaille ist eine Verringerung des Nettovermögens der privaten Haushalte, da diese 100 € an Bankguthaben aufgegeben haben. Der Haushalt hat eine (oben nicht aufgeführte) Steuerschuld beglichen, die ihm von der Bundesregierung auferlegt wurde. Steuern verringern das Sparen. Makroökonomisch gesehen entziehen Steuern dem privaten Sektor Kaufkraft. Sie werden auf dem Zentralkonto verbucht und „finanzieren" somit nicht die Staatsausgaben. Die eigentlichen Ausgaben bestehen in der Aufstockung eines Bankkontos. Die Nutzung des Zentralkontos ist eine Konsequenz der Zuge-

Tab. 5.2 Steuerzahlung an die Bundesregierung. Eigene Darstellung

Bundesbank		
	Reserven	− 100 €
	Zentralkonto	+ 100 €
BMF		
	Zentralkonto	+ 100 €
	Nettovermögen	− 100 €
Bank		
Reserven	− 100 €	Guthaben	− 100 €
Haushalt		
Guthaben	− 100 €	Nettovermögen	− 100 €

hörigkeit zur. Eurozone. Die Zentralbanken dürfen die Ausgaben der Regierung nur dann ausführen, wenn das Konto der jeweiligen nationalen Regierung am Ende des Geschäftstags mindestens wieder bei null ist. Dies stellt dann die Ampel für die Zentralbank von Rot auf Grün.

Die Konsolidierungshypothese
Aus pädagogischen Zwecken könnten wir die Bundesbank und das Finanzministerium als eine Einheit betrachten, die eine einzige Bilanz für den gesamten Staat erstellt. Beide Bilanzen werden nun in einer staatlichen Bilanz konsolidiert. Der Staat gibt (immer noch) Geld aus, indem er Guthaben der Banken bei der Bundesbank (und damit beim Staat) erhöht, die diese dann auf ihren Kundenkonten gutschreiben (Tab. 5.3).

Wenn der Staat Steuern erhebt, entzieht er den Banken die Reserveguthaben und damit den Geldumlauf. Es ist offensichtlich, dass es keinen finanziellen Zwang gibt. Der Regierung kann das Geld nicht „ausgehen". Sie kann so lange Geld ausgeben, wie sie Haushalte findet, die bereit sind, ihr etwas zu verkaufen: Arbeitsleistungen, Güter und Dienstleistungen, Grundstücke und Gebäude, Maschinen und Aktien und vieles mehr. Die Auferlegung von Steuerverpflichtungen zwingt die Haushalte dazu. Steuern finanzieren keine Staatsausgaben. Außerdem gehen staatliche Defizite (Schulden) und Überschüsse des privaten Sektors (Geldvermögen) Hand in Hand.

Obwohl der obige Absatz vereinfacht ist, gelten alle soeben gezogenen Schlussfolgerungen auch dann, wenn man die getrennten Bilanzen des Bundesministeriums der Finanzen und der Bundesbank betrachtet. Die Einlagen des Finanzministeriums bei der Bundesbank stellen keine Schulden dar. Sie sind auch keine Steuergutschrift, da die Regierung keine Steuern zahlt und auch keine anderen Zahlungen an sich selbst leistet. Das bedeutet, dass die Realität zwar komplexer ist, als die obige Konsolidierung zeigt, aber die wichtigsten Lehren bereits aus dieser vereinfachten Version gezogen werden können. Obwohl die konsolidierte Darstellung vereinfacht, sind ihre Ergebnisse repräsentativ für die Realität.

Wir könnten die Bilanz um Staatsanleihen ergänzen. Der Staat nutzt diese, um Reserven aus dem Interbankenmarkt „abzuziehen", um so den Zinssatz zu stabilisieren. Um zu verstehen, wie das funktioniert, kehren wir zu der unkonsolidierten Bilanzsichtweise zurück.

Tab. 5.3 Die Konsolidierungshypothese. Eigene Darstellung

Staat			
		Reserven	100 €
		Nettovermögen	− 100 €
Bank			
Reserven	100 €	Einlagen	100 €
Haushalt			
Einlagen	100 €	Nettovermögen	100 €

Staatliche Wertpapiere

Betrachtet man die fiskalischen Operationen aus der Perspektive des Bankensystems, so stellt man fest, dass Reserven zugeführt werden, wenn die Bundesregierung Geld ausgibt, und abgezogen werden, wenn sie Steuern erhebt. Die Bilanzen der Banken atmen mit den Operationen des Finanzministeriums, sie sind länger, wenn der Staat Geld ausgibt, und kürzer, wenn Steuern zurückfließen. Wenn die Regierung Geld ausgibt, erhalten die Banken Reserven und schaffen Bankguthaben. Die Banken in der Eurozone können Zinsen kassieren, indem sie ihre Reserven in der Einlagefazilität parken. Alternativ können die Banken ihre Reserven auch zum Kauf von Staatsanleihen verwenden. Wie sieht eine deutsche Staatsanleihe aus (siehe Abb. 5.1)? Nehmen wir an, dass das Finanzministerium am 1. Januar 2023 einen Schuldschein ausgibt (*engl*.: I owe you). Ein Schuldschein (oder auch: Schuldverschreibung) ist eine dokumentierte finanzielle Verpflichtung. Es handelt sich um eine Verbindlichkeit, zu deren Erfüllung sich der Emittent verpflichtet hat. Er könnte folgendermaßen aussehen (wobei solche Dokumente schon seit Jahrzehnten nicht mehr existieren – alles wird seit Jahrzehnten digital verarbeitet):

> „Hiermit verspreche ich, der Vertreter des Bundesministeriums der Finanzen der Bundesrepublik Deutschland, dem Inhaber dieses Schuldscheins am 31. Dezember 2023 den Betrag von 100 € zuzüglich Zinsen in Höhe von 2,50 € zu zahlen."

Nicht alle Staatsanleihen werden verzinst. Eine Staatsanleihe mit einer Laufzeit von 6 Monaten wird nicht verzinst. Um ihn zu verkaufen, kann das Finanzministerium den Preis senken, sodass der Anleger eine positive Rendite erhält. Wenn der Anleger beispielsweise für 95.000 € heute das Recht erwirbt, in sechs Monaten 100.000 € zu erhalten, erhält er eine (halbjährliche) Rendite von etwas mehr als $(100.000 - 95.000)/95.000 = 0,05 = 5\ \%$. Staatsanleihen werden mit Reserven gekauft und können oft einen besseren Zinssatz als die Termineinlagefazilität bieten.

Der Primärmarkt

Deutsche Staatsanleihen, die auch als Bundeswertpapiere bekannt sind, werden von der Bundesfinanzagentur auf dem Primärmarkt verkauft. Dieser Markt wird von der Bundesbank, die sich in diesem Zusammenhang auch als „Hausbank" des Bundes bezeichnet, verwaltet. Die Bundesbank führt im Auftrag der Finanzagentur und auf Rechnung des Bundes die Auktionen von Einmalemissionen des Bundes durch. Am Primärmarkt kaufen die Banken, die in der Bietergruppe Bundesemissionen organisiert sind.

Die Erlöse von Verkäufen von Staatsanleihen an die Primärhändler werden auf dem Zentralkonto des Bundes des Finanzministeriums verbucht. Dabei fließt staatliches Geld zurück an diesen, denn die Banken zahlen mit Reserven. Die Primärhändler verkaufen dann (einige) Staatsanleihen auf dem Sekundärmarkt weiter, um Gewinne zu machen. Tab. 5.4 gibt einen Überblick über die Eignerstruktur.

Abb. 5.1 Anleihe des Deutschen Reichs bzw. Schuldverschreibung vom 1. August 1922. (*Quelle:* https://commons.wikimedia.org/wiki/File:Schuldverschreibung.jpg)

Die Staatsanleihen werden häufig von staatlichen Institutionen, wie z. B. Zentralban-ken, gehalten. Diese können jedoch nur Staatsanleihen kaufen, die bereits vom Finanzmi-nisterium verkauft wurden. Durch Käufe und Verkäufe auf dem Sekundärmarkt werden die Staatsanleihen umgeschichtet, aber die Einnahmen fließen nicht der Regierung zu. Die Fähigkeit der deutschen Bundesregierung, Geld auszugeben, hängt also nicht davon ab,

Tab. 5.4 Eignerstruktur für Bundeswertpapiere 2019–2021

Gebiet/Stichtag	31.12.2019	30.6.2020	31.12.2020	30.06.2021
Inland	34 %	35 %	39 %	41 %
- davon Eurosystem	29 %	30 %	35 %	38 %
- davon andere Halter	5 %	5 %	4 %	3 %
Eurozone	17 %	17 %	16 %	16 %
- davon Versicherungen und Pensionskassen	8 %	7 %	8 %	8 %
- davon Investmentfonds	7 %	7 %	7 %	6 %
- davon Banken und andere Halter	2 %	3 %	1 %	2 %
Drittländer	49 %	48 %	45 %	43 %
- davon öffentlicher Sektor	21 %	19 %	18 %	19 %
- davon Privatsektor	28 %	29 %	27 %	24 %

Quelle: Deutscher Bundestag Drucksache 20/936, https://dserver.bundestag.de/btd/20/009/2000936.pdf

dass Ausländer Staatsanleihen von Primärhändlern kaufen. Letztendlich erhält das Finanzministerium alle Einlagen auf seinem Zentralkonto indirekt durch die Geldschöpfung der Bundesbank bzw. des Eurosystems. Diese schöpft als Monopolistin der Währung alle Reserven, die die Banken zum Kauf von Staatsanleihen verwenden können. Ein direkter Kauf von Staatsanleihen am Primärbank ist zwar technisch machbar, allerdings in der Eurozone verboten. In Kriegszeiten werden diese Vorschriften in der Regel entweder ignoriert, umgangen oder aufgehoben (Tymoigne 2014, 2016).

Der Interbankenmarkt

Wie wir gesehen haben, führt eine Erhöhung der Staatsausgaben zu einem Anstieg der Reserven, da die Bundesbank den Konten der Empfängerbanken (die ihrerseits Guthaben für ihre Kunden schaffen, die letztendlich „das Geld" erhalten) Kredit gewährt. Die Banken können dann entscheiden, was sie mit den zusätzlichen Reserven machen wollen. Eine Sache, die sie nicht tun können, ist, sie an Haushalte oder Unternehmen zu verleihen. Diese haben keine Konten bei der Bundesbank und können daher keine Reserven halten. Theoretisch könnten die Banken Bargeldkredite an den privaten Sektor vergeben, aber diese Art von Geschäften ist meist auf die kriminelle Unterwelt beschränkt.

Der Chefökonom von Standard & Poor's versteht die Welt nicht mehr

In einer Veröffentlichung vom 13. August 2013 schaltet sich die Rating-Agentur Standard & Poor's in die Debatte über die (nicht-)inflationären Folgen einer Aufstockung der Bankreserven nach einigen Zentralbankoperationen ein. Das Papier trägt den Titel „Repeat After Me: Banks Cannot and Do Not 'Lend Out' Reserves". Offenbar hatte der zuständige Chefvolkswirt Paul Sheard die Nase voll von der immer wiederkehrenden Beschwörung, dass die Erhöhung der Geldmenge (Reserven) zu Inflation führen muss.

Was können die Banken also mit den erhaltenen Reserven tun? Wenn sie nichts tun, werden die Reserven durch einen von der Fed festgelegten Zinssatz vergütet. Dabei handelt es sich um die Zinsen auf überschüssige Guthaben, die wir im letzten Kapitel untersucht haben. Die Banken würden wahrscheinlich (einen Teil) ihrer zusätzlichen Reserven auf dem Interbankenmarkt anbieten. Im Falle einer Erhöhung der Staatsausgaben und angesichts der Tatsache, dass viele Banken über mehr Reserven verfügen und keine Bank eine zusätzliche Nachfrage nach Reserven hat, ist es sehr wahrscheinlich, dass der Zinssatz auf dem Interbankenmarkt sinken würde.

Wenn die Zentralbank mit diesem Ergebnis nicht zufrieden ist, kann sie auf dem Interbankenmarkt intervenieren. Sie kann über ihre Offenmarktgeschäfte Staatsanleihen verkaufen, um die überschüssige Liquidität aufzufangen. Oder sie kann sich die Reserven gegen Zahlung eines Zinssatzes wieder ausleihen. Beide Operationen haben natürlich nichts mit Finanzierung zu tun. Hier geht es um die Stabilisierung des Zinssatzes auf dem Interbankenmarkt. Die Banken könnten sich auch aktiv von zusätzlichen Reserven befreien, indem sie Staatsanleihen kaufen. Dies würden sie tun, wenn der Zinssatz für neue Anleihen und die Rendite alter Anleihen höher ist als der von der EZB bestimmte Zinssatz auf Einlagen.

Vermögen und Schulden

Der Zusammenhang zwischen Staatsverschuldung und privatem Geldvermögen ergibt sich aus der Tatsache, dass Verschuldung und Geldvermögen in diesen beiden Sektoren (der ausländische Sektor bleibt vorerst unberücksichtigt) untrennbar miteinander verbunden sind. Wenn sich der Staat verschuldet, ermöglicht er den Haushalten den Aufbau von Geldvermögen in Form eines risikolosen Vermögenswerts. Staatsanleihen sind Vermögen, weil sie eine Forderung an den Staat darstellen – sie können verkauft und somit indirekt für Zahlungen an den Staat verwendet werden. Eine Verringerung der Staatsverschuldung ist folglich gleichbedeutend mit einer Verringerung des Geldvermögens der Haushalte! Vermögensverwaltungsfonds haben einen großen Teil ihres Geldes in Staatsanleihen investiert. Wenn der Staat seine Staatsverschuldung reduziert (weil die Steuerzahlungen höher waren als die Staatsausgaben), werden weniger Staatsanleihen auf dem Markt verfügbar sein. Staatsanleihen haben in der Regel eine begrenzte Laufzeit. Das US-Finanzministerium schuf im 19. Jahrhundert *Consols*, unbefristete Anleihen. Sie hatten einen festen Zinssatz und sollten niemals ablaufen! Die einzige Möglichkeit, diese Anleihen vom Markt zu nehmen, besteht darin, dass die Regierung sie von den Inhabern der Anleihen zurückkauft. In der Eurozone hat Österreich Staatsanleihen mit einer Laufzeit von 100 Jahren ausgegeben. Anleihen mit einer unbefristeten Laufzeit gibt es hingegen nicht.

Verschuldung und zukünftige Generationen

Die weit verbreitete Vorstellung, dass ein Anstieg der Staatsverschuldung zukünftige Generationen belastet, beruht auf einer fehlerhaften Argumentation. Der private Sektor hält die Staatsanleihen, die keine Schulden, sondern Vermögenswerte sind. Die Zahlung von Zinsen an die Besitzer von Staatsanleihen über Geldschöpfung der Bundesbank im Auftrag des Bundesfinanzministeriums führt daher zu einer Einkommensumverteilung nicht zwischen den Generationen, sondern innerhalb der Generationen. Jedes Jahr verlieren die Steuerzahler Bankguthaben und die Besitzer von Anleihen gewinnen sie. Im Falle eines Defizits führt der Staat dem Geldkreislauf Netto-Bankguthaben zu. Die Generationen der Vergangenheit und der Zukunft zahlen keine Steuern, und ihnen wird auch kein Geld entzogen oder gegeben. Die Staatsverschuldung führt entsprechend zu einer Umverteilung, die strikt intra-generationellen (innerhalb dieser Generation) und nicht inter-generationellen (zwischen den Generationen) Charakter hat.

Der Staat kann seine Schulden auch durch eine Erhöhung der Steuereinnahmen oder eine Senkung der Staatsausgaben abbauen. Dies hätte nämlich Rückwirkungen auf die Wirtschaft, wie der Fall Europa gezeigt hat. Das BIP und die Beschäftigung gingen aufgrund der Austeritätspolitik (Kürzungen der Staatsausgaben) z. B. in Griechenland in den 2010er-Jahren zurück, was auch zu geringeren Steuereinnahmen führte (Truger 2016). Dieser Punkt ist makroökonomischer Natur und wird später noch einmal aufgegriffen.

Kann ein Staat oder eine Regierung „bankrott" gehen?
Es wird oft behauptet, dass ein Staat oder die Regierung „bankrott" gehen kann. Ein moderner Staat kann jedoch nicht „bankrott" gehen in der eigenen Währung oder kein Geld mehr haben – es sei denn, es besteht der politische Wille, dies durchzusetzen oder vorzutäuschen. Sogar die Verfassung kann geändert werden, wenn eine politische Mehrheit vorhanden ist. Schauen wir uns noch einmal die Bilanzen in Tab. 5.5 an.

Wenn die Währung nicht an eine andere Währung oder ein Edelmetall wie Gold gekoppelt ist (Politik der festen Wechselkurse), kann der Regierung nicht „das Geld ausgehen". Die Höhe der Staatsausgaben verursacht keine Probleme mit der „Solvenz". Wir können von einer *souveränen* Währung sprechen. Eine Institution kann auf zwei verschiedene Arten gezwungen werden, Insolvenz anzumelden. Erstens kann es zu einer Insolvenz kommen, weil die Verbindlichkeiten die Vermögenswerte übersteigen. Zweitens kann sie insolvent sein, weil sie ihre Rechnungen nicht mehr bezahlen kann. Dies wird als Illiqui-

Tab. 5.5 Nach Staatsausgaben. Eigene Darstellung

Bundesbank			
Staatsanleihen	0 €	Reserven	0 €
BMF			
Zentralkonto	0 €	Staatsanleihen	100 €
		Nettovermögen	− 100 €
Bank			
Staatsanleihen	100 €	Guthaben	100 €
Haushalt			
Guthaben	100 €	Nettovermögen	100 €

dität bezeichnet. Fast alle souveränen Länder haben eine Staatsverschuldung, die durch jahrzehntelange öffentliche Defizite in ihrer eigenen Währung entstanden ist. Trotzdem hört man nicht viel über die „Zahlungsunfähigkeit" der Bundesregierung.

Der Zahlungsausfall der argentinischen Regierung

Während der argentinischen Schuldenkrise 2001/02 war die Zahlungsfähigkeit der dortigen Regierung in Gefahr. Wie viele andere Regierungen von Entwicklungs- und Schwellenländern hatte sich auch die argentinische Regierung in US-Dollar verschuldet. Da sie nicht in der Lage ist, US-Dollars zu schöpfen, war sie gezwungen, diese durch Steuern oder Kauf zu erwerben oder die Kredite zu verlängern. Schließlich wurden 2005 alte argentinische Staatsanleihen in neue umgetauscht, wobei die Gläubiger einen Verlust (Haircut) von 75 % des Nennwerts hinnehmen mussten. Seit dem Jahr 2021 ist der IWF wieder im Lande, weil die argentinische Regierung erneut Staatsanleihen in US-Dollar ausgegeben hatte.

Die Bundesregierung funktioniert nicht wie ein Haushalt oder ein Unternehmen. Als Währungsemittent muss sie sich nicht „finanzieren". Sie kann nicht zahlungsunfähig werden, solange sie keine Schulden in Fremdwährung hat. Dies ist eine Eigenschaft des Staates, die einen Vorteil und keinen Nachteil darstellt. Wenn eine Regierung vor der Verabschiedung eines Haushaltsplans ihre Bürger um Geld bitten müsste, kann diese Regierung nicht souverän sein. Eine Gruppe reicher Haushalte könnte den Haushalt vereiteln, indem sie sich weigert, ihn zu finanzieren. Sie zahlt weder Steuern noch kauft sie Staatsanleihen, so dass der Staat kein Einkommen erzielt, welches er für seine Ausgaben braucht. Da die heutigen Regierungen durch die Demokratie legitimiert sind, wäre ein solches Veto ein schwerer Schlag.

Müssen die Steuerzahler die „Staatsschulden" zurückzahlen?

Nein. Solange sich der Staat in seiner eigenen Währung verschuldet und die Zentralbank seine Zahlungen durchführt, ist das nicht vorgesehen. Es gibt fast keine historischen Belege für Länder, die die Menge der Staatsanleihen durch eine Anhebung der Steuerzahlungen auf null zurückgeführt haben. Ein Beispiel für eine „erfolgreiche" Schuldenrückzahlung sind die USA unter der Regierung von Andrew Jackson, die allerdings kurz nach der Reduktion auf null im Jahr 1835 in eine Wirtschaftskrise stürzten. In der Folge stieg die Staatsverschuldung wieder an. Der Steuerzahler-Mythos ist eher der Politik als der Ökonomik zuzurechnen (vgl. Gilbert 2020).

Die deutsche Bundesregierung kann Zahlungen tätigen, solange die Bundesbank diese für sie ausführt (Wissenschaftlicher Dienst 2022). Diese darf das tun, solange die Bundesregierung ihr Zentralkonto des Bundes am Ende des Geschäftstages wieder ausgeglichen (auf null zurückgeführt) hat. Kann das schiefgehen? Ausgeglichen wird das Konto, indem Steuerzahlungen dort aufgebucht werden. Reichen diese nicht aus, können die Erlöse aus dem Verkauf von Staatsanleihen ebenfalls aufgebucht werden. Solange die Bundesregierung über die Bundesfinanzagentur Staatsanleihen am Primärmarkt an die Bietergruppe Bundesemissionen verkaufen kann, ist eine Zahlungsunfähigkeit der Bundesregierung (und nur dieser; für Regierungen auf kommunaler und Landesebene gilt dies nicht) ausgeschlossen. Was könnte also die Banken dazu bewegen, zu jeder Zeit Staatsanleihen zu kaufen?

Die Zentralbank als „dealer of last resort"
Die Antwort lautet: die Nachfrage nach Staatsanleihen durch die Zentralbank. Das Eurosystem kann immer Staatsanleihen von den Banken kaufen, indem sie deren Konten um den entsprechenden Betrag erhöht. Zahlt es einen guten Preis, verkaufen die Banken ihre Staatsanleihen gerne, da sie dann mehr Gewinn machen. Die EZB als Teil des Eurosystems kann dabei ein Ankaufprogramm auflegen, welches dafür sorgt, dass die Banken eine permanente Nachfrage nach Staatsanleihen erwarten. Damit sind aus ihrer Sicht die Staatsanleihen risikofrei, denn sie können sie immer an das Eurosystem verkaufen, welches selbst nicht beschränkt ist in seinen Zahlungen. Die Zentralbank wird dann als „dealer of last resort" bezeichnet. Ohne diese Funktion kann wohl kein Geldsystem funktionieren, denn sollten die Preise der Staatsanleihen zum Spielball von Spekulanten werden, würde die Zentralbank die Kontrolle über die Zinsen verlieren (die sich invers zu den Kursen der Staatsanleihen verhalten) und die Regierung den Zugang zur Geldschöpfung (was die Staatsausgaben reduzieren würde).

Während also aus technischer Sicht die Bundesregierung Ausgaben in gewünschter Höhe tätigen kann (sofern sie vorher im Bundeshaushalt festgelegt wurden), sind ihr durch politische Regelungen wie die Schuldenbremse oder die Defizitgrenze des Stabilitäts- und Wachstumspaktes mittelfristig die Hände gebunden – zumindest ein bisschen. Die Schuldenbremse wurde 2009 im deutschen Grundgesetz verankert, 2011 in Österreich im Bundeshaushaltsgesetz und bereits 2001 nach einem Volksentscheid in der Schweizer Verfassung. In Deutschland bedeutet dies, dass die Bundesregierung sich jährlich bis zu einer Höhe von 0,35 % des Bruttoinlandsproduktes neu verschulden darf. Allerdings kann die Schuldenbremse laut Art. 109 GG ausgesetzt werden bei „Naturkatastrophen oder außergewöhnlichen Notsituationen", was aktuell (Sommer 2023) der Fall ist. Auch die Defizitgrenze von 3 %, welche im Stabilitäts- und Wachstumspakt verankert ist, gilt aktuell nicht, da die Ausstiegsklausel gezogen ist (noch bis Ende 2023). Die Politik kann also Regeln, welche ihre Ausgaben beschränken, selbst aufweichen oder umgehen, wie die „Sondervermögen Bundeswehr" und „Gaspreisdeckel" von 2022 gezeigt haben. Hier wurden der Bundeswehr 100 Mrd. € und der Bundesregierung 200 Mrd. € zur Verfügung gestellt, die nicht zur Staatsverschuldung hinzugerechnet werden, wenn es um die Schuldenbremse geht.

Kann eine Zentralbank „bankrott" gehen?

Die kurze Antwort auf diese Frage lautet: Nein. In der gesamten Geschichte des modernen Zentralbankwesens ist kein einziger Fall bekannt, in dem eine Zentralbank zahlungsunfähig gegangen wäre. Moderne westliche Zentralbanken können innerhalb des gesetzlichen Rahmens nach eigenem Ermessen die Konten von Banken und staatlichen Stellen im Zahlungssystem erhöhen und reduzieren.

Wer druckt die Banknoten, wer prägt die Münzen?

Die Euroscheine werden von den nationalen Zentralbanken angekauft. Zwölf Hochsicherheits-Druckereien sind in Europa autorisiert, Euroscheine zu produzieren. In Deutschland sind das die Bundesdruckerei GmbH in Berlin und Giesecke & Devrient in Leipzig. Die deutschen Euromünzen werden in fünf Münzprägeanstalten hergestellt. Sie befinden sich in Berlin, München, Stuttgart, Karlsruhe und Hamburg. Dabei ist Deutschland das einzige Land der Eurozone, welches mehrere Münzprägeanstalten nutzt. Länder wie Monaco, San Marino und der Vatikan haben keine eigenen Herstellungsstätten, sie nutzen jene in Frankreich und Italien. Die Entscheidung über die Motive wurde von einer Jury im Jahr 1997 getroffen und von der Bundesregierung bestätigt.

Die Zentralbank kann die Guthaben ihrer Banken einfach erhöhen, wenn sie von ihnen Finanzaktiva kauft (quantitative Lockerung). Die Bilanz würde aussehen wie in Tab. 5.6, nachdem die Zentralbank von einer Bank Staatsanleihen im Wert von 100 € gekauft hat. Die Bilanz der Bundesbank wird durch diesen Eintrag verlängert.

Geld in Form von Guthaben bei der Zentralbank, die von den Banken gehalten werden (Reserven), wird mit Hilfe eines Computers geschaffen. Das hat nichts mit „Geld drucken" im Sinne des Anwerfens einer Druckerpresse zu tun. Haushalte und Unternehmen können Bargeld halten und es ausgeben. Die Bundesbank versorgt die Banken nur dann mit Bargeld, wenn der private Sektor es nachfragt und die Banken mit Reserven bezahlen können. Die Menge an Bargeld wird also durch die Nachfrage nach Bargeld bestimmt und durch nichts anderes. Bargeld, das nicht nachgefragt wird, geht an die Banken zurück, die es wiederum an die Bundesbank zurückgeben. Diese schreibt die Reserven auf den Konten der Banken gut und nimmt das Bargeld zurück.

Tab. 5.6 Quantitative Lockerung. Eigene Darstellung

Bundesbank			
Staatsanleihen	100 €	Reserven	100 €

Was ist Seigniorage?
Zentralbanken können durch den Erwerb von Vermögenswerten und die Vergabe von Krediten an Banken Reserven schaffen. Da der Zinssatz, den die Zentralbank ihren Einlegern zahlt, in der Regel niedriger ist als der Zinssatz für die von der Zentralbank gehaltenen Vermögenswerte (z. B. Kredite an die Banken), macht die Zentralbank in der Regel einen Gewinn. Dies ist eine reine Buchhaltung, und eine Zentralbank braucht keinen Gewinn zu machen, da sie Geld schaffen kann. Die Seigniorage hingegen ist die Differenz zwischen den Kosten des Geldes und seinem „Wert" (Kaufkraft). Das Konzept der Seigniorage wurde verwendet, als viele Währungen gegen Gold oder Silber eintauschbar waren (Reich 2017). In einer Welt, in der die Regierungen nicht versprechen, ihre Währung gegen Gold zu tauschen, macht es keinen Sinn mehr.

„Quantitative Lockerung" – langfristige Offenmarktgeschäfte
Eine Zentralbank steuert den Tagesgeldsatz auf dem Geldmarkt, indem sie ihre Zinssätze festlegt. Die Zinsen der Spitzenrefinanzierungsfazilität und der Einlagefazilität setzen die Grenzen. Die Zinsen der Hauptrefinanzierungsfazilität sind dafür weniger relevant, weil diese aktuell nicht stark genutzt wird. So standen am 31.12.2022 lediglich 2406 Mio. € aus, die über die Hauptrefinanzierungsfazilität von Banken geliehen wurden. Auf dem Geldmarkt – auch Interbankenmarkt genannt – leihen und verleihen Banken Reserven. Die Reserven werden meist bei der Abrechnung am Ende des Geschäftstages zwischen den Banken übertragen. Am Ende verfügen einige Banken über mehr Reserven als sie benötigen. Andere haben weniger Reserven, als sie brauchen. Es ist ein Nullsummenspiel, solange die Banken die Reserven nur untereinander übertragen. Reserven werden für Tage, manchmal Wochen und Monate oder sogar Jahre verliehen. Diese Transaktionen beeinflussen vor allem die kurzfristigen Zinssätze.

Wenn die Zentralbank die langfristigen Zinssätze verändern will, tut sie dies durch quantitative Lockerung (*engl.* quantitative easing, QE). Wie werden die langfristigen Zinssätze bestimmt? Wie wir gesehen haben, wird der kurzfristige Zinssatz durch die von der EZB festgelegten Zinssätze und durch Offenmarktgeschäfte bestimmt. Eine wichtige Verbindung besteht zwischen dem Einlagesatz, dem Interbankenmarktsatz und der Rendite von Anleihen. Banken, die Reserven halten, können diese zum Kauf von Staatsanleihen verwenden.

Wodurch wird die Zinsstrukturkurve bestimmt?
Der Referenzwert der Zinsstrukturkurve (*engl.* yield curve) ist in der Regel der risikofreie Vermögenswert, die Staatsanleihe. Ihre Rendite wird für verschiedene Laufzeiten angegeben. Diese reichen von Wochen oder Monaten bis zu Jahren. Letztere werden in der Regel verzinst, erstere nicht – die Rendite entsteht dadurch, dass der der Marktpreis unter dem

Ausgabewert liegt. Da Staatsanleihen nicht immer zum Emissionskurs gehandelt werden, schwankt die Rendite. Anleger, die eine zweijährige Anlagedauer anstreben, können zwei einjährige Staatsanleihen hintereinander oder eine zweijährige Staatsanleihe kaufen. Wenn der Kurs der zweijährigen Staatsanleihe sehr niedrig ist, lohnt es sich, diese anstelle von zwei einjährigen Staatsanleihen zu kaufen. Diese Arbitrage verlagert die Nachfrage, was zu einer Konvergenz der Renditen führt. Die Zukunftserwartungen spielen dabei eine große Rolle. Die Renditekurve ist ein Frühindikator für den Konjunkturzyklus.

Abb. 5.2 zeigt die Zinsstrukturkurve vom 30. Mai 2022 in der Eurozone. Die Verzinsung von Staatsanleihen mit 3, 6 und 9 Monaten ist negativ, danach wird sie positiv. Sie steigt erst stärker an, später dann fast gar nicht mehr. Banken können also ihre Reserven einsetzen, um Staatsanleihen zu kaufen mit entsprechender Verzinsung. Sofern diese Staatsanleihen als risikolos angesehen werden, werden Banken nicht bereit sein, Kredite zu einem Zins zu vergeben, der unterhalb der jeweiligen Verzinsung liegt, die dem Kredit entspricht. Es könnte ja passieren, dass die Kreditnehmer ihr Geld für eine Überweisung nutzen und dann die Bank bis zum Ende der Laufzeit des Kredits auf Reserven in Höhe des Kredits verzichten muss. Dafür hätte sie am 30. Mai 2022 bei einer Laufzeit von zehn Jahren 1,16 % kassiert. Der Kredit an den privaten Sektor muss also mehr Ertrag bringen als diese Rendite.

Die Rendite von Staatsanleihen wird durch Arbitrage bestimmt. Arbitrage ist der Begriff für die Ausnutzung von Preisunterschieden. In unserem Fall handelt es sich um Unterschiede bei den Zinssätzen. Eine Bank, die am Kauf von Staatsanleihen interessiert ist,

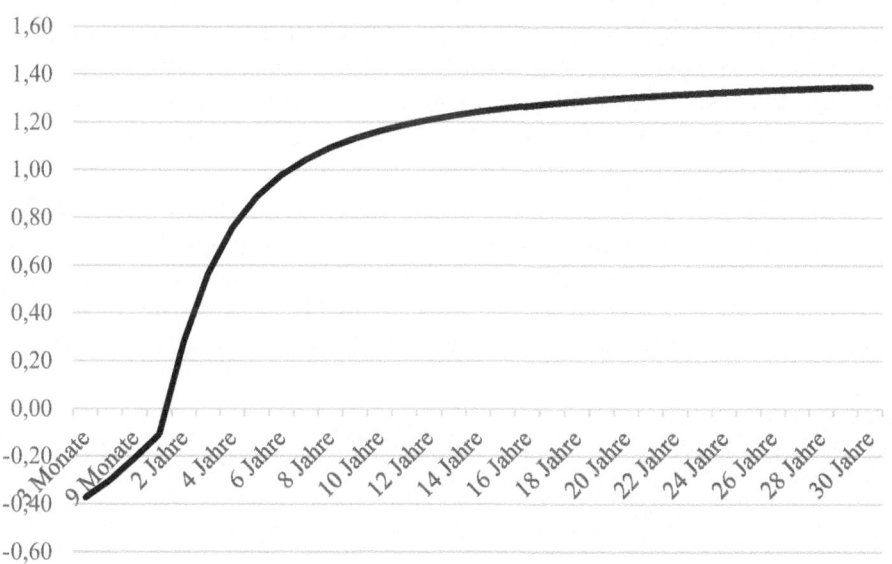

Abb. 5.2 Die Zinsstrukturkurve vom 30. Mai 2022 in der Eurozone. (*Quelle: EZB* https://www.ecb.europa.eu/stats/financial_markets_and_interest_rates/euro_area_yield_curves/html/index.en.html, *abgerufen am 31.03.2023*)

wird Folgendes in Betracht ziehen. Einerseits kann sie sich für eine bestimmte Zeit Reserven auf dem Interbankenmarkt leihen. Die Bank zahlt einen Zinssatz, ihre Bilanz sieht aus wie in Tab. 5.7 dargestellt.

Die Bank wird einen Verlust machen, da die Zinsen, die sie von der Bundesbank erhält (Zinssatz für Überschussreserven), niedriger sind als die Zinsen, die sie für das Ausleihen von Reserven zahlt (Hauptrefinanzierungssatz). Es ist sinnvoll, dass die Bank versucht, einen höheren Zinssatz als den Hauptrefinanzierungssatz zu erhalten. Die Reserven könnten gegen Zinsen auf dem Interbankenmarkt ausgeliehen werden. Dies ist nur dann sinnvoll, wenn die Bank Reserven zu einem günstigeren Zinssatz leihen kann als sie verleiht. Je nach Einschätzung des Risikos kann dies ein rentables Unterfangen sein. Alternativ könnte sich die Bank auch an Spekulationen beteiligen und Vermögenswerte wie Aktien, Immobilien oder Anleihen kaufen. Dies könnte jedoch die Bank in den Ruin treiben. Wenn der Wert der gekauften Vermögenswerte um die Hälfte reduziert würde, sähe die Bilanz aus wie in Tab. 5.8.

Diese Bank wäre insolvent, da sie den Kredit nicht zurückzahlen kann. Der Verkauf der Forderungen würde nur 50 € an Reserven einbringen, was nicht ausreicht, um die Verbindlichkeit (Kredit auf dem Interbankenmarkt) zu begleichen. Daher beschränken sich die Banken meist darauf, risikofreie Vermögenswerte zu kaufen. (In der globalen Finanzkrise traf es die Banken, die viele Immobilien in ihrer Bilanz hatten. Daraus sollten die Banken gelernt haben.) Was macht einen risikofreien Vermögenswert aus? In den meisten modernen Währungssystemen sind Staatsanleihen risikofrei, da die Zentralbank direkt oder indirekt garantiert, sie gegen Reserven zum Marktpreis einzutauschen. Dies ist die Funktion der Zentralbank als Kreditgeber der letzten Instanz (*engl.* dealer of last resort). Daher wären die Banken daran interessiert, die geliehenen Reserven in Staatsanleihen anzulegen, solange deren Rendite über dem Zinssatz auf dem Interbankenmarkt und dem Diskontsatz liegt. Ist dies der Fall, kauft die Bank Staatsanleihen. Tab. 5.9 veranschaulicht dies.

Dieses Geschäft ist so lange lukrativ, wie die Rendite über dem Zinssatz liegt. Genauer gesagt, sollten die erhaltenen Zinsen und das erhaltene Kapital die gezahlten Zinsen und das zurückgezahlte Kapital überkompensieren. Die Fälligkeiten sollten übereinstimmen, um jedes Risiko auszuschließen. Staatsanleihen mit einer Laufzeit von drei Monaten sollten z. B. durch Interbankenkredite mit der gleichen Laufzeit finanziert werden. Ist die Laufzeit der letzteren kürzer als die der ersteren, trägt die Bank das Risiko steigender Zinssätze auf dem Interbankenmarkt. Im Falle eines Zinsanstiegs könnte dieser über der

Tab. 5.7 Kredit auf dem Interbankenmarkt. Eigene Darstellung	Geschäftsbank			
	Reserven	100 €	Kredit (ib)	100 €

Tab. 5.8 Fehlgeschlagene Spekulation einer Bank. Eigene Darstellung	Geschäftsbank			
	Forderungen	50 €	Kredit (ib)	100 €
			Eigenkapital	− 50 €

Tab. 5.9 Kauf von Staatsanleihen. Eigene Darstellung

Geschäftsbank			
Staatsanleihen	100 €	Kredit (ib)	100 €

Rendite der Staatsanleihen liegen – der schlimmste Fall. Diese Arbitragemöglichkeit besteht in ihrer reinsten Form, wenn Staatsanleihen als risikofrei angesehen werden. Je nach institutionellen Regelungen kann dies der Fall sein oder nicht (wie in der Eurozone, wo es politisch unsicher ist bzw. war).

Staatsanleihen: die Details
Die Angelegenheit ist kompliziert, weil die Rendite staatlicher Wertpapiere meist nicht mit ihrem Zinssatz übereinstimmt. Ein Staatspapier enthält bei der Emission folgende Informationen:

1. Angabe der Währung, in der der Inhaber bei Fälligkeit ausgezahlt wird.
2. Angabe der zu zahlenden Tilgung (auch als Kapital bezeichnet).
3. Angabe der zu zahlenden Zinsen (die null oder sogar negativ sein können).
4. Angabe des Fälligkeitsdatums.

Der Zinssatz eines staatlichen Wertpapiers ist, sofern vorhanden, fest. Der Preis des Wertpapiers ist jedoch flexibel. Eine 100-Euro-Staatsanleihe mit einem Zinssatz von null Prozent kann zu höheren oder niedrigeren Kursen gehandelt werden. Dies kann zu einer von Null abweichenden Rendite führen, wenn die Anleihe z. B. zu 90 € gekauft wurde. Bei einer erwarteten Auszahlung von 100 € kann ein Gewinn von 10 € erwartet werden. Die entsprechende Rendite beträgt mehr als 11 %.

Die Rendite risikofreier Staatsanleihen bildet die Grundlage für viele Kreditverträge. Wenn ein Unternehmen einen Kredit mit einer Laufzeit von fünf Jahren aufnehmen möchte, werden die Zinsen häufig anhand des Interbankenzinssatzes (wie €STR) berechnet. Da Kredite an Unternehmen nicht risikofrei sind, wird ein gewisser Aufschlag (je nach zusätzlichem Risiko) auf den Interbankenzinssatz erhoben. Viele mittel- bis langfristige Finanzkontrakte, einschließlich der Emission von Anleihen oder anderen Instrumenten, basieren auf der Rendite staatlicher Wertpapiere mit gleicher oder ähnlicher Laufzeit. Diese Rendite ist nicht unabhängig vom Marktpreis. Die Zentralbanken machen sich diese Verbindung zunutze, wenn sie eine quantitative Lockerung betreiben. Die Bilanzen in Tab. 5.10 zeigen die Situation vor der quantitativen Lockerung.

Die Bundesbank hat die Höhe der Reserven in ihrer Bilanz bereits erhöht. Sie kauft Staatsanleihen von den Banken. Deren Preis wird auf dem Markt bestimmt. Die zusätzliche Nachfrage nach langfristigen Staatsanleihen führt zu einem Anstieg ihres Preises; je höher der Preis, desto niedriger die Rendite. Wenn eine 100-Euro-Staatsanleihe mit einem Zinssatz von 4 % für 101 € gehandelt werden könnte, läge die implizite Rendite bei etwa 3 %. Die Bundesbank kauft langfristige Staatsanleihen, bis die Rendite das gewünschte Niveau erreicht hat.

Tab. 5.10 Vor der quantitativen Lockerung. Eigene Darstellung

Bundesbank			
Staatsanleihen	100 €	Reserven	100 €

BMF			
Zentralkonto	0 €	Staatsanleihen	100 €
		Nettovermögen	− 100 €

Bank			
Staatsanleihen	200 €	Guthaben	300 €
Immobilienkredit	100 €	Nettovermögen	0 €

Haushalt			
Guthaben	300 €	Immobilienkredit	400 €
Immobilien	200 €	Nettovermögen	100 €

Tab. 5.11 Nach der quantitativen Lockerung. Eigene Darstellung

Bundesbank			
Staatsanleihen	150 €	Reserven	150 €

BMF			
Zentralkonto	0 €	Staatsanleihen	100 €
		Nettovermögen	− 100 €

Bank			
Staatsanleihen	150 €	Guthaben	300 €
Immobilienkredit	100 €	Nettovermögen	0 €
Reserven	50 €		

Haushalt			
Guthaben	300 €	Immobilienkredit	400 €
Immobilien	200 €	Nettovermögen	100 €

Die Banken haben durch den Verkauf von Staatsanleihen zusätzliche Reserven erhalten (vgl. Tab. 5.11). Sie können diese auf dem Interbankenmarkt verleihen, was den Zinssatz nach unten drückt, bis die Zentralbank eingreift. Alternativ könnten sie die Reserven bei der Bundesbank belassen und den Einlagezins erhalten. Allerdings können sie die Reserven nicht an den privaten Sektor ausleihen, da Unternehmen und Haushalte keine Konten bei der Bundesbank oder EZB haben (Sheard 2013).

Die Folgen von QE

Würden die Staatsanleihen nicht den Banken, sondern ihren Kunden gehören, dann würden die Haushalte infolge von QE mehr Bankguthaben halten. Es gibt gute Gründe für die Annahme, dass die Besitzer dieser Einlagen sie nicht für Konsum- oder Investitionsgüter ausgeben werden. Wahrscheinlich würden sie trotzdem gerne sparen und daher vielleicht Aktien, Anleihen oder Immobilien kaufen. Daher ist es nicht verwunderlich, dass eine der

Nebenwirkungen von QE ein allgemeiner Anstieg der Preise von Finanzanlagen sein kann (nicht: muss). Dies bleibt nicht ohne Folgen für die Verteilung des Reichtums. Das Beispiel Japan zeigt jedoch, dass QE nicht zwangsläufig zu einem Anstieg der Aktien- oder Immobilienkurse führen muss. Dort sind Aktien- und Immobilienpreise heute geringer als 1990.

Mit QE können die Zentralbanken die langfristigen Zinssätze beeinflussen. Warum tun sie das? Viele größere Investitionen benötigen lange Laufzeiten, um rentabel zu sein oder die gewünschten Umsätze zu erzielen. Eine Fabrik wird vielleicht erst nach zehn Jahren rentabel, ein Kraftwerk nach zwanzig, eine Infrastruktur nach fünfzig Jahren. Eine angemessene langfristige Finanzierung muss sichergestellt werden. Dabei gilt: Je länger die Laufzeit, desto höher der Zinssatz. Unternehmer orientieren sich an den mittel- bis langfristigen Zinssätzen, die in der Regel nicht direkt von der Zentralbank kontrolliert werden. Mit QE kann die Zentralbank die Zinssätze drücken, die für Unternehmer im Zusammenhang mit langfristigen Investitionen relevanter sind. Neben den niedrigen Zinsen gibt es jedoch noch andere Gründe, Investitionen zu tätigen. Das Vorhandensein einer ausreichenden Nachfrage kann die Menge der Investitionen erhöhen, das Fehlen einer solchen Nachfrage kann sie senken. Wenn dies das Problem ist, bleibt die quantitative Lockerung wirkungslos. Daher muss bezweifelt werden, dass die quantitative Lockerung eine wirksame Politik zur Steigerung der privaten Investitionen und der Inflation darstellt.

5.2   Die „Nachhaltigkeit" des Finanzsystems

In den letzten Jahren wurde der Begriff „Nachhaltigkeit" oft im Zusammenhang mit den Finanzmärkten, den Banken oder der Staatsverschuldung verwendet. Zins und Zinseszins würden zu Schuldenlasten führen, die nicht tragfähig sind, sagen einige. Der Duden definiert Nachhaltigkeit als:

> Prinzip, nach dem nicht mehr verbraucht werden darf, als jeweils nachwachsen, sich regenerieren, künftig wieder bereitgestellt werden kann.

In Anbetracht der bisherigen Beschreibung von Geld und Kredit erscheint es problematisch, das Konzept der Nachhaltigkeit auf den Bereich von Geld und Kredit, Schulden und Finanzmärkten zu übertragen. Warum? Nachhaltigkeit impliziert, dass (natürliche) Ressourcen oder Güter begrenzt sind, und damit einher geht die Verantwortung, den Bestand an natürlichen Ressourcen nicht zu schnell zu verringern oder den Bestand zu stabilisieren, wenn es sich um eine erneuerbare Ressource handelt. Die Zentralbank hat jedoch die unbegrenzte Fähigkeit, Geld in Form von Zentralbankguthaben, Bargeld oder Bankguthaben nahezu zu Nullkosten zu schaffen. Guthaben in allen Formen werden per Tastendruck geschaffen. Von „Nachhaltigkeit" kann keine Rede sein, da Geld, das von Wirtschaftseinheiten ausgegeben wird, nicht „verbraucht" wird. Auch hat die Eingabe einer Zahl keine einschränkende Wirkung auf die Fähigkeit, eine andere einzugeben. Der „Verbrauch von Zahlen" in den Bilanzen hat keine negativen Auswirkungen aufgrund von Knappheit, und deshalb besteht auch keine Notwendigkeit, die Verwendung von Zahlen (mehr oder weniger) generell zu begrenzen.

Ein weiteres Problem bei der Verwendung des Begriffs „Nachhaltigkeit" im Zusammenhang mit Schulden ist die Tatsache, dass Schulden oft zeitlich begrenzt sind. Ein Kredit ist nicht für die Ewigkeit gedacht, ganz im Gegenteil: Der Kredit wird durch Ratenzahlungen getilgt, und schließlich ist der Kredit weg. Das ist gewollt, denn niemand will ewig Schulden abbezahlen! Wie können wir das Konzept der „Nachhaltigkeit" in Verbindung mit den Finanzmärkten nutzen? Einige Ökonomen sehen im Zinseszins ein Problem, das letztlich zu einem Zusammenbruch des Kreditsystems führen würde. Wir haben oben gesehen, dass dies bei öffentlichen Akteuren mit staatlicher Währung nicht passieren kann. Der private Sektor – Haushalte und Unternehmen – könnte jedoch sehr wohl unter steigenden Zinsen leiden. Der entscheidende Punkt ist die Verteilung von Schulden, Brutto- und Nettoeinkommen. Solange Schulden getilgt werden, sind sie offensichtlich „nachhaltig".

Der Zins als Risikoprämie

Zinssätze für Kredite an den privaten Sektor enthalten immer eine Risikoprämie, da die Kreditnehmer zahlungsunfähig oder illiquide werden könnte. Der Kredit könnte ausfallen, und die Bank müsste einen Teil des Kredits abschreiben. Wenn zum Beispiel ein Haushalt eine Hypothek nicht zurückzahlen kann, vielleicht wegen unvorhergesehener Einkommenseinbußen aufgrund von Arbeitslosigkeit, dann wird der Wert der Hypothek angepasst. Wie das genau funktioniert, hängt von den jeweiligen nationalen Gesetzen ab. Hier wird angenommen, dass die Bank den Wert der Hypothek um die Hälfte reduziert, um dem Haushalt die Möglichkeit zu geben, den verbleibenden Wert zu tilgen. Im Vergleich zur vorherigen Situation ist der Preis des Hauses von 200 € auf 100 € gesunken. Der Haushalt hat die gesamten Einlagen aufgebraucht, es sind keine mehr vorhanden. Die Bank hat etwas Eigenkapital, das den Überschuss der Aktiva über die Passiva widerspiegelt. Tab. 5.12 zeigt die Bilanzen.

Der Preis des Hauses, das dem Haushalt gehört, wurde mit 100 € angesetzt. In Wirklichkeit könnte er mehr oder weniger betragen. Die Abschreibung der Bank führt zu den Bilanzen in Tab. 5.13.

Tab. 5.12 Vor Abschreibung eines Immobilienkredits. Eigene Darstellung	Geschäftsbank			
	Staatsanleihen	200 €	Guthaben	200 €
	Immobilienkredit	100 €	Eigenkapital	100 €
	Haushalt			
	Immobilien	100 €	Immobilienkredit	100 €
			Nettovermögen	0 €

Tab. 5.13 Teilweise
Abschreibung eines
Immobilienkredits. Eigene
Darstellung

Geschäftsbank			
Staatsanleihen	200 €	Guthaben	200 €
Immobilienkredit	50 €	Eigenkapital	50 €
Haushalt			
Immobilien	100 €	Immobilienkredit	50 €
		Nettovermögen	50 €

Die Bank hat den Wert der ausstehenden Hypotheken auf ihrer Aktivseite um 50 € verringert. Das Eigenkapital wird ebenfalls um 50 € verringert. Es ist zu beachten, dass der
Betrag der Bankguthaben nicht angepasst wird. Die Hypothek führte ursprünglich zur
Schaffung von Bankguthaben im Wert von 100 €, und diese bleiben auch nach der Refi-
nanzierung bestehen, obwohl der Wert des Immobilienkredits um die Hälfte reduziert
wurde. Auf der anderen Seite ist der Haushalt besser dran – zumindest auf dem Papier. Die
Hypothek, eine Verbindlichkeit des Haushalts, wurde um 50 € reduziert. Aufgrund der
doppelten Buchführung muss dies zu einem Anstieg des Nettovermögens um denselben
Betrag kommen. Der Haushalt hat wieder ein positives Nettovermögen, da der Wert der
Vermögenswerte den Wert der Verbindlichkeiten übersteigt.

Ein Problem der Verschuldung ist, dass nicht alle Schulden auf null reduziert werden.
Steigende Schulden oder steigende Zinszahlungen sind jedoch kein grundlegendes Problem. Das grundlegende Problem ist die Unfähigkeit, die Schulden zurückzuzahlen. Solange das Einkommen oder das Nettoeinkommen schneller wächst als die Tilgung, ist der
absolute Anstieg der Schulden durch steigende Zinsen kein Problem. Es kommt aber auch
auf die Verteilung an, denn die Einkommen und Gewinne wachsen nicht gleichmäßig.

Der Staat als „Entschulder" des Privatsektors
Der Staat spielt eine zentrale Rolle, wenn es um die Angemessenheit der Verschuldung des
Privatsektors geht. Er kann zusätzliche Einkommen im privaten Sektor schaffen, indem er
mehr ausgibt. Dieser Anstieg des privaten Einkommens wird durch die Bilanzen in
Tab. 5.14 veranschaulicht.

Die Regierung gab zusätzliche Reserven aus und emittiert in gleicher Höhe Staatsanleihen. Dadurch hat sich das Haushaltseinkommen des privaten Sektors erhöht – die Guthaben sind um 100 € gestiegen. Auf diese Weise schafft der Staat über das Geldsystem mehr
Guthaben für Haushalte und Unternehmen. Wenn die Verschuldung des privaten Sektors
ein Problem war, so ist es jetzt ein kleineres Problem. Der private Sektor kann die zusätzlichen Guthaben nutzen, um seine Verbindlichkeiten zu verringern. Im Folgenden wird
angenommen, dass der Haushalt die Hälfte seines Bankkredits zurückzahlt. Die Bilanzen
in Tab. 5.15 spiegeln diese Transaktion wider.

Die zusätzlichen Staatsausgaben ermöglichen einen schnelleren Schuldenabbau (*engl.*:
deleveraging) im privaten Sektor. Die zusätzlichen Guthaben können zur Rückzahlung
von Krediten verwendet werden. Dadurch verringert sich das Risiko im Bankensystem –

Tab. 5.14 Erhöhung der Staatsausgaben. Eigene Darstellung

Bundesbank			
		Reserve	0 €
BMF			
Zentralkonto	0 €	Staatsanleihen	100 €
		Nettovermögen	− 100 €
Bank			
Staatsanleihen	100 €	Guthaben	200 €
Kredite	100 €		
Haushalt			
Guthaben	200 €	Kredit	100 €
Immobilien	50 €	Nettovermögen	150 €

Tab. 5.15 Nach Neubewertung des Kreditportfolios. Eigene Darstellung

Bank			
Staatsanleihen	100 €	Guthaben	800 €
Kredite	650 €	Eigenkapital	50 €
Reserven	200 €	Kredit (ib)	100 €

es sind weniger Kredite ausstehend und da jeder Kredit ein Risiko darstellt, ist das Ausfallrisiko geringer als zuvor. Dies ist eine ausschließlich finanzielle Betrachtungsweise des Anstiegs der Staatsausgaben. Eine Senkung der Steuerzahlungen könnte die gleiche Wirkung haben (indem Guthaben in der Bilanz des privaten Sektors belassen werden), auch wenn die Verteilungsfolgen anders wären. Die Kredite würden zwar zurückgezahlt, aber es würden keine neuen Arbeitsplätze geschaffen. Der private Sektor hat sich die Guthaben nicht verdient, sondern sie umsonst erhalten (durch eine Steuersenkung).

Wenn der Staat in sinnvolle Projekte investiert, kann dies mittel- bis langfristig die Produktion steigern. Dies ist auf angebotsseitige Effekte einer besseren Infrastruktur oder anderer Ergebnisse zurückzuführen, während der nachfrageseitige Effekt die Schaffung zusätzlicher Guthaben in den Bilanzen des privaten Sektors ist. Letzteres hat etwas mit der Verschuldung zu tun, während die von der Regierung herbeigeführte Veränderung der Realwirtschaft Auswirkungen auf das Produktionspotenzial der Wirtschaft hat. Diese Aspekte müssen unterschieden werden. Probleme mit der Leistungsfähigkeit der Wirtschaft (Produktivität) sollten von der Angebotsseite her angegangen werden, Probleme mit der Nachfrage nach Waren und Dienstleistungen von der Nachfrageseite. Allerdings sorgt eine hohe Nachfrage auch für eine höhere Produktivität, ebenso wie einige sozialstaatliche Ausgaben (sowohl Konsum wie auch Investitionen), insofern lassen sich beide Seiten nicht komplett trennen.

Schlussfolgerung

Der Staat benutzt schon seit Jahrhunderten sein Geld, um Ressourcen an sich zu ziehen (Grubb 2018). Er will die Arbeitskraft und die Güter und Dienstleistungen seiner Bürger, nicht sein Geld. Die „Steuern" umfassen also Ressourcen, die der private Sektor dem Staat gegen Geld zur Verfügung stellt. Damit werden diese dem privaten Verbrauch entzogen, was die tatsächliche Steuer des Staates darstellt. Der Staat muss also immer die Opportunitätskosten der Ressourcen im Blick behalten, denn diese sind endlich. Entnimmt der Staat dem privaten Sektor Ressourcen, die dieser „besser" verwenden würde, kann das Gemeinwohl negativ beeinflusst werden. Aus der Möglichkeit der Geldschöpfung folgt also keineswegs die Maximierung der Staatsausgaben!

Die staatlichen Ausgaben und die Steuerzahlungen sind aus makroökonomischer Sicht fundamental. Die Bundesregierung kann als einzige Institution der Gesellschaft immer neues (eigenes) Geld in Umlauf bringen und so Beschäftigung und Einkommen im privaten Sektor stabilisieren. Die Fiskalpolitik muss also Ziele wie Vollbeschäftigung und Preisstabilität im Blick haben bei der Erstellung eines Haushalts (Ehnts 2022). Ansonsten wird sich eine zufällige Arbeitslosenquote ergeben und eine zufällige Inflationsrate. Es ist also angezeigt, dass der Staat aktive Wirtschaftspolitik betreibt und nicht einfach so die Ergebnisse des Marktes akzeptiert (Wray 1998). Private Ausgaben reichen in der Regel nicht für Vollbeschäftigung.

Der Staat sollte daher sein Wirtschaften an realen Ergegebnissen ausrichten und nicht versuchen, willkürlich gesetzte Kennzahlen zu erreichen, wie das bei Defizitgrenzen oder Staatsschuldenquote der Fall ist. Die Zahlungsfähigkeit der Bundesregierung hängt im Krisenfall einzig und allein davon ab, ob die Europäische Zentralbank unterstützend mit einem Ankaufprogramm eingreift oder nicht. Das inzwischen eingestellte *Pandemic Emergency Purchase Programme* (PEPP) der EZB hat dies in der Pandemie sehr deutlich gezeigt. Auch die griechische Regierung kam mit einem Schuldenstand von mehr als 210 % (2020) problemlos durch die Anfangsjahre der Pandemie. Inzwischen gibt es das Transmission Protection Instrument (TPI), welches die EZB zum Dealer of Last Resort macht. Die Sondervermögen auf nationaler Ebene haben gezeigt, dass eine Erhöhung der Staatsausgaben aus technischer und politischer Sicht immer möglich ist.

Aus bilanzieller Sicht entsprechen die staatlichen Ausgaben eins-zu-eins privaten Einnahmen. Ebenso sind staatliche Defizite untrennbar mit Überschüssen des nicht-staatlichen Sektors verknüpft. Private Geldvermögen beruhen also auch auf staatlichen Schulden und wären sonst in der heutigen Höhe gar nicht denkbar. Für die Stabilität der Wirtschaft ist zu folgern, dass „Staatsschulden" harmlos sind, solange man diese oder die fiskalischen Defizite nicht politisch reguliert. „Staatsschulden" sind einfach nur eine Statistik und benennen den Wert an Geld, die der Staat über Ausgaben geschaffen und noch nicht über Steuern wieder eingezogen hat. Der Staat muss dabei seine „Verschuldung" nicht auf null reduzieren. Private Schulden haben einen ganz anderen Charakter, denn es gibt ein Ausfallrisiko, weil anders als der Schöpfer des Geldes die Haushalte, Unternehmen und Regierungsstellen weder direkt noch indirekt mit Geldschöpfung bezahlen können.

Zusammenfassung

- Regierungen, die ihre Ausgaben in ihrer eigenen Währung tätigen, sind immer in der Lage zu zahlen.
- Nur Regierungen, die Schulden in fremder Währung haben, können in dieser Währung zahlungsunfähig werden. Es gibt keine Konkursgesetze für Nationalstaaten.
- Die Regierung gibt zuerst aus, Steuern kommen später.

- Steuern werden nicht benötigt, um Staatsausgaben zu finanzieren.
- Steuern verringern die Gesamtnachfrage und die Inflationsrate, wenn es sich um einen Nachfrageüberhang handelt, und beeinflussen die Verteilung von Einkommen und Vermögen.
- Öffentliche Defizite spiegeln sich in einer Zunahme des Nettofinanzvermögens des privaten Sektors wider, und zwar Dollar für Dollar.
- Die Zentralbanken sind Emittenten von Geld und können bei Bedarf jederzeit Zahlungen in ihrer Währung leisten. ◀

Fragen

- Warum gibt der Staat zuerst aus und besteuert erst später?
- Unter welchen Umständen können Regierungen bankrott gehen?
- Historisch gesehen scheinen öffentliche Defizite die Norm zu sein. Erklären Sie, warum.
- Normalerweise geben die Zentralbanken Banknoten und das Schatzamt Münzen aus. Warum ist das so?
- Der Abbau der „Staatsschulden" erfordert eine Verringerung des Nettofinanzvermögens des privaten Sektors. Erläutern Sie, warum dies der Fall ist.

Übungen

- Erläutern Sie, wie eine Regierung, die eine eigene Währung ausgibt, ihre Ausgaben tätigt.
- Erläutern Sie, wie die Regierung eines Landes der Eurozone Steuern einzieht.
- Regionale und andere lokale Regierungen geben ebenfalls Anleihen aus, die jedoch nicht von der Zentralbank gekauft werden. Erläutern Sie, was dies für die Zinssätze dieser Anleihen bedeutet.

Literatur

Deaton, Angus und Daniel Kahneman (2010), High income improves evaluation of life but not emotional well-being, *Proceedings of the National Academy of Sciences of the United States of America* 107 (38), 16489–16493

Desan, Christine (2013), Money as a Legal Institution, in: David Fox und Wolfgang Ernst (Hrsg.), Money in the Western Legal Tradition, Oxford: Oxford University Press, Kap. 2

Ehnts, Dirk (2022), Die Aufstellung eines (Bundes-)Haushalts aus Sicht der Monetary Theory (MMT), in: Junkernheinrich, Marrtin, Stefan Korioth, Thomas Lenk, Henrik Scheller und Matthias Woisin (Hrsg.), *Jahrbuch für öffentliche Finanzen 1-2022*, S. 301–314

Gilbert, Mathew B (2020), The Myth of Taxpayer Money, The Harvard Crimson, https://www.thecrimson.com/column/a-time-for-new-ideas/article/2020/3/18/gilbert-myth-of-taxpayer-money/, abgerufen am 31.3.2023

Grubb, Farley (2018), Colonial Virginia's paper money, 1755–1774: value decomposition und performance, *Financial History Review* 25(2), 113–140

Kelton (nee Bell), Stephanie (2000), Do Taxes and Bonds Finance Government Spending?, *Journal of Economic Issues* 34(3), 603E–620

Knapp. Georg Friedrich (1924) [1905], *The State Theory of Money*, London: Macmillan

Mosler, Warren (2010), Seven Deadly Innocent Frauds of Economic Policy, https://moslereconomics.com/wp-content/powerpoints/7DIF.pdf, abgerufen am 31.3.2023

Reich, Jens (2017), *Seignorage: On the Revenue from the Creation of Money*, Springer

Sheard, Paul (2013), Repeat After Me: Banks Cannot and Do Not "Lend Out" Reserves, Standard & Poor's Economic Research, http://www.kreditordnung.info/docs/S_and_P__Repeat_After_Me_8_14_13.pdf, abgerufen am 31.3.2023

Truger, Achim (2016), „Verkehrte Welt in Sachen Fiskalpolitik? Offener Mainstream und dogmatische ‚Heterodoxie' in Standardlehrbüchern der Volkswirtschaftslehre", in: Urban, Janina und Till van Treeck (Hrsg.), *Wirtschaft neu denken: Blinde Flecken der Lehrbuchökonomie*, iRights.Media Verlag, S. 220–233

Tymoigne, Eric (2014), Modern Money Theory, and Interrelations Between the Treasury and Central Bank: The Case of the United States, *Journal of Economic Issues* 48(3), 641–662

Tymoigne, Eric (2016), Government monetary and fiscal operations: generalising the endogenous money approach, *Cambridge Journal of Economics* 40(5), 1317–1332

Wissenschaftlicher Dienst (2022), Zulässigkeit der Überziehung des Bundeskontos bei der Deutschen Bundesbank, WD 4 – 3000 – 056/22

Wray, L. Randall (1998), *Understanding Modern Money: The Key to Full Employment and Price Stability*, Edward Elgar

Wray, L. Randall (2016), Taxes are for Redemption, Not Spending, *World Social and Economic Review of Contemporary Policy Issues* 7, 3–11, http://wer.worldeconomicsassociation.org/files/WEA-WER-7-Wray.pdf, abgerufen am 31.3.2023

Volkswirtschaftliche Gesamtrechnung

6

Zusammenfassung

In diesem Kapitel betrachten wir das BIP als eine Messgröße und schauen uns an, wie das BIP ermittelt werden kann. Wir stellen fest, dass die Nachfrage nach Gütern und Dienstleistungen das Angebot bestimmt. Die Komponenten des BIP werden definiert und im Zusammenhang mit den deutschen Statistiken diskutiert. Für die Gesamtwirtschaft ist das Sparen die buchhalterische Erfassung der Investitionen. Zudem erzeugen staatliche Defizite Überschüsse bei Haushalten und Unternehmen.

Die Volkswirtschaftliche Gesamtrechnung (VGR) wurde während der Großen Depression in den USA entwickelt, um ein besseres Bild der Wirtschaft zu erhalten. Andere Länder folgten schnell, da allgemein anerkannt wurde, dass die Wirtschaft eine makroökonomische Planung benötigt und dass Daten sehr hilfreich sein würden, um die Wirtschaftslenkung zu verbessern. Als sich die Länder auf den Zweiten Weltkrieg zubewegten, wurde festgestellt, dass ein Index, der die Gesamtproduktion von Waren und Dienstleistungen misst, ein hilfreicher Indikator sein würde. Die Bruttonationalausgaben waren geboren. Über das Bruttosozialprodukt (BSP) entwickelte es sich schließlich zum Bruttoinlandsprodukt (BIP), das auch heute noch verwendet wird.

Die allgemeine Situation während der Großen Depression war wie folgt. Nach der Einführung der Massenproduktion von Autos (u. a. Ford Model T) und Konsumgütern wie Geschirrspülern verschuldeten sich in den 1920ern viele Haushalte in den USA. Da ihr Einkommen nicht ausreichte, um sich einen „modernen Lebensstil" leisten zu können, liehen sie sich bei den Banken Millionen von Dollar. Während der daraus resultierenden „Roaring Twenties" waren die privaten Investitionen hoch. Die Verschuldung im privaten Sektor nahm zu. Einige Haushalte liehen sich Geld, um an der Börse zu spekulieren. Die Börsenkurse verdoppelten sich von Februar 1920 bis September 1927 und verdoppelten sich bis August 1929 fast noch einmal, aber gerade als die Aktien „ein scheinbar dauerhaftes Hochplateau erreicht hatten" (Irving Fisher, US-Ökonom), begannen sie massiv zu fallen (siehe Abb. 6.1).

Parallel zur Aktienmarktblase hatte sich eine Immobilienblase entwickelt, die zu diesem Zeitpunkt die größte in der Geschichte der USA war. Als sowohl die Immobilien- als auch die Aktienmarktblase gleichzeitig platzten, begannen die Investitionen drastisch zu sinken. Die Hauspreise fielen innerhalb weniger Jahre um etwa ein Drittel. Warum sollte man ein Haus bauen, wenn die Hauspreise fallen? So fielen die privaten Anlageinvestitionen außerhalb des Wohnungsbaus von 11,6 Mrd. Dollar im Jahr 1929 auf 3,3 Mrd. Dollar im Jahr 1932. Die Arbeitslosenquote stieg von 2 % Ende 1929 auf 25 % im Dezember 1932 – ein Anstieg um 23 Prozentpunkte in etwas mehr als drei Jahren. Das nominale BIP sank von 104 Mrd. $ im Jahr 1929 auf 59,5 Mrd. $ im Jahr 1932.

Keine Selbstheilung des Kapitalismus
Die Wirtschaft befand sich offenbar in einer Art Todesspirale. Die Produktion ging zurück und mit ihr die Löhne und die Preise für Konsumgüter. Zwischen Mitte 1931 und Mitte 1933 verharrte die Inflationsrate bei etwa − 10 %. Dies war schlecht für die Wirtschaft, da die Unternehmen ihre Vorleistungen lange vor dem Verkauf ihrer Produktion einkaufen und daher im Falle einer Deflation ihre Gewinne schrumpfen. Es war auch schlecht für die Haushalte, die Hypotheken und andere Schulden zurückzahlen mussten, die sie in den 1920er-Jahren angehäuft hatten. Dies wurde angesichts der Deflation und der hohen Arbeitslosigkeit immer schwieriger. Nach der vorherrschenden neoklassischen Auffassung war die Arbeits-

Abb. 6.1 Dow-Jones Industrial Stock Price Index für die USA in Punkten. (*Quelle:* https://fred. stlouisfed.org/graph/?g=Bv1d)

losigkeit durch zu hohe Reallöhne verursacht worden. Die tatsächliche Situation war rätselhaft, da die Reallöhne bis 1932 etwas zurückgingen (die Nominallöhne fielen schneller als die Preise), aber es kam zu keiner Erholung. Die arbeitssuchenden Arbeitnehmer hielten vergeblich nach Jobs Ausschau, die ihnen doch nur Unterkunft und Nahrung bieten sollten. Der Kapitalismus war am Ende und konnte sich nicht selbst reparieren (Abb. 6.2).

Hilfe in Form von Ratschlägen kam vom englischen Ökonomen John Maynard Keynes. In seinem offenen Brief an den neugewählten Präsidenten Franklin Delano Roosevelt (FDR), der in der New York Times vom 31. Dezember 1933 veröffentlicht wurde, schrieb er (Keynes 1933):

„Auf dem Gebiet der Innenpolitik stelle ich aus den oben genannten Gründen ein großes Volumen von Darlehensausgaben unter der Schirmherrschaft der Regierung in den Vordergrund. Es liegt nicht in meiner Kompetenz, bestimmte Ausgabenobjekte auszuwählen. Bevorzugt werden sollten jedoch solche, die in großem Umfang rasch zur Reife gebracht werden können, wie z. B. die Instandsetzung des physischen Zustands der Eisenbahnen. Es geht darum, den Ball ins Rollen zu bringen. Die Vereinigten Staaten sind bereit, in Richtung Wohlstand zu rollen, wenn in den nächsten sechs Monaten ein kräftiger Schubs gegeben werden kann. Könnte man nicht die Energie und den Enthusiasmus, die den N.I.R.A. (National Industrial Recovery Act von 1933) in seinen Anfängen auslösten, in eine Kampagne zur Beschleunigung der Investitionsausgaben stecken, die so klug gewählt ist, wie es der Druck der Umstände erlaubt? Sie können zumindest sicher sein, dass das Land durch solche Projekte besser bereichert wird als durch den unfreiwilligen Müßiggang von Millionen."

Abb. 6.2 Das Schulspeisungsprogramm; ein Teil des Programms für überschüssige Waren. (*Quelle:* http://www.fdrlibrary.marist.edu/archives/collections/franklin/index.php?p=digitallibrary/digital-content&id=3267)

Die Logik von Keynes war die folgende. Mit Geld kann man Dinge kaufen, und Produktion findet nur statt, wenn die Unternehmen durch Verkäufe zu Geld kommen. Wenn also nicht genügend Geld im Umlauf ist, müssen wir die Sektoren identifizieren, die in der Lage sind, Geld zu schaffen und mehr davon auszugeben. Die Haushalte geben für Konsumgüter Geld aus, aber ihre Schulden waren so hoch, dass sie nicht mehr ausgeben würden. Die privaten Unternehmen würden Geld für Investitionsgüter ausgeben, aber sie erwarteten keine steigende Nachfrage, sodass sie ihre Produktionsanlagen nicht modernisieren oder erweitern wollten.

Die Nachfrage bestimmt das Angebot
Wenn die Gesamtausgaben in einer Wirtschaft zu niedrig sind, führt dies zu unfreiwilliger Arbeitslosigkeit. Die Unternehmen sind aufgrund der niedrigen gesamten Ausgaben nicht in der Lage, ihre Produktion zu verkaufen. Sie drosseln die Produktion, was auch bedeutet, dass sie weniger Arbeitskräfte beschäftigen. Die privaten Unternehmen werden auch ihre Investitionen zurückfahren und mehr von ihren Einnahmen sparen. Die Haushalte, die sich verletzlicher fühlen, werden ebenfalls versuchen, ihre Ersparnisse zu erhöhen, indem sie ihre Ausgaben reduzieren. Allerdings gibt es einen Haken. Wenn die Haushalte weniger ausgeben, um mehr zu sparen, dann führt die Erhöhung der Ersparnis eines Haushalts zu weniger Einkommen und weniger Ersparnis für einen anderen Haushalt oder ein anderes Unternehmen.

Wenn z. B. ein Arbeitnehmer nicht mehr ins Restaurant geht, um betriebswirtschaftlich „Geld zu sparen", bedeutet sein Anstieg der Ersparnis einen Verlust an Einkommen und Ersparnis für das Restaurant. Die gesamtwirtschaftliche Ersparnis bleibt konstant, aber die Produktion wird reduziert, da Haushalte und Unternehmen versuchen, ihre Ersparnis zu erhöhen. Während sie dieses Ergebnis individuell erreichen können, muss dies im Aggregat scheitern. Der Einnahmenüberschuss einer Wirtschaftseinheit muss dem Ausgabenüberschuss einer anderen entsprechen. Alles andere wäre unlogisch, da wir dann Ausgaben hätten, die nicht zu Einnahmen in gleicher Höhe führen.

Das Sparparadoxon
Dieses Problem ist auch als Sparparadoxon bekannt. Es ist paradox, weil die Gesellschaft durch den Versuch, mehr zu sparen, tatsächlich die Produktion und das Einkommen senkt – es kommt zu keiner Erhöhung der Ersparnis. Stattdessen wird die Verteilung des Sparens verändert. Wenn die privaten Investitionen als Folge des Rückgangs der Gesamtausgaben sinken, könnte das Sparen sogar zurückgehen – daher das Paradoxon. Denn auf der Ebene der Gesamtwirtschaft entspricht die gesamtwirtschaftliche (öffentliche plus private) Ersparnis den privaten Investitionen (plus Nettoexporte, wenn wir den Rest der Welt einbeziehen).

Unfreiwillige Arbeitslosigkeit wird durch nicht ausgegebenes Einkommen und einen Mangel an Gesamtausgaben verursacht. Ausgaben schaffen Einkommen, Beschäftigung und Produktion; eine Kürzung der Ausgaben führt zu weniger Einkommen, Beschäftigung und Produktion. Wenn die Wirtschaftseinheiten also versuchen, ihr nicht ausgegebenes Einkommen (das dem Sparen entspricht) gleichzeitig zu erhöhen, werden sie Massenarbeitslosigkeit verursachen und gleichzeitig die gewünschte Erhöhung der Ersparnis nicht erreichen. Genau das ist in der Großen Depression geschehen. Außerhalb von Depressionen sollten die nicht ausgegebenen Einkommen eines Wirtschaftssektors durch andere Sektoren ausgeglichen werden, die mehr ausgeben als sie einnehmen. Diese Sektoren geben Geld aus, was zu einem temporären Defizit führt, und treiben so die Wirtschaft an.

Ohne Rücksicht auf Importe und Exporte – die ganze Welt befand sich in einer Depression, sodass es keinen Sinn hatte, die Arbeitslosigkeit ins Ausland zu verlagern – verwies Keynes auf die Erhöhung der Staatsausgaben. Dadurch könnten Einkommen geschaffen werden, die die Produktion auf das Vorkrisenniveau zurückbringen würden. Diese Art des theoretischen Denkens mit verschiedenen Wirtschaftssektoren (privat, öffentlich, extern) war in der Wirtschaftswissenschaft bereits weit verbreitet. Die Wirtschaft sollte also in Sektoren aufgeteilt werden. Das BIP (Y) entspricht jedem Euro, der für Konsumgüter (C), Investitionsgüter (I), Käufe und Zahlungen des Staates (G) plus Exporte (EX) minus Importe (IM) ausgegeben wird. Dies ist die makroökonomische Identität. In Variablen geschrieben lautet sie:

$$Y = C + I + G + EX - IM$$

6.1 Bruttoinlandsprodukt

► *Definition: Das nominale BIP misst den Wert aller Endprodukte und Dienstleistungen, die in einem bestimmten Zeitraum in einem geografischen Gebiet, häufig einem Nationalstaat, produziert werden.*

Das BIP wird in Währungseinheiten gemessen, normalerweise in inländischem Geld. Das nominale BIP wird nicht um die Inflation bereinigt, was bedeutet, dass ein Anstieg des nominalen BIP von 100 € auf 110 € nicht unbedingt bedeutet, dass die Menge der Waren und Dienstleistungen gestiegen ist. Hinter dem Anstieg des nominalen BIP kann sich ein Anstieg des Preisniveaus um 10 % verbergen. Daher ist das reale BIP der Indikator, der normalerweise verwendet wird, wenn man sich auf das BIP bezieht. Es gleicht Veränderungen des Preisniveaus aus und gibt die „Größe des Kuchens" an. Gemessen wird auf der Grundlage von Anleitungen der OECD (Blades und Lequiller 2014). Das theoretische Gerüst ist die doppelte Buchführung – jeder Geldfluss hat eine Quelle und einen Empfänger und geht in eine Bestandsgröße ein, die entsprechend erhöht oder reduziert wird (Ritter 1963).

Messung des Bruttoinlandsprodukts
Die Länder folgen unterschiedlichen Standards bei der Verbuchung des BIP. In Deutschland wird dies vom Statistischen Bundesamt (DESTATIS) durchgeführt. Es gibt drei Möglichkeiten, das BIP zu berechnen:

1. Produktionsansatz
2. Einkommensansatz
3. Ausgabenansatz

Der Produktionsansatz besteht darin, die Bruttowertschöpfung aller Wirtschaftssektoren zu messen und dann die Summe zu ermitteln, von der die in den einzelnen Sektoren verwendeten Vorleistungen abgezogen werden. So wird vermieden, dass Dinge doppelt gezählt werden. Angenommen, Baumwolle wird zum Preis A verkauft, dann zu Garn gesponnen, das zum Preis B verkauft wird, und dann zu einem Pullover verarbeitet wird, der zum Preis C verkauft wird. Der Anstieg des BIP ist $C - B - A$ plus $B - A$ plus A, was $C + B + A$ entspricht. Addieren wir die indirekten Steuern und subtrahieren die Subventionen, erhalten wir das BIP zu Erzeugerpreisen.

Beim Einkommensansatz werden Löhne (als Gegenleistung für Arbeit), Pachten (als Gegenleistung für Bodennutzung), Gewinne (in der Regel als Gegenleistung für Finanzierung) und Zinsen (in der Regel als Gegenleistung für Finanzierung) addiert, um das Nettoinlandseinkommen zu Faktorkosten zu erhalten. Da die Zinsen aus den Gewinnen gezahlt werden, ist bei der Berechnung eine gewisse Vorsicht geboten. Die Addition von Abschreibungen und indirekten Steuern abzüglich der Subventionen führt zum BIP zu Marktpreisen. Diese Art der Berechnung des BIP ermöglicht es uns, die Anteile des BIP zu betrachten, die auf Löhne und Gewinne (einschließlich Mieten und Zinsen) entfallen.

Der Ausgabenansatz basiert auf der bereits oben vorgestellten grundlegenden makroökonomischen Identität. $C + I + G$ wird auch als inländische Absorption bezeichnet, $EX - IM$ entspricht dem Außenbeitrag. Wenn die Produktion Y höher ist als die inländische Absorption, dann müssen die Nettoexporte positiv sein (vgl. Abb. 6.3) Importe werden vom BIP abgezogen, da sie nicht im Inland produziert wurden. Man beachte, dass jeder Euro an Importen eine inländische Entsprechung im gleichen Wert hat, da er entweder zum Konsum, zu den privaten Investitionen, zu den Staatsausgaben oder zu den Exporten beiträgt. Eine Verringerung der Importe erhöht also nicht das inländische BIP, wie es der Ersatz von Importen durch im Inland produzierte Waren und Dienstleistungen tun würde.

Konsum

Es ist zu beachten, dass Konsum- und Investitionsgüter sowie vom Staat produzierte und für den Export bestimmte Waren und Dienstleistungen (Apfel oder Haarschnitt) unter die Exporte und keine andere Kategorie fallen. Andererseits enthalten die inländische Absorption und die Exporte Importe, weshalb die Importe am Ende abgezogen werden. Haushalte und Unternehmen verbrauchen diese Güter entweder sofort (Haarschnitt) oder im Laufe der Zeit (Auto oder Kühlschrank). Die Haushalte „verbrauchen" Häuser, die durch ihren Mietwert geschätzt werden, falls der Mieter etwas Ähnliches mieten würde. Ihr Wert wird durch Erhebungen zu einem bestimmten Zeitpunkt ermittelt und später extrapoliert, um aktuelle Werte zu erhalten. Die Berechnung des BIP ist nicht sehr genau. Verbrauchsgüter können weiter in langlebige und nicht langlebige Güter und Dienstleistungen unterteilt werden.

▶ **Langlebige und nicht-dauerhafte Güter** *Definition: Langlebige Güter sind materielle Produkte, die gelagert oder inventarisiert werden können und die eine durchschnittliche Lebensdauer von mindestens drei Jahren haben.*

Nicht dauerhafte Güter sind materielle Produkte, die gelagert oder inventarisiert werden können und eine durchschnittliche Lebensdauer von weniger als drei Jahren haben. (Quelle)

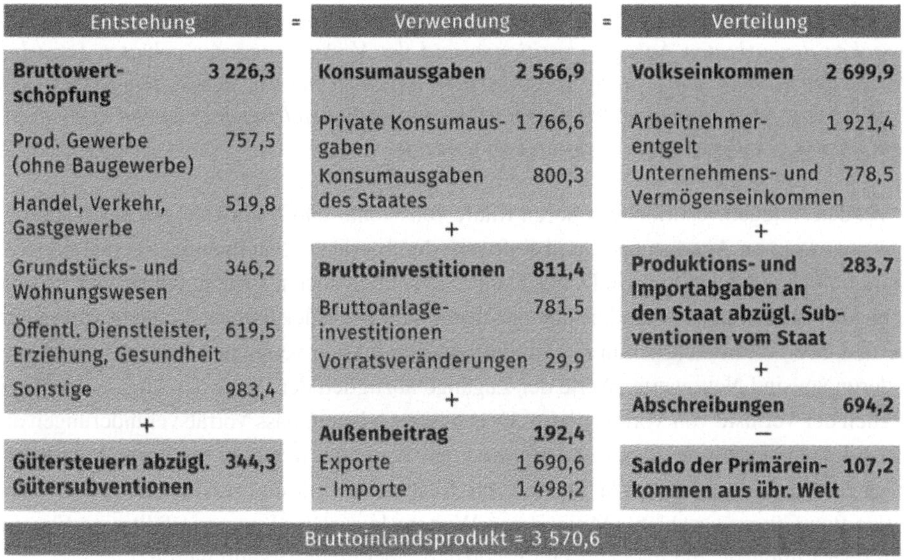

Entstehung	=	Verwendung	=	Verteilung
Bruttowert- **schöpfung** 3 226,3		Konsumausgaben 2 566,9		Volkseinkommen 2 699,9
Prod. Gewerbe 757,5 (ohne Baugewerbe)		Private Konsumaus- 1 766,6 gaben		Arbeitnehmer- 1 921,4 entgelt
Handel, Verkehr, 519,8 Gastgewerbe		Konsumausgaben 800,3 des Staates		Unternehmens- und 778,5 Vermögenseinkommen
Grundstücks- und 346,2 Wohnungswesen		+		+
Öffentl. Dienstleister, 619,5 Erziehung, Gesundheit		**Bruttoinvestitionen** 811,4 Bruttoanlage- 781,5 investitionen		**Produktions- und** 283,7 **Importabgaben an** **den Staat abzügl. Sub-** ventionen vom Staat
Sonstige 983,4		Vorratsveränderungen 29,9		+
+		+		**Abschreibungen** 694,2
Gütersteuern abzügl. 344,3 **Gütersubventionen**		**Außenbeitrag** 192,4 Exporte 1 690,6 - Importe 1 498,2		— **Saldo der Primärein-** 107,2 **kommen aus übr. Welt**
		Bruttoinlandsprodukt = 3 570,6		

Abb. 6.3 Entstehung, Verwendung und Verteilung des Bruttoinlandsprodukts 2022 in Milliarden EUR. (*Quelle: Statistisches Bundesamt* (https://www.destatis.de/DE/Themen/Wirtschaft/Volkswirtschaftliche-Gesamtrechnungen-Inlandsprodukt/_inhalt.html;jsessionid=C97660385966F0246242E43 07C370BC6.live722#sprg229228*)*)

Abb. 6.3 zeigt die Berechnung des BIP anhand der Entstehungs-, der Verwendungs- und der Verteilungsrechnung. Der Anteil des privaten Konsums am BIP betrug 2021 knapp 50 %, private Investitionen und Staatsausgaben lagen jeweils bei etwa 22 %. 47 % der deutschen Produktion wurde exportiert, gleichzeitig wurden Güter und Dienstleistungen im Wert von etwa 42 % des BIP importiert. Der Anteil des produzierenden Gewerbes am BIP lag bei 21 %, Grundstücks- und Wohnungswesen immerhin bei knapp 10 %. Da viele Dienstleistungen an der Industrie hängen, ist die Bedeutung des produzierenden Gewerbes in Deutschland immer noch als hoch einzuschätzen. Im Bereich der Verteilung entfallen knapp 54 % des Kuchens auf die Arbeitnehmerentgelte und knapp 22 % auf Unternehmens- und Vermögenseinkommen. Da es hier um das BIP geht, sind Kapitalgewinne durch Kurssprünge bei Aktien, Immobilien oder Anleihen nicht mitberücksichtigt.

Der Konsum wird meist durch das Einkommen finanziert, kann aber auch durch Schulden finanziert werden. Kreditkarten, Hypotheken, Darlehen oder Anleihen und andere Finanzverträge können dazu dienen, den Konsum von Haushalten und Unternehmen zu erhöhen, indem sie sich verschulden. Da sich das BIP nicht mit der Art und Weise befasst, wie die Dinge finanziert werden, verschieben wir die Diskussion auf den nächsten Abschnitt. Dies ist ein wichtiges Thema im Zusammenhang mit der Globalen Finanzkrise von 2008/2009 und ihren Folgen, als einige Menschen ihre Konsumausgaben an ihre gesunkenen Einkommen anpassten.

▶ **Investitionen** *Definition: Die Bruttoinvestitionen des privaten Sektors im Inland ent-sprechen den privaten Anlageinvestitionen und der Veränderung der privaten Lagerbe-stände. Sie werden ohne Abzug der Abschreibungen gemessen, beinhalten Ersatz- und Erweiterungsinvestitionen in den Kapitalstock und schließen Investitionen von in Deutsch-land ansässigen Personen in anderen Ländern aus.*

Zu den Anlageinvestitionen gehören Käufe von Wohn- und Nichtwohngebäuden (Immo-bilien) sowie von Ausrüstungen und Software durch private Unternehmen, gemeinnützige Einrichtungen und den Staat in Deutschland. Sie werden auch als Kapitalgüter oder Investi-tionsgüter bezeichnet. Es handelt sich um Waren und Dienstleistungen, die nicht verbraucht werden, aber voraussichtlich in der zukünftigen Produktion verwendet werden. Vorratsver-änderungen sind Nettowerte: Werte der Zugänge abzüglich der Werte der Abgänge und ab-züglich der Verluste von Vorratsgütern. Es erscheint seltsam, dass Vorratsveränderungen als Investitionen gezählt werden. Das BIP misst den Wert aller in einem bestimmten Zeitraum produzierten Endprodukte. Wir müssen uns fragen, was mit den produzierten, aber nicht verkauften Gütern geschieht. Mit anderen Worten: In welche Kategorie fällt eine Flasche Saft oder Limonade, die in einem Jahr produziert, aber nicht verkauft wurde?

Erinnern wir uns an die Formel $Y = C + I + G + EX - IM$. Der Saft wurde nicht kon-sumiert, also ist der Verbrauch (C) keine Option. Sie wurde nicht verkauft, also haben weder die Regierung (G) noch der Rest der Welt (EX) sie gekauft. Die einzige Variable, die in der Identität übrig bleibt, sind die privaten Investitionen (I). Die Ökonomen mussten sich entscheiden, wie sie die nicht verkauften Güter berücksichtigen wollten: entweder als private Investitionen oder durch Hinzufügen einer weiteren Kategorie zur makroökonomi-schen Identität. Sie entschieden sich für die erste Option.

Dies bedeutet, dass die privaten Investitionen manchmal ansteigen, weil die Unterneh-men ihre Lagerbestände stärker erhöhen als im Vorjahr. Dies kann zu Fehlinterpretationen führen, insbesondere in Krisenzeiten, wenn ein Anstieg der Investitionen auf ein Wieder-erstarken der Investitionstätigkeit hinzudeuten scheint, während es in Wirklichkeit nur bedeutet, dass ihre Pläne für den Verkauf der Produktion zu optimistisch waren.

Die Ausgaben des Staates umfassen sowohl den Kauf von Konsum- als auch von Inves-titionsgütern durch den Staat. Die Entlohnung der Beschäftigten (einschließlich des Mili-tärs), Subventionen und die Erbringung von Dienstleistungen zählen ebenfalls zu den Staatsausgaben, ebenso wie die Zinszahlungen für staatliche Wertpapiere.

Wie bei den Investitionsgütern gibt es auch bei der Bewertung der vom Staat produzier-ten und verbrauchten Güter und Dienstleistungen Probleme. Einige Märkte, auf denen der Staat tätig ist, sind sehr streng reguliert, wie z. B. die Märkte für Waffen oder Kernbrenn-stoffe und deren Abfälle. Die Preise spiegeln nicht immer die tatsächlichen Kosten wider, sondern sind oft das Ergebnis von Regulierung oder Marktmacht auf der Seite des Käufers oder Verkäufers. Im Extremfall gibt es nur einen Käufer und einen Verkäufer.

▶ **Die Handelsbilanz (Nettoexporte)** *Definition: Exporte sind Güter und Dienstleistun-gen, die an den Rest der Welt verkauft werden.*
Importe sind Güter und Dienstleistungen, die vom Rest der Welt gekauft werden.

Zu den Importen gehören auch Güter, die wieder exportiert werden, z. B. Motoren (Exporte), die an eine Fabrik geschickt wurden, um in ein Auto eingebaut zu werden, das dann (wieder) exportiert wird. Der Motor wird nicht doppelt gezählt, was bedeutet, dass die Importgüter saldiert werden (saldieren bedeutet, dass am Ende eines Prozesses eine bestimmte Menge vorhanden ist). Importe können an Haushalte, Unternehmen und den Staat gehen oder in Exporte fließen. Häufig finden Importe und Exporte „innerhalb des Unternehmens" statt. Multinationale Unternehmen transferieren Güter zwischen ihren Produktions- und Montageanlagen hin und her, wodurch eine Vielzahl von Exporten und Importen entsteht. Ein Beispiel wäre der Export von Motorteilen eines deutschen Automobilherstellers ins Ausland und der Import des dort zusammengebauten Motors zurück nach Deutschland. Die Zunahme vertikaler Lieferketten – die Produktion wird aufgeteilt und auf verschiedene Unternehmen, oft in verschiedenen Ländern, verteilt – erklärt, warum der Handel in den letzten Jahrzehnten schneller gewachsen ist als das BIP.

Noch ein Wort der Vorsicht, wenn es um die makroökonomische Identität geht. Ein Anstieg der Inlandsausgaben führt nicht automatisch zu einem Anstieg des BIP. Wenn zum Beispiel die deutsche Bundesregierung mehr Fisch aus Island kauft, bleibt das deutsche BIP unverändert. Der Anstieg der Staatsausgaben könnte durch einen Anstieg der Importe neutralisiert werden.

Handelsbilanzüberschuss und -defizit
Eine andere Möglichkeit, Exporte und Importe zu betrachten, besteht darin, sie zu addieren. Der Außenbeitrag – auch als Nettoausfuhren bezeichnet – (NX) entspricht den Ausfuhren minus der Einfuhren:

$$NX = EX - IM$$

Abb. 6.4 zeigt die Leistungsbilanz der Bundesrepublik Deutschland. Sie besteht aus den Teilbilanzen Außenhandel (Güter und Dienstleistungen), Erwerbs- und Vermögenseinkommen (Löhne und Gewinne, die von Deutschen im Ausland erzielt werden) und laufende Übertragungen (Überweisungen an internationale Organisationen). Die Teilbilanz zum Außenhandel wird auch als Handelsbilanz bezeichnet. Sie macht in Deutschland den größten Teil der Leistungsbilanz aus. Diese war in den 1990ern negativ, was zu einer wirtschaftspolitischen Reaktion führte. Dem „Bündnis für Arbeit" folgten unterdurchschnittliche Lohnzuwächse, denen dann steigende Exporte folgten. Die Lohnstückkosten fielen über die nächsten Jahre, was deutschen Exporteuren einen Wettbewerbsvorteil brachte gegenüber der Konkurrenz in der Eurozone, die sich nicht mehr wie vorher durch Abwertungen ihrer Währungen davon befreien konnte.

▶ **Definition** *Definition: Wir sprechen von einer positiven (negativen) Handelsbilanz, wenn die Exporte höher (niedriger) sind als die Importe.*
Wir sprechen von einem Handelsbilanzüberschuss(-defizit), wenn die Exporte höher (niedriger) sind als die Importe.

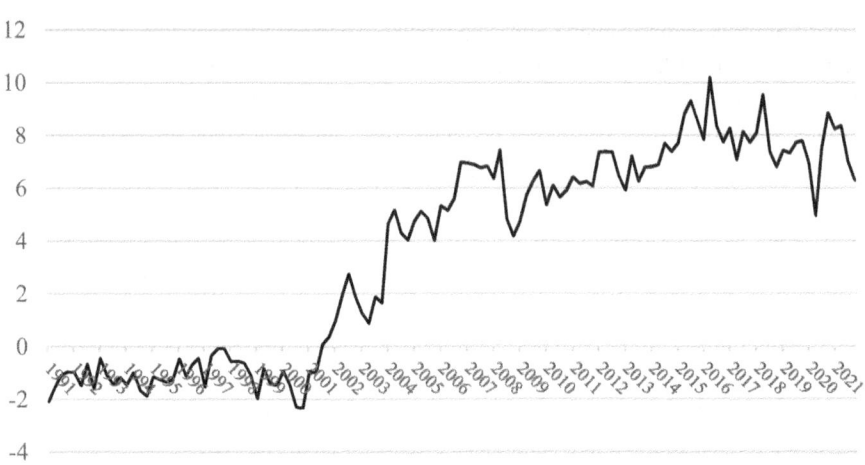

Abb. 6.4 Deutsche Leistungsbilanz in Prozent des BIP, 1991–2021. (*Quelle: OECD, Balance of payments BPM6: Current account Balance: Total: Total Balance as % of GDP for Germany [DEU-B6BLTT02STSAQ], abgerufen von FRED am 31. März 2023, Federal Reserve Bank of St. Louis;* https://fred.stlouisfed.org/series/DEUB6BLTT02STSAQ)

„Positiv" bedeutet in diesem Fall nicht „besser". Real sind die Exporte ein Verlust. Etwas, das produziert wurde, wurde von der heimischen Wirtschaft nicht konsumiert. Diese schnallt den Gürtel enger als sie eigentlich müsste. Jeder Export führt jedoch zu einem Geldzufluss, der für denjenigen, der ihn erhält, von Vorteil ist. Importe sind aus realer Sicht ein Gewinn. Die Wirtschaft konsumiert mehr, als sie produziert. Andererseits sind die Importe bezahlt worden. Das inländische Nettovermögen hat sich also verringert. Ob das gut ist oder nicht, ist eine komplizierte Frage. Die Handelsbilanz ist ein wichtiger Teil der Leistungsbilanz, die wir im nächsten Kapitel über die Zahlungsbilanz genauer untersuchen werden.

Sparen
Eine positive Handelsbilanz bedeutet, dass die Gebietsansässigen und der Staat in der heimischen Wirtschaft ihre Nettoersparnis erhöht haben. Sparen ist definiert als nicht verausgabtes Einkommen. Wenn Exporte zu Einkommen und Importe zu Ausgaben führen, dann ist die Differenz zwischen Exporten und Importen gleich dem nicht ausgegebenen Einkommen, also dem Sparen. Wenn also die deutschen Inländer weniger ausgeben für Importe aus dem Ausland als sie von Nicht-Inländern an Zahlungen empfangen für Exporte, dann erhöht sich die Ersparnis der Inländer.

Ist die Handelsbilanz negativ, was in Deutschland in den 1990er-Jahren über viele Jahre der Fall war, so verringert sich die Nettoersparnis des privaten Sektors. Je nachdem, wie Nicht-Inländer für deutsche Exporte bezahlen, können unterschiedliche Aktiva in den Bilanzen auftauchen. Manchmal werden Exportkredite verwendet, sodass ein Kredit an ein ausländisches Unternehmen in die Bilanz einer privaten oder öffentlichen Bank aufgenommen wird, die auf Exportfinanzierung spezialisiert ist. Werden die Exporte mit Dollar bezahlt, kann der deutsche Exporteur diese in Euro umtauschen, sodass die auf Euro lautenden Bankguthaben ansteigen. Wenn das Unternehmen diese Guthaben zur Rückzahlung eines Kredits verwendet, mit dem vielleicht die Produktion finanziert wurden, würden die Verbindlichkeiten des privaten Sektors aufgrund der (Netto-)Exporte sinken. Alternativ könnten die US-Dollar an eine Bank verkauft worden sein, die sie in US-Staatsanleihen anlegt.

Die Handelsbilanz wird für einen bestimmten Zeitraum berechnet, d. h. es handelt sich um eine Stromgröße. Da weder die Importe noch die Exporte vorhersehbar sind, kann die Handelsbilanz nicht direkt durch die Wirtschaftspolitik bestimmt werden. Änderungen der Löhne und auch der Einkommen, entweder in absoluten Zahlen oder über den Wechselkurs in relativen Zahlen, werden wahrscheinlich zu Änderungen der Importe und Exporte führen.

Staatliche Ausgaben

Die Staatsausgaben setzen sich aus Konsumausgaben und Bruttoinvestitionen zusammen. Der Staat existiert auf verschiedenen Ebenen, vom Bund über die Länder bis hin zu den Kommunen. Die Bundesregierung kann nicht zahlungsunfähig werden, solange die EZB sie unterstützt, aber die Regierungen der Bundesstaaten und Kommunen können es. Abb. 6.5 zeigt die Ausgaben der deutschen Bundesregierung für das Haushaltsjahr 2021. Die größten Ausgabenposten kommen aus den Ressorts Bundesministerium für Arbeit und Soziales, Allgemeine Finanzverwaltung, den Bundesministerien für Gesundheit und Verteidigung sowie für Verkehr und digitale Infrastruktur. Der Haushalt wird von Bundestag unter Mitwirkung des Bundesrats verabschiedet. Die Ausgaben werden nicht mehr an die erst später ermittelten Steuereinnahmen angepasst.

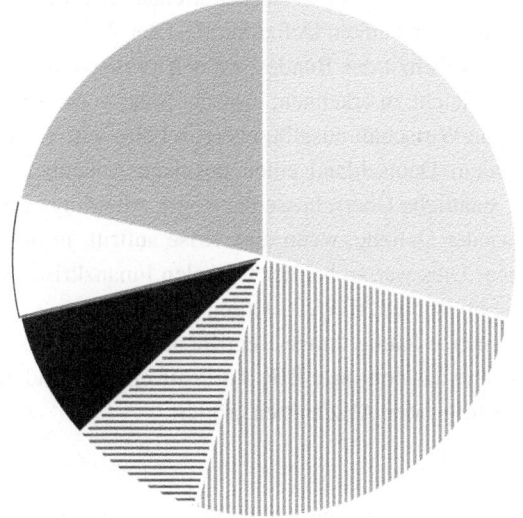

Bundesministerium für Arbeit und Soziales

Allgemeine Finanzverwaltung

Bundesministerium für Gesundheit

Bundesministerium für Verteidigung

Bundesministerium für Verkehr und digitale Infrastruktur

Restliche Ausgaben

Abb. 6.5 Ausgaben im Bundeshaushalt 2023 nach Ressorts, Anteile. (*Quelle: Deutsche Bundesregierung, Bundesministerium der Finanzen*)

▶ *Definition: Man spricht von einem Haushaltsdefizit(-überschuss), wenn die Ausgaben höher (niedriger) sind als die Steuereinnahmen.*

Auch hier handelt es sich um zwei Ströme, die miteinander verrechnet werden, um ein Gleichgewicht zu erreichen. Dieser Saldo wird von der Regierung beeinflusst, aber nicht kontrolliert. Die Staatsausgaben werden weitgehend durch den vom nationalen Parlament verabschiedeten Haushalt bestimmt, aber auch durch Zahlungen, die je nach Wirtschaftslage automatisch erfolgen (so genannte Transferzahlungen). Eine hohe Arbeitslosigkeit kann zu einem zusätzlichen Ausgabenbedarf führen, da die Arbeitssuchenden Leistungen aus der Arbeitslosenversicherung beantragen. Auch die Besteuerung erfolgt in Abhängigkeit von der Wirtschaftslage. In einer schwachen Konjunkturphase sind die Steuereinnahmen wahrscheinlich rückläufig, während sie in Zeiten wirtschaftlichen Aufschwungs über dem Durchschnitt liegen können. Da die Regierung die Wirtschaftswachstumsrate nicht direkt kontrolliert, kann sie das Haushaltsdefizit nicht kontrollieren.

Wir haben in den vorangegangenen Kapiteln gesehen, dass das staatliche Defizit einem Überschuss des privaten Sektors entspricht. In der Weltwirtschaft oder einer geschlossenen nationalen Wirtschaft – ohne internationalen Handel – kann ein Überschuss des privaten Sektors als Ganzes nur durch ein Defizit des öffentlichen Sektors in gleicher Höhe erzielt werden. Wenn es keinen öffentlichen Sektor gibt, dann geht der Überschuss einer Wirtschaftseinheit – Haushalte oder Unternehmen – immer mit einem Defizit einer anderen Wirtschaftseinheit einher. Da viele Haushalte Nettosparer sein wollen und nicht zum Ausgeben von Geld gezwungen werden können, muss ihr angestrebtes positives Nettosparen akzeptiert werden. Das Gleiche gilt für Unternehmen, die häufig einen positiven Cashflow anstreben (Einnahmen minus Ausgaben). Dies bedeutet, dass entweder der Staat ständig Defizite aufweist oder der Rest der Welt mehr kauft als er an das betreffende Land verkauft (was zu einem Handelsbilanzüberschuss führt und einem Defizit im Rest der Welt).

Abb. 6.6 zeigt den Überschuss bzw. das Defizit des Bundes seit den 1990er-Jahren in Prozent des Bruttoinlandproduktes. Es ist leicht zu erkennen, dass der Staat in der Regel ein Defizit aufweist und somit mehr in die Wirtschaft ausgibt, als er in Form von Steuereinnahmen wieder einnimmt. Erst seitdem Deutschland einen positiven Außenbeitrag erzielt, sind eine „schwarze Null" bzw. staatliche Überschüsse die Regel. Allerdings werden aus diesen Überschüssen immer wieder Defizite, wenn eine Krise auftritt, in deren Verlauf die Steuereinnahmen einbrechen. Dies war so bei der Globalen Finanzkrise von 2008/09 und auch bei der Pandemie, die im Winter 2019/2020 ihren Lauf nahm.

In den Diskussionen über das BIP tauchen häufig einige Begriffe auf: Es gibt das so genannte Bruttosozialprodukt, das reale und das nominale BIP, das Pro-Kopf-BIP und die Kaufkraft. Dieses Vokabular wird in den folgenden Abschnitten erörtert.

BIP und BSP

Eine Alternative zum BIP ist das BSP, das Bruttosozialprodukt. Das BIP ist ein inländisches Konzept, das die innerhalb eines Landes erzeugte Produktion misst, unabhängig davon, ob sie von Inländern oder Nicht-Inländern erzeugt wird. Das BSP ist ein nationales

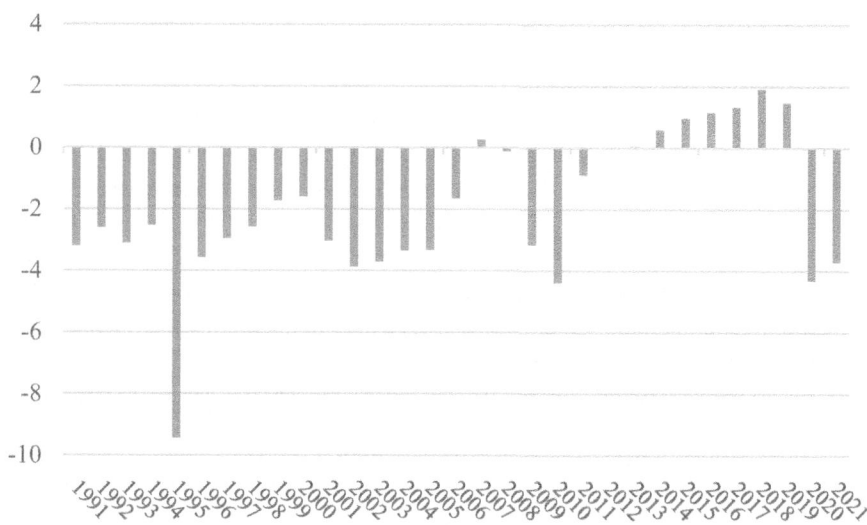

Abb. 6.6 Staatliches Defizit oder Überschuss in Prozent des BIP, 1991–2021. (*Quelle: International Monetary Fund, General government net lending/borrowing for Germany [GGNLBADEA188N], abgerufen von FRED am 31. März 2023, Federal Reserve Bank of St. Louis;* https://fred.stlouisfed.org/series/GGNLBADEA188N.)

Konzept, das die von Unternehmen und Bürgern einer bestimmten Nation erzeugte Produktion misst, unabhängig davon, wo diese ansässig sind. Das BSP für Deutschland umfasst daher alle Einkommen von deutschen Unternehmen, die außerhalb des Landes erwirtschaftet werden (z. B. von Volkswagen in China), sowie alle Einkommen von deutschen Bürgern, die außerhalb der Bundesrepublik Deutschland arbeiten.

Normalerweise wird das BIP dem BSP vorgezogen, wenn es um den Lebensstandard in einem Land geht, aber in einem Land mit einer sehr großen Präsenz multinationaler Unternehmen, die nur schwach mit der übrigen Wirtschaft verbunden sind, kann das BSP einen besseren Eindruck vom Lebensstandard in dem Land vermitteln. In Irland beispielsweise gibt es viele multinationale Unternehmen, die hauptsächlich aus steuerlichen Gründen dort ansässig sind. Dies hat zu großen Schwankungen sowohl bei den Investitionen als auch beim BIP geführt, die keine Veränderungen des Lebensstandards der irischen Bevölkerung im Allgemeinen darstellen (Byrne et al. 2021).

Reales und nominales BIP
Wenn man sich für den Lebensstandard oder die Veränderung des Lebensstandards interessiert, ist es sinnvoll, Veränderungen des Preisniveaus auszugleichen. Andernfalls führt der Verkauf der Produktion des letzten Jahres mit einem Aufschlag von 2 % zu einem Anstieg des nominalen BIP um 2 %, was den Anschein erweckt, dass sich die Wirtschaft verbessert, obwohl dies nicht der Fall ist. Ein einfaches Beispiel: Nehmen wir an, eine einzige Orange wurde in diesem Jahr produziert und für einen Euro verkauft, und im

nächsten Jahr wird wieder eine Orange produziert, aber für 1,50 € verkauft. In diesem Fall ist das reale BIP zwar gleichgeblieben (es wurde die gleiche Menge produziert), aber das nominale BIP ist um 50 % gestiegen.

Um vom nominalen BIP zum realen BIP zu gelangen – dem Anstieg der Produktion, nicht der Preise – müssen wir das BIP mit den Preisen der Vergangenheit berechnen. Das Verhältnis von nominalem zu realem BIP nennen wir BIP-Deflator. Wenn das BIP im letzten Jahr 1,1 Billionen Euro betrug, dann könnte das reale BIP 1,05 Billionen Euro betragen haben, wenn wir die Produktion anhand der im letzten Jahr produzierten Menge messen, die nicht mit den Preisen dieses Jahres, sondern mit den Preisen des letzten Jahres multipliziert wird. Dies geschieht, um den Anstieg des Preisniveaus zu eliminieren. Wenn wir nun das nominale BIP durch das reale BIP teilen, erhalten wir den BIP-Deflator:

$$BIP\ Deflator = nominales\ BIP\,/\,reales\ BIP$$

In unserem Beispiel ergäbe sich ein BIP-Deflator von 1,1 €/1,05 € = 1,04762 €. Der BIP-Deflator ist nicht der Preisindex eines Warenkorbs, wie die Verbraucherpreisinflation, da das BIP mehr als nur Konsumgüter umfasst. Die Anteile von Konsum, Investitionen und Staatsausgaben variieren ebenfalls im Laufe der Zeit. Normalerweise verwenden wir das reale BIP, wenn wir über Wirtschaftswachstum sprechen.

Pro-Kopf-BIP
Um ein Maß für den Lebensstandard in einem Land zu erhalten, kann das BIP durch die Anzahl der in dem Land lebenden Menschen geteilt werden, um das BIP pro Kopf zu erhalten. Das Pro-Kopf-BIP hat seine eigenen Unzulänglichkeiten. Es trägt der Ungleichheit nicht Rechnung, so dass es in Ländern mit relativ großen Einkommensunterschieden an Erklärungskraft verliert. Dennoch ist das Pro-Kopf-BIP der beste Indikator für das BIP, wenn es um den Lebensstandard eines Landes und nicht um die wirtschaftliche Größe geht. Während also Unternehmen eher an der Marktgröße und damit am BIP interessiert sind, ist das Pro-Kopf-BIP für Haushalte ein besserer Indikator für die wirtschaftliche Entwicklung im Durchschnitt. Die Top-10-Länderliste in Bezug auf das BIP besteht zumeist aus kleineren Ländern, die viele Finanzinvestitionen anziehen. Da die Ungleichheit in allen Ländern auf der Liste relativ groß ist, sollten sie nicht als „beste Orte zum Leben in der Welt" verstanden werden (Tab. 6.1).

BIP und Kaufkraftparität
Eine weitere Möglichkeit, den Lebensstandard in zwei Ländern zu vergleichen, besteht darin, die Unterschiede im lokalen Preisniveau und im Wechselkurs auszugleichen. Das Hauptproblem ist das folgende. Wenn man das Pro-Kopf-BIP eines Nicht-US-Landes in US-Dollar umrechnet, indem man das ausländische Pro-Kopf-BIP in Landeswährung durch den Wechselkurs dividiert, geht man grob davon aus, dass der Wert einer Währungs-

Tab. 6.1 Pro-Kopf-BIP im Jahr 2020 in laufenden internationalen US-Dollar

Land	Pro-Kopf-BIP
Luxemburg	117.846 $
Singapur	98.520 $
Irland	93.350 $
Qatar	89.968 $
Bermuda	80.829 $
Schweiz	71.745 $
Cayman Islands	71.594 $
Vereinigte Arabische Emirate	66.771 $
Brunei	65.612 $
San Marino	63.420 $

Quelle: Weltbank, https://data.worldbank.org/indicator/ NY.GDP.PCAP.PP.CD?most_recent_value_desc=true

einheit im Wert eines US-Dollars in den USA und außerhalb der USA die gleiche Kaufkraft hat. Das ist jedoch nicht der Fall. Häufig sind Güter außerhalb der USA „billiger", was dazu führt, dass das BIP des Auslands zu gering eingeschätzt wird. Deshalb wird ein Korb von Konsumgütern erfunden und in Landeswährung bepreist. Wenn dieser Korb in einem US-Supermarkt für 100 US-Dollar und in einem Supermarkt in Belize, einem kleinen Land in Mittelamerika, für 25 B$ in Landeswährung (Belize-Dollar) verkauft würde, dann würde der Kaufkraftparitätskurs 4 Belize-Dollar für einen US-Dollar betragen. Der tatsächliche Wechselkurs beträgt 2 Belize-Dollar für einen US-Dollar, aber in Bezug auf die Kaufkraft kann man mit einem US-Dollar in Belize 100 % mehr kaufen, so dass das BIP für Belize nach oben angepasst wird.

6.2   Sparen als nicht verausgabtes Einkommen

Die Volkswirtschaftliche Gesamtrechnung (VGR) ist eine theoretische Konstruktion, die aus Definitionen (auch Identitäten genannt) besteht. Wir haben zum Beispiel gesehen, dass das BIP aus der Wertschöpfung bei der Produktion von Konsumgütern, Investitionsgütern und vom Staat verbrauchten Gütern plus Exporte minus Importe besteht. Das Konzept des BIP ist keine Theorie, sondern eine Definition. Die tatsächliche Höhe des BIP hängt weitgehend von der Art und Weise ab, wie die verschiedenen Komponenten, aus denen das BIP besteht, gemessen werden und was gemessen wird.

Das BIP und das (nationale) Sparen

Ein weiteres theoretisches Konzept ist das des Sparens. Betrachten wir die Weltwirtschaft als Ganzes (keine Exporte, keine Importe), so kann das weltweite BIP (Y) wie folgt ermittelt werden:

$$Y = C + I + G$$

Diese Sichtweise wird von der Ausgabenseite her eingenommen. Alle produzierten Güter gehen mit dem Teil, der die Wertschöpfung ausmacht, in das BIP ein, unabhängig davon, ob diese Güter für den Konsum (C), die privaten Investitionen (I) oder die Staatsausgaben (G) verwendet werden. (Nationales) Sparen ist definiert als nicht ausgegebenes
Einkommen. Da private Investitionen nicht durch Einkommen, sondern auch durch Schulden oder den Abbau von Geldvermögen finanziert werden, ist das nicht ausgegebene Einkommen gleich dem Gesamteinkommen (Y) abzüglich des Konsums (C) und der Staatsausgaben (G):

$$S = Y - C - G$$

Setzt man die makroökonomische Identität in die obige Gleichung ein, so ergibt sich:

$$S = C + I + G - C - G$$

… was sich reduziert auf:

$$S = I$$

Die privaten Investitionen (I) sind gleich dem (nationalen) Sparen (S), das (nationale) Sparen (S) ist gleich den privaten Investitionen (I). Auch dies ist das Ergebnis der Art und
Weise, wie das BIP definiert ist und nicht das Ergebnis irgendeiner Theorie. Die Gleichung
$I = S$ ist eine weitere Identität und muss immer wahr sein. Es kann kein Ungleichgewicht
zwischen Sparen und Investitionen in dem Sinne geben, dass das Sparen höher ($S > I$) oder
niedriger als die Investitionen ($S < I$) ist. Die einzige Möglichkeit, dass die Ersparnis nicht
gleich den Investitionen ist, liegt in Fehlern bei der empirischen Messung. Die Messung
privater Investitionen ist nicht einfach – aber die Messung des Sparens ist noch schwieriger.
Sparen ist definiert als Einkommen, das nicht ausgegeben wird. Es stellt eine Flussgröße dar. Ersparnisse – im Plural – sind eine Bestandsgröße, da sie das akkumulierte
Einkommen beschreiben, das zu einem bestimmten Zeitpunkt (wie dem 31. Dezember
2023) nicht ausgegeben wurde. Wenn wir über das BIP und die Makroökonomie sprechen,
sprechen wir gewöhnlich über die Flussgröße des Sparens. Der größte Teil des Sparens
findet normalerweise innerhalb der Haushalte und Unternehmen statt. Die Haushalte erhöhen ihr Nettovermögen durch Sparen. Dabei sparen reiche Haushalte relativ gesehen mehr
als arme Haushalte, weisen also eine höhere Sparquote auf (Dynan et al. 2000) Unternehmen streben nach positiven Gewinnen und Cashflow. Allerdings können sie auch Phasen
mit Verlusten überleben (durch steigende Verschuldung oder Abbau von Vermögen).
Es ist nicht einfach, verlässliche Informationen über Veränderungen des Nettovermögens von Haushalten und Unternehmen zu erhalten. Viele Unternehmen müssen zwar ihre
Gewinne ausweisen, können aber häufig die Rechnungslegungsvorschriften nutzen, um
Gewinne zu verschieben oder zu niedrig auszuweisen (legal oder illegal). Die privaten
Haushalte geben nur ihr Einkommen an, wenn es um die Besteuerung geht. Ihre Ausgaben
sind keine öffentlichen Informationen. Genau wie Unternehmen können auch Haushalte
teilweise ihr Einkommen ins Ausland verschieben, sodass das gemeldete Einkommen, das

den Steuergesetzen entspricht, nicht mit unserer Definition von Einkommen und damit auch nicht mit der des Sparens übereinstimmen muss. Datensätze zum Nettovermögen haben in der Regel den Fehler, dass es keine Daten für die extrem Reichen gibt, da sie die von den Forschern entworfenen Umfragen nicht zurückschicken.

Sparen = Investition

Zurück zur Theorie: Die Gleichheit von Sparen und Investitionen lässt sich auch durch die Untersuchung von Bilanzen verstehen. Wir gehen davon aus, dass ein Unternehmen eine Investition, wie den Bau einer kleinen Fabrik, durch einen Bankkredit finanzieren möchte. Wir gehen in zwei Schritten vor. Zunächst wird ein Kredit aufgenommen. Zweitens werden die Guthaben für die Investition ausgegeben. Die Entstehung des Kredits sieht aus wie in Tab. 6.2.

Die Variablen Sparen und Investitionen bleiben unverändert. Sparen ist Einkommen, das nicht ausgegeben wird, und bis jetzt wurde noch kein Einkommen ausgegeben, um zu existieren. Investitionen sind Ausgaben für Investitionsgüter, und bis jetzt wurden noch keine Bankguthaben ausgegeben. Dies ändert sich, wenn das Unternehmen einen Haushalt dafür bezahlt, die kleine Fabrik zu bauen. Die neue Bilanz ist in Tab. 6.3 dargestellt.

Die Fabrik gilt als Investition, sodass die privaten Investitionen um 100.000 € gestiegen sind. Gleichzeitig hat ein Haushalt durch den Bau der Fabrik ein zusätzliches Einkommen von 100.000 € erzielt. Dieses Einkommen wird erstmal nicht ausgegeben; daher steigen die Ersparnisse um 100.000 €. Somit sind sowohl die privaten Investitionen als auch die Ersparnisse um 100.000 € gestiegen, sodass die Definition gültig ist. Da beide gleichzeitig steigen und sinken, stellt sich die Frage der Kausalität nicht. Sie sind eine direkte Folge des Kaufs von Kapitalgütern durch Unternehmen und Haushalte. Sparen ist quasi der buchhalterische Schatten der privaten Investitionen, wie der kanadische Ökonom Basil Moore einst bemerkte (*engl.*: „Saving is the accounting record of investment").

Veränderungen der Bestände

Der einzige Fall, in dem ein Anstieg des Sparens einen Anstieg der Investitionen verursacht, hat mit der Verbuchung von Bestandsveränderungen zu tun. Als die VGR entwickelt

Tab. 6.2 Kreditvergabe der Bank. Eigene Tabelle

Bank			
Kredit	100.000 €	Guthaben	100.000 €
Firma			
Guthaben	100.000 €	Kredit	100.000 €

Tab. 6.3 Kauf der Fabrik. Eigene Tabelle

Firma			
Fabrik	100.000 €	Kredit	100.000 €
Haushalt			
Einlagen	100.000 €	Nettovermögen	100.000 €

wurde, stellte sich die Frage, was mit den Waren und Dienstleistungen geschehen soll, die in dem betreffenden Zeitraum zwar produziert, aber nicht verkauft wurden.

Die Lösung bestand darin, die Bestandsveränderungen durch eine Änderung der privaten Investitionen zu berücksichtigen. Das bedeutet, dass die Entscheidung des privaten Sektors, keine Ausgaben zu tätigen (eine bestimmte Anzahl von Einlagen), zu einem Anstieg der Lagerbestände führen kann, wenn ein Unternehmen überrascht wird und nicht alles verkauft, was in diesem Zeitraum produziert wurde. Dies ist ein ziemlich normales Merkmal einer kapitalistischen Wirtschaft, da die meisten Unternehmen die meiste Zeit über positive Lagerbestände haben. Nur im Rahmen dieses Beispiels kann Sparen zu Investitionen führen. Dabei handelt es sich jedoch nicht um die Investitionen, die für eine langfristige Produktivitätssteigerung erforderlich sind, sondern vielmehr um ein Zeichen für enttäuschende Verkäufe oder eine Erhöhung der Lagerbestände durch optimistische Unternehmen, die erwarten, dass sie in Zukunft mehr verkaufen werden.

Schlussfolgerung
Das Bruttoinlandsprodukt erfasst alle Transaktionen von Gütern und Dienstleistungen, die auf Märkten für Geld verkauft werden. Die Erfassung dieser Güter und Dienstleistungen erfolgt über Schätzungen. Die Nachfrage nach Güter und Dienstleistungen bestimmt dabei das Angebot. Was produziert wird, aber nicht verkauft wird, landet im Lagerbestand. Dieser wird zu den privaten Investitionen gezählt, die ansonsten die Kapitalgüter und Immobilieninvestitionen umfassen.

Die makroökonomischen Größen Ersparnis und (private) Investitionen müssen identisch sein. Dies ergibt sich aus der Buchhaltung. Wenn ein Unternehmen Investitionen tätigt, erzeugt dies dort eine Erhöhung der Nettoausgaben. Das muss zwangsläufig irgendwo anders die Nettoeinkommen und damit die Nettoersparnis erhöhen. Investitionen und Ersparnis werden also im wesentlichen durch die Höhe der privaten Investitionen determiniert, da ein Wirtschaftssubjekt von sich aus investieren kann, aber nicht sparen. Gespart werden kann nur, wenn Ausgaben anderswo ein Einkommen erzeugen, welches dann nicht verausgabt und somit gespart wird. Wirtschaftssubjekte können also Sparwünsche haben und diese je nach Lage der Wirtschaft erfüllen. Ob investiert werden kann, hängt davon ab, ob genügend Geld vorhanden ist oder beschafft werden kann durch die Veräußerung von Vermögen oder den Aufbau von Verschuldung oder eine Kombination.

Über die Jahrzehnte hat sich die Berechnung des BIP gewandelt. So machen heute finanzielle Dienstleistungen einen immer größeren Teil aus, während sie noch in den 1970er-Jahren nicht in das BIP Eingang fanden (Assa 2016). Die Unterscheidung zwischen Wertschöpfung und Wertabschöpfung sollte in Bezug auf das BIP eine größere Rolle spielen (Mazzucato 2019). Dies gilt insbesondere dann, wenn die Beseitigung von Umweltschäden oder die Anpassung an negativen Klimawandel zu einem höheren BIP führt. Andererseits erscheint es alleine schon aufgrund der steigenden Ungleichheit angezeigt, das BIP als Maßstab fallenzulassen (Stiglitz et al. 2018). So führen beispielsweise höhere Mieten zu einem höheren Konsum und entsprechend einem höheren BIP, wobei die Verteilungswirkung sehr wahrscheinlich gesellschaftlich ungewollt sein kann.

Zusammenfassung

- Das BIP ist eine Messgröße, die seit der Großen Depression verwendet wird, um sich ein Bild von der Größe der Wirtschaft zu machen.
- Der Ausgabenansatz für das BIP ist auch als makroökonomische Identität bekannt ($Y = C + I + G + EX - IM$).
- Das Geld wird für Waren und Dienstleistungen ausgegeben, wobei die Produktion durch das BIP gemessen wird.
- Für die Gesamtwirtschaft ist das Sparen die buchhalterische Erfassung der Investitionen.
- Bestandsveränderungen stellen private Investitionen dar, die jedoch gering sind. ◄

Fragen

- Was ist der Unterschied zwischen dem BIP und dem BSP?
- Warum hat man begonnen, das BIP zu berechnen?
- Was misst das BIP?
- Warum ist das Sparen der buchhalterische Nachweis für die Investitionen?
- Was ist der Unterschied zwischen Sparen und Ersparnis?
- Was sind die Triebkräfte für Veränderungen beim Sparen?

Übungen

- Diskutieren Sie, ob das BIP ein guter Indikator für den Wohlstand einer Gesellschaft ist.
- Wie hängt die Schöpfung (und Vernichtung) von Geld mit der Makroökonomie (BIP) zusammen?
- Diskutieren Sie den Zusammenhang zwischen privaten Investitionen und Sparen.

Literatur

Assa, Jacob (2016), *The Financialization of GDP: Implications for economic theory and policy*, Taylor and Francis Group

Blades, Derek und Francois Lequiller (2014), *Understanding National Accounts: Second Edition*, OECD Publishing, https://www.oecd.org/sdd/UNA-2014.pdf, abgerufen am 31.3.2023

Byrne, Stephen, Thomas Conefrey und Michael O'Grady (2021), Box C: The Disconnection of GDP from Economic Activity Carried out in Ireland, *Irish Central Bank Quarterly Bulletin* October 2021, S. 28–32

Dynan, Karen E., Jonathan Skinner und Stephen P. Zeldes (2000), Do the Rich Save More?, https://www.federalreserve.gov/pubs/feds/2000/200052/200052pap.pdf, abgerufen am 31.3.2023

Keynes, John Maynard (1933), From Keynes to Roosevelt: our recovery plan assayed; The British Economist Writes an Open Letter to the President Finding Reasons, in Our Policies, for Both Hopes and Fears, New York Times Dec 31, 1930, https://www.nytimes.com/1933/12/31/archives/from-keynes-to-roosevelt-our-recovery-plan-assayed-the-british.html, abgerufen am 31.3.2023

Mazzucato, Mariana (2019), *Wie kommt der Wert in die Welt?: Von Schöpfern und Abschöpfern*, Campus Verlag

Ritter, Lawrence (1963), An Exposition of the Structure of the Flow-of-Funds Accounts, *The Journal of Finance* 18(2), 219–230

Stiglitz, Joseph, Jean-Paul Fitoussi und Martine Durand (2018), *Beyond GDP: Measuring What Counts for Economic and Social Performance*, OECD Publishing, https://doi.org/10.1787/9789264307292-en, abgerufen am 31.3.2023

Die Zahlungsbilanz

7

Zusammenfassung

In diesem Kapitel wird die Zahlungsbilanz vorgestellt, welche Transaktionen zwischen in- und ausländischen Bürgern erfasst. Sie ist ein statistischer Datensatz und immer ausgeglichen. Die Leistungsbilanz, die Kapitalbilanz und die Kapitalbilanz summieren sich auf null. Nettoimporteure verbrauchen mehr, als sie produzieren, und reduzieren dabei ihr finanzielles Nettovermögen. Nettoexporteure verbrauchen weniger, als sie produzieren, und erhöhen ihr finanzielles Nettovermögen. Ganz ähnlich funktionieren die sektoralen Salden.

Die Zahlungsbilanz ist die Statistik, die alle Transaktionen zwischen Inländern und Ausländern enthält. Sie beruht auf einer Anleitung zu ihrer Erstellung (BEA 1990), IMF 2009). Diese bestehen aus Zahlungen und auch aus Transaktionen von Waren und Dienstleistungen. Die Zahlungsbilanz blickt immer zurück. Sie ist eine Statistik über das, was geschehen ist und erfasst sowohl den internationalen Waren- und Dienstleistungsverkehr als auch den internationalen Geldverkehr. Geld steht im Mittelpunkt, da Güter und Dienstleistungen sowie finanzielle (Aktien und Anleihen usw.) und nicht finanzielle Vermögenswerte (Immobilien, Unternehmen usw.) gewöhnlich mit Geld gekauft werden. Die Zahlungsbilanz basiert auf einem Flussgrößenkonzept, das die Transaktionen während eines bestimmten Zeitraums misst. Der Standard ist ein Zeitraum von einem Jahr, meist vom 1. Januar bis zum 31. Dezember. Eine Zahlungsbilanz wird üblicherweise für einem Nationalstaat, wie die Bundesrepublik Deutschland, erstellt. Es macht aber ebenfalls Sinn, eine Zahlungsbilanz für eine Währungszone zu erstellen. Für die deutsche Zahlungsbilanz werden alle Transaktionen zwischen deutschen Bürgern und nicht-deutschen Bürgern (Ausländern) erfasst. Die Zahlungsbilanz gibt also Auskunft über die internationalen Transaktionen der Bürger eines Landes mit dem Rest der Welt. Sie ist eine buchhalterische Übung, keine Theorie. Während die Theorie die Fakten erklärt, hält die Buchhaltung die Fakten fest.

Aus inländischer Sicht sind Exporte insofern Verluste, als die im Ausland verkauften Waren und Dienstleistungen auch im Inland hätten konsumiert werden können. Das ist nicht immer schlecht. Viele Länder exportieren Primärgüter wie Bananen oder Kaffee, sie könnten wahrscheinlich nicht alle diese Güter selbst verbrauchen. Dennoch sind Exporte Verluste, wenn die Zahlungsbilanz aus einer realen Perspektive betrachtet wird. Der Sinn einer Wirtschaft besteht darin, (reale) Güter und Dienstleistungen für den inländischen Verbrauch zu produzieren, die dann konsumiert werden können. Durch den Export eines Teils der Produktion werden die für den Konsum verfügbaren Waren und Dienstleistungen verringert. Exporte sind per Definition Importe auf der Empfängerseite. In einer Geldwirtschaft gibt es keinen Mechanismus, der dazu führt, dass Exporte und Importe betragsmäßig (in Euro) gleich hoch sind.

Die reale Sicht

Aus dieser Sicht sind Importe ein Gewinn für die heimische Wirtschaft. Sie ermöglichen einen Konsum über das hinaus, was produziert wurde. Im Extremfall könnte eine Volkswirtschaft nichts produzieren und alles, was konsumiert wird, importieren. Das ist bei einigen winzigen Inselstaaten fast der Fall, wo die Touristen hauptsächlich Importe bezahlen und konsumieren. Eine wichtige Frage ist dabei, wie die Importe bezahlt werden. Wenn der ausländische Verkäufer Euro akzeptiert, können deutsche (bzw. europäische) Haushalte, Unternehmen und Behörden (auf Bundes- und Kommunalebene) alles kaufen, was von diesen Verkäufern angeboten wird. Die weit verbreitete Akzeptanz des US-Dollars ist als „exorbitantes Privileg" bekannt – eine Wortschöpfung, die in den 1960er-Jahren vom damaligen französischen Finanzminister Valéry Giscard d'Estaing geprägt wurde.

In vielen Ländern können inländische Akteure ausländische Waren und Dienstleistungen mit ihrer eigenen Währung kaufen. Nur die Verkäufer, die die Waren importiert haben, benötigen ausländische Währung. Sie müssen die inländische Währung in Euro, US-Dollar oder eine andere Währung tauschen, die vom ausländischen Verkäufer akzeptiert wird. Dies sollte den Wechselkurs nach unten treiben. In der Realität ist es aber nicht so einfach. Ländern mit Handelsbilanzdefiziten haben in der Regel keine abwertenden Währungen, da die Wechselkurse hauptsächlich durch Finanztransaktionen bestimmt werden. Diese haben wenig mit dem Handel von Gütern und Dienstleistungen zu tun. Länder mit einem Handelsbilanzdefizit zeigen, dass sie mehr aus anderen Ländern importiert haben, als sie an diese verkauft haben.

Die finanzielle Sicht

Mit der realen Perspektive verbunden ist die finanzielle Perspektive des internationalen Handels. Der Exporteur erhält einen Zufluss von Nettofinanzvermögen, in der Regel Bankguthaben. Dies ist für den Exporteur positiv, da es den Erwerb von realen oder finanziellen Ressourcen in der Zukunft oder die (Rück-)Zahlung von Steuern und Schulden ermöglicht. Bei den Importen verzeichnen die Importeure einen Abfluss von Nettofinanzvermögen. Häufig werden Bankguthaben ausgegeben, wodurch sich die Guthaben auf diesen Konten verringern. Es kann sogar in den negativen Bereich getrieben werden, was eine Schuld gegenüber der Bank darstellt.

Während dem Staat das Geld nicht ausgehen kann, wenn er seine eigene Landeswährung verwendet, gerät der private Sektor irgendwann in eine brenzlige Lage. Irgendwann ist es nicht mehr möglich, die Verschuldung zu erhöhen. Ein Handelsbilanzdefizit, das mit einem Anstieg der Verschuldung von privaten Haushalten oder Unternehmen einhergeht, ist also nicht nachhaltig. Irgendwann wird der private Sektor seine Schulden zurückzahlen müssen. Außerdem könnten inländische Banken bei ausländischen Banken verschuldet sein, wahrscheinlich in Fremdwährung. Sie würden Schwierigkeiten haben, die erforderlichen Devisen zu beschaffen, um ihre Schulden zurückzuzahlen. Dies ist weniger ein Problem in den USA, wo die meisten Importe mit US-Dollar gekauft werden, als vielmehr in anderen Ländern, wo die Importe ebenfalls in US-Dollar bezahlt werden, die Zentralbank aber keine US-Dollars schöpfen kann.

Defizit schlecht, Überschuss gut?
Häufig werden Handelsdefizite als schlecht angesehen. Das ist jedoch zu einfach. Wie wir gesehen haben, erweitern die Importe die Konsummöglichkeiten über die Produktion hinaus. Es ist daher möglich, dass ein Handelsbilanzdefizit (oder Leistungsbilanzdefizit) bei gleichzeitiger Vollbeschäftigung besteht. Im April 2000 lag die Arbeitslosenquote in den USA bei 3,8 % und die Handelsbilanz bei − 2,93 % des BIP. Normalerweise korreliert eine sinkende Arbeitslosenquote mit einem steigenden Handelsbilanzdefizit. Dies geschieht, weil mehr Beschäftigung zu höheren Einkommen und mehr Konsum führt. Ein Teil des Konsums fließt in die Importe, die dadurch steigen und das Handelsbilanzdefizit erhöhen.

In den 2010er-Jahren war dies jedoch nicht der Fall. Die Handelsbilanz blieb während des gesamten Jahrzehnts bei etwa − 2,5 % des BIP, während die Arbeitslosigkeit von 9,8 % im Januar 2010 auf 3,6 % im Dezember 2019 sank. Die Handelsbilanzdefizite in den USA können also mit einer hohen Arbeitslosigkeit einhergehen und haben dies auch getan. Wenn Arbeitsplätze ins Ausland verlagert werden und keine neuen Arbeitsplätze im Inland geschaffen werden, haben die Arbeitsräfte in den USA ein Problem. Es wird Arbeitslosigkeit geben, wenn kein Sektor seine Ausgaben erhöht. Überschussländer stehen vor einem anderen Problem. Wenn ein großer Teil der Produktion ins Ausland verkauft wird, wie es Deutschland, China und Japan tun, verringern sich die Konsummöglichkeiten im Inland. Wenn die „internationale Wettbewerbsfähigkeit" dabei durch eine Verlangsamung des Lohnwachstums oder eine Abschwächung des Wechselkurses gewonnen wurde, dann haben wir wieder ein Verteilungsproblem.

Einkommen, Importe und Exporte
Wir können die Volkswirtschaft auch aus dem Blickwinkel des Einkommens betrachten. Löhne und Gehälter machen einen großen Teil der Wirtschaft aus, Unternehmensgewinne einen anderen. Wir gehen davon aus, dass die Löhne von den Arbeitnehmern ausgegeben

werden, während die Gewinne gespart werden. Würden die Löhne langsamer steigen, könnten die Unternehmen ihre Preise senken und mehr Produkte verkaufen. Dies würde bedeuten, dass die Gewinne steigen. Die Höhe des Gewinns pro verkauftem Produkt bliebe konstant, aber der niedrigere Preis würde zu einer höheren verkauften Produktion führen. Gleichzeitig wären die Löhne relativ niedriger. Die Kaufkraft der Arbeitnehmer würde nicht im gleichen Maße wie die Produktion ansteigen. Dies würde bedeuten, dass die Unternehmen ihre Waren und Dienstleistungen über den Export absetzen müssten. Ein Rückgang des Lohnwachstums kann also zu einem Anstieg der Exporte führen, ohne dass die Importe steigen. Dies führt zu einer Verschiebung der Einkommen von Löhnen zu Gewinnen in den Wirtschaftssektoren, die am internationalen Handel beteiligt sind. Es funktioniert nur unter der Annahme, dass Gewinne zumindest teilweise in nicht ausgegebenes Einkommen fließen. Wenn hingegen die Gewinne wieder in die Wirtschaft zurückfließen würden, entstünde kein Mangel an gesamtwirtschaftlicher Nachfrage.

Lässt man die Nominallöhne im Vergleich zu denen der Handelspartner sinken (schwächer ansteigen), erhöht sich die internationale Wettbewerbsfähigkeit, da die Preise für Waren und Dienstleistungen relativ niedriger sind als zuvor. Dies erhöht die Produktion und damit das BIP. Es gibt jedoch noch einen weiteren Effekt. Wenn man die Löhne langsamer steigen lässt, schadet das der Binnennachfrage. Die Unternehmen werden weniger Waren und Dienstleistungen im Inland verkaufen. Dies schadet der Produktion und Beschäftigung. Der Nettoeffekt ist theoretisch unklar. Wenn eine Volkswirtschaft sehr viel ins Ausland exportiert, könnte der Exporteffekt auf die Nachfrage überwiegen. Wenn jedoch die Inlandsnachfrage wichtiger ist, überwiegt der Verlust der Inlandsnachfrage. Für die USA ist das Bild recht eindeutig. Die Exporte machen im Jahr 2020Q3 nur 9,3 % des BIP aus. Dies ist ein relativ niedriger Wert im Vergleich zu anderen Industrieländern wie Kanada, dem Vereinigten Königreich (beide 31,6 %), Frankreich (31,8 %), Japan (18,5 %) oder Deutschland (46,9 %) Der Inlandsverbrauch macht etwa zwei Drittel des BIP aus. Das bedeutet, dass ein langsameres Lohnwachstum in den USA wahrscheinlich mehr schaden als nützen würde. In Deutschland sähe das anders aus, wobei allerdings die Exporte nur so lange gut laufen, wie das Ausland seine Verschuldung erhöhen kann (Jonas und Kominek 2017, S. 698). In der Eurozone ist dies problematisch, weil staatliche Defizite durch den Stabilitäts- und Wachstumspakt sowie den Fiskalpakt begrenzt werden.

Bevor wir uns näher mit der Zahlungsbilanz befassen, gibt es noch einen weiteren Punkt zu erörtern. Viele Kommentatoren fragen sich, ob Länder wie Griechenland, Spanien oder die USA in der Lage sein werden, ihr Leistungsbilanzdefizit weiterhin zu „finanzieren". Diese Frage ist jedoch nicht berechtigt. In der Zahlungsbilanz werden Transaktionen der Vergangenheit erfasst. Wenn für die ein Land die Einfuhren höher sind als die Ausfuhren, bedeutet dies, dass die Wirtschaftseinheiten mehr aus dem Ausland kaufen konnten, als sie an Ausländer verkauft haben. Das ist eine Tatsache. Alle Zahlungen wurden bereits getätigt. Es gibt keine Möglichkeit, das Leistungsbilanzdefizit oder die Importe im Nachhinein zu „finanzieren" oder deren zukünftige Finanzierung zu sichern.

7.1   Die Zahlungsbilanz für die Bundesrepublik Deutschland

Tab. 7.1 zeigt die Zahlungsbilanz der Bundesrepublik Deutschland für die Jahre 2019, 2020 und 2021. In der Zahlungsbilanz werden alle Transaktionen zwischen Inländern und Ausländern erfasst, und nur diese. Sie besteht aus drei verschiedenen Konten plus der Veränderung der Währungsreserven, die in der Summe Null ergeben:

Leistungsbilanz
+ Vermögensänderungsbilanz
+ Kapitalbilanz
+ statistische Diskrepanz
= 0

Leistungsbilanz
Der Saldo der Leistungsbilanz ergibt sich aus den Exporten von Gütern und Dienstleistungen abzüglich der Importe zuzüglich des Nettoprimär- und Sekundäreinkommens. Das Primäreinkommen setzt sich zusammen aus den Erträgen für die Bereitstellung von Arbeitskräften, die im Ausland beschäftigt sind, wobei die Erträge in das Inland transferiert wurden, sowie aus den Erträgen, die mit dem Besitz von finanziellen und anderen nicht

Tab. 7.1 Die deutsche Zahlungsbilanz in Mrd. Euro, 2019–21

	2019	2020	2021
I. Leistungsbilanz	262,9	328,7	265,3
1. Warenhandel	215,5	190,0	192,4
Einnahmen	1303,7	1186,8	1367.4
Ausgaben	1088,3	996,9	1175,0
Außenhandel	224,0	180,4	172,8
- Exporte	1328,2	1206,9	1375,4
- Importe	1104,1	1026,5	1202,6
2. Dienstleistungen	−18,1	2,7	0,3
- Reiseverkehr	−45,9	−14,7	−21,9
3. Primäreinkommen	115,4	98,8	126,6
- Vermögenseinkommen	115,5	97	126,1
4. Sekundäreinkommen	−49,8	−52,7	−54,1
II. Vermögensänderungsbilanz	−0,9	−5,8	−1,4
III. Kapitalbilanz	186,3	216,5	314,7
1. Direktinvestitionen	75,6	−3,5	101,8
2. Wertpapieranlagen	69,7	42,9	255,1
3. Finanzderivate	24,5	96,3	61,0
4. Übriger Kapitalverkehr	17,1	80,9	−135,0
5. Währungsreserven	−0,5	−0,1	31,9
IV. Statistische Diskrepanz	−75,7	−16,4	50,9

Quelle: Deutsche Bundesbank, Monatsbericht März 2022

produzierten Vermögenswerten verbunden sind. Dies ist die eine Seite eines Austauschs. Beispiele für Primäreinkommen sind Überweisungen gebietsfremder Arbeitnehmer sowie Ein- und Auszahlungen im Zusammenhang mit Kapitalerträgen. Sekundäreinkommen beziehen sich auf Transfers, wenn die Inländer Waren, Dienstleistungen, Einkommen oder Finanzposten ohne Gegenleistung bereitstellen oder erhalten. Dies ist wie ein Zuschuss oder ein Geschenk.

Vermögensänderungsbilanz

Die Vermögensänderungsbilanz ist eine sehr undurchsichtige Kategorie. In Deutschland beläuft sie sich im Durchschnitt auf etwa ein bis zwei Milliarden Euro, ist also nicht sehr groß. Die Vermögensänderungsbilanz hat zwei Unterkonten: nicht produzierte Sachvermögen und Vermögensübertragungen. Zu den Vermögensübertragungen gehören der Schuldenerlass und die Transfers von Migranten (Waren und finanzielle Vermögenswerte, die Migranten bei der Ausreise oder Einreise ins Land begleiten). Außerdem gehören zu den Vermögenstransfers die Übertragung von Eigentumsrechten an Anlagegütern und die Übertragung von Mitteln im Zusammenhang mit dem Verkauf oder Erwerb von Anlagegütern, Schenkungs- und Erbschaftssteuern, Erbschaftssteuern, nicht versicherte Schäden an Anlagegütern und Vermächtnisse. Nicht produzierte Sachvermögen sind der Verkauf und Erwerb von z. B. Rechten an natürlichen Ressourcen, und der Verkauf und Erwerb von immateriellen Vermögensgütern, wie z. B. Patenten, Urheberrechten, Warenzeichen, Konzessionen und Leasingverträgen. Das bedeutet, dass alle anderen „Kapital"-Transaktionen, die Investitionen in finanzielle Vermögenswerte betreffen, in den nächsten Abschnitt fallen.

Kapitalbilanz

Diese Kategorie umfasst Direktinvestitionen, Wertpapieranlagen, Finanzderivate, den übrigen Kapitalverkehr und die Währungsreserven. Direktinvestitionen bedeuten, dass eine Investition getätigt wurde, die dem Management eines Unternehmens in einer ausländischen Volkswirtschaft die volle Kontrolle oder einen erheblichen Teil davon (in der Regel definiert als mehr als zehn Prozent des Unternehmens) gibt. Bei den Wertpapieranlagen werden die Transaktionen mit finanziellen Vermögenswerten (außer Direktinvestitionen und Währungsreserven) erfasst. Die beiden Hauptkomponenten sind Dividenden und Schuldverschreibungen (Anleihen und Geldmarktpapiere). Finanzderivate (mit Ausnahme von Währungsreserven) sind an ein anderes spezifisches Finanzinstrument, einen Indikator oder eine Ware gebunden. Sie ermöglichen den Handel mit spezifischen finanziellen Risiken.

Der übrige Kapitalverkehr ist eine Restkategorie. Sie umfasst vier Arten von Instrumenten: Bargeld und Einlagen, Handelskredite, Darlehen und sonstige Forderungen und Verbindlichkeiten. Währungsreserven sind ausländische Finanzaktiva, die von den Währungsbehörden kontrolliert werden; sie werden aus verschiedenen Gründen gehalten, die beispielsweise mit der Stabilisierung der Wechselkurse zusammenhängen. Währungsreserven sind nicht zu verwechseln mit Reserven, bei denen es sich um Einlagen der Banken bei der Zentralbank handelt.

Bilanz der Zahlungsbilanz

Im 12-Monatszeitraum bis Dezember 2021 betrug der Saldo der Leistungsbilanz der Bundesrepublik Deutschland 265,3 Mrd. €, der Saldo der Kapitalbilanz − 6,2 Mrd. USD und der Saldo der Kapitalbilanz 314,7 Mrd. €, wobei die statistische Diskrepanz 50,9 Mrd. € beträgt. Alles zusammengezählt ergibt sich in der Zahlungsbilanz ein Wert von Null. Das liegt daran, dass jede Transaktion zwei Seiten hat. Bei korrekter Erfassung wäre die statistische Diskrepanz gleich Null, aber die statistischen Daten sind nicht exakt. Umgangssprachlich spricht man von einem Zahlungsbilanzdefizit, wenn ein Land tatsächlich ein Leistungsbilanzdefizit hat. Um es noch einmal zu sagen: Die Zahlungsbilanz als solche muss aufgrund der doppelten Buchführung ausgeglichen sein. Jedem Vermögenswert muss irgendwo im System eine Verbindlichkeit gegenüberstehen, jeder gekauften Ware und Dienstleistung muss eine erhaltene Zahlung entsprechen, jeder Kauf eines finanziellen Vermögenswertes eine geleistete Zahlung. Das Handbuch des Internationalen Währungsfonds (IWF 2009) erhält detailliertere Beschreibungen zu den einzelnen Posten.

7.2 Sektorale Salden

Ein Blick auf die sektoralen Salden zeigt, dass auch ausländische Bürger Geld für inländische Waren und Dienstleistungen (und Vermögenswerte) ausgeben. Außerdem geben inländische Bürger Geld für Waren und Dienstleistungen (und Vermögenswerte) ausländischer Bürger aus. Wir können uns nun die Wirtschaft aus der deutschen Sicht so vorstellen, dass sie aus drei Sektoren besteht:

- dem privaten Sektor
- dem öffentlichen Sektor
- dem externen Sektor

Der private Sektor besteht aus Haushalten und Unternehmen, der öffentliche Sektor aus der Regierung (nationale Bundesebene sowie untere Ebenen), der externe Sektor aus dem Rest der Welt (sowohl privat als auch öffentlich). Warum diese Unterteilung gewählt wurde, wird im weiteren Verlauf dieses Kapitels deutlich werden. Es sollte bereits hier darauf hingewiesen werden, dass der Schwerpunkt auf Veränderungen der finanziellen Nettoverschuldung liegt. Unternehmen und private Haushalte können bankrott gehen, aber die deutsche Bundesregierung, die den Euro verwendet, nicht – zumindest solange nicht, wie die EZB sie unterstützt. Wie auch beim BIP sind die sektoralen Salden eine Identität. Sie sind eine Definition und somit keine eigenständige Theorie. Die grundlegenden Gleichungen, auf denen sie aufbauen, sind die oben erörterte makroökonomische Identität und die Definition des privaten Sparens (S_p) als „Einkommen (Y), das nicht für Konsum (C) oder Steuern (T) ausgegeben wird":

$$Sp = Y - C - T$$

Die obige Gleichung kann umgestellt werden, um Y auf der linken Seite zu isolieren:

$$Y = C + T + Sp$$

Daraus ergibt sich die bekannte makroökonomische Identität (siehe letztes Kapitel):

$$Y = C + I + G + (EX - IM)$$

… welche von der Gleichung darüber subtrahiert folgendes ergibt:

$$0 = 0 + T + Sp - I - G - (EX - IM)$$

Dies kann umgewandelt werden in:

$$(Sp - I) + (T - G) + (IM - EX) = 0$$

Die sektoralen Salden, welche von Wynne Godley weiterentwickelt wurden (Godley 1999; Godley und Wray 2000; Lavoie und Zezza 2012), ergeben sich aus unseren Definitionen von BIP und privatem Sparen. Bei näherer Betrachtung offenbaren sie ihre wirtschaftliche oder vielmehr finanzielle Bedeutung: Die Veränderung der finanziellen Nettoverschuldung aller Sektoren eines bestimmten Zeitraums summiert sich immer zu Null!

Finanzielle Nettoverschuldung in der Wirtschaft
Mit anderen Worten und im Detail besagt die obige Gleichung, dass die Veränderung der Nettoersparnis (oder der finanziellen Nettoverschuldung) des privaten Sektors ($S_p - I$) plus die des öffentlichen Sektors ($T - G$) plus die der übrigen Welt ($IM - EX$) gleich Null ist. Die Veränderung der Nettoersparnis des privaten Sektors wird durch die Veränderung der privaten Ersparnis und der privaten Investitionen bestimmt. Ein Anstieg der privaten Ersparnis und ein Rückgang der privaten Investitionen erhöhen somit das finanzielle Nettovermögen des privaten Sektors.

▶ *Definition: Ein Sektor mit positiven (negativen) finanziellen Nettoersparnissen wird als Überschusssektor (Defizitsektor) bezeichnet.*

Das Konzept der Veränderung des finanziellen Nettovermögens ist dem der Leistungsbilanz oder der Kapitalbilanz insofern ähnlich, als dass es Ströme in beide Richtungen gibt, die sich nicht vollständig aufheben. Es verbleibt ein positiver (Überschuss) oder negativer Saldo (Defizit). Genau wie bei den Zahlungsbilanzkonzepten betrachten wir die Vergangenheit – alle Variablen sind bereits festgelegt, es gibt keine „beweglichen Teile". Eine Folge davon ist, dass jeder Überschuss durch ein entsprechendes Defizit ausgeglichen worden ist (Vergangenheit!). Abb. 7.1 zeigt die sektoralen Finanzierungssalden für Deutschland. Der private Sektor (hellgrau) hat meist einen Überschuss erzielt. Der öffentliche Sektor (schwarz) wies fast immer ein Defizit auf, bis sich die Lage in den 2010er-Jahren deutlich veränderte in Richtung Überschüsse. Der externe Sektor (dunkelgrau) wies fast durchweg ein Defizit aus, weil das Ausland mehr aus Deutschland gekauft hatte als es nach Deutschland verkaufte.

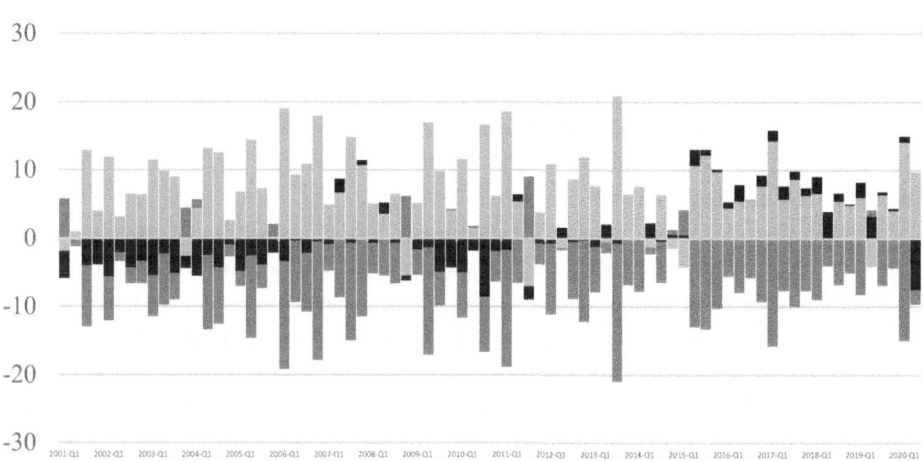

Abb. 7.1 Sektorale Salden, Deutschland, in Prozent vom BIP, privater Sektor (hellgrau), öffentlicher Sektor (schwarz), externer Sektor (dunkelgrau). (*Quelle: ADB*, https://covid19policy.adb.org/sector-financial-balances)

Tab. 7.2 Öffentliches Defizit und privater Überschuss. Eigene Darstellung

Sektor	$(S_p - I)$	$(T - G)$	$(IM - EX)$
Zeichen	+	-	0

Öffentliche Defizite und privater Reichtum
In den sektoralen Bilanzen wird sehr häufig ein öffentliches Haushaltsdefizit ausgewiesen. Warum ist das so? Die Staatsausgaben liegen in der Regel über den Steuereinnahmen. Diese Differenz führt zu zusätzlichen Nettoverbindlichkeiten des Staates in Form von Staatsanleihen. Geht man der Einfachheit halber davon aus, dass die Handelsbilanz ausgeglichen ist, so ergibt sich die folgende Tabelle (Tab. 7.2):

Das Haushaltsdefizit des öffentlichen Sektors wird durch den Überschuss des privaten Sektors ausgeglichen. Der Saldo impliziert keine Kausalität. Er ist lediglich ein Spiegelbild der Veränderungen der Einnahmen und Ausgaben der jeweiligen Sektoren in der Vergangenheit. Da jede Ausgabe auch als Einnahme verbucht wird, fanden beide Veränderungen gleichzeitig statt. Deshalb ist es falsch zu sagen, dass z. B. der Anstieg der Nettoersparnisse des privaten Sektors durch ein öffentliches Defizit „finanziert" wurde. Richtig wäre es zu sagen, dass der Anstieg der Nettoersparnis des privaten Sektors dem Anstieg der Nettofinanzverbindlichkeiten des Staates entspricht.
Betrachtet man nur die jeweiligen Vorzeichen, so ist es unmöglich zu verstehen, was genau zu dem öffentlichen Defizit und dem privaten Überschuss geführt hat. Der Impuls könnte vom öffentlichen oder privaten Sektor oder von beiden ausgehen. Vielleicht hat die Regierung die öffentlichen Ausgaben erhöht – oder die Steuersätze gesenkt? Oder der

Privatsektor hat als Folge einer sich abzeichnenden Rezession weniger Steuern gezahlt? Oder er verringerte die privaten Investitionen, als der Immobilienboom an Fahrt verlor? Natürlich ist auch jede Kombination der oben genannten Möglichkeiten möglich, mit weiteren Erklärungen darüber, wie diese oder jene Variable sich verändert hat.

Die Gefahren der Aggregation
Die Aggregation einzelner (mikro-)wirtschaftlicher Einheiten wie Haushalte und Unternehmen zu umfassenden makroökonomischen Einheiten wie dem privaten Sektor ist mit einem erheblichen Informationsverlust verbunden. So bedeutet beispielsweise ein Anstieg der Nettoersparnisse des privaten Sektors nicht, dass alle Einheiten des privaten Sektors einen Anstieg ihrer Nettoersparnisse verzeichnen. Es gibt wahrscheinlich einige Einheiten, deren Nettoersparnisse sinken, vielleicht sogar sehr schnell oder um einen großen Betrag. Da Haushalte und Unternehmen zum privaten Sektor aggregiert werden, könnte sich hinter einem Anstieg (Rückgang) der Nettoersparnisse ein Rückgang (Anstieg) der Nettoersparnisse bei den Haushalten verbergen, der durch den Anstieg (Rückgang) der Nettoersparnisse im Unternehmenssektor überkompensiert wird.

Ein weiteres Problem der Aggregation ist die Ungleichheit innerhalb der Aggregate. Nicht alle Unternehmen machen Gewinne, auch wenn die Nettoersparnis der Unternehmen insgesamt positiv ist. Einige Unternehmen können Verluste machen, was aber nicht bedeutet, dass dies ein Problem sein muss. Viele Unternehmen machen Verluste, wenn sie relativ jung sind oder wenn sie investieren, um ihre Gewinne später zu steigern. Solange der Markt erwartet, dass die künftigen Gewinne ausreichen, um alle Verbindlichkeiten (Zinsen und Tilgung) zu begleichen, können und werden diese Unternehmen überleben. Dasselbe gilt für die Haushalte, von denen viele Defizite aufweisen können, während der Sektor als ganzes einen Überschuss aufweist.

Wer bestimmt die Höhe der öffentlichen Defizite?
Manchmal streben die Regierungen ein bestimmtes öffentliches Defizit oder einen Überschuss an. Ein genauerer Blick auf das öffentliche Defizit ($T - G$) zeigt, dass die Realität komplexer ist. Sicherlich verabschiedet die Regierung einen Haushalt, der dann einen Teil der Staatsausgaben (G) bestimmt, wobei der verbleibende Anteil von den bestehenden Institutionen abhängt. Ein weiterer Teil der Staatsausgaben wird durch die allgemeine Wirtschaftslage bestimmt. In Ländern mit einem Wohlfahrtsstaat, der die Bürger in Zeiten des wirtschaftlichen Abschwungs unterstützt, steigen die Staatsausgaben in Zeiten schwachen Wirtschaftswachstums an, da die Wohlfahrts- (oder Transfer-)Zahlungen anlaufen. Es werden Arbeitslosenunterstützungen gezahlt, Unterkünfte für diejenigen bereitgestellt, die ihr Zuhause verloren haben, und andere Zahlungen geleistet.

Auf der anderen Seite hängen die Steuereinnahmen auch von der Wirtschaftslage ab. In einer Hochkonjunktur sind die Ausgaben hoch und damit auch die Steuereinnahmen. In einer Hochkonjunktur nimmt die Beschäftigung relativ schnell zu, sodass die von den Arbeitnehmern gezahlten Steuern steigen. Da die Haushalte einen Teil ihres Einkommens für Konsumgüter ausgeben, steigen auch die Einnahmen aus der Mehrwertsteuer. Wenn die Gewinne ebenfalls hoch sind, zahlen auch die Unternehmen mehr Steuern. Der Staat kann also nicht kontrollieren, wie viele Steuern gezahlt werden. Er sollte daher auch nicht für das öffentliche Defizit verantwortlich gemacht werden. Es liegt außerhalb seiner Kontrolle.

Wie wir oben gesehen haben, gibt es für Länder, die ihre eigene Währung verwenden, kein Problem der „fiskalischen Nachhaltigkeit" bei steigender Staatsverschuldung, solange diese in eigener Währung denominiert ist (Wray 2019b). Auch der deutschen Bundesregierung kann das Geld nicht ausgehen, solange die EZB sie durch den Anlauf von Staatsanleihen auf dem Sekundärmarkt unterstützt. Diese stellt sicher, dass die Regierung ausgeben kann, was immer sie beschlossen hat. Nicht alle Länder haben eine solche Regelung. Einige verwenden fremde Währungen anstelle ihrer eigenen, wie Ecuador in Lateinamerika, das den US-Dollar verwendet.

Nettoexporte und privater Wohlstand

In der nachstehenden Tabelle wird davon ausgegangen, dass der Staat einen ausgeglichenen Haushalt führt, sodass die Zunahme der Nettoersparnisse des privaten Sektors dem Leistungsbilanzüberschuss (IM < EX) entspricht, der die Veränderung der Nettoersparnisse der übrigen Welt darstellt (Tab. 7.3).

Auch hier lässt sich allein aus der Betrachtung der sektoralen Salden keine Aussage über die Kausalität treffen. Es gibt viele mögliche Erklärungen dafür, warum die Vorzeichen so sind, wie sie sind. Wir können nicht sagen, dass der Handelsbilanzüberschuss die Nettoersparnis des privaten Sektors finanziert, da die Bilanzierung parallel erfolgte. Jeder Export führt zu einem Zufluss von Nettogeldvermögen und damit zu privaten Nettoersparnissen. Außerdem kann man aus dem Umstand, dass der Haushaltssaldo des Staates gleich Null ist, nicht schließen, dass der Staat beim Zustandekommen des Endergebnisses der sektoralen Salden keine Rolle gespielt hat. Stellen Sie sich zum Beispiel ein Land vor, in dem die Regierung versucht, Einkommen von den Löhnen auf die Gewinne zu verlagern. Sie könnte die Steuern, die die Arbeitnehmer belasten, wie die Mehrwertsteuer, erhöhen und die Steuern auf Gewinne senken.

Umverteilung und Konsum

Die Umverteilung der Kaufkraft von relativ armen auf relativ reiche Haushalte könnte sich auch auf den Konsum auswirken. Untersuchungen zeigen, dass reiche Haushalte in der Regel einen geringeren Anteil ihres Einkommens für den Konsum ausgeben als ärmere Haushalte. Dies bedeutet, dass die Binnennachfrage nach Konsumgütern sinkt. Wenn die

Tab. 7.3 Privater Überschuss und ein Defizit im externen Sektor. Eigene Darstellung

Sektor	$(S_p - I)$	$(T - G)$	$(IM - EX)$
Zeichen	+	0	–

Unternehmen in der Lage sind, ihre Lagerbestände an Ausländer zu verkaufen, indem sie ihre relativen internationalen Preise senken, dann werden die Exporte steigen und damit die Leistungsbilanz verbessern. Die materielle Lage der Arbeitnehmer würde sich dadurch sicherlich nicht verbessern.

Parallel zum Leistungsbilanzüberschuss eines Landes steigen auch die finanziellen Nettoverbindlichkeiten der übrigen Welt. Dies ist eine direkte Folge der Art und Weise, wie wir in einer modernen monetären Weltwirtschaft Geschäfte machen. Wir erwerben Waren und Dienstleistungen mit Geld in Form von Bankguthaben (meistens) und Bargeld (manchmal). Wenn jemand mehr ausgibt als er einnimmt, dann können wir feststellen, dass sich für diese Person die finanziellen Nettoverbindlichkeiten erhöhen oder, was dasselbe ist, anders gesagt, das Nettofinanzvermögen sinkt.

Für die sektoralen Salden spielt es keine Rolle, ob die Exporte zu einer Zunahme der Verbindlichkeiten oder zu einer Abnahme der Vermögenswerte für den Rest der Welt führen. Die Salden erfassen nur die Einnahmen und Ausgaben, nicht aber die Art und Weise, wie die Käufe finanziert wurden. Wenn wir uns für die Einzelheiten interessieren, können wir die Zahlungsbilanz heranziehen, in der die Verringerung der Auslandsaktiva und die Erhöhung der Auslandsverbindlichkeiten in verschiedenen Kategorien erfasst werden, sodass wir uns ein besseres Bild von den Vorgängen machen können.

Nachhaltigkeit von Handelsbilanzdefiziten
In Ländern mit einem Handelsbilanzdefizit verfügen die Inländer über weniger finanzielle Vermögenswerte. Der private und der staatliche Sektor können über Jahre hinweg ein Defizit aufweisen. Das bedeutet, dass ihre Nettoverschuldung im Laufe der Zeit zunimmt. Wird dies in Zukunft zu Problemen führen, da die Schulden nicht ewig weiter steigen können? (Tab. 7.4)

In der obigen Tabelle haben wir angenommen, dass das Land ein Leistungsbilanzdefizit hat, sodass ($IM - EX$) positiv ist und beide inländischen Sektoren mehr ausgeben als sie einnehmen. Das bedeutet, dass die Nettofinanzverschuldung des privaten Sektors ebenso zunimmt wie die Nettofinanzverschuldung des öffentlichen Sektors. Kann die Verschuldung in diesen beiden Sektoren immer weiter ansteigen? Um diese Frage beantworten zu können, müssen wir wissen, welche Art von Schulden nachhaltig ist und welche nicht.

Wie wir in den Kapiteln 3 bis 5 gesehen haben, ist die öffentliche Verschuldung – sofern sie in inländischer Währung aufgenommen wurde – vor Zahlungsausfall sicher, die private Verschuldung hingegen nicht. Die privaten Haushalte können bis zu einem gewissen Grad Nettoschulden aufnehmen, die Unternehmen jedoch nicht. Beide können also ihre Schuldenlast nicht unbegrenzt erhöhen.

Tab. 7.4 Defizite in den inländischen Sektoren und ein Überschuss im externen Sektor. Eigene Darstellung

Sektor	($S_p - I$)	($T - G$)	($IM - EX$)
Zeichen	−	−	+

Globale Ungleichgewichte

Die so genannten globalen Ungleichgewichte betreffen die Handelsbilanzungleichgewichte einiger der größten Länder der Weltwirtschaft. Während der Zeit des Bretton-Woods-Systems mit festen Wechselkursen (1946–1971) waren die Leistungs- und Handelsbilanzen meist ausgeglichen. Im 21. Jahrhundert, mehr als 50 Jahre nach dem Ende des Bretton-Woods-Systems, haben die USA ein großes Leistungsbilanzdefizit und andere Länder (wie Deutschland, Japan oder China) entsprechende Leistungsbilanzüberschüsse. Die sektoralen Bilanzen der USA sahen in den frühen 2000er-Jahren ungefähr so aus wie in Tab. 7.5.

Das Handelsbilanzdefizit der USA muss Gegenposten in der übrigen Welt haben, da jeder US-Import als Export anderswo verbucht werden muss. Ein US-Handelsbilanzdefizit bedeutet, dass die inländischen Sektoren der USA ihre finanzielle Nettoverschuldung erhöht haben. In diesem Fall ist es der öffentliche Sektor, der den Anstieg der Schulden zu tragen hat. Defizite im öffentlichen und im externen Sektor werden auch als Zwillingsdefizite bezeichnet. Auch hier wäre es interessant, etwas über die Kausalität zu sagen. Man könnte denken, dass die US-Regierung (teilweise) für Waren aus, sagen wir, China bezahlt hat, indem sie Staatsanleihen übergab, aber das wäre sowohl vereinfachend als auch falsch. Die Realität ist etwas komplizierter, denn es sind mehr Akteure beteiligt, um dieses merkwürdige Ergebnis herbeizuführen.

China und die USA

Chinesische Produkte sind im Vergleich zu US-Produkten relativ billig, weshalb die US-Verbraucher sie nachfragen. Sie bezahlen in den Supermärkten mit US-Dollar und haben somit einen Anreiz, diese Produkte von chinesischen Exporteuren zu kaufen, wobei sie in der Regel mit Hilfe ihres Bankkontos in den USA bezahlen. Ein großer Teil des sino-amerikanischen Handels läuft über Walmart. (Etwa 80 % der Walmart-Zulieferer befinden sich in China.) Der chinesische Exporteur erhält somit eine Gutschrift, da die Anzahl der Guthaben bei seiner jeweiligen Bank in den USA steigt. Das Problem des Exporteurs besteht nun darin, dass die Kosten in chinesischen Renminbi und nicht in US-Dollar entstanden sind. Außerdem wurden in den 2000er-Jahren private Unternehmen in China gezwungen, ihre Fremdwährungsbestände bei der chinesischen Zentralbank in Renminbi umzutauschen. Das bedeutet, dass die USD-Guthaben des Exporteurs weg sind, nachdem er die Bank angewiesen hat, sie auf das Konto der Sonderverwaltung für Devisen (Special Administration for Foreign Exchange – SAFE) zu übertragen, die die Anlage der chinesischen Devisenreserven überwacht. Stattdessen erhält der Nettoexporteur Renminbi-Einlagen bei seiner chinesischen Bank, was die Rückzahlung der Schulden ermöglicht, die er zur Finanzierung der Produktion verwendet hat.

Tab. 7.5 Defizite in den inländischen Sektoren und ein Überschuss im externen Sektor. Eigene Darstellung

Sektor	$(S_p - I)$	$(T - G)$	$(IM - EX)$
Zeichen	0	−	+

SAFE verfügt über ein Konto bei der US-amerikanischen Zentralbank, der Federal Reserve Bank. Das bedeutet, dass die von dem chinesischen Exportunternehmen genutzte US-Bank Reserven auf dieses Konto überweisen muss. Die Reserven werden dann angelegt. SAFE hält die Investition in Staatsanleihen und andere öffentliche Finanzanlagen für eine kluge Entscheidung, da das Ausfallrisiko gleich Null und der Zinssatz zu diesem Zeitpunkt positiv war. Die Chinesen erhöhten also ihre Bestände an US-Staatsanleihen, die letztlich durch die Gewinne der chinesischen Exporteure finanziert wurden. SAFE kauft zwar US-Staatsanleihen, aber die US-Bundesregierung finanziert sich nicht durch Anleiheeinnahmen. Wie wir gesehen haben, gibt die US-Bundesregierung zuerst Geld aus, später erst besteuert sie und verkauft Anleihen. Für die US-Regierung spielt es keine Rolle, wer ihre Anleihen letztendlich kauft oder wie, wo und wann sie gekauft werden. Aus diesem Grund hat China keine finanzielle Macht über die US-Regierung (Wray 2019a).

Hätten die US-Verbraucher alternativ dazu US-amerikanische Waren und Dienstleistungen gekauft, dann wäre ihr Gesamteinkommen mit dem Anstieg des Konsums gestiegen. Dies hätte die Nettoersparnisse des privaten Sektors nicht unberührt gelassen, da höhere Löhne und mehr Käufe von Konsumgütern höhere Steuern an den Staat hätten zahlen müssen. Vielleicht wäre das Haushaltsdefizit der US-Regierung in diesem Fall gleich Null oder sogar positiv gewesen. Allerdings geben die USA ihre eigene Währung aus. Ihre Regierung muss keinen Haushaltsüberschuss anstreben. Heute ist ein US-Leistungsbilanzdefizit das Ergebnis des internationalen Handels (der nicht „frei" ist, da es viele, viele Institutionen gibt, die die Preise und Wechselkurse beeinflussen) und der internationalen Kapitalströme sowie der Entscheidungen der großen Akteure (wie SAFE).

Infolgedessen kann die heimische US-Wirtschaft mehr Waren und Dienstleistungen konsumieren, als sie produziert. Um dies zu kompensieren, ziehen es die Ausländer (hier: SAFE) vor, US-Finanzanlagen zu halten, anstatt die Wirtschaftspolitik zu nutzen, um die Leistungsbilanz in einen Überschuss zu verwandeln. China hat seinen Handelsbilanzüberschuss um 2010 herum abgebaut, indem es die Nominallöhne relativ schnell erhöht hat, wodurch die Importe gestiegen sind und mehr Produkte für den inländischen Gebrauch verwendet wurden, die ansonsten exportiert worden wären. Im Jahr 2019, also vor der Pandemie und dem Ukraine-Krieg, waren die Länder mit dem größten Leistungsbilanzüberschuss Deutschland (273 Mrd. $), Japan (185 Mrd. $) und China (141 Mrd. $). Ölexporteure wie Saudi-Arabien (47 Mrd. USD), der Iran (12 Mrd. USD) oder Venezuela (4 Mrd. $) stehen hinter den Exporteuren von Industriegütern an zweiter Stelle. 2022 standen aufgrund der gestiegenen Energiepreise Russland und Saudi-Arabien dann auf Platz 2 und 4 dieser Rangliste, während Deutschland auf Platz 3 abrutschte.

Sektorale Salden und Arbeitslosigkeit

Wie wir gesehen haben, wird die Höhe der Arbeitslosigkeit durch das nicht ausgegebene Einkommen bestimmt. Die drei Sektoren könnten versuchen, ihre finanzielle Nettoposition zu verbessern (das finanzielle Vermögen zu erhöhen oder die finanziellen Verbindlichkeiten zu verringern), indem sie weniger ausgeben. Wenn alle drei Sektoren dies gleichzeitig versuchen, bricht die Wirtschaft wegen des Mangels an Nachfrage zusammen. Da die Veränderung der Nettoersparnis eines Sektors durch die beiden anderen ausgeglichen werden muss, ist es unmöglich, in allen drei Sektoren gleichzeitig einen Überschuss zu erzielen. Wenn der Rest der Welt beschließt, weniger von ihrem Einkommen (für US-Waren und -Dienstleistungen) auszugeben, dann gleichen die beiden inländischen Sektoren – der private und der öffentliche – diesen negativen Impuls aus, indem ihre jeweilige finanzielle Nettoersparnis sinkt.

Die Arbeitslosigkeit hängt mit Veränderungen bei Produktion und Einkommen zusammen. Wenn weniger verkauft wird, wird auch weniger produziert. Dann werden auch weniger Arbeitskräfte benötigt. Diese Arbeitskräfte sind dann unfreiwillig arbeitslos und es gibt keine Tendenz im Wirtschaftssystem, die Anzahl der in der Wirtschaft verfügbaren Arbeitsplätze zu erhöhen. Im nächsten Kapitel werden wir anhand eines grafischen Modells untersuchen, wie diese drei Sektoren zusammenwirken und wie sich die Wirtschaft in Bezug auf Produktion und BIP, Beschäftigung und Inflation, finanzielle Nettosalden der drei Sektoren und die daraus resultierende Frage, ob der Wachstumspfad nachhaltig ist, entwickelt.

Schlussfolgerung

Die Zahlungsbilanz erfasst die internationalen Transaktionen. Sie ist eine Statistik und darf nicht verwechselt werden mit einem Modell. Auch hier gelten die Regeln der doppelten Buchführung: jede Einzahlung ist auch eine Auszahlung, jeder Export ein Import. Weltweit summieren sich Zahlungen genauso wie internationaler Handel (Exporte minus Importe) auf null. Das gilt auch für die sektoralen Salden. Sie zeigen die Veränderung der finanziellen Nettoersparnis. In den nächsten Kapitel wird erklärt, wie die Salden der Sektoren zu interpretieren sind.

Länder, deren Exporte die Importe übersteigen, leben unter ihren Verhältnissen (Kaczmarczyk 2022; Nölke 2021). Sie könnten mehr konsumieren und würden so den Zufluss von finanzieller Nettoersparnis reduzieren. Länder, die mehr importieren als exportieren, leben über ihren Verhältnissen. Allerdings kann es sein, dass der Appetit des Rests der Welt auf beispielsweise US-amerikanische Staatsanleihen diese Situation über Jahrzehnte stabilisieren kann. China profitiert davon, sehr viel in die USA zu exportieren, denn dies lockt viele multinationale Unternehmen an. Diese bringen ihre Technologie nach China mit. So entsteht mehr Beschäftigung in China in gut bezahlten industriellen Sektoren. Zudem werden die Güter in China billiger, denn die Transportkosten entfallen, wenn Importe durch einheimische Produktion ersetzt werden. Es gibt also gute Gründe sowohl für einen Handelsbilanzüberschuss wie auch für ein Handelsbilanzdefizit.

Zusammenfassung

- Die Zahlungsbilanz erfasst Transaktionen zwischen in- und ausländischen Bürgern.
- Sie ist ein statistischer Datensatz, der auf der Idee beruht, dass alle Transaktionen (Geldströme) erfasst werden.
- Die Leistungsbilanz, die Kapitalbilanz und die Kapitalbilanz sind ausgeglichen.
- Ein Leistungsbilanz- oder Handelsbilanzüberschuss ist nicht besser als ein Defizit.

- Nettoimportländer verbrauchen mehr, als sie produzieren, und verschenken Nettofinanzvermögen.
- Nettoexportländer verbrauchen weniger, als sie produzieren, und erwerben Nettofinanzvermögen.
- In den sektoralen (finanziellen) Salden werden alle Zahlungen erfasst, die bei der Berechnung des BIP (Ausgabenansatz) verbucht werden.
- Die Veränderung des Nettofinanzvermögens aller drei Sektoren zusammen muss gleich Null sein.
- Es ist normal, dass der öffentliche Sektor ein Defizit aufweist, während der private Sektor einen Überschuss erzielt. ◄

Fragen

- Welche Art von Informationen liefert die Zahlungsbilanz?
- Warum ist es nicht möglich, ein Handelsbilanzdefizit zu finanzieren, wie es in der Zahlungsbilanz ausgewiesen wird?
- Was ist die Ursache für einen Handelsbilanzüberschuss (-defizit)?
- Warum ist die Zahlungsbilanz ausgeglichen?
- Ist ein Handelsbilanzüberschuss besser als ein Defizit?

Übungen

- Schreiben Sie auf, wie die Zahlungsbilanz der Bundesrepublik Deutschland für das letzte verfügbare Jahr aussieht.
- Erörtern Sie die Entwicklung der sektoralen Bilanzen in Deutschland in den 2010er-Jahren zwischen den beiden Rezessionen. Erläutern Sie, welchen Einfluss die der Immobilienboom hatte.
- Warum wird die US-Regierung nicht von China finanziert, obwohl das Land viele Jahre lang der größte ausländische Inhaber von Staatsanleihen war?
- Ist ein Land mit Nettoimporten ein Land mit geringer „internationaler Wettbewerbsfähigkeit"? Verwenden Sie das Beispiel der USA für Ihre Antwort.
- Ein Nettoexportland gewinnt finanzielles Nettovermögen gegenüber dem Rest der Welt. Was ist der Nachteil und warum ist das wichtig?

Literatur

Bureau of Economic Analysis (1990), The balance of payments of the United States – Concepts, Data Sources and Estimating Procedures, https://apps.bea.gov/scb/pdf/INTERNAT/BPA/Meth/bopmp.pdf, abgerufen am 31.3.2023

Godley, Wynne (1999), Seven Unsustainable Processes, Jerome Levy Economics Institute of Bard College Special Report, http://www.levyinstitute.org/publications/seven-unsustainable-processes, abgerufen am 31.3.2023

Godley, Wynne und L. Randall Wray (2000), Is Goldilocks Doomed?, *Journal of Economic Issues* 34(1), 201–206

International Monetary Fund (2009), Balance of Payments and International Investment Position Manual, 6th edition, https://www.imf.org/external/pubs/ft/bop/2007/bopman6.htm, abgerufen am 31.3.2023

Jonas, Jan und Ondrej Kominek (2017), Sectoral Balances and Stock-Flow Consistent Models, *Journal of Economic Integration* 32(3), 689~722

Kaczmarczyk, Patrick (2022), *Kampf der Nationen: Wie der wirtschaftliche Wettbewerb unsere Zukunft zerstört*, Westend

Lavoie, Marc und Gennaro Zezza (2012), *Selected Writings of Wynne Godley*, Palgrave

Nölke, Andreas (2021), *Exportismus: Die deutsche Droge*, Westend

Wray, L. Randall (2019a), Does America Need Global Savings to Finance Its Fiscal and Trade Deficits?, American Affairs 3(1), https://americanaffairsjournal.org/2019/02/does-america-need-global-savings-to-finance-its-fiscal-and-trade-deficits/, abgerufen am 31.3.2023

Wray, L. Randall (2019b), Reexamining the Economics of Costs of Debt, Congressional Statement by L. Randall Wray at the Hearing before the House Budget Committee, Nov 20 2019, https://www.congress.gov/116/meeting/house/110240/witnesses/HHRG-116-BU00-Wstate-WrayL-20191120.pdf, abgerufen am 31.3.2023

Ein makroökonomisches Modell

8

Zusammenfassung

In diesem Kapitel wird ein makroökonomisches Modell vorgestellt. Es gibt dabei endogene Variablen, die vom Gesamteinkommen abhängen, und exogenen Variablen, welche gegeben sind. Im Zentrum der Betrachtung stehen die sektoralen Salden, also die Veränderung der finanziellen Nettoersparnis des privaten, öffentlichen und externen Sektors. Ein Aufschwung auf Basis privater Investitionen wird bis zur Rezession durchgespielt. Die Bundesregierung kann durch höhere Ausgaben die Wirtschaft stabilisieren und so für Vollbeschäftigung und Preisstabilität sorgen.

Nachdem wir die Bilanzen und ihre Aggregationen verstanden haben, ist es nun an der Zeit, sich einem (grafischen) makroökonomischen Modell zuzuwenden (Ehnts 2014). Das Verständnis der modernen Geldtheorie, einschließlich des fiskalischen Teils, bedeutet nicht, dass wir die Zukunft vorhersagen oder Vorhersagen für die Zukunft auf der Grundlage von Ereignissen in der Vergangenheit treffen können. Wenn wir die Entwicklung der Wirtschaft vorhersagen wollen – unter bestimmten Annahmen darüber, wie sich bestimmte Variablen entwickeln werden – müssen wir das Verhalten hinzufügen. Kurz gesagt, Makroökonomie ist nichts anderes als Buchhaltung und Verhalten. Historisch gesehen war der Zweck jeglicher Theorie die Analyse von Problemen oder die Erklärung des jetzigen Zustands als entweder gesellschaftliches Optimum oder Minimum (Kurz 2022; Sandelin et al. 2014). Hier beschäftigen wir uns mit der Analyse. Die Bewertung des Ist-Zustandes hängt dann von dieser ab und ist nicht a priori vorgegeben.

Während sich die Bilanzen in der Buchhaltung logischerweise ausgleichen, ist es schwieriger, das Verhalten von Haushalten, Unternehmen oder Politik vorherzusagen. Wir müssen beim Übergang von der Geldtheorie zur Makroökonomik Vermutungen über Variablen anstellen, die außerhalb des Modells liegen und die nicht durch andere Variablen

D. Ehnts, *Makroökonomik*, https://doi.org/10.1007/978-3-658-41055-1_8

im Modell bestimmt werden. Das Ergebnis ist eine Szenarioanalyse. Der Maßstab ist das business-as-usual-Szenario: Was würde in naher Zukunft passieren, wenn die Variablen ihre Trends der letzten Periode(n) beibehalten? Alternativ können wir optimistische (pessimistische) Szenarien mit einem Anstieg (Rückgang) der Verbraucherstimmung, der privaten Investitionen, der Staatsausgaben oder der (Netto-)Exporte modellieren. Was wird mit der finanziellen Nettoersparnis der drei Wirtschaftssektoren geschehen, wie werden sich die Nettovermögensbestände entwickeln? Was geschieht mit dem BIP, dem Einkommen und der Beschäftigung?

Szenarienanalyse
Die Szenarien werden unterschiedliche Wahrscheinlichkeiten haben. Das business-as-usual-Szenario hat normalerweise die höchste Wahrscheinlichkeit, wenn wir die Wirtschaft von Quartal zu Quartal oder von Jahr zu Jahr betrachten und uns nicht in einer Rezession befinden. Wir wissen jedoch, dass es Aufschwünge und Abschwünge (*engl.* booms and busts), Rezessionen und Depressionen gibt. Es gibt einen so genannten Konjunkturzyklus, der Schwankungen im Wirtschaftswachstum und in der Beschäftigung beschreibt. Die Ungewissheit über die Zukunft ist also ein Grund, warum wir die Szenarioanalyse einsetzen. Wir sollten nicht so tun, als könnten wir präzise Prognosen erstellen.

Der andere Grund ist die Komplexität. Es gibt Millionen von Bilanzen, und wir kennen weder sie noch ihre Wechselwirkungen genauer. Eine einzelne Bilanz zu verstehen ist einfach, aber „ein Ganzes, das aus komplizierten oder miteinander verbundenen Teilen besteht" zu verstehen – das ist die Definition von „komplex" – ist keineswegs einfach. Daher sind Vermutungen über mögliche Szenarien die richtige Vorgehensweise. So können wir uns auf verschiedene Szenarien vorbereiten. Die Wirtschaftspolitiker können so auf neue Entwicklungen reagieren und die Wirtschaft stabilisieren. Die Wähler mögen keine hohen Arbeitslosigkeits- oder Inflationsraten. Mit den richtigen wirtschaftspolitischen (und weiteren) Maßnahmen können wir viele dieser negativen wirtschaftlichen Folgen besser vorhersagen, messen, abmildern und verhindern. Zudem kann auch begründet werden, warum Wirtschaftspolitik beispielsweise bei steigenden Energiepreisen keine kurzfristige Lösung anbieten kann.

Modelle als Abstraktionen
Bei der Verwendung von Modellen sollte klar sein, dass es sich um Abstraktionen handelt. Modelle ahmen die Realität nach, bilden sie aber nicht ab. Daher wäre es falsch zu fragen, ob ein Modell „richtig" oder „falsch" ist. Da Sprache und Mathematik bereits abstrakt sind (mein imaginärer „Hund" sieht anders aus als Ihrer), ist es unmöglich, auf diesen Grundlagen eine „Wahrheit" oder Fakten aufzubauen. Die richtige Frage lautet: „Ist dieses Modell nützlich?" Die Antwort hängt von den Fragen ab, die das Modell beantworten soll. Hail (2018, S. 11–12) schreibt: „Wie mein ehemaliger Schulleiter Colin Rogers jedoch sagt, wenn Sie versuchen, Ihren Weg durch Neuseeland zu finden, wollen sie eine vereinfachte Darstellung Neuseelands und keine Karte von Tolkiens Mittelerde als Leitfaden."

Es ist zwar eine gute Idee, ein Modell zu verwenden, um die (jüngere) Vergangenheit zu erklären, aber die Frage, ob das Modell die Zukunft vorhersagen kann, bleibt immer offen. Modelle sollten also als Instrumente oder Techniken betrachtet werden. Sie sollten sich über die angewandte Logik im Klaren sein. Das hier vorgestellte makroökonomische Modell basiert auf der Logik, dass für jeden ausgegebenen Euro auch ein Euro eingenommen wird. Die logische Struktur besteht darin, die Wirtschaft in drei Sektoren zu unterteilen. Dies geschieht, weil es als nützlich für makroökonomische Fragen erachtet wird – nicht, weil diese Struktur in irgendeiner Weise für die Konstituierung der Wirtschaft maßgebend ist. Gerade für umweltökonomische Fragen sind andere Modelle sinnvoll, welche den Einsatz von Energie und Ressourcen sehr viel detaillierter betrachten.

Im Folgenden beginnen wir mit der Schöpfung von Guthaben im monetären Teil der Wirtschaft. Zusätzliche Nettoguthaben entstehen, wenn der Staat mehr ausgibt als er Steuern einnimmt, wenn die Exporte höher sind als die Importe (einschließlich Nettozahlungen) und wenn der private Sektor mehr Investitionen tätigt als er selbst spart. Da Guthaben geschaffen werden, um ausgegeben zu werden, stellt dies den dynamischen monetären (oder finanziellen) Teil unserer Wirtschaft dar. Er basiert auf dem Geldkreislauf. Wir untersuchen auch die Verwendung der Bankguthaben. Wurden sie für Konsumgüter, Investitionsgüter (private Investitionen) oder für staatliche Ausgaben verwendet? Wurde das Gut oder die Dienstleistung importiert oder im Inland hergestellt?

Investieren um zu Sparen?

Ohne private Investitionen kann es (bei ausgeglichener Handelsbilanz) keine nationale Ersparnis geben. Sparen folgt aus der Erzielung des Einkommens – es ist der Teil, der nicht ausgegeben wird. Im dritten Abschnitt dieses Kapitels betrachten wir die Veränderung des finanziellen Nettosparens des privaten, öffentlichen und externen Sektors. Sie wird durch die Ausgaben und Einnahmen in einem bestimmten Zeitraum bestimmt. Der private Sektor ist nicht auf eine bestimmte Position ausgerichtet – er ist kein Akteur. Das Ergebnis ist als die Summe der erzielten Nettoersparnisse aller Haushalte und Unternehmen zu verstehen. Ob sie angestrebt wurden oder nicht und ob sie gewollt sind oder nicht spielt für den Moment keine Rolle. Es ist jedoch nicht möglich, unerwünschte Ersparnisse anzuhäufen – es steht jedem frei, jederzeit überschüssiges Guthaben auszugeben. Solange es Verkäufer gibt, die das Geld lieber hätten als das, was sie zum ausgehandelten Preise verkauft haben, ist niemand gezwungen, ungewollt zu sparen.

Auch der Rest der Welt ist nicht per se auf eine bestimmte Position ausgerichtet. Der endgültige Saldo muss wiederum als das Ergebnis von Millionen und wahrscheinlich Milliarden von Entscheidungen über die Ausgaben verstanden werden. Das bedeutet nicht, dass Länder keine Exportstrategien verfolgen oder versuchen, Exporte und Importe durch Zölle, Gesetze und andere Instrumente zu beeinflussen. Dennoch sind Exporte und Importe das Ergebnis von Ausgabenentscheidungen von Unternehmen, Haushalten und Regierungen. Es ist dabei nicht das Land, welches exportiert und importiert, sondern es sind die Unternehmen und vielleicht auch mal Haushalte oder der Staat.

Die finanzielle Nettoersparnis der übrigen Welt hängt von den anderen Bilanzen ab und sollte daher nicht isoliert betrachtet werden. Der öffentliche Sektor ist kohärenter als die beiden anderen, hat aber keine direkte Kontrolle über die (Steuer-)Einnahmen. Der Staat gibt zuerst aus, wobei die Ausgaben durch den Haushalt festgelegt sind. Erst dann kommen die Steuereinnahmen, je nach Position im Konjunkturzyklus und bei gegebenen Steuersätzen. Da sich alle Veränderungen der sektoralen Salden zu Null summieren, muss es Wechselwirkungen und Abhängigkeiten geben. Nicht alles kann durch das Verhalten allein gesteuert werden – einige Dinge werden durch die Buchhaltung festgelegt. Es ist sehr wahrscheinlich, dass zum Beispiel das öffentliche Defizit durch die Buchhaltung bestimmt wird. Die Regierungen auf Bundes-, Länder- und kommunaler Ebene steuern mehr oder weniger die Staatsausgaben, aber da die Besteuerung von der Lage des Konjunkturzyklus abhängt, wird das daraus resultierende Defizit oder der Überschuss durch das Steueraufkommen und somit wesentlich durch die Buchhaltung bestimmt. Das staatliche Defizit liegt also außerhalb der direkten Kontrolle des Staates und ist keine Politikvariable.

Die Sparschwemme: Wahrheit oder Fiktion?

In einer Rede im Jahr 2005 stellte Ben Bernanke, Gouverneur der US-Notenbank, seine Vorstellungen von einer weltweiten Sparschwemme vor (Bernanke 2005, vgl. auch Krämer und von Weizsäcker 2019): „Ich werde argumentieren, dass in den letzten zehn Jahren eine Kombination verschiedener Kräfte zu einem signifikanten Anstieg des weltweiten Angebots an Ersparnissen geführt hat – eine globale Ersparnisschwemme –, die dazu beiträgt, sowohl den Anstieg des US-Leistungsbilanzdefizits als auch das relativ niedrige Niveau der langfristigen Realzinsen in der Welt von heute zu erklären". Da für die Weltwirtschaft insgesamt das Sparen der buchhalterische „Schatten" für die Investitionen ist, kann ein „Anstieg des weltweiten Angebots an Ersparnissen" nur das Ergebnis eines Anstiegs der weltweiten privaten Investitionen sein. Es ist daher höchst spekulativ, dass das „Angebot an Ersparnis" irgendetwas erklären könne. Da die chinesischen Exporteure nicht gezwungen, in die USA zu verkaufen, kann es keine „Sparschwemme" geben.

8.1   Das Modell

Neue Guthaben werden durch neue Schulden und/oder den Abbau (Verkauf) von Vermögen geschaffen. Manchmal erzeugt dies Schulden für beide Seiten, wie bei Bankkrediten. Die Banken schulden die Zahlung der vereinbarten Summe, die Kreditnehmer schulden die Rückzahlung. Bei Staatsausgaben (und dazu gehört auch die Zahlung von Zinsen auf Staatsanleihen) gibt es nur eine „Schuld": Der Staat schuldet die Annahme seines Geldes für künftige Steuerzahlungen. Die Empfänger der Staatsausgaben schulden dem Staat nichts – ihre Bankguthaben nehmen zu. Mehr passiert nicht. Ihre jeweiligen Banken haben mehr Reserven.

Alle Sektoren können Guthaben schaffen. Haushalte und Unternehmen nehmen Kredite bei Banken auf oder emittieren Aktien und Anleihen (die sie technisch gesehen gegen Bankguthaben an ein Bankenkonsortium verkaufen, das sie dann an Investoren weiterverkauft), die Bundesregierung gibt über die Bundesbank (aber nicht finanziert durch sie) Geld aus und emittiert Staatsanleihen (nicht aus finanzieller Notwendigkeit, sondern aufgrund politischer Regeln der Eurozone), und der Rest der Welt tut dasselbe in einer Vielzahl verschiedener Währungen. Während private Kreditnehmer an ihre Einnahmen gebunden sind, ist das bei der Bundesregierung nicht der Fall.

Guthaben werden geschaffen, um sie später oder nach erfolgter Ausgabe (durch den Staat) auszugeben. Für den privaten Sektor ist es kostspielig, Guthaben per Kredit zu erhalten. Nur diejenigen, die Geld ausgeben wollen und nicht über genügend Bankguthaben verfügen, nehmen Kredite auf. Kredite führen zu späteren Zinszahlungen an den Kreditgeber, Anleihen zu Zinszahlungen an Inhaber der Anleihen und bzw. Dividendenzahlungen bei Aktien. Guthaben, die „ausgegeben" werden, werden in der Regel transferiert. Dabei nimmt das Guthaben der Partei, die ausgibt, ab. Das Guthaben der empfangenden Partei wird erhöht. Durch Anwendung der doppelten Buchführung wissen wir, dass die Gesamteinnahmen den Gesamtausgaben entsprechen müssen.

Es ist nicht erkennbar, wie oft ein Guthaben ausgegeben wird. Das bedeutet, dass der Zusammenhang zwischen der Schaffung von Guthaben und den Gesamtausgaben vielleicht eng, aber keineswegs stabil ist. Da die Gesamtausgaben die Produktion (BIP) und die Beschäftigung bestimmen, wäre es schön gewesen, die Bildung von neuen Guthaben so anpassen zu können, dass Vollbeschäftigung erreicht wird. Doch leider ist es nicht so einfach. Die Wirtschaft lässt sich nicht wie eine präzise mechanische Maschine steuern. Wenn wir aus irgendeinem Grund Ausgaben und Einkommen, die zwei Seiten derselben Medaille sind, erhöhen wollen, haben wir kein Instrument zur Verfügung, das präzise immer Vollbeschäftigung und Preisstabilität bei nachhaltiger Ressourcennutzung liefern würde. Wir werden auf dieses Problem später zurückkommen.

Empirische Belege

Wir wissen zwar nicht, wie oft ein neu geschaffenes Guthaben ausgegeben wird und wie viel zusätzliches Einkommen sich daraus ergeben würde, aber wir haben Daten über die Vergangenheit. Diese können wir als grobe Orientierungshilfe für die Zukunft nutzen. Wir können zum Beispiel die Veränderung der Guthabenschöpfung durch Bankkredite in der gesamten Wirtschaft über ein Jahr hinweg betrachten und diese Information dann mit der Wachstumsrate des realen BIP kombinieren.

Abb. 8.1 zeigt die jährliche Veränderung des realen BIP (schwarze Linie) und der Bankkredite bei allen Geschäftsbanken (gepunktete Linie) für die Realwirtschaft seit den 1990er-Jahren in Deutschland. Die beiden Linien korrelieren die meiste Zeit miteinander, wobei lange Phasen des Kreditwachstums parallel zur wirtschaftlichen Expansion verlaufen. Manchmal gibt es plötzliche Einbrüche bei der Kreditvergabe der Banken, die mit wirtschaftlichen Rezessionen einhergehen. Wir sehen, dass das Kreditwachstum in der Regel po-

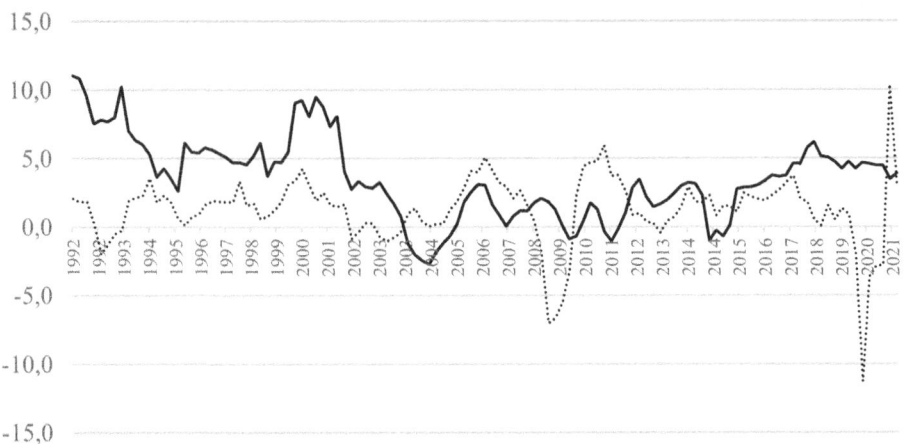

Abb. 8.1 Kredite an den privaten Sektor (ohne Finanzsektor; schwarz) und reales BIP (gepunktet), jährlich Veränderungsraten, 1992–2022. (*Quellen: Bank für internationalen Zahlungsausgleich [CRDQDEAPABIS] und EUROSTAT [CLVMNACSCAB1GQDE]*)

sitiv ist, mit Ausnahme der Jahre 2009/10 und 2020. Nach der Globalen Finanzkrise wie auch nach Beginn der Covid-19-Pandemie zahlte der private Sektor mehr Kredite zurück als er neue aufnahm. So wurden in diesem Bereich mehr Guthaben vernichtet als neue geschöpft.

In Bezug auf die Kausalität müssen wir vorsichtig sein, weil wir Variablen zu einem bestimmten Zeitpunkt betrachten. Die Landwirte beispielsweise könnten im Frühjahr einen Kredit aufnehmen und im Herbst zurückzahlen, ohne dass man es sieht. Auf der Nordhalbkugel der Erde würden die Landwirte am 31. Dezember keine offenen Schulden haben. Jährliche Daten würden daher die Landwirte übersehen, die sich Geld leihen, um zu produzieren, und diese Kredite nach der Ernte zurückzahlen.

Da die Produktion der Landwirtschaft in Deutschland eher gering ist (weniger als ein Prozent des BIP), dürfte dies für unsere Analyse jedoch nicht von Bedeutung sein. Da nicht nur Banken Guthaben schaffen können, überrascht es nicht, dass die Korrelation zwischen der Veränderung der Bankkredite und dem BIP nicht perfekt (eins) ist. Der Staat führt Nettoguthaben zu, wenn er mehr ausgibt als er an Steuern einnimmt (was ein öffentliches Defizit bedeutet). Der internationale Handel führt zu zusätzlichen Nettoguthaben, wenn die Exporte höher sind als die Importe (Handelsüberschuss).

Kann der Handel „ungleichgewichtig" sein?
Manchmal wird behauptet, der internationale Handel sei ungleichgewichtig, was bedeutet, dass einige Länder ein Handelsbilanzdefizit und andere einen entsprechenden Überschuss aufweisen würden. Es gibt jedoch nur sehr wenige Belege für die Vorstellung von „Ungleichgewichten". Viele Länder verzeichnen seit Jahrzehnten Überschüsse oder Defizite, und es scheint keinen wirtschaftlichen Mechanismus zu

geben, der die Handelsbilanz wieder auf null bringt oder das Vorzeichen umkehrt. Das ist nicht überraschend. Wenn Nicht-Inländer etwas an Deutsche verkaufen, geben die Deutschen Bankguthaben auf und erhalten dafür eine Ware oder Dienstleistung. Die Nicht-Inländer geben dieses Gut oder diese Dienstleistung ab und erhalten die Bankguthaben. Beide sind glücklich und „im Gleichgewicht".

Zusätzliche Guthaben, die in der Wirtschaft ausgegeben werden, landen bei den Verkäufern von Waren und Dienstleistungen, die Geld für das, was sie verkauft haben, bevorzugen. Zusätzliche Ausgaben führen zu einer zusätzlichen Nettoersparnis für einige einzelne Einheiten des privaten Sektors. Haushalte und Unternehmen können diese Guthaben – und die Guthaben, die sie durch die Erhöhung ihrer Verschuldung schaffen – nicht nur für den Kauf von Waren und Dienstleistungen verwenden, sondern auch für Investitionen in Finanz- oder Sachanlagen oder Steuerzahlungen.

Sparwünsche

Da das Geld in der Wirtschaft zirkuliert, treibt es die Wirtschaft an und befriedigt gleichzeitig die Sparwünsche der Haushalte und Unternehmen. In der realen Welt fließt ein Teil der Staatsausgaben in Form von Steuerzahlungen an den Staat zurück. Ein anderer Teil der Ausgaben geht an die Bürger im Ausland, wenn Importe gekauft werden. All dies schwächt den Zusammenhang zwischen Guthabenbildung, Ausgaben und Einkommen ab, da die Bankguthaben umverteilt werden. Diese werden in der Regel mit relativ niedrigen Zinssätzen verzinst. Wenn ein Haushalt in Finanzanlagen investiert, wäre etwas mit einer höheren Rendite besser. Wenn Bankguthaben zur Rückzahlung ausstehender Kredite, zum Kauf von Bankaktien oder zur Anlage in Hedgefonds oder Geldmarktfonds verwendet werden, vernichten die Eigentümer diese Guthaben. Sie werden durch die gekauften Vermögenswerte ersetzt. Die Höhe der Bankguthaben in einer Volkswirtschaft bewegt sich daher nicht nur deshalb nach oben und unten, weil die Zunahme der finanziellen Nettoverschuldung der Sektoren im Laufe der Zeit schwankt, sondern auch, weil die Öffentlichkeit eine gewisse Vorliebe dafür hat, einen Teil ihres Vermögens in Bankguthaben zu halten. Dies ist eine Portfolio- und keine Sparentscheidung.

Bankguthaben werden nicht vernichtet, wenn Haushalte und Unternehmen Häuser, Aktien, Anleihen oder Firmen von anderen Haushalten und Unternehmen kaufen. Sie werden dann innerhalb des privaten Sektors transferiert, sodass ihre Höhe unverändert bleibt. Was sich ändert, ist die Verteilung. Wenn wir eine Beziehung zwischen Guthaben und Einkommen postulieren, müssen wir immer bedenken, dass es sich dabei bestenfalls um eine Schätzung (eine Mischung aus Schätzung und Annahme) auf der Grundlage der jüngsten Daten handelt. Wir können ein Verhältnis von Einkommen zu Guthaben (oder Guthaben zu Einkommen) berechnen, aber wir sollten nicht davon ausgehen, dass dieses Verhältnis konstant ist. Niemand hat je bewiesen, dass die Vergangenheit ein verlässlicher Wegweiser für die Zukunft ist – und wahrscheinlich wird dies auch nie der Fall sein.

Theoretische Fragen

Warum betonen wir die Rolle der Guthaben im Zusammenhang mit der Makroökonomie? Warum betrachten wir nicht Bargeld oder Kreditkarten, Paypal oder Bezahlen mit dem Handy? Benutzen die Bürger diese nicht auch, um Zahlungen zu leisten, Waren und Dienstleistungen zu kaufen? In der Tat, das tun sie. Wir verwenden (immer noch) Bargeld und auch andere Zahlungsmittel. Die Fokussierung auf Guthaben soll als Vereinfachung verstanden werden. Die Guthaben sind mit den Einkommen verbunden. Dieser Zusammenhang – und nicht die Geldmenge an sich – wird betont, weil wir uns für die Nachfrage nach Gütern und Dienstleistungen interessieren.

Selbst in Ländern, in denen die Kreditaufnahme und -vergabe marktzentriert und nicht bankzentriert ist, sollte das folgende Modell eine Struktur für die Betrachtung des Verhaltens der jeweiligen Wirtschaft bieten. Die Finanzmärkte erscheinen meist sehr groß. Bei den meisten Finanztransaktionen handelt es sich jedoch um den Austausch von Vermögenswerten. Ein Akteur zahlt mit Reserven oder Guthaben und erwirbt einen finanziellen Vermögenswert und umgekehrt. Bei diesen Transaktionen werden keine Guthaben hinzugefügt, und es entstehen auch keine zusätzlichen Ausgaben. Der Finanzmarkthandel hat keine direkten Auswirkungen auf das BIP und die Beschäftigung. Seine Auswirkungen auf die privaten Investitionen sind indirekt, da der Handel die Preise verändert und die Erwartungen bestätigt (oder auch nicht).

Das bedeutet nicht, dass die Finanzmärkte keine Rolle spielen. Sie beeinflussen die Verteilung des Wohlstands, da höhere Aktien- und Immobilienpreise zu einem höheren Privatvermögen derjenigen führen, die diese Vermögenswerte besitzen. Der Einfluss der Finanzmärkte auf makroökonomische Fragen erfolgt jedoch hauptsächlich über die Höhe der privaten Investitionen, und es ist sehr schwierig zu bestimmen, wie genau die Finanzmärkte die Vermögenspreise beeinflussen. Einfache Heuristiken – Faustregeln – scheinen gut zu funktionieren, wie etwa diese des US-amerikanischen Ökonomen Herbert Stein: „Wenn etwas nicht ewig so weitergehen kann, wird es aufhören". Wenn also eine bestimmte Anlageklasse besser abschneidet als andere und einen privaten Investitionsboom auslöst, wird dieser Aufschwung wahrscheinlich irgendwann in einen Abschwung umschlagen. Wir wissen nicht, wann und wie. Aus makroökonomischer Sicht ist die interessantere Frage, welche Auswirkungen die Krise auf die Wirtschaft haben wird und wie wir Wirtschaftspolitik einsetzen können, um diese zu neutralisieren.

Inflation

In diesem makroökonomischen Modell untersuchen wir Guthaben und das nominale Einkommen. Ein Anstieg des Verbraucherpreisniveaus und der Nominallöhne würde zu einem Anstieg des Nominaleinkommens führen. Es ist unklar, wie sich das auf die Nettogeldschöpfung in der nächsten Periode auswirken wird. Werden die Menschen optimistischer sein, weil ihre Nominallöhne schneller steigen? Werden sie verstehen, dass höhere Nominallöhne, auch wenn die Kaufkraft nicht steigt (weil die Unternehmen ihre Preise erhöhen, um den Kostenanstieg an die Verbraucher weiterzugeben), die Rückzahlung bestehender

Kredite erleichtern? Das wissen wir in unserem Modell nicht, weil wir die Entwicklung der Nominallöhne nicht modellieren. Das heißt aber nicht, dass die Löhne nicht wichtig sind. Sie sind wohl die wichtigste Triebfeder für den Konsum. Da der Konsum meist den größten Teil des BIP-Kuchens ausmacht, ist die Lohnentwicklung wichtig für die Gesamtnachfrage und die Wirtschaft. Im nächsten Abschnitt werden alle Komponenten der Gesamtnachfrage ausführlicher erörtert. Dazu werden Inflation und Deflation integriert.

Einkommen und Ausgaben
Mit Hilfe der makroökonomischen Identität definieren wir das Bruttoinlandsprodukt (BIP):

$$Y = C + I + G + EX - IM$$

Das BIP (Y) entspricht der Produktion von Konsumgütern (C), Investitionsgütern (I), allen vom Staat erworbenen Gütern (G) und den Nettoexporten (EX–IM). Die Variablen auf der rechten Seite werden in ihrer Summe als auch Gesamtnachfrage bezeichnet, die Produktion auf der linken Seite der Gleichung als Gesamtangebot. Das BIP misst die Wertschöpfung der gesamten Volkswirtschaft während eines bestimmten Zeitraums. Die Gesamtausgaben entsprechen dem Gesamteinkommen, wobei die Nachfrage aus den monetären Ausgaben resultiert. Das Einkommen ergibt sich aus dem Verkauf von Waren und Dienstleistungen gegen Geld. Dies ist ein entscheidender Punkt, den es zu verstehen gilt.

Es ist die (erwartete) Nachfrage nach Produkten und Dienstleistungen, die die Unternehmen dazu veranlasst, überhaupt zu produzieren. Die Unternehmen erwarten, dass sie Gewinne erzielen können, wenn sie zu einem Preis verkaufen, der über ihren Kosten liegt, einschließlich der Zinsen für Schulden (vgl. Schumpeter 1912, Kap. 4). In der Regel schätzen sie die Nachfrage in der nahen Zukunft und passen die Produktion entsprechend an. Dabei sind sie auch willens, sich zu verschulden, sofern die erwarteten Erlöse für Zinszahlungen und Tilgung ausreichen. Dies gilt sowohl für die Produktion von Kapitalgütern (Investitionen) als auch von Konsumgütern. Im Folgenden werden die Komponenten des BIP genauer vorgestellt.

Konsum
Der Konsum hängt weitgehend vom Einkommen ab. Diese Aussage beruht auf einer Verhaltensannahme, die wiederum auf der beobachteten Realität beruht. Die meisten Menschen konsumieren einen Teil ihres Einkommens, aber nicht mehr. Wir können die Beziehung zwischen Einkommen und Konsum durch diese Formel ausdrücken:

$$C = c^* Y$$

Der Konsum C ist gleich der Konsumneigung c multipliziert mit dem Einkommen Y. Die Konsumneigung ist der Anteil des Einkommens, den ein Haushalt ausgibt. Da Haushalte in der Regel nur einen Bruchteil ihres Einkommens konsumieren und nicht mehr, können wir davon ausgehen, dass $0 <; c < 1$ gilt. Wenn zum Beispiel ein Haushalt mit einem Einkommen von 5000 € nur 4000 € für den Konsum ausgibt, dann ist die Konsumneigung 4000 €/5000 € = 0,8 oder 80 %. (Es kann dazu eine Sparneigung $s = 1 - c$ definiert

werden.) Technisch gesehen ist es möglich, dass die Haushalte mehr ausgeben als sie einnehmen, indem sie ihre Ersparnisse aus der Vergangenheit (Vermögen) aufbrauchen oder
ihre Schulden erhöhen.

Der Multiplikator

Ausgaben für Konsumgüter schaffen mehr Einkommen, mehr Einkommen führt zu mehr
Ausgaben für Konsumgüter. Wir haben eine rekursive Beziehung bzw. eine positive Rückkopplungsschleife. Je höher das Einkommen ist, desto höher ist der Konsum, was zu
einem noch höheren Einkommen führt. Und das wiederum führt zu höherem Konsum und
so weiter. Dieser Prozess wird dadurch gebremst, dass die Haushalte einen Teil ihres Einkommens nicht ausgeben: das private Sparen. Daher erwarten wir, dass die positive Rückkopplungsschleife irgendwann ausläuft und den Konsum nicht ins Unendliche treibt.

Tab. 8.1 zeigt, was mit einer Volkswirtschaft geschieht, in der das Einkommen (Delta
Y) um zehn Einheiten steigt, weil einer der nicht-konsumtiven Teile (*I*, *G*, *EX*), die das
Einkommen generieren, zugenommen hat. In der ersten Runde steigt der Konsum um 10
* 0,8 = 8, was zu einem Anstieg des Einkommens *Y* um 8 führt. Dies löst in der nächsten
Runde einen Anstieg des Konsums um 6,4 aus, was wiederum zu einem Anstieg des Einkommens *Y* um den gleichen Betrag führt. Dies setzt sich fort, bis der Konsum *C* den Wert
120 und das Einkommen *Y* den Wert 140 erreicht. Addiert man alle diese Einzelhaushalte,
so ergibt sich eine positive Beziehung zwischen Einkommen und Konsum. Wenn das Einkommen niedrig (hoch) ist, dann ist auch der Konsum niedrig (hoch).

Wir würden erwarten, dass das Verhältnis zwischen Konsum und Einkommen im Laufe
der Zeit nicht stabil ist, da ein steigender Konsum auch durch steigende Schulden (wie
Verbraucherkredite und Kreditkartenschulden) finanziert werden kann. In unserem Modell halten wir das Verhältnis konstant. Wenn sich das Verhalten der Haushalte ändert, wie
es z. B. in den USA nach 2007 der Fall war, können wir die Steilheit der Kurve anpassen,
um die Änderung des Verhältnisses von Konsum und Einkommen auszugleichen. In dem
Modell ist der Konsum eine endogene Variable, da er (gegeben die Konsumneigung *c*)
vollständig durch das Einkommen erklärt wird, wenn ein bestimmtes Verhältnis zwischen
Konsum und Einkommen gegeben ist.

Tab. 8.1 Der Multiplikator

c* Δ Y	C	Y	Δ Y
.	80	100	10
8	88	108	8
6,4	94,4	114,4	6,4
5,12	99,52	119,52	5,12
4,096	103,616	123,616	4,096
…	…	…	…
0	120	140	0

Quelle: eigene Abbildung

Private Investitionen

Private Investitionen werden als exogen modelliert – sie werden außerhalb des Modells bestimmt. Der Grund dafür ist, dass es keine gute verhaltensbezogene Erklärung gibt. Man könnte argumentieren, dass die (privaten) Investitionen steigen, wenn das BIP steigt. Unternehmen reagieren auf eine expandierende Wirtschaft mit einer Erhöhung der Produktionskapazität. Aus der VGR wissen wir jedoch, dass das BIP auch steigt, wenn die Investitionen steigen. Es handelt sich also um eine kumulative Kausalität. Wir könnten ermuten, dass ein heutiger Anstieg der Investitionen durch einen gestrigen Anstieg der Investitionen (über ein höheres BIP) verursacht wurde. Investitionsgüter werden ja gerade dazu verwendet, die Produktion auszuweiten oder neue Produktionsanlagen für Produkte oder Dienstleistungen zu errichten. Dies ist in Zeiten hoher gesamtwirtschaftlicher Nachfrage profitabler.

Wir könnten davon ausgehen, dass Unternehmen sich zu Investitionen entschließen, wenn sie Gewinne erwarten, die höher sind als jede alternative Mittelverwendung und auch höher als die Finanzierungskosten. Wenn wir Zinsen als Investitionskosten verstehen, könnten wir davon ausgehen, dass niedrige (hohe) Zinssätze zu hohen (niedrigen) Investitionsniveaus führen. Die in Abb. 8.2 dargestellten historischen Daten zeigen uns, dass diese Sichtweise zwar theoretisch möglich, aber empirisch falsch ist. Der Zins, den private Unternehmen für längerfristige Investitionen zahlen, orientiert sich meist an der Verzinsung für zehnjährige Staatsanleihen. Demnach hätte die fallenden Zinsen dazu führen müssen, dass der Anteil der Investitionen am BIP seit 1990 konstant ansteigt, doch das war nicht der Fall. Der Anteil der privaten Investitionen am BIP in den 2000er-Jahren war sogar historisch niedrig.

Abb. 8.2 Rendite der zehnjährigen deutschen Staatsanleihen (schwarz, linke Achse) und Anteil der privaten Investitionen am BIP (gestrichelt, rechts Achse). (*Quelle: OECD [IRLTLT01DEM156N] [DEUGFCFQDSMEI] [DEUGDPNQDSMEI]*)

Weitere positive Rückkopplungsschleifen

Unabhängig von der Frage, ob private Investitionen durch Schulden oder den Abbau von Vermögen finanziert werden, gilt, dass jeder Nettozuwachs an Investitionen den Betrag der Nettoguthaben in der Wirtschaft erhöht. Dadurch gelangt zusätzliche Kaufkraft in die Hände des privaten Sektors, was sich auf die nächste Investitionsrunde auswirkt. Genau wie beim Multiplikator des Konsums haben wir eine positive Rückkopplungsschleife, was bedeutet, dass ein Anstieg (ein Rückgang) der Nettoinvestitionen zu mehr (weniger) Nachfrage seitens der Haushalte führt und damit möglicherweise einen Anreiz für die Unternehmen darstellt, ihre Produktion zu erhöhen.

Es kann eine sich selbst erfüllende Prophezeiung entstehen, da der Optimismus (Pessimismus) der Vergangenheit dazu führt, dass die Wirtschaft in der Gegenwart gedeiht (stagniert). Der gesamte Prozess hängt in hohem Maße von den Erwartungen ab, was andere über die Zukunft denken werden. Werden die Menschen optimistisch sein? Dann werden die Investitionen steigen und sich selbst bestätigen – getätigte Investitionen führen zu höheren Gewinnen – und es macht Sinn, ebenfalls zu investieren. Wenn die Menschen pessimistisch sind, sind die Investitionen niedrig und damit auch die Nachfrage, was bedeutet, dass nicht alle Investitionen zu ausreichenden Gewinnen führen.

Aus betriebswirtschaftlicher Sicht spricht vieles dafür, dass dann investiert wird, wenn das Unternehmen dadurch höhere Gewinne machen kann. Nicht zu investieren ist keine Option, denn dann verliert das Unternehmen den Anschluss. Es kann nicht so viel verkaufen wie andere Unternehmen, die investiert haben. Und es ist auch nicht so günstig, weil es nicht investiert hat in eine höhere Produktivität. Vieles spricht dafür, dass Unternehmen ihre Investitionsentscheidungen in Abhängigkeit von den Investitionsentscheidungen der Konkurrenten treffen. Wesentlich ist das Vorhandensein einer ausreichenden Nachfrage nach den eigenen Gütern oder Dienstleistungen. Ist diese vorhanden, gibt es wenig Gründe, nicht zu investieren. Von daher werden höhere Zinsen (Geldpolitik) oder höhere Löhne wohl kein Grund dafür sein, dass die privaten Unternehmen weniger investieren. Schließlich steigen die Kosten ja auch bei allen Konkurrenten, und über höhere Preise können die Unternehmen die erhöhten Kosten auf die Konsumenten überwälzen.

Aus diesem Grund sind private Investitionen in diesem Modell exogen. Sie hängen von komplexen Interaktionen in einer Welt ab, in der Ungewissheit über die Zukunft herrscht, wobei die Anleger die Entscheidungen anderer Anleger in ihre eigenen Entscheidungen einbeziehen. Dies führt zu einem Herdenverhalten. Der gesamte Markt tendiert dazu, sich über längere Zeiträume in die eine oder andere Richtung zu bewegen. Wenn die Investitionen hoch (niedrig) sind, werden sie auch weiterhin hoch (niedrig) sein. Die realwirtschaftlichen Unternehmen wie auch die Banken haben im Aufschwung meist keine andere Wahl, als mitzuspielen. Andernfalls würden sie Gewinne und Marktanteile verlieren und wahrscheinlich in Schwierigkeiten geraten. Wie der CEO der Citibank Chuck Prince mit Blick auf den Immobilienboom in den USA zu Beginn des 21. Jahrhunderts sagte (FT 2007): „Aber solange die Musik spielt, muss man aufstehen und tanzen".

Staatsausgaben

Auch die Staatsausgaben sind exogen. Sie hängen nicht vom aktuellen Gesamteinkommen ab. Die Ausgabenpläne der Bundesregierung beruhen in der Regel auf dem von Bundestag unter Beteiligung des Bundesrats verabschiedeten Haushalt. Der Haushaltsplan baut üblicherweise auf dem letzten Haushaltsplan auf und ist auf die Zukunft ausgerichtet. Er enthält Angaben darüber, wie viel Geld bereitgestellt wird, um bestimmte Ziele zu erreichen, z. B. die Ausgaben für Schulen, Polizei, Kommunikationsinfrastruktur oder Straßen. Sobald der Haushalt verabschiedet ist, sind die meisten Ausgaben festgeschrieben. Nur selten ändern Regierungen ihre Ausgabenpläne, nachdem sie einmal verabschiedet sind.[1]

Je nach den Institutionen und der Politik der Regierung können die Staatsausgaben auf die Entwicklung des Gesamteinkommens reagieren. Antizyklische Finanzpolitik bedeutet, dass die Bundesregierung die Staatsausgaben in Zeiten niedriger (hoher) Nachfrage erhöht (senkt). Somit wird die Gesamtnachfrage stabilisiert (Keynes 1936). Da die Beschäftigung direkt vom BIP abhängt, wird damit auch die Beschäftigung konstant gehalten und vermieden, dass in Zeiten schwacher Nachfrage die Arbeitslosigkeit ansteigt. Wie wir oben gesehen haben, hängt ein Teil der Staatsausgaben (Arbeitslosenunterstützung usw.) von der Arbeitslosenquote und damit vom Konjunkturzyklus ab. Auch die Steuern sind tendenziell höher bei höheren Einkommen, da wir mehr Steuern zahlen, wenn unsere Einkommen steigen. Dies sind die automatischen Stabilisatoren. Wir können davon ausgehen, dass der Staat zwar eine gewisse Kontrolle über seine Ausgaben hat, aber keine vollständige. Da die Staatsausgaben durch den Haushalt bestimmt werden, gehen wir davon aus, dass die Staatsausgaben exogen sind.

Das staatliche (oder öffentliche) Defizit

Obwohl die Steuereinnahmen nicht Teil der Gesamtnachfrage sind, können wir sie dennoch mit dem Gesamteinkommen in Verbindung bringen und versuchen, ihre Rolle bei der Bestimmung des öffentlichen Defizits zu verstehen. Normalerweise sind die Steuereinnahmen hoch (niedrig), wenn das Wirtschaftswachstum hoch (niedrig) ist. Bei stabilen Staatsausgaben bedeutet dies, dass das öffentliche Defizit eher durch die Steuereinnahmen als durch Veränderungen der Staatsausgaben bestimmt wird. Einige Teile der Staatsausgaben, die durch den Konjunkturzyklus beeinflusst werden, können in Zeiten größerer wirtschaftlicher Schwierigkeiten zu wichtigen Bestimmungsfaktoren des öffentlichen Defizits werden. Die Veränderungen bei den Staatsausgaben (nach oben) und den Steuereinnahmen (nach unten) in Zeiten wirtschaftlicher Schwierigkeiten führen jedoch dazu, dass sich der Haushalt in dieselbe Richtung bewegt: in Richtung eines Defizits. Nachdem wir die Steuereinnahmen endogen durch das Gesamteinkommen bestimmt haben, verstehen wir nun die erste Komponente der sektoralen Salden.

---

[1] Ein Beispiel sind die Sondervermögen von 100 Mrd. € für die Bundeswehr und von 200 Mrd. Euro für den Gaspreisdeckel im Jahr 2022.

Die Handelsbilanz

Die Exporte sind eine weitere exogene Variable. Sie hängen weitgehend vom Einkommen der übrigen Welt ab. Wenn die übrige Welt ein hohes (niedriges) Realeinkommen hat, dann werden die Exporte hoch (niedrig) sein. Ob das reale Einkommen in Deutschland hoch ist, dürfte keine allzu große Rolle spielen (mehr Kaufkraft könnte die Nachfrage nach Gütern erhöhen, die sonst exportiert werden würden). Das reale und nicht das nominale Einkommen wird verwendet, weil die Wechselkurse eine Rolle spielen. Ein Anstieg des Nominaleinkommens in der übrigen Welt führt nicht zu mehr Ausfuhren, wenn sich der (handelsgewichtete) Wechselkurs für die übrige Welt verschlechtert. Dies würde die Kaufkraft der übrigen Welt unverändert lassen. Da Wechselkurse nicht vorhergesagt werden können, gehen wir davon aus, dass die Exporte exogen sind.

Die Exporte werden als horizontale Linie gezeichnet, die entsprechend der Nachfrage aus dem Rest der Welt gesetzt wird. Wenn ein Teil unserer Nachfrage auf Produkte entfällt, die auch exportiert werden, wie Autos und Maschinen, dann könnte man die Exportlinie auch mit einer negativen Steigung zeichnen. Die wirtschaftliche Argumentation hinter dieser Linie wäre folgende. Wenn die Inlandsnachfrage niedrig ist, sind die Unternehmen gezwungen, die Produktion ins Ausland zu verkaufen. Um dies zu erreichen, können sie die Preise senken, oder der Wechselkurs passt sich an. In Zeiten hoher Inlandsnachfrage können die Unternehmen die Preise anheben, was sich negativ auf die Ausfuhren auswirkt, da ein größerer Teil der Produktion im Inland absorbiert wird.

Importe sind eine endogene Variable, da sie mit dem Inlandseinkommen steigen. Wenn die Inländer ein höheres Einkommen haben, werden sie mehr konsumieren. Da ein Teil des Konsums auf importierte Konsumgüter entfällt, führt dies zu einem Anstieg der Importe. Das Verhalten führt wiederum zu einer relativ mechanischen Interpretation der Beziehung zwischen Einkommen und Importen. Wenn das Einkommen hoch (niedrig) ist, dann sind die Importe hoch (niedrig). Obwohl der Wechselkurs auch hier eine Rolle spielt, gehen wir dennoch einen anderen Weg und machen die Importe zu einer endogenen Variablen. Eine wichtige Erkenntnis aus dieser Annahme ist, dass Länder ihre Importe absenken können, indem sie ihr Einkommen (BIP) sinken lassen. Andererseits können Länder mit einem Handelsbilanzüberschuss die Binnennachfrage ausweiten und so ihren Überschuss verringern.

Allerdings gibt es a priori keinen Grund, die Handelsbilanz auszugleichen. Diese wird eher von den Importen und der Inlandsnachfrage als von den Exporten bestimmt. Die Leistungsbilanz erfasst nicht nur den Handel mit Waren und Dienstleistungen, sondern darüber hinaus auch Einkommenstransfers zwischen den Ländern. Daher ist die in diesem Modell dargestellte Handelsbilanzposition eine Vereinfachung. Sie enthält keine Nettofinanzströme, die Teil der Leistungsbilanz, aber nicht Teil der Handelsbilanz sind. Da wir bereits die privaten Investitionen und das Haushaltsdefizit (bzw. den Haushaltsüberschuss) des Staates bestimmt haben, können wir nun die finanzielle Nettoersparnis des Privatsektors anhand der uns vorliegenden Variablen bestimmen.

Die Ersparnis des Privatsektors

Nachdem wir den öffentlichen und den externen Sektor betrachtet haben, bleibt noch der private Sektor. Das Einzige, bei dem wir uns nicht sicher sind, ist die Ersparnis des privaten Sektors. Aus unserem theoretischen Ansatz wissen wir, dass Exporte und Staatsausgaben außerhalb des Modells fixiert sind. Importe und Steuereinnahmen hängen vom Gesamteinkommen ab. In der realen Welt lassen sich leicht Daten für Exporte und Importe sowie für Staatsausgaben und Steuereinnahmen finden. Auch Daten für private Investitionen sind verfügbar. Die Nettoersparnis des privaten Sektors (S_p-I) wird von dieser und den Salden der anderen Sektoren bestimmt, die das Gesamteinkommen und damit S_p beeinflussen.

Der Grund dafür ist, dass Haushalte und Unternehmen aus dem Einkommen sparen. Das Gesamteinkommen hängt von den Gesamtausgaben ab. Die Wirtschaftseinheiten können beschließen, Geld auszugeben (aus dem Einkommen und der Erhöhung der Verschuldung), aber sie können nicht beschließen, zu sparen. Sie können nur entscheiden, welchen Teil ihres Einkommens sie nicht ausgeben (sparen) wollen: vielleicht 20 % oder 50 % oder gar nichts. Das ist die eigentliche Wahl, die den Akteuren im privaten Sektor bleibt. Natürlich können die Wirtschaftseinheiten ein bestimmtes Sparniveau anstreben, aber sie können es nicht erzwingen. Die Wirtschaftseinheiten entscheiden letztlich über ihre Ausgaben, nicht über ihre Einnahmen. Das bedeutet nicht, dass die Wirtschaftseinheiten nicht versuchen können, ihr Einkommen durch Investitionen in das Marketing oder eine Senkung der Produktionspreise zu erhöhen. Der Punkt ist: Wenn niemand etwas ausgibt, dann wird auch kein Einkommen erzielt.

Die Formel zur Ermittlung der Ersparnis des privaten Sektors (die etwas anderes ist als die finanzielle Nettoersparnis S) ist die Gleichung der sektoralen Gleichgewichte, die so umformuliert wurde, dass sie auf der linken Seite isoliert ist:

$$S_p = I + (EX - IM) + (G - T)$$

Wir können nun die Position des privaten Sektors unter Berücksichtigung der Positionen des öffentlichen ($G - T$) und des externen Sektors ($EX - IM$) ableiten. Wenn die exogenen Variablen konstant bleiben (Staatsausgaben, private Investitionen, Exporte) und auch die Verhaltensfunktionen (in Bezug auf Importe, Steuereinnahmen und Konsum), dann bestimmt das Gesamteinkommen den Saldo des privaten Sektors, weil S_p davon abhängt. Da die Veränderung der Nettoersparnis des privaten Sektors durch alle anderen Variablen bestimmt wird, können wir bereits vermuten, dass die private Ersparnis das ist, was sich an alles andere anpasst: also eine Residualgröße. Allerdings können wir diese Vermutung nur anstellen, weil wir die Ausgaben und Einnahmen kennen. Theoretisch könnte jede Variable auf der linken Seite isoliert werden und dann mit Hilfe der anderen „erklärt" werden. Was uns hier hilft, ist die Erkenntnis, dass sich logischerweise alles Sparen aus dem Einkommen ableitet, ohne dass die Möglichkeit besteht, dass Sparen Veränderungen im Einkommen verursacht.

Arbeitslosigkeit

Die Höhe der Arbeitslosigkeit korreliert mit dem BIP. Wir nehmen an, dass ein langsames (schnelles) BIP-Wachstum zu einer steigenden (sinkenden) Arbeitslosenquote führt.[2] Im Modell könnten wir eine vertikale Linie einführen, die das Produktionspotenzial (BIP) mit Vollbeschäftigung beschreibt. Die potenzielle Produktion lässt sich allerdings nur schwer schätzen, da wir nicht wissen, wie hoch das BIP bei Vollbeschäftigung wäre. Vollbeschäftigung ist eine Situation ohne unfreiwillige Arbeitslosigkeit: alle, die arbeiten möchten und können, finden eine Beschäftigung. Eine (imaginäre) Linie deutet den Wert des BIP an, der zu Vollbeschäftigung passen könnte. Es handelt sich eher um ein Gedankenexperiment als um eine präzise Vorhersage.

Schätzung des Produktionspotenzials

In den letzten Jahrzehnten wurde das Konzept des Produktionspotenzials häufig zusammen mit dem Konzept der Produktionslücke, der Differenz zwischen der tatsächlichen Produktion und dem Produktionspotenzial, verwendet. Es ist jedoch unmöglich vorherzusagen, wie hoch das Produktionspotenzial ist, und es gibt keine Möglichkeit, diese Tatsache zu umgehen. Die Berechnung des Produktionspotenzials ist schwierig, weil sie auf Vermutungen darüber beruht, wie viele Arbeitnehmer bei Vollbeschäftigung beschäftigt wären, welche Art von Arbeitsplätzen sie hätten und welche Art von Produktion sie zu welchem Preis produzieren würden. Besser wäre ein Blick auf die Beschäftigungssituation.

Da die Ausgaben in der Wirtschaft variieren, sind unterschiedliche Niveaus des Gesamteinkommens möglich. Es ist unwahrscheinlich, dass sich ein Niveau and Gesamtausgaben einstellt, welches genau Vollbeschäftigung erzeugt. (Unfreiwillige) Arbeitslosigkeit ist die Folge zu geringer Gesamtausgaben. Dabei werden die Einkommens- und Vermögensverteilung, Sparwünsche und Staatsausgaben als gegeben angesehen. Sollten die Ausgaben in einem Sektor sinken, könnte ein Anstieg der Ausgaben in einem anderen Sektor dies kompensieren. Es gibt aber keinen Mechanismus, der dieses Ergebnis garantiert. Aus diesem Grund brauchen wir eine aktive Wirtschaftspolitik, die unsere Wirtschaft stabilisiert.

Konsum, Investitionen, Staatsausgaben und Exporte reichen normalerweise nicht aus, um die Arbeitslosenquote gegen Null zu senken. Das lehrt uns ein Blick in die Statistik. In den letzten Jahrzehnten wiesen die meisten Volkswirtschaften – auch die deutsche Wirtschaft – stetig eine hohe Arbeitslosigkeitsrate auf. Das bedeutet, dass es aufgrund von nicht ausgegebenem Einkommen und zu geringen Gesamtausgaben einen anhaltenden Mangel an Kaufkraft (Nachfrage) gab. Hätten die Menschen ein höheres Einkommen gehabt, hätten sie mehr Waren und Dienstleistungen gekauft. Die Unternehmen wären froh gewesen, diese Waren und Dienstleistungen zu produzieren, da die Preise ihnen zusätzli-

---

[2] Dieser Zusammenhang ist auch als Okuns Gesetz bekannt.

che Gewinne ermöglichten. Da wir nur drei Sektoren haben und ein Anstieg der Ausgaben kurzfristig zu einer höheren Verschuldung führt (über ein Defizit), können wir die drei wichtigsten Antriebsmechanismen der Wirtschaft identifizieren, die einen Anstieg der Gesamtausgaben bewirken können.

Antriebs- und Bremssysteme
Tab. 8.1 (oben) zeigte uns, dass die Wirtschaft durch eine Veränderung der drei Komponenten des BIP angetrieben wird: private Investitionen, Staatsausgaben und Exporte. Ein Anstieg einer dieser Komponenten führt per Definition zu einem sofortigen Anstieg des Gesamteinkommens (BIP). Kurzfristig könnte man davon ausgehen, dass die drei Komponenten nicht interagieren. Mittel- und langfristig ist klar, dass beispielsweise private Investitionen und Staatsausgaben (einschließlich öffentlicher Investitionen) die Produktivität der Unternehmen und damit die Handelsbilanz (Exporte und Importe) beeinflussen.

Antriebssysteme: private Investitionen, Staatsausgaben und Exporte
Öffentliche Infrastrukturausgaben können private Ausgaben erhöhen, da die Unternehmen das Wissen, das die öffentliche Forschung geschaffen hat, durch innovative Produkte und Verfahren nutzen. Exporte können einem ausländischen Bürger unser Geld einbringen. Dieses kann dann für Konsumgüter oder Infrastruktur in der Eurozone ausgegeben werden. Logischerweise bringt jeder Anstieg der deutschen Importe Euros in die Hände ausländischer Bürger, die dann entscheiden können, diese Euros für alles auszugeben, was in Euro zum Verkauf steht. Ein Anstieg der deutschen Importe kann und sollte also irgendwann zu einem Anstieg der deutschen Exporte führen. Die ausländischen Bürger entscheiden, ob sie alle erworbenen Euros ausgeben wollen oder ob sie einen Teil davon lieber sparen (indem sie deutsche Staatsanleihen kaufen).

Die Beziehungen zwischen diesen drei Komponenten dürften komplex sein und sich im Laufe der Zeit ändern, da jede Wirtschaft ihren eigenen Weg geht. Die Wirtschaft wird durch drei Mechanismen gebremst, die dem privaten Sektor Kaufkraft entziehen. Jeder Versuch, eine Erhöhung der privaten Ersparnis anzustreben, sei es durch private Haushalte oder Unternehmen, wird zu weniger Konsum führen. Geringere Ausgaben werden die Produktion reduzieren. Ob die private Ersparnis tatsächlich zunehmen wird, ist zweifelhaft, wie wir weiter unten noch genauer sehen werden.

Bremssysteme: privates Sparen, Steuereinnahmen und Importe
Die anderen Bremsen für die Wirtschaft sind die Steuereinnahmen und die Importe. Beide entziehen dem privaten Sektor Kaufkraft in Form von Bankguthaben. Im Falle steigender Steuereinnahmen werden die Euros an die Regierung zurückgegeben. Diese wird sie nicht zur Erhöhung der Ausgaben verwenden – das könnte sie auch gar nicht, wie wir in Kap. 5 gesehen haben. Eine Erhöhung der Steuereinnahmen entzieht den Haushalten und/oder Unternehmen Kaufkraft. Dies ist zwar in der Regel ein Zeichen dafür, dass es der Wirtschaft gut geht (warum sonst sollten die Steuereinnahmen steigen?), kann aber eine geringere Gesamtnachfrage nach sich ziehen.

Importe führen zur Übertragung von Guthaben an ausländische Bürger. Es ist unklar, was dann geschieht. Sie könnten ihre Bank bitten, diese in inländische Währung umzutauschen, sodass Euro-Bankguthaben (nicht Reserven) vernichtet werden, wenn ausländische Bürger Waren importieren. Alternativ könnten die Exporteure Euro-Finanzanlagen von ihren Banken kaufen und auf diese Weise die Guthaben vernichten. Oder die Exporteure bestehen auf Bargeld und häufen es zu Hause an, sodass es ebenfalls für den inländischen Kreislauf verloren ist. Wenn die Exporteure die Guthaben für Importe aus Deutschland ausgeben, fließen diese wieder in die deutsche Wirtschaft zurück. Exporterlöse im Ausland erhöhen das dortige Gesamteinkommen, und der anschließende Anstieg des Konsums könnte auch auf Waren und Dienstleistungen entfallen, die in der Eurozone produziert wurden.

8.2   Aufschwung und Abschwung

Das Verhalten des privaten Sektors ist sehr wichtig, weil es keine politischen Instrumente gibt, um es direkt zu beeinflussen. Wenn sich der Privatsektor nach einem durch private Verschuldung ausgelösten Aufschwung dazu entschließt, eine höhere Nettoersparnis anzustreben, um die Verschuldung zu reduzieren und in der Folge weniger Geld für den Konsum ausgibt, dann werden auch die anderen Sektoren davon betroffen sein. Die Importe werden mit dem Gesamteinkommen schrumpfen, sodass sich die Handelsbilanz verbessern wird. Weniger Ausgaben bedeuten geringere Steuereinnahmen und ein höheres Haushaltsdefizit für die Regierung. Es gibt kein politisches Instrument, das Unternehmen und Haushalte zwingen kann, wieder mehr Geld auszugeben.

Während des Aufschwungs erleben wir das Gegenteil. Wenn die private Verschuldung ansteigt, kommt es zu einer entsprechenden Verschlechterung der Handelsbilanz – wenn der Rest der Welt nicht gerade selbst einen Aufschwung erlebt. Auch die Haushaltsdefizite kehren auf ein „normales" Niveau zurück (historisch gesehen irgendwo zwischen 0 und 3 % des BIP). Sie können sich sogar in einen Überschuss verwandeln, wenn das Wirtschaftswachstum stark genug ist, um die Steuereinnahmen gegenüber den Staatsausgaben zu erhöhen. Dieser Effekt ist die Ursache für die Überschüsse der Clinton-Regierung in den späten 1990er-Jahren in den USA und der späten Regierung Merkel Ende der 2010er-Jahre. Diese stilisierte und einfache Erklärung der Konjunkturzyklen wird im nächsten Abschnitt genauer untersucht.

Zusammenfügen der Teile
Wir fügen nun die in den obigen Abschnitten vorgestellten Teile zusammen, nämlich:

- die Beziehung zwischen den Nettoguthaben und den Gesamtausgaben (SO-Ecke, siehe Abb. 8.3)
- die Beziehung zwischen der Gesamtnachfrage (Gesamtausgaben) und dem Gesamteinkommen (NO-Ecke, siehe Abb. 8.4)
- die Beziehung zwischen der Nettoersparnis des privaten Sektors und dem Gesamteinkommen (NW-Ecke, siehe Abb. 8.5)

Abb. 8.3 Südost-Quadrant mit Veränderung der Bankguthaben (vertikal) und Gesamteinkommen (horizontal). (*Quelle: eigene Abbildung*)

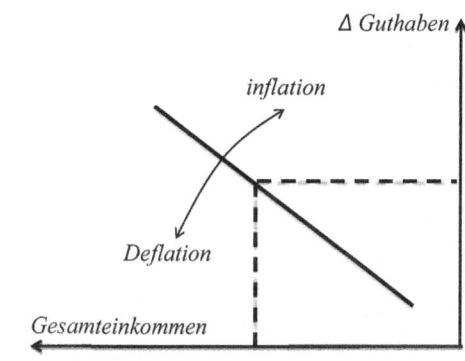

Abb. 8.4 Nordost-Quadrant mit Veränderung der Gesamtnachfrage (vertikal) und Gesamteinkommen (horizontal). (*Quelle: eigene Abbildung*)

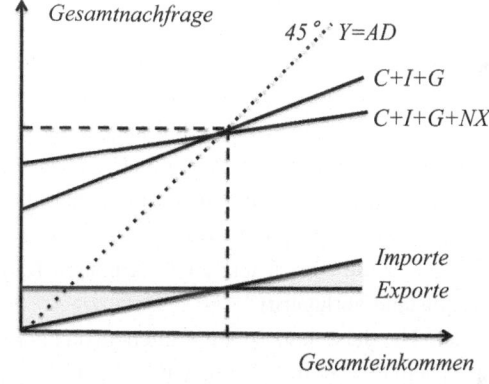

Abb. 8.5 Nordwest-Quadrant mit Veränderung der Gesamtnachfrage (vertikal) und der privaten finanziellen Nettoersparnis (horizontal). (*Quelle: eigene Abbildung*)

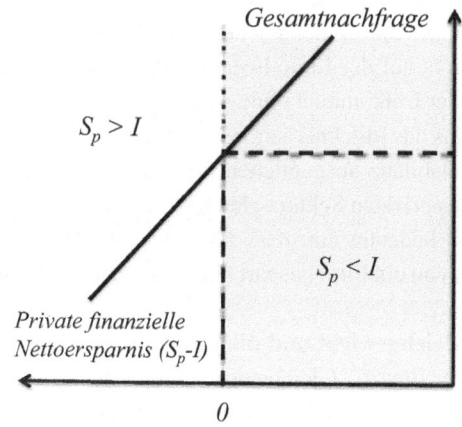

Um die makroökonomische Analyse zu vereinfachen, gehen wir zunächst von zwei Annahmen aus, die später gelockert werden. Erstens: Die Handelsbilanz ist ausgeglichen. Die
Inlandsnachfrage ist genau „richtig", sodass die Importe (die von der Inlandsnachfrage abhängen) den Exporten (die exogen sind) entsprechen. Zweitens ist auch der Staatshaushalt
anfangs ausgeglichen. Betrachtet man also die erste Periode, so erzeugt das Gesamteinkommen ein Niveau von Steuereinnahmen, die genau den Staatsausgaben entsprechen.

In der SO-Ecke ist die Nettoguthabenbildung gleich Null. Warum ist das so? Nettoguthaben werden geschaffen, wenn ein Sektor ein Ausgabendefizit hat, aber da wir davon ausgehen, dass alle Salden gleich Null sind, ist dies (noch) nicht der Fall. Dies bedeutet jedoch
nicht, dass Bankguthaben nicht zirkulieren würden – das tun sie natürlich. Der Staat gibt
Geld aus und zieht über Steuern Geld aus dem Kreislauf. Auch werden neue Kredite vergeben und alte Kredite zurückgezahlt. Exporte bringen neue Guthaben und Importe reduzieren
sie. Es ist nur so, dass sich die Menge an Guthaben im Aggregat nicht ändert. Unter Berücksichtigung aller Variablen haben wir ein entsprechendes Niveau des Gesamteinkommens.
Würden mehr Guthaben hinzukommen, würde das Gesamteinkommen bei einer exogen gegebenen Inflationsrate steigen. Daraus ergibt sich die abwärts gerichtete Linie. (Wir werden
später über eine Erhöhung der Ausgaben in Zeiten der Vollbeschäftigung nachdenken).

Im Nordosten sehen wir, was die Höhe der Guthaben beeinflusst hat. Private Investitionen werden durch Kredite und andere Verschuldungsmaßnahmen bzw. Reduktion von
Vermögen finanziert. Der Staat gibt Geld aus und schafft damit ebenfalls Guthaben, ebenso
wie der Rest der Welt, indem er für unsere Exporte zahlt. Auf der anderen Seite wurden die
Guthaben durch Importe, Steuern und Sparen (u. a. zur Rückzahlung von Krediten) reduziert. (Nur die beiden letzteren vernichten Bankguthaben, während Einfuhren Guthaben
ins Ausland verlagern).

Die Handelsbilanz ist ausgeglichen, da die Importe (annahmegemäß) den Exporten entsprechen. Private Investitionen und Staatsausgaben (die nicht mit dem Gesamteinkommen
variieren) sind exogen bestimmt. Sie tragen zur Inlandsnachfrage bei und werden durch
den Konsum ergänzt (der mit dem Gesamteinkommen variiert).

Die fette schwarze Linie ($C+I+G+NX$) stellt die gesamte Gesamtnachfrage aus in- und
ausländischen Quellen dar. Dort, wo sie auf die 45-Grad-Linie trifft, befinden sich die Bilanzen im Gleichgewicht: Die Einnahmen entsprechenden Ausgaben. Alle Punkte, die
nicht auf der Linie liegen, sind unmöglich. Sie entsprechen Ausgaben ohne Einkommen
oder Einkommen ohne Ausgaben. Wenn wir in die NW-Ecke schauen, wissen wir bereits,
was das Ergebnis sein wird. Da das fiskalische Defizit des Staates gleich Null und die Handelsbilanz ausgeglichen ist, muss auch die Veränderung der finanziellen Nettoersparnis
des privaten Sektors gleich Null sein. Das bedeutet nicht, dass niemand Kredite aufnimmt.
Es bedeutet nur, dass für jeden vom Privatsektor für Investitionen ausgegebenen Euro
genau ein Euro gespart wird, welcher die Auswirkungen auf die Nettoersparnis ausgleicht.

Gleichgewicht und die Linien
Der Begriff „Gleichgewicht" wird hier aus einer reinen Buchhaltungsperspektive verwendet: Die Gesamtausgaben entsprechen dem Gesamteinkommen. Im Gleichgewicht ist das

Angebot (an Waren und Dienstleistungen) nicht gleich der Nachfrage, aber es ist nicht ausgeschlossen. Es gibt ein ganzes Kontinuum (Linie) von Punkten, die mögliche Kombinationen von Einnahmen und Ausgaben darstellen. Sie alle implizieren, dass die Einnahmen gleich den Ausgaben sind. Daher ist das Modell buchhalterisch wasserdicht – es gibt keine Einkommens- oder Ausgabenströme, die aus dem Modell verschwinden oder aus dem Nichts auftauchen.

Abb. 8.6 zeigt, wie die Teile des Modells zusammenpassen. Zunächst wird das makroökonomische Modell durch private Investitionen [I] angetrieben. Die Zuführung von Nettoguthaben ist gleich Null, da die private Ersparnis den privaten Investitionen entspricht [II]. Die Unternehmen bestimmen die Höhe der privaten Investitionen, die dann – bei gegebenen Staatsausgaben und Exporten – über den Multiplikator das Gesamteinkommen in der Wirtschaft und damit das BIP und die Beschäftigung bestimmen (nicht dargestellt, aber mit dem Gesamteinkommen verbunden) [III]. Die Gesamtnachfrage treibt die Wirtschaft an, weil die Unternehmen ihre Produktion (Gesamtangebot) an die erwartete Kaufkraft der Verbraucher anpassen (Gesamtnachfrage), die für ihre Produkte ausgegeben werden (Helmedag 2018).

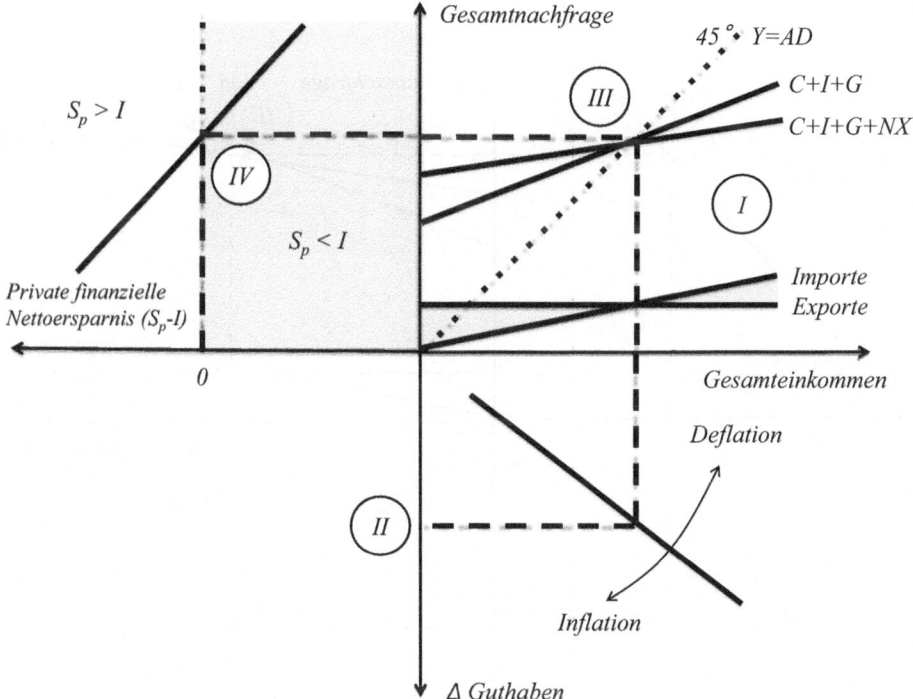

Abb. 8.6 Ursprüngliches Gleichgewicht mit ausgeglichenen sektoralen Salden. (*Quelle: eigene Abbildung*)

Wenn Unternehmen, die Konsumgüter herstellen, eine höhere Nachfrage erwarten, werden sie ihre Produktionskapazität und möglicherweise ihre Produktivität erhöhen wollen. Sie tun dies, indem sie mehr Maschinen und andere Kapitalgüter anschaffen und Grundstücke erschließen. Dies treibt die privaten Investitionen an. Da wir von einem ausgeglichenen Staatshaushalt und einer ausgeglichenen Leistungsbilanz ausgegangen sind, muss die Nettoersparnis des privaten Sektors Null sein [IV]. Diese Situation, in der alle sektoralen Salden gleich Null sind, ist nicht „das" Gleichgewicht und auch nicht die „beste" Position. Sie ist eine von vielen möglichen Positionen. Es gibt keine Kräfte, die eine Wirtschaft in eine solche Position führen würden, wie die reale Welt zeigt.

Vom Aufschwung …

Abb. 8.7 zeigt einen Investitionsboom, der von privaten Investitionen angeführt wird [I]. Der Privatsektor erwartet mehr (staatliche) Nachfrage und fragt mehr Kredite bei den Banken nach. Die zusätzlichen Guthaben werden für Investitionen ausgegeben [II]. Dies führt zu einem höheren Gesamteinkommen und einem höheren BIP [III]. Der Anstieg des BIP hat dazu geführt, dass die Importe gegenüber den Exporten zugenommen haben, da ein Teil des (steigenden) Konsums importiert wird. Wir haben nun ein Handelsbilanzdefizit. Dem entspricht ein Defizit des privaten Sektors, da ein Teil der durch die Kreditaufnahme geschaffenen Guthaben an Nicht-Inänder transferiert wurde, um die Importe zu bezahlen [IV]. Diese

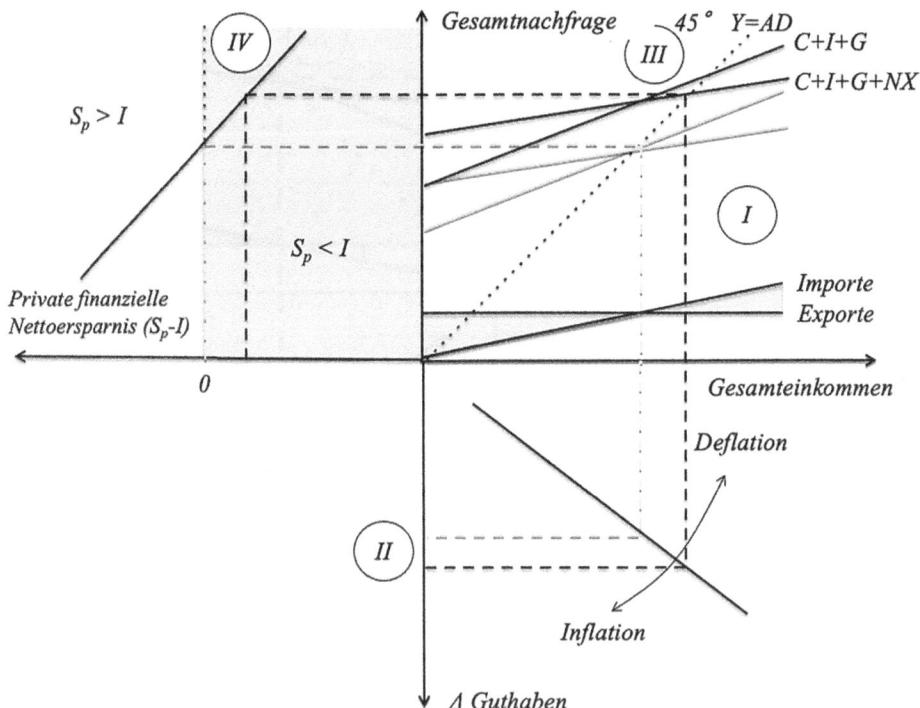

Abb. 8.7 Aufschwung durch private Investitionen. (*Quelle: eigene Abbildung*)

beiden Positionen spiegeln sich unter der Annahme eines ausgeglichenen öffentlichen Haushalts (was hier zugegebenermaßen etwas unrealistisch ist) gegenseitig wider.

Da die Haushalte über ein höheres Einkommen verfügen (durch einen Anstieg der Schulden), können sie mehr konsumieren und mehr für Importe ausgeben. Im Laufe der Zeit verringert sich die private Ersparnis Euro für Euro, da die Haushalte mehr ausländische Waren importieren. Euro für Euro steigt die Ersparnis im Rest der Welt, da Waren und Dienstleistungen gegen Euro verkauft werden. Wie bereits erwähnt, könnte dies zu einem Anstieg des Einkommens in der übrigen Welt und damit zu mehr Käufen von deutschen Gütern und Dienstleistungen führen, wodurch Bankguthaben in den deutschen Geldkreislauf zurückfließen. Wir ignorieren dies für den Moment, behalten es aber im Hinterkopf, wenn wir das Modell verwenden, um Aussagen über die nächsten 3 bis 5 Jahre zu machen.

Der Aufschwung der Wirtschaft wird letztlich durch eine Ausweitung der Investitionen des privaten Sektors ausgelöst, die ihrerseits auf einer Erwartung höherer Staatsausgaben basiert. Diese sind das Ergebnis diskretionärer Ausgabensteigerungen der Regierung wie auch des Wirkens der automatischen Stabilisatoren. Wir haben bereits gesehen, dass private Unternehmen in guten Zeiten ihre externe Verschuldung erhöhen können, um ihre Positionen zu finanzieren. Sie erwarten eine Fortsetzung der guten Zeiten und die Möglichkeit, die zusätzlichen Schulden bei Fälligkeit auf den Finanzmärkten zu verlängern.

Diese Situation kann viele Jahre andauern. Irgendwann allerdings wird die gute wirtschaftliche Lage die Steuereinnahmen so steigern, dass deutlich mehr Geld als vorher aus dem Kreislauf abfließt. Die so vernichtete potenzielle Kaufkraft trübt die Absatzerwartungen der Unternehmen ein. Diese reduzieren ihre Investitionen, was zu einer Rezession führt. (Wir werden die Einzelheiten im nächsten Kapitel erörtern.) Die EZB erhöht normalerweise ihren Leitzins, wenn die Inflationsrate über die Zielinflation ansteigt. Sie müsste den Zins nicht erhöhen, und es wäre manchmal vielleicht besser, dies nicht zu tun, aber sie hat es in der Vergangenheit getan. Wir werden später auf die Frage zurückkommen, welche Art von Geldpolitik welche Auswirkungen hat.

… bis zum Abschwung!

Die sinkenden Defizite bzw. Überschüsse des Staates und der Einbruch der Investitionen lassen das Gesamteinkommen sinken. Damit sinkt auch die Nachfrage und in der Folge die Produktion. Arbeitskräfte werden freigesetzt, da einige Arbeitsverträge gekündigt und weniger neu eingestellt werden. Nicht nur die privaten Investitionen sind niedriger als zuvor, auch der Konsum sinkt aufgrund der höheren Arbeitslosigkeit. Dies führt zu einem Handelsbilanzüberschuss, da der geringere Konsum zu einem Rückgang der Importe führt (siehe Abb. 8.8).

Da der private Sektor weniger für private Investitionen und Importe ausgibt, wechselt seine Nettofinanzposition von einem Defizit zu einem Überschuss (I). Das Gegenstück dazu ist der Leistungsbilanzüberschuss (III). Insgesamt sinken die Nettobankguthaben, da der Einbruch der privaten Investitionen zu einer geringeren Kreditaufnahme führt (IV). Es entsteht ein gewisser Schaden für die Wirtschaft, da der Nachfragerückgang zu einem Rückgang der Produktion und damit der Einkommen führt (II). Wir nennen dies:

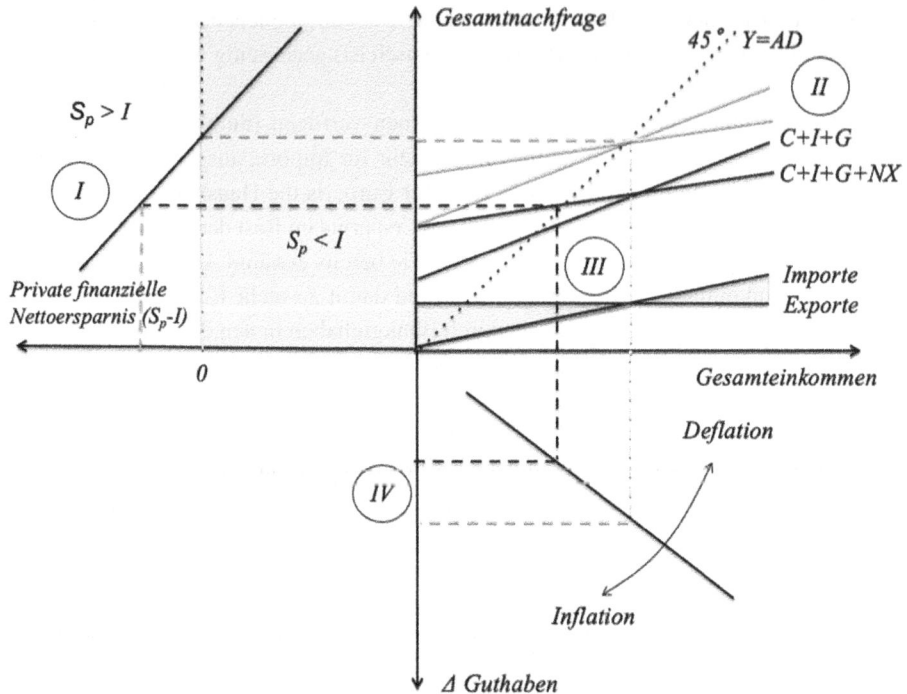

Abb. 8.8 Der Kollaps der privaten Investitionen. (*Quelle: eigene Abbildung*)

Das Sparparadox
Der private Sektor strebt eine Erhöhung der privaten Ersparnis an. Dazu reduziert er sowohl die privaten Investitionen als auch den Konsum, um so seine Ausgaben zu senken. Angenommen, Unternehmen und Haushalte beschließen, dass ihre derzeitige Nettoverschuldung zu hoch ist und sie diese senken möchten, um (in einigen Jahren) ein neues Zielniveau ihrer Nettoverschuldung zu erreichen. Möglicherweise hat eine Neuanpassung der Immobilienpreise diese Verhaltensänderung ausgelöst, da der private Sektor einen Rückgang des Wertes seiner Vermögenswerte erlitten hat, während die Verbindlichkeiten unverändert geblieben sind. Die Wirtschaftsakteure versuchen, ihre Schulden auf ein bestimmtes Zielniveau zu reduzieren, anstatt ihre Gewinne zu maximieren.

Der Privatsektor kann dies tun, indem er seine Konsumneigung (den Anteil des Einkommens, der für Konsumgüter ausgegeben wird) senkt und die privaten Investitionen reduziert. Aufgrund des Multiplikators wird dies jedoch nicht ohne Folgen für das Gesamteinkommen bleiben. Wenn die Haushalte weniger von ihrem Einkommen ausgeben, dann wird das Einkommen anderer Haushalte niedriger sein. Da die Ersparnis letztlich aus dem Einkommen stammt, das nicht für Konsum und Steuern ausgegeben wird, muss die Absicht der Haushalte und Unternehmen, mehr zu sparen, indem sie weniger ausgeben, für den privaten Sektor als Ganzes selbstzerstörerisch sein. Die Erhöhung der Ersparnis eines Akteurs wird eine Verringerung der Ersparnis eines anderen Akteurs auslösen, da jeder Euro an Ausgaben einen Euro an Einkommen schafft. Und nur aus Einkommen kann gespart werden.

In der Weltwirtschaft entspricht die Ersparnis den privaten Investitionen. Lässt man den Staat für den Moment außer Acht, so kann das globale Sparen in der Weltwirtschaft nur zunehmen, wenn die privaten Investitionen steigen! Die einzige Möglichkeit, die Ersparnis zu erhöhen und gleichzeitig weniger auszugeben, besteht darin, die unverkauften Warenbestände der Unternehmen zu erhöhen. Dies ist jedoch für die Unternehmen nicht befriedigend. Sie können ja ihre Schulden nicht zurückzahlen, indem sie ihre wachsenden Lagerbestände an Banken und Besitzer von Aktien und Anleihen aushändigen.

Sparen mit und ohne Rest der Welt

Damit der Privatsektor eine höhere finanzielle Nettoersparnis erzielen kann, muss also ein anderer Sektor bereit sein, eine Position mit negativer finanzieller Nettoersparnis einzunehmen. Wenn wir die Wirtschaft öffnen und den öffentlichen und den externen Sektor wieder einführen, haben wir zwei Lösungen, die mit einem Überschuss des Privatsektors vereinbar sind. Ein Anstieg der Nettoverschuldung des Staates und/oder ein Anstieg der Nettoverschuldung der übrigen Welt würde den Überschuss des privaten Sektors ausgleichen. Die sektoralen Salden in Tab. 8.2 zeigen die möglichen Positionen. Der Überschuss des privaten Sektors (+) ist in Klammern gesetzt um anzuzeigen, dass er in diesem Szenario nicht verändert werden kann.

Der private Überschuss wird also durch ein öffentliches Defizit und/oder ein Handelsdefizit ausgeglichen. Der öffentliche Sektor gibt mehr aus, als er an Steuern einnimmt, und der Rest der Welt gibt mehr für unsere Exporte aus, als er mit seinen Exporten zu uns einnimmt. Woher wissen wir, welche Lösung das Ergebnis sein wird? Wir wissen es nicht und konnten es nie wissen. Ein Rückgang der Ausgaben des privaten Sektors wird zu einem Rückgang des Gesamteinkommens (BIP) führen, und das wird sehr wahrscheinlich zu weiteren Veränderungen bei Verbrauch und Importen, Steuern und privatem Sparen führen, die alle vom Einkommen abhängen.

Es ist einigermaßen wahrscheinlich, dass mit sinkendem Einkommen auch der Konsum und damit die Importe und die Steuern sinken. Die Zunahme der Nettoersparnis des privaten Sektors zwingt also den öffentlichen und den externen Sektor in eine Defizitposition. Kurzfristig werden die Staatsausgaben nicht auf die Steuerausfälle reagieren, und es gibt auch keinen Grund für einen Rückgang der Exporte in den Rest der Welt. Über einen längeren Zeitraum hinweg könnten die Regierungen auf einen Rückgang ihrer Steuereinnah-

Tab. 8.2 Sektorale Salden

privater Sektor	staatlicher Sektor	externer Sektor
(+)	–	0, +
(+)	0, +	–
(+)	–	–

Quelle: eigene Tabelle

men und das Ausland auf ein anhaltendes Leistungsbilanzdefizit reagieren, wenn dies der
Fall ist. Die Anpassung der makroökonomischen Politik wird jedoch Zeit brauchen, sehr
wahrscheinlich Jahre.

Abb. 8.9 zeigt, wie expansive Fiskalpolitik eingesetzt werden kann, um die Wirtschaft zu entlasten (Koo 2008). Die Ursache für Massenarbeitslosigkeit ist, wie wir oben
erörtert haben, das nicht ausgegebene (gesparte) Einkommen und ein Mangel an Ausgaben. Die privaten Konsum- und Investitionsausgaben sind zurückgegangen, und um das
nicht ausgegebene Einkommen zu kompensieren, das Haushalte und Unternehmen zum
Aufbau eines finanziellen Sicherheitspuffers und/oder zur Rückzahlung eines Teils ihrer
Schulden verwenden, ist ein Anstieg der Ausgaben anderswo erforderlich. Einer der
Sektoren muss seine Ausgaben erhöhen und dabei zumindest kurzfristig ein (höheres)
Defizit in Kauf nehmen. Da der Staat den Rest der Welt nicht dazu bewegen kann, mehr
für inländische Produkte auszugeben, ist er der einzige Sektor, der die Ausgaben direkt
erhöhen kann. Wenn er dies tut [I], gleicht er den Rückgang der Bankguthaben aus,
indem er dem privaten Sektor Einkommen zuführt [II]. Dadurch steigen Gesamtausgaben und private Nettoersparnis [III]. Die Wirtschaft erreicht wieder das Vorkrisenniveau
des Gesamteinkommens [IV].

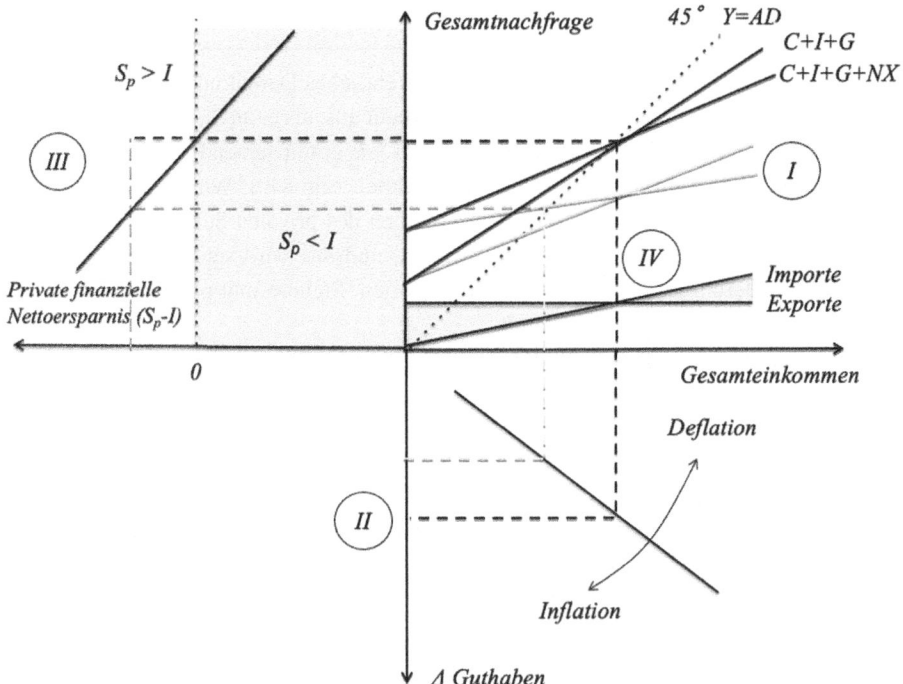

Abb. 8.9 Expansionäre Fiskalpolitik. (*Quelle: eigene Abbildung*)

Warum sollten nicht Steuersenkungen dazu dienen, die Gesamtausgaben zu erhöhen?

Theoretisch könnte eine expansive Finanzpolitik auch eine Senkung der Steuersätze umfassen. Wenn Haushalte und Unternehmen weniger Steuern zahlen würden, so die Logik, könnten sie mehr Geld ausgeben. Das mag für die reichsten Haushalte nicht funktionieren, die das dadurch entstehende zusätzliche verfügbare Einkommen wahrscheinlich nur sparen (und nicht ausgeben) würden, aber es funktioniert in gewissem Maße bei allen anderen. Diejenigen mit niedrigerem Einkommen könnten ihre Ausgaben erhöhen, und in diesem Fall würden Steuersenkungen zu einem Anstieg des BIP führen.

Die Handelsbilanz

Veränderungen der Wechselkurse und des Preisniveaus können zu Veränderungen in der Handelsbilanz führen. Ein Anstieg (Rückgang) der Wechselkurse und des Nominallohns führt zu einem höheren (niedrigeren) Reallohn. Dadurch steigt (sinkt) die Kaufkraft und es können mehr (weniger) Importe gekauft werden. Die außenwirtschaftliche Situation wird also durch Lohnänderungen bestimmt, welche die Kaufkraft der Verbraucher verändern. Ein anderer Weg sind Veränderungen der relativen Preise für Produkte und Dienstleistungen. Ein Anstieg der relativen Löhne durch eine Kombination aus einem Anstieg der Inflationsrate und des nominalen Wechselkurses hat Auswirkungen auf die Unternehmen.

Reagieren die Unternehmen nicht auf Wechselkursänderungen, indem sie ihre eigenen Preise anpassen, so werden ihre Gewinne beeinträchtigt. Eine Abwertung des Euro gegenüber dem Dollar führt dann dazu, dass Apple in Dollar gemessen geringere Gewinne in der Eurozone erzielt. Eine bestimmte Menge an Einnahmen in Euro wird nun in weniger Dollar umgetauscht, da der Wechselkurs des Euro nun niedriger ist. Alternativ dazu könnten die Unternehmen ihre Preise anpassen und die Wechselkursänderungen an die Verbraucher weitergeben. Apple müsste also die Preise in der Eurozone anheben, um die Gewinne in Dollar gerechnet zu erhöhen.

Da sich der Preis der inländischen Produkte nicht ändert, ist der Exporteur nun wettbewerbsfähiger als zuvor. Der Marktanteil dürfte steigen, und damit auch die Einnahmen und Gewinne. Änderungen der Lohnstückkosten im Verhältnis zu den internationalen Handelspartnern und Änderungen des Wechselkurses können die Import- und Exportlinien verschieben und drehen. Diese Auswirkungen brauchen jedoch in der Regel Zeit. Sie sollten berücksichtigt werden, wenn man einige Jahre in die Zukunft blickt, können aber weggelassen werden, wenn es um die kurze Frist geht.

Inflation und Vollbeschäftigung

In dem Modell wird davon ausgegangen, dass das Preisniveau und damit die Inflationsrate konstant sind. Der SO-Quadrant zeigt den Zusammenhang zwischen der Veränderung der nominalen Guthabenschöpfung und dem Realeinkommen in Form einer abwärts gerichteten Linie. Ein Anstieg der Guthaben erhöht das Realeinkommen, nicht die Inflation. Irgendwann wird die Inflation jedoch ansteigen, da es aufgrund der gestiegenen Produktion zu Arbeitskräfteengpässen kommt. Die Nominallöhne werden steigen, da die Unternehmen Schwierigkeiten haben, genügend Arbeitskräfte einzustellen und daher bereitwillig höhere Löhne zu zahlen (siehe Kap. 12 über Inflation). Zunächst wird der Anstieg der nominalen Guthaben infolge des Lohnanstiegs zu einer Mischung aus Produktions- und Preissteigerungen führen. Später, wenn in einigen Wirtschaftssektoren Vollbeschäftigung erreicht ist, kann es zu einer Inflation kommen, die nicht mit einem Produktionsanstieg einhergeht.

Die Linie im SO-Quadranten könnte verschoben oder gedreht werden, wenn wir uns der Vollbeschäftigung nähern. Da sich nicht vorhersagen lässt, ab welchem BIP- und Beschäftigungsniveau der Druck auf die Arbeitsmärkte in Form von Lohnerhöhungen, die über die Produktivität plus Zielinflation hinausgehen, zunehmen wird, wird die Linie als exogen betrachtet. Wir könnten eine (gestrichelte) vertikale Linie in den Quadranten SO und NO einführen und sie „Einkommen bei Vollbeschäftigung" nennen. Nehmen wir an, dass unser Gleichgewicht links von der Vollbeschäftigung liegt (siehe Abb. 8.10). Ein Anstieg der effektiven Nachfrage würde zu einem Anstieg des Realein-

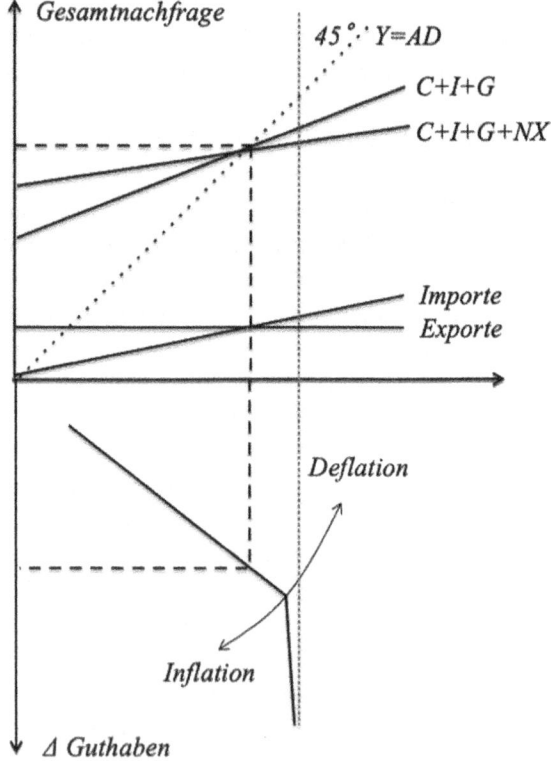

Abb. 8.10 Gesamteinkommen bei Vollbeschäftigung (gestrichelte Linie). (*Quelle: eigene Abbildung*)

kommens führen. Wenn wir uns der vertikalen Linie nähern, ist dies als Warnung zu interpretieren. Wahrscheinlich wird die Inflation etwas ansteigen, weil die Löhne in einigen Sektoren nun stärker steigen, und damit einen Teil der Produktionsanreize, die durch die Nachfrageausweitung entstanden sind, wieder aufheben. Die Inflationskurve ist nun geknickt. Ein Anstieg der Ausgaben würde in dieser Situation zu einer höheren Inflationsrate und nur zu einem geringen Anstieg des Realeinkommens führen. Bei Annäherung an das Einkommen bei Vollbeschäftigung ist es möglich, dass die Linie im SO-Quadranten vertikal wird.

Arbeitslosigkeit und Instabilität
Ein Blick auf die jüngste Wirtschaftsgeschichte zeigt, dass Vollbeschäftigung und steigende Inflation keine häufig anzutreffende Kombination darstellen. In der Regel ist die Gesamtnachfrage unzureichend und die Arbeitslosigkeit liegt deutlich über Null. Der größte Teil davon ist sicherlich unfreiwillige Arbeitslosigkeit. Während ein gewisses Maß an Arbeitslosigkeit gesellschaftlich akzeptabel sein mag, ist Massenarbeitslosigkeit eindeutig nicht akzeptabel. In der Großen Depression der 1930er-Jahre, als die Arbeitslosenquote in Deutschland mehr als 20 % erreichte, hätte die Politik handeln müssen, um sicherzustellen, dass die Menschen einen Arbeitsplatz finden und ein Einkommen erzielen konnten. Offensichtlich zeigt die Wirtschaft, wenn man sie in Ruhe lässt, keine Tendenz zur Vollbeschäftigung. Vielmehr gibt es den Konjunkturzyklus mit Aufschwung und Abschwung als übliche Abfolge der Entwicklung. Die Wirtschaftspolitik befasst sich mit den Problemen des Konjunkturzyklus und trägt dazu bei, Vollbeschäftigung und Preisstabilität zu erreichen. Dadurch werden Depressionen und politische Instabilität vermieden.

Schlussfolgerung
Das einfache makroökonomische Modell kann einen Konjunkturzyklus mit Aufschwung und Abschwung erklären. Wesentlich ist die Nachfrage. Geben die Akteure in der Wirtschaft viel Geld aus, dann wird auch die Produktion hoch sein. Dies sorgt dann für ein hohes Gesamteinkommen und niedrige Arbeitslosigkeit. Ein Multiplikatorprozess sorgt dafür, dass sich der Aufschwung lange selbst trägt. Der Abschwung entsteht, weil die Nachfrage sinkt. Schuld daran sind die automatischen Stabilisatoren, welche für mehr Steuereinnahmen sorgen, wenn das Gesamteinkommen steigt. Da der Staat auf Bundesebene seine Ausgaben normalerweise unabhängig von den Einnahmen plant, wird so Kaufkraft stillgelegt. Darauf reagieren die privaten Investitionen schneller und heftiger als der Konsum, der im wesentlichen einkommensabhängig ist.

Der folgende Versuch der Haushalte und Unternehmen, sich in schlechten Zeiten „gesund zu sparen", muss fehlschlagen. Die Reduktion der Ausgaben erhöht hier die Ersparnis, führt aber dort zu weniger Einnahmen und entsprechend weniger Ersparnis. Investitionen und Ersparnis sinken im Gleichschritt. Die geringeren Ausgaben führen die Wirtschaft in die Rezession, die privaten Investitionen sinken und damit auch die Ersparnis des privaten Sektores. Der Staat rutscht dann aufgrund der automatischen Stabilisatoren in eine Defizitposition, was dem privaten Sektor einen höheren Überschuss erlaubt. Mit dem

BIP korreliert die Beschäftigung und wohl auch der Einsatz von Energie und Rohstoffen sowie anderen Ressourcen. Es ist allerdings möglich, die Staatsausgaben so zu erhöhen, dass zukünftig Ressourcen eingespart werden könnten.

Zusammenfassung

- Das Modell hat exogene Variablen, die außerhalb des Modells bestimmt werden und die Nachfrage beeinflussen: private Investitionen, Staatsausgaben und Exporte.
- Die endogenen Variablen des Modells hängen von anderen Variablen ab. Verbrauch, Steuern und Importe hängen hauptsächlich vom Gesamteinkommen ab.
- Das makroökonomische Modell zeigen die Veränderung der Nettoersparnis des privaten, öffentlichen und externen Sektors.
- Ein Einbruch der privaten Investitionen führt in der Regel zu einer Rezession, bei der das BIP sinkt und die Arbeitslosigkeit steigt.
- Die Wirtschaftspolitik reagiert in der Regel mit einer Erhöhung der Staatsausgaben, wodurch das BIP und die Beschäftigung wiederhergestellt werden und der private Sektor einen (höheren) Überschuss erwirtschaften kann.
- Die Wirtschaft ist durch die Ressourcenknappheit und das Angebot an Waren und Dienstleistungen des privaten Sektors begrenzt.
- Es gibt keinen Mechanismus, der Vollbeschäftigung oder Preisstabilität gewährleistet. Aus diesem Grund setzen wir die Wirtschaftspolitik ein. ◄

Fragen

- Erläutern Sie die Konzepte der endogenen und exogenen Variablen.
- Erläutern Sie das Konzept des „Multiplikators".
- Warum werden private Investitionen, Staatsausgaben und Exporte außerhalb des Modells bestimmt?
- Warum sind Steuereinnahmen, Importe und Konsum vom Gesamteinkommen abhängig?
- Welches makroökonomische Problem ergibt sich aus einem Einbruch der privaten Investitionen?

Übungen

- Warum führt ein Rückgang der privaten Investitionen zu einer Verbesserung der Handelsbilanz? Begründen Sie Ihre Überlegungen mit Hilfe des makroökonomischen Modells.
- Wie kann Vollbeschäftigung in guten wie in schlechten Zeiten erreicht und erhalten werden?
- Private Investitionen, die auf Gewinnmaximierung ausgerichtet sind, treiben die Wirtschaft in der Hochkonjunktur an. In der Hochkonjunktur schaffen die Staatsausgaben mehr Einkommen, um die Wirtschaft zu stützen, und übernehmen das Steuerrad vom Privatsektor. Warum ist es dem Privatsektor nicht möglich, aus eigener Kraft Vollbeschäftigung zu erreichen oder aufrechtzuerhalten?

Literatur

Bernanke, Ben (2005), The Global Saving Glut and the U.S. Current Account Deficit, https://www.federalreserve.gov/boarddocs/speeches/2005/200503102/default.htm, abgerufen am 31.3.2023

Ehnts, Dirk (2014), A simple macroeconomic model of a currency union with endogenous money and saving-investment imbalances, *International Journal of Pluralism and Economics Education* 5(3), 279–297

FT (2007), Citigroup chief stays bullish on buy-outs, https://www.ft.com/content/80e2987a-2e50-11dc-821c-0000779fd2ac, abgerufen am 31.3.2023

Hail, Steven (2018), *Economics for Sustainable Prosperity*, London: Palgrave

Helmedag, Fritz (2018), *Warenproduktion mittels Arbeit: Zur Rehabilitation des Wertgesetzes*, 3. Auflage, Marburg: Metropolis

Keynes, John Maynard (1936), *The General Theory of Employment, Interest and Money*, Macmillan

Koo, Richard (2008), *The Holy Grail of Macroeconomics: Lessons from Japan's Great Recession*, John Wiley & Sons

Krämer, Hagen und Carl Christian von Weizsäcker (2019), *Sparen und Investieren im 21. Jahrhundert: Die Große Divergenz*, Wiesbaden: Springer

Kurz, Heinz (2022), *Geschichte des ökonomischen Denkens*, 3. Auflage, München: C.H. Beck

Schumpeter, Joseph A. (1912), *Theorie der wirtschaftlichen Entwicklung*, Duncker & Humblot

Sandelin, Bo, Hans-Michael Trautwein und Richard Wundrak (2014), *A Short History of Economic Thought*, 2. Auflage, Abingdon: Routledge

Konjunkturzyklen und Wirtschaftspolitik

9

Zusammenfassung

In diesem Kapitel steht weiterhin das makroökonomische Modell im Vordergrund. Es geht darum, wie Injektionen und Leckagen die Menge der im Umlauf befindlichen Guthaben verändern: Der Staat gibt Geld aus und erhebt Steuern, der private Sektor nimmt Kredite auf und zahlt sie zurück, und der Rest der Welt importiert und exportiert. Als Ziele der Wirtschaftspolitik werden Vollbeschäftigung und Preisstabilität diskutiert ebenso wie die Rolle der Regierung in Bezug auf Ungleichheit. Dabei spielt die Veränderung der Löhne genauso eine Rolle wie die Veränderung der Energiepreise.

Im vorangegangenen Kapitel haben wir verstanden, dass die Wirtschaft durch Ausgaben angetrieben wird. Diese Ausgaben werden zum Teil aus Einkommen und zum Teil aus der Erhöhung der Schulden bzw. der Reduktion des Geldvermögens finanziert. Ein Teil des Einkommens wird zur Zahlung von Steuern, zum Sparen zwecks Aufbaus von Geldvermögen oder zur Rückzahlung von Schulden (z. B. Kredite) oder zur Bezahlung von Importen verwendet. Der monetäre Kreislauf einer Volkswirtschaft kann somit als ein Rad der Wirtschaft betrachtet werden, das durch Leckagen gebremst und durch Injektionen angetrieben wird.

Abb. 9.1 zeigt die wichtigsten Kanäle. Der Geldkreislauf hat dabei eine soziale Funktion: den Staat versorgt sich mit den Ressourcen, die zur Durchführung der staatlichen Aktivitäten braucht (öffentliche Güter, Infrastruktur, Sozialstaat, etc.) und er versorgt uns mit den Waren und Dienstleistungen, die wir konsumieren wollen. Abb. 9.1 zeigt nur die Einkommens- und Ausgabenströme, nicht aber die Ströme von Ressourcen (an den Staat), Waren und Dienstleistungen.

Abb. 9.1 Der Geldkreislauf. (*Quelle: eigene Abbildung*)

Injektionen …

Haushalte und Unternehmen können sich Bankguthaben besorgen, welches sie über Kredite (oder Verkauf von Wertpapieren und Aktien) bei Banken bekommen. Die neu geschöpften Bankguthaben können sie dann ausgeben. Auf diese Weise beeinflusst der private Sektor das Niveau der Wirtschaftstätigkeit. Da die Haushalte und Unternehmen ihre aufgenommenen Kredite zurückzahlen müssen, wird die Nachfrage nach Krediten immer begrenzt sein. Selbst bei sehr niedrigen Zinsen ist nicht davon auszugehen, dass die Kreditnachfrage sehr hoch ist. Der größte Teil der Ausgaben des privaten Sektors wird daher immer durch Einkommen finanziert werden.

Eine andere Möglichkeit, die Einkommen der Wirtschaft zu erhöhen, ist eine Erhöhung der Staatsausgaben. Jeder Euro, der von der Bundesregierung ausgegeben wird, erhöht direkt das BIP und ist ein zusätzlicher Euro an Einkommen, der von Unternehmen oder Haushalten verdient wird. Daher kann die Bundesregierung die Höhe des Gesamteinkommens und damit die Beschäftigung direkt beeinflussen. Die Änderung der Steuersätze ist eine indirekte Möglichkeit. Während niedrigere Einkommenssteuern und niedrigere Mehrwertsteuern die Ausgaben zumindest ein wenig erhöhen sollten, gibt es keine Garantie dafür, dass der private Sektor die zusätzlichen Teile seines Einkommens, die er behalten darf, auch ausgibt. Die Haushalte könnten sich dafür entscheiden, ihre ausstehenden Schulden abzubauen. Die Unternehmen könnten ihre eigenen Aktien zurückkaufen oder Steuerrechnungen aus der Vergangenheit begleichen. Die Steuern könnten so lange gesenkt werden, bis der gewünschte Effekt erreicht ist.

Die letzte Möglichkeit, Einkommen in den Geldkreislauf zu bringen, ist der Export. Wenn der Rest der Welt von deutschen Unternehmen (deutsche oder ausländische) Produkte und Dienstleistungen kauft, führen die Ausgaben des Auslands zu steigenden Inlandseinkommen. Der Rest der Welt zahlt mit Bankguthaben in Euro, die er sich geliehen oder in der Vergangenheit durch den Verkauf von Produkten, Dienstleistungen, Arbeitsleistungen oder Finanzanlagen (inklusive Währungen) gegen Euro erworben hat. Alternativ kann auch mit anderen Währungen gezahlt werden, wodurch der Umtausch der Währungen dann von den deutschen Banken durchgeführt wird. Gegenwärtig machen die Ein- und Ausfuhren der Bundesrepublik Deutschland jeweils etwa 40 % des BIP aus. Die Finanzspritzen aus dem Rest der Welt sind also fast so bedeutend wie die des öffentlichen und privaten Sektors. In den meisten Ländern ist das anders – die Exportquoten liegen in den USA (8 %), dem Vereinigten Königreich (14 %), Frankreich (21 %), Italien (28 %) und Spanien (27 %) deutlich niedriger. Allerdings gibt es auch Länder wie die Niederlande (65 %) und Belgien (63 %), in denen sie noch höher liegen. Dies liegt häufig daran, dass viele Importe gleich wieder exportiert werden.

Der private Sektor muss die Bankguthaben zurückzahlen, die er bei der Erhöhung der externen Verschuldung bekommt. Das bedeutet, dass sich der private Sektor prozyklisch verhalten wird. In guten Zeiten wird er seine Ausgaben erhöhen. Diese werden teilweise durch eine kurzfristige Erhöhung der Schulden finanziert. In schlechten Zeiten werden die Ausgaben gekürzt und ein Teil der Schulden zurückgezahlt. Die Unternehmen müssen ihren Cashflow, ihre Gewinne und ihre Nettoverschuldung im Auge behalten. Illiquidität und Insolvenz bedrohen den Fortbestand. Die Bundesregierung hingegen muss dies nicht tun. Wenn sie eine eigene Währung ausgibt, einen flexiblen Wechselkurs hat und keine Schulden in Fremdwährung, kann sie ausgeben, so viel sie will. Wichtig ist auch die Unterstützung durch die Zentralbank, die im Zweifelsfall als Käufer der letzten Hand für Staatsanleihen (*engl.*: dealer of last resort) auftreten muss und so sicherstellt, dass es immer eine Nachfrage danach gibt. Die öffentlichen Ausgaben sind daher in der Regel antizyklisch, d. h. sie steigen in schlechten Zeiten und sinken – als Anteil an den Gesamtausgaben – in guten Zeiten. Ein wesentlicher Grund sind die steigenden Sozialausgaben bei steigender Arbeitslosigkeit (sowie weitere automatische Stabilisatoren).

… und Leckagen

Der monetäre Kreislauf wird (relativ) verlangsamt, wenn die Ausgaben nicht das Einkommen der Inländer erhöhen, sondern stattdessen das Einkommen der Nicht-Inländer (durch Importe) oder die ausstehenden Steuerverbindlichkeiten des privaten Sektors (durch Steuerzahlungen) oder die ausstehenden privaten Verbindlichkeiten der privaten Haushalte und Unternehmen (durch Rückzahlung von Krediten und Anleihen usw.) verringern. Bei der Rückzahlung von Bankkrediten verschwinden die Guthaben genauso wie bei Steuerzahlungen. Die Banken nutzen keine Guthaben („Ersparnis"), um neue Kredite zu vergeben, so wie das Finanzministerium keine Guthaben bei der Zentralbank (als Folge von Steuerzahlungen) nutzt, um neue Ausgaben zu tätigen. Zahlungsverpflichtungen in Form von Guthaben stellen Verbindlichkeiten da und können nicht in Forderungen transformiert werden.

Das bedeutet jedoch nicht, dass höhere Steuern nicht mit höheren Staatsausgaben oder mehr Kreditrückzahlungen mit mehr Kreditvergabe einhergehen könnten – es *könnte* passieren. Aber es gibt keinen direkten Grund, dass dies geschehen *muss*. Die Bundesregierung könnte auf steigende Steuereinnahmen mit einer Ausweitung der Staatsausgaben reagieren, steigende Steuereinnahmen als Reaktion auf erhöhte Staatsausgaben verbuchen oder sie könnte sich darüber freuen, dass sich das Haushaltsdefizit ohne ihr Zutun in einen Überschuss verwandelt (wie in den späten 2010er-Jahren). Politische Entscheidungen sind der treibende Faktor. Das Gleiche gilt für die Kreditvergabe der Banken. Wenn die Bankenaufsicht sieht, dass viele Kredite vollständig zurückgezahlt werden, könnte sie zu dem Schluss kommen, dass das Ausfallrisiko gesunken ist, und ihre Regulierungsstandards senken, sodass die Kreditvergabe zunimmt. Auch dies ist auf eine Verhaltensänderung zurückzuführen und keine zwingende Folge von Wechselwirkungen in den Bilanzen.

Angesichts der Tatsache, dass es Injektionen und Leckagen gibt, die von verschiedenen Wirtschaftseinheiten – öffentlichem, privatem und externem Sektor – kontrolliert werden, gibt es einige dringende Fragen, die angegangen werden müssen. Was bedeutet der monetäre Kreislauf für Vollbeschäftigung, Preisstabilität, Ungleichheit und Instabilität?

Vollbeschäftigung
Die Gesamtausgaben entsprechen in einer Wirtschaft den Sparwünschen der Unternehmen und Haushalte wenn überhaupt nur zufällig – so wird Vollbeschäftigung nicht dauerhaft erreicht werden können. Um Arbeitsplätze für alle Arbeitswilligen und -fähigen zu schaffen, muss es ein bestimmtes Niveau der Gesamtnachfrage geben, das durch Einkommen und Schulden finanziert wird und bei dem die Gesamtausgaben, die zu Defiziten führen, mit den gesamten Sparwünschen kompatibel sind. Dies führt dann zu einem Produktionsniveau, bei dem alle verfügbaren und arbeitswilligen Arbeitnehmer einen Arbeitsplatz haben, sofern sie arbeitssuchend sind (und nicht aus verschiedenen Gründen freiwillig arbeitslos).

Wenn wir uns die Daten der Vergangenheit ansehen, verstehen wir, dass dies meist nicht der Fall war oder ist. Da es sich bei der Währung selbst um ein Monopol handelt, ist das Wirtschaftssystem kein Ausgleich erzeugendes Instrument, sondern vielmehr ein Netzwerk, das die Wirtschaftseinheiten durch Ausgaben und Einnahmen in einer Welt mit unsicheren Zukunftsaussichten verbindet. Dieses Netzwerk ist von der Regierung abhängig, welche die von den Sparern nachgefragten Nettoguthaben bereitstellen kann. Wenn Vollbeschäftigung nicht die Norm ist, müssen wir darüber nachdenken, wie wir makroökonomische Politikmaßnahmen zur Verbesserung der Ergebnisse einsetzen können.

Preisstabilität und Ungleichheit
Das Gleiche gilt für die Preisstabilität. Die Wirtschaft scheint das zu zeigen, was Hyman Minsky als „Aufwärtsinstabilität" bezeichnete – in Zeiten des Booms gibt es immer mehr Schuldenwachstum, was das Preisniveau immer weiter in die Höhe treibt. Tatsächlich verschärfen viele Zentralbanken die Instabilität, weil sie nicht verstehen, dass höhere Zins-

sätze zur Gesamtnachfrage beitragen und niedrigere Zinssätze diese vermindern. Bei einem Zins von null Prozent bekommen die Besitzer von Staatsanleihen keine Zinseinkommen zugestanden – bei zehn Prozent jedoch erfolgt ein solcher Transfer des Staates. Diesen zusätzlichen Ausgaben steht keinerlei Reduktion von Staatsausgaben gegenüber. Da bedeutet, dass die Gesamtnachfrage steigt, wenn auch nur ein kleiner Teil dieser Einkommen ausgegeben wird.

Die Zentralbanken setzen darauf, dass höhere Zinsen dazu führen, dass private Investitionen so stark fallen, dass sie die höheren Zinseinkommen überkompensieren. Unternehmen sind allerdings zum Investieren verdammt, sofern die Nachfrage nach ihren Produkten vorhanden ist. Sonst verlieren sie Marktanteile und sind irgendwann aus dem Markt raus. Ein großer Teil der privaten Investitionen sind Investitionen in Immobilien. Hier kann angenommen werden, dass steigende Zinsen dazu führen, dass Hauspreise sinken, weil Anleihen nun relativ zu Immobilien gesehen interessanter werden (Wicksell 1898, S. 68). Zudem sinkt die verfügbare Summe für den Immobilienkauf. Wer sich 300.000 € von einer Bank leiht bei einem Zins von null, der kann alles für den Hauskauf ausgeben. Bei positiven Zinsen bleibt entsprechend weniger Geld für den Hauskauf übrig, da ein Teil für Zinsaufwand benötigt wird. Sinkende Hauspreise wären die Folge. Es würde wohl weniger gebaut werden, was die Nachfrage senkt. Allerdings könnten die Häuslebauer mehr Geld per Kredit leihen als die 300.000 €, wenn sie davon ausgehen, dass sich ihre zukünftigen Einkünfte erhöhen. Es ist also unklar, ob steigende Zinsen wirklich zu einem Einbruch der wirtschaftlichen Aktivität führen und damit auch der Inflationsrate.

Unser kleines Modell sagt uns nur sehr wenig über die Ungleichheit. Die Verteilung der Schulden spielt jedoch eine Rolle für die Inflationsrate. Nach der sektoralen Identität wird der nicht-staatliche Sektor einen Überschuss aufweisen, wenn der öffentliche Sektor ein Defizit aufweist. Es ist jedoch keineswegs klar, ob dann weniger (oder mehr) Ungleichheit existiert. Die Steuer- und Ausgabenpolitik ist sehr wichtig für die Ungleichheit, ebenso wie die Löhne und Gewinne. Generell geben die Arbeitnehmer mit geringeren Einkommen mehr von jedem zusätzlich verdienten Euro aus als die mit hohen Einkommen oder die Bezieher von Kapitaleinkommen. Eine Umverteilung von arm zu reich kann also langfristig die Inflationsrate reduzieren. Andererseits liegt der Ressourcenverbrauch von den obersten zehn Prozent der Vermögenden deutlich über dem Durchschnitt.

Aus der Art und Weise, wie der Geldkreislauf funktioniert, lässt sich nicht allzu viel über Ungleichheit sagen, aber auch das führt uns zu einem Ergebnis: Das kapitalistische System in seiner Funktionsweise dämmt die Ungleichheit nicht von selbst ein. Diese hängt von der institutionellen Struktur und der daraus folgenden Machtverteilung des Staates ab. Wenn also eine Gesellschaft die Einkommens- und/oder Vermögensunterschiede zwischen ihren Mitgliedern und Gruppen verringern wollen würde, müsste die Wirtschaftspolitik so gestaltet werden, dass dieses Ziel erreicht wird. Die Wirtschaft „ohne Einmischung" (frz. laissez-faire) laufen zu lassen, wenn die Währung selbst ein öffentliches Monopol ist, ist keine Option und in der Tat eine paradoxe Wortprägung.

Von Steuerverbindlichkeiten zu Staatsausgaben

Jede Gesamtnachfrage – Käufer, die mit staatlicher Währung etwas kaufen wollen – beginnt mit staatlichen Ausgaben. Zu Beginn erhebt der Staat eine Steuer in seiner (neuen) Währung. Zu diesem Zeitpunkt sind noch keine Steuern gezahlt worden. Die Regierung hat klargestellt, dass sie irgendwann in der Zukunft Steuern erheben wird und dass diese mit der Währung bezahlt werden müssen, die der Staat zur Verfügung stellen wird. Zu diesem Zeitpunkt gibt es keine Nachfrage, um irgendetwas zu kaufen, weil niemand eine staatliche Währung hat. Die Wirtschaft ist aufgrund der gerade erhobenen Steuerverbindlichkeiten „knapp" bei Kasse. Erst wenn der Staat mit den Ausgaben (oder der Kreditvergabe) beginnt, gibt es Käufer und damit eine positive Gesamtnachfrage. Es könnte zwar sein, dass die Leute vorher etwas kaufen, indem sie sich Geld leihen. Aber dieses müsste von einem staatlichen Akteur kommen wie der Zentralbank, einer öffentlichen Fördereinrichtung oder einer öffentlichen Bank.

Im Hinblick auf die Ungleichheit kommt es darauf an, wie die Staatsausgaben „gefiltert" werden. In einem Extremfall könnten alle Staatsausgaben an ein einziges Unternehmen gehen. Der Rest der Wirtschaft ist dann von dessen Ausgaben abhängig – die dem Einkommen abzüglich der „gefilterten" Steuerzahlungen und Ersparnisse entsprechen – und als einziger Anbieter legt dieses die Bedingungen fest: Preise für Produktionsmittel, Löhne usw. Im anderen Extremfall könnte der Staat jedem Bürger einen Arbeitsplatz geben. Niemand ist von jemand anderem abhängig. Natürlich sind diese beiden Extreme nicht sehr realistisch, aber sie lehren uns eine Lektion. Um höhere Einkommen für diejenigen mit unterdurchschnittlichen Einkommen zu erzeugen, könnten die Staatsausgaben breiter gefächert werden. Eine Jobgarantie wäre ein politisches Instrument, um sicherzustellen, dass die Macht der größten Arbeitgeber begrenzt, wenn auch nicht völlig beseitigt wird.

Es ist notwendig, die Veränderungen in der Wirtschaftsstruktur zu durchdenken, die mit einer Änderung der Art und Weise einhergehen, wie die Nachfrage „gefiltert wird" (Sparen findet dort statt, wo der Staat Einkommen erzeugt). Es geht hier nicht um die Wirtschaftsplanung. Das wird ohnehin geschehen. Die Frage ist vielmehr, wer die Pläne entwickelt und die damit verbundenen Preise festlegt. Im Extremfall wird ein einziger Auftragnehmer einen sehr großen, wahrscheinlich zentralisierten Plan erstellen. Er wird versuchen, so viel wie möglich von den Einkünften, die er von der Regierung erhalten hat, als Ersparnis (Gewinn) herauszufiltern.

Das andere Extrem ist, dass die Bürger ihre eigenen dezentralen Pläne mit sehr wenig Macht über andere erstellen. Sie können aus dem Einkommen sparen, das sie direkt von der Regierung erhalten. Veränderungen in der Art und Weise, wie der Staat seine Ausgaben tätigt, führen zu Veränderungen in der übrigen Wirtschaft. Die Preise, die der Staat für die von ihm gekauften Waren und Dienstleistungen zahlt, und die Löhne, die er zahlt, spielen ebenfalls eine Rolle. Ein Großteil der Einkommen wird direkt oder indirekt durch Entscheidungen über die Staatsausgaben bestimmt. Auch die Verteilung der Ersparnisse wird weitgehend durch die Art und Weise bestimmt, wie der Staat seine Ausgaben tätigt.

Die Instabilität der Geldwirtschaft
Wie die Geschichte zeigt, sind Injektionen und Leckagen im Laufe der Zeit nicht konstant. Es ist das Auf und Ab der privaten Investitionen (privates Ausgabendefizit), das die Auf- und Abschwungphasen verstärkt. Die Wirtschaft ist also von Natur aus instabil.

Die wirtschaftliche Instabilität ist eingebaut, solange private Investitionen im kapitalistischen Teil des Wirtschaftssystems – wo heute auf Geld verzichtet wird, um morgen mehr Geld zu haben – im Mittelpunkt stehen. Sie wird als Nachteil akzeptiert werden müssen, der mit dem pulsierenden Aufschwung einhergeht, in dem Produkte verbessert und erfunden werden, die dann alte Produkte ersetzen. Die „schöpferischen Zerstörung" (Joseph Schumpeter) zwingt die Gesellschaft, den Kapitalismus zu lenken. Institutionen sollten geschaffen werden, die mit dem Abschwung richtig umgehen. Bei der schöpferischen Zerstörung geht es darum, dass Unternehmen mit den profitabelsten Produkten gewinnen und Unternehmen mit Produkten, die sich nicht verkaufen lassen, das Geschäft aufgeben.

9.1   Konjunkturzyklen

Der moderne Kapitalismus weist ein bekanntes zyklisches Verhalten auf. Das BIP steigt nicht jedes Jahr; es gibt Zeiträume, in denen das BIP sinkt. Wir nennen diese Perioden Rezession, wenn das BIP zwei Quartale hintereinander sinkt. Von einer Depression sprechen wir, wenn die Verluste beim BIP etwas größer sind. Da dies nicht häufig vorkommt, ist keine Definition erforderlich.

Aufschwung und Abschwung
Eine Wirtschaft entwickelt sich im Laufe der Zeit und wächst nicht immer mit dem gleichen Tempo. Rezessionen scheinen alle 7–10 Jahre aufzutreten. Sie dauern ein paar Quartale, dann zieht das Wirtschaftswachstum wieder für ein paar Jahre an. Irgendwann kommt dann die nächste Rezession. Die Ursache der Rezessionen ist eine unzureichende Gesamtnachfrage in Verbindung mit Sparwünschen, die zu einem Rückgang der Produktion, der Inflation und der Beschäftigung führt. Da die Währung ein öffentliches Monopol ist, steuert die Regierung über die Staatsausgaben die Gesamtnachfrage und hat die direkte Kontrolle. Wie kommt es also zu Rezessionen?

Damit die makroökonomische Wirtschaftspolitik funktioniert, brauchen wir nicht unbedingt eine Theorie des Konjunkturzyklus. So wie ein Baseballspieler keine Theorie des Kurvenflugs von schnellen Objekten braucht, können sich politische Entscheidungsträger auf Instinkt und Intuition verlassen. Bei Massenarbeitslosigkeit hilft eine Erhöhung der (staatlichen) Ausgaben, wenn die Regierung den Arbeitnehmer einen Lohn zahlt oder Waren und Dienstleistungen von Unternehmen kauft (Holtfrerich 2007). Es kommt darauf an, wofür das Geld ausgegeben wird, denn manche Ausgaben schaffen mehr Arbeitsplätze als andere. Damit dies funktioniert, muss man nicht zwingend verstehen, wie es zur Massenarbeitslosigkeit gekommen ist (auch wenn dies helfen würde).

Eine Theorie des Konjunkturzyklus

Ein Blick in die Geschichte zeigt, dass meist ein Einbruch der privaten Investitionen zu einer Rezession führt. Diese sind die volatilste Komponente der Wirtschaft. Wie kommt es zu ihrem Aufstieg und Fall? Staatsausgaben können den privaten Sektor dazu veranlassen, optimistisch in die Zukunft zu blicken. Die Erwartungen steigen und die privaten Investitionen nehmen zu. In den 1990er-Jahren wurde der *dot-com*-Boom durch private Unternehmen ausgelöst, die in neue Technologien investierten. Neue Unternehmen wurden gegründet und an die Börse gebracht. Die Anleger erwarteten, dass diese Unternehmen sehr gut abschneiden würden und dass die makroökonomischen Bedingungen günstig sein würden – die „New Economy". Nachdem der Boom einige Jahre angedauert hatte, sank das Defizit aufgrund der antizyklischen Steuerstruktur auf nur noch 1,5 % des BIP.

Abb. 9.2 zeigt staatliches Defizit und reales BIP-Wachstum für Deutschland. In guten Zeiten brummt die Wirtschaft, die Steuereinnahmen sprudeln und sorgen für ein stetig sinkendes staatliches Defizit. Das bedeutet, dass der Staat immer mehr Kaufkraft aus dem Wirtschaftskreislauf entnimmt. Die Nachfrage sinkt also, und die Unternehmen bekommen Probleme mit dem Absatz von Gütern und Dienstleistungen. Da sie diese häufig vorfinanzieren, müssen sie das Angebot an die Nachfrage anpassen, denn sonst können sei ihre Schulden nicht tilgen. Wenn die Produktion nicht ausgeweitet werden muss, wird weniger investiert.

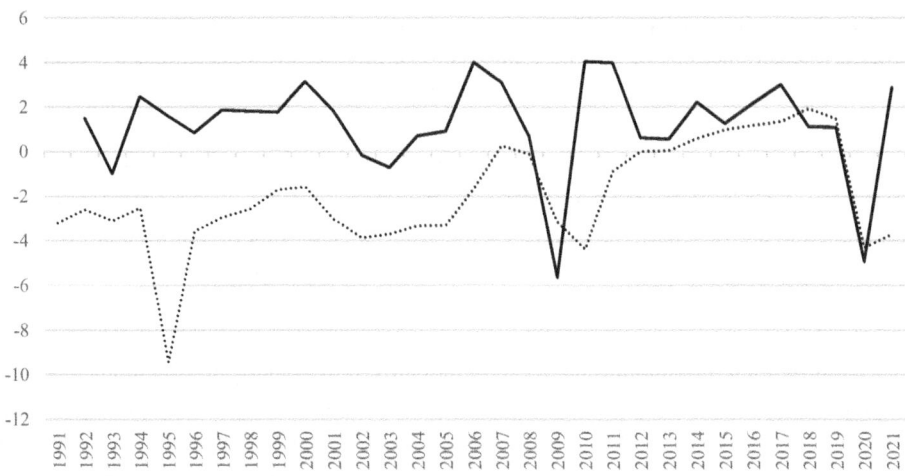

Quelle: IMF [GGNLBADEA188N] und EUROSTAT [CLVMNACSCAB1GQDE]

Abb. 9.2 Staatliches Defizit (gepunktet) und reales BIP-Wachstum für Deutschland. (*Quelle: IMF [GGNLBADEA188N] und EUROSTAT [CLVMNACSCAB1GQDE]*)

Die pessimistischen Erwartungen führten auch zu einer Änderung der Ansichten darüber, wie die Struktur der Verbindlichkeiten aussehen sollten. Die Unternehmen sollten ihre ausstehenden Schulden abbauen, um sie an die nun niedrigeren erwarteten Einnahmen und Gewinne anzupassen. Sie könnten daher beschließen, weitere Investitionsprojekte zu verschieben oder zu streichen, um einen gewissen Cashflow für die Rückzahlung von Schulden freizusetzen. Dieser Effekt ist ausgeprägter, wenn die Unternehmen davon ausgehen, dass es schwieriger wird, Kredite oder andere Schulden zu verlängern und neue Kredite aufzunehmen. Mit anderen Worten, die Nettosparwünsche des privaten Sektors nehmen zu. Dabei wird gespart, um durch das einbehaltene Einkommen Verschuldung reduzieren zu können. Schließlich droht den Unternehmen Insolvenz und Illiquidität, was ihr Ende bedeuten würde.

Wenn die privaten Investitionen einbrechen – und damit auch ein Stück weit die Kreditstruktur – steigt die Arbeitslosigkeit (weil weniger Arbeitskräfte benötigt werden bei der Herstellung von Kapitalgütern und dadurch auch die Konsumgüternachfrage sinkt) und die Inflationsrate sinkt (weil Unternehmen die Preise senken, umsteigenden Lagerbestand abzuverkaufen). Wenn genügend Unternehmen dies gleichzeitig tun, kommt es zu Disinflation oder sogar Deflation.

Private Nettosparwünsche und (Voll-)Beschäftigung
Die Haushalte, die nun entweder arbeitssuchend oder von Arbeitslosigkeit bedroht sind, erhöhen ihre Nettosparwünsche. Sie haben Angst vor der Zukunft und wollen daher mehr Ersparnis bzw. Vermögen in der Hinderhand haben. Dies geschieht in der Regel durch eine Verringerung der Kreditaufnahme der Haushalte. Sie nehmen weniger Autokredite auf, verschieben den Kauf von Immobilien und setzen Kreditkarten weniger ein. Die gesamten Sparwünsche des privaten Sektors nehmen also zu. Wenn die Staatsausgaben und die Besteuerung nicht angepasst werden, wird dies zu einem Anstieg der Arbeitslosigkeit führen, da die Gesamtausgaben weiter sinken. Das gewünschte private Nettosparen (dS_p) sollte daher mit einer Kombination von Staatsausgaben (G_{FE}) und Steuereinnahmen (T_{FE}) übereinstimmen, die Vollbeschäftigung ermöglichen:

$$dS_p = G_{FE} - T_{FE} + I + NX$$

Für jede Höhe des gewünschten privaten Nettosparens – und bei gegebenen privaten Investitionen (I) und Nettoexporten (NX) – gibt es mehrere mögliche Kombinationen aus Staatsausgaben (G_{FE}) und Besteuerung (T_{FE}), die zu Vollbeschäftigung führen würden. Vollbeschäftigung ist definiert als eine Volkswirtschaft, in der alle, die Beschäftigung suchen, auch eine Beschäftigung finden. Es gibt keine unfreiwillige Arbeitslosigkeit (oder Unterbeschäftigung). Ein unvorhergesehener Einbruch der privaten Investitionen bedeutet daher, dass die gewünschte private Nettoersparnis bei vielen nicht erreicht wird. Etwas wird nachgeben müssen. Wenn Haushalte und Unternehmen ihre Ausgaben reduzieren, um mehr zu sparen, reduzieren sie auch gegenseitig ihre Einkommen. Dies führt zu einem Rückgang der Umsätze und dann der Produktion, was die Arbeitslosigkeit erhöht. Solange die Ausgaben reduziert werden, wird die Wirtschaft stagnieren. Es gibt keinen automatischen Prozess, der die Wirtschaft über Ausgabensteigerungen wieder auf den Weg der Vollbeschäftigung bringt.

Von der Stagnation zur Expansion

Was das Schiff in der Regel wieder aufrichtet, ist eine Erhöhung der Staatsausgaben. Diese hat eine direkte Auswirkung, da jeder vom Staat ausgegebene Euro ein vom privaten Sektor eingenommener Euro ist. Die privaten Haushalte sind reicher und die Unternehmen haben höhere Gewinne, was bedeutet, dass sie sowohl mehr Schulden tilgen wie auch aufnehmen können. Höhere Staatsausgaben erhöhen auch die erwarteten Einnahmen in der gesamten Wirtschaft und steigern somit den Optimismus, was sich positiv auf die privaten Investitionen auswirkt. Auch wenn die Staatsausgaben in einer Rezession nur schwach steigen wird die Wirtschaft wahrscheinlich trotzdem irgendwann wieder wachsen. Die Erholung dauert jedoch länger, und es entstehen Kosten in Form von entgangener Produktion. Dies sind die Kosten einer Rezession, denn diese Produktion ist für immer verloren. Die resultierende Arbeitslosigkeit ist ein sozialer Kostenfaktor. Es ist nicht klar, ob diese Arbeitnehmer ihre Arbeit wieder aufnehmen können, wenn die Wirtschaft wieder in Schwung gekommen ist.

Die durch eine Rezession verursachten Veränderungen der Finanzströme verändern die Einkommensverteilung, stellen aber keine „Kosten" dar. Das bedeutet jedoch nicht, dass es keine Probleme gibt. Haushalte und Unternehmen müssen ihre Rechnungen bezahlen, und wenn ihr Einkommen sinkt, gibt es mit Sicherheit ein Problem. Wenn ein Unternehmen in Konkurs geht, wird der buchhalterische Wert des Kapitals – Immobilien, Patente, Marken, Maschinen, Arbeitskräfte – reduziert, vielleicht sogar auf null, wenn die Produktion nach dem Insolvenzverfahren nicht wieder aufgenommen wird.

Der Autozar

Anfang 2009, inmitten der großen Finanzkrise von 2008/09, wurde die *Presidential Task Force on the Auto Industry* gegründet. Chrysler und Ford, zwei der *Big Three* aus Detroit, standen kurz vor der Liquidation. Der Untergang der Autoindustrie hätte Schätzungen zufolge zwischen 3 und 4 Mio. Arbeitsplätze gekostet. Also machte sich die Regierung in Washington daran, die Unternehmen durch die Bereitstellung von Geld zu retten. Letztendlich verlor sie 11,2 Mrd. Dollar bei der Rettung von GM, aber sie rettete viele Arbeitsplätze. Dies wurde dem Verlust der Autoindustrie vorgezogen, der eine weit verbreitete Arbeitslosigkeit und einen vollständigen Verlust der Produktivität der vorhandenen Anlagen und Maschinen bedeutet hätte.

Das Niveau der privaten Investitionen

Es ist schwierig, eine Theorie für die Höhe der privaten Investitionen zu finden. Unternehmen investieren in der Regel, um Maschinen mit neuen Maschinen zu ersetzen und neue Maschinen (einschließlich Roboter) anzuschaffen, die Arbeit erleichtern oder ersetzen. Unternehmen und Haushalte kaufen und bauen Immobilien, die auch zu den Investitionen gehören. Private Investitionen aller Art sind höher, wenn die Gesamtnachfrage hoch ist, weil dann auch die Gesamteinkommen hoch sind. Dies bedeutet, dass die Haushalte über ein hohes (erwartetes) Einkommen verfügen, das sie für den Kauf von Immobilien verwenden können, wobei sie sowohl Kredite als auch Vermögen nutzen können. Außerdem werden die Gewinne hoch sein, denn die Unternehmen arbeiten nahe an der Kapazitätsgrenze oder sind ausgelastet. Dies zwingt sie zu Investitionen, um die Produktion auszuweiten. Eine weitere Dimension ist der potenzielle Anstieg der Nominallöhne, den eine hohe Gesamtnachfrage verursachen kann. Für die Unternehmen bestünde dann ein Anreiz, die knappen und entsprechend teuren Arbeitskräfte durch Maschinen zu ersetzen.

Die Höhe der privaten Investitionen hängt also von der Gesamtnachfrage ab, d. h. vom Konsum, den Staatsausgaben, den Nettoexporten und – den privaten Investitionen selbst! Sobald die privaten Investitionen steigen, erhöhen sie sich quasi selbst. Unternehmen, die in ihre Produktion investieren, verursachen einen Anstieg der Ausgaben und damit des Einkommens, was wiederum zu einer weiteren Runde von Ausgaben führt. Dies ist der Multiplikatoreffekt. Wenn der Konsum steigt, werden mehr Unternehmen feststellen, dass sie näher an der vollen Kapazitätsauslastung arbeiten als zuvor. Infolgedessen werden einige von ihnen ihre Kapazität erhöhen, indem sie mehr Maschinen hinzufügen, was bedeutet, dass sie mehr Geld ausgeben und mehr Einkommen schaffen. Das Ergebnis ist ein sich selbst verstärkender Prozess, der einer Schneelawine ähnelt. Der Zinssatz spielt in diesem Prozess eine geringe Rolle, da die Unternehmen nur dann Gewinne erzielen können, wenn sie das anbieten können, was nachgefragt wird. Sollten die Kosten aufgrund höherer Zinssätze steigen, können die Unternehmen einfach ihre Preise erhöhen und auf diese Weise den Kostenanstieg weitergeben. Andere Unternehmen werden das Gleiche tun, sodass es kein Problem der mangelnden Wettbewerbsfähigkeit gibt. Das Ende des Aufschwungs tritt dann ein, wenn die (erwartete) Nachfrage sinkt, weil beispielsweise die erhöhte Wirtschaftsaktivität zu mehr Steuerzahlungen führt, was dauerhaft Nachfrage aus dem Kreislauf nimmt. Sehr deutlich wird dies, wenn der Staat sogar Überschüsse erzielt, also dem nicht-staatlichen Sektor netto Kaufkraft entzieht. In der Folge dieser Nachfrageschwächung werden sicherlich die Investitionen als erstes reagieren, was wiederum die Wirtschaft weiter schwächt und in die Rezession führt.

Realistisch kann in einer Rezession die Gesamtnachfrage nur durch den Staat erhöht werden. Nur er kann die notwendigen Ausgaben tätigen, um günstige makroökonomische Bedingungen zu schaffen. Die Unternehmen der Realwirtschaft und der Finanzwirtschaft können im Hinblick auf die ungewisse Zukunft optimistisch oder pessimistisch sein. Wird die Regierung das Niveau der Gesamtnachfrage aufrechterhalten, sodass wir Vollbeschäftigung und Preis(lohn)stabilität erleben werden? Oder wird es einen Mangel an Nachfrage geben, sodass nicht alle Unternehmen in der Lage sein werden, die von ihnen produzierten Waren zu verkaufen? Die Ungewissheit über die Zukunft bedeutet, dass viele Unternehmen zögern werden, ihre Investitionen zu früh zu erhöhen. Sie erhöhen ihre Ausgaben nur dann und verschulden sich (noch stärker), wenn sie glauben, dass sie ihre Einnahmen soweit steigern können, dass die Schulden getilgt werden können. Wäre dies nicht der Fall, wären die Unternehmen illiquide, insolvent oder beides. Dies ist die Überlebensrestriktion für kapitalistische Unternehmen. Unternehmen streben nach Gewinnen, aber nicht um jeden Preis.

9.2 Wirtschaftspolitik

Die Wirtschaft wird durch unsere Institutionen geprägt. Viele der wichtigsten davon werden vom Staat geschaffen. So wird beispielsweise der Euro von der EZB und den nationalen Zentralbanken (die das Eurosystem bilden) geschöpft. Die Art und Weise, wie das Geldsystem funktioniert, ist von großer Bedeutung, auch wenn es sich nicht oft ändert. Außerdem garantiert der Staat Eigentumsrechte und setzt sie durch. Ohne staatliches Geld und Eigentumsrechte wäre es undenkbar, dass die Märkte in unserem Leben eine so große Rolle spielen würden, wie sie es heute tun. Die Wirtschaft ist also eine Mischung aus öffentlichen und privaten Institutionen. Ihre Aufgabe ist es, uns mit den (privaten und öffentlichen) Gütern und Dienstleistungen zu versorgen, die wir wünschen. Eine wichtige Rolle spielen dabei die im Grundgesetz verankerten Rechte, wie das Recht auf Bildung oder Gesundheit. Die Bundesregierung ist hier gefragt, diesen Rechten Geltung zu verschaffen. Die Wirtschaft ist die soziale Maschine, die wir gebaut haben, um uns mit dem zu versorgen, was wir brauchen.

Dashboard Deutschland
Das Statistische Bundesamt hat Ende 2022 einen tagesaktuellen Pulsmesser für die Wirtschaft der Bundesrepublik Deutschland eingeführt (DESTATIS 2022). Hier lassen sich unterschiedliche Datenreihen betrachten, um so einen Überblick über die Entwicklung der Wirtschaft zu bekommen. Es ist eine sinnvolle Ergänzung von anderen Indikatoren, die das „Gefühl" in der Wirtschaft messen. In den nächsten Jahren werden wir sehen können, was besser als Indikator taugt: Bauchgefühl der Menschen oder die Daten. Vermutlich wird mal das eine und mal das andere sich als besserer Indikator erweisen.

Makroökonomische Politikmaßnahmen
Die makroökonomischen Politikmaßnahmen basieren auf der Einsicht, dass die Wirtschaft, wenn sie sich selbst überlassen wird, keine Vollbeschäftigung erreichen wird (Forstater 1999a, b). Ein weiteres Problem ist die daraus resultierende willkürliche und ungleiche Verteilung von Einkommen und Vermögen. Nicht zuletzt führt die Instabilität zu Konjunkturzyklen, welche ihrerseits unerwünschte Übel hervorrufen. Massenarbeitslosigkeit und Armut sind die Folge von Rezessionen und Depressionen, weshalb eine stabilisierende Wirtschaftspolitik gerechtfertigt ist.

Eine Rezession oder Depression kann durch eine Erhöhung der Ausgaben überwunden werden. Dies führt zu einem Anstieg von Einkommen, Produktion und Beschäftigung. Es gibt drei Möglichkeiten, die Ausgaben in einer Volkswirtschaft zu erhöhen:

- Der private Sektor erhöht seine Ausgaben.
- Der öffentliche Sektor erhöht seine Ausgaben.
- Der Rest der Welt (externer Sektor) erhöht seine Ausgaben.

Die Liste ist vollständig, da es keine Wirtschaftsakteure gibt, die nicht in eine der oben genannten Kategorien fallen. Betrachtet man die Weltwirtschaft, so gibt es auch keinen Rest der Welt. Die Liste schrumpft auf dann nur zwei Einträge: privater und öffentlicher Sektor. Da wir hier aber aus Perspektive eines Landes auf die Wirtschaft schauen, ohne den Rest der Welt dabei zu vergessen, betrachten wir weiterhin alle drei Sektoren. Wenn wir auf unsere makroökonomische Identität zurückblicken, können wir sehen, welche Bereiche von Ausgabenerhöhungen betroffen wären.

$$Y = C + I + G + EX - IM$$

Da das Gesamteinkommen Y gleich dem BIP ist, ergibt sich ein Anstieg des BIP aus jedem Anstieg der Komponenten auf der rechten Seite. Die Haushalte könnten ihren Konsum oder ihre Investitionen erhöhen; die Unternehmen können ihre Investitionen erhöhen oder der Staat erhöht seine Ausgaben; oder die Exporte steigen, weil das Ausland mehr ausgibt. Lassen wir den Anstieg des Konsums vorerst außer Acht, da es unwahrscheinlich ist, dass die Haushalte in einer Krise beschließen, mehr von ihrem Einkommen auszugeben. Es bleiben die privaten Investitionen, die Staatsausgaben und die Exporte. Wenn eine dieser Komponenten autonom steigt, bedeutet dies, dass der betreffende Sektor vorerst ein höheres Defizit (einen geringeren Überschuss) hinnehmen muss, wie die Gleichung der sektoralen Gleichgewichte verdeutlicht:

$$\left(S_p - I \right) + \left(T - G \right) + \left(IM - EX \right) = 0$$

Ein Anstieg der privaten Investitionen (I)/ Staatsausgaben (G)/ Nettoexporte (IM-EX) führt kurzfristig zu einer geringeren Nettoersparnis des privaten Sektors/ öffentlichen Sektors/externen Sektors. Andererseits bedeutet der Anstieg des Defizits eines Sektors sehr wahrscheinlich einen Anstieg des Überschusses in den anderen Sektoren, denn irgendjemand muss die Ausgaben ja als Einnahmen verbucht haben. Dies würde Folgewirkungen auslösen, da ein Anstieg der finanziellen Nettoersparnisse zu einem Anstieg der Ausgaben in anderen Bereichen führen kann. Ein Haushalt mit höherem Einkommen würde sicherlich seine Konsumausgaben erhöhen. Eventuell sind unter den Konsumgütern auch Importe.

Minus + Minus =?
Eine andere Möglichkeit zur Stimulierung der Nachfrage wäre, so könnte man meinen, die private Ersparnis, die Steuereinnahmen und/oder die Importe zu verringern, da dies ebenfalls zu einem Rückgang der Nettoersparnis des betreffenden Sektors führen würde. Dies ist zwar richtig, aber es ist zu beachten, dass wir mehr Annahmen benötigen, als wir bei den Steigerungen von Investitionen, Staatsausgaben und Exporten gebraucht haben. Die drei letztgenannten gehen direkt in das BIP ein, während die private Ersparnis, die Besteuerung und die Importe dies nicht tun. Ein Rückgang der privaten Ersparnisse führt nicht per se zu einem höheren BIP. Das Gleiche gilt natürlich auch für die Steuereinnahmen.

Das private Sparen ist meist eine Restgröße und hängt wesentlich vom Einkommen ab. Wenn die Menschen weniger Sparwünsche haben, dann geben sie mehr Geld aus. Das sollte expansiv auf die Wirtschaft wirken. Allerdings ist es schwierig für den Staat, die Sparwünsche zu reduzieren. Dies könnten durch den Ausbau von Sozialversicherungssystemen realisiert werden oder durch eine Erhöhung von Renten und Zahlungen der Arbeitslosenversicherung.

Die Steuereinnahmen gehen ebenfalls nicht in das BIP ein. Daher trägt ein Rückgang der Steuereinnahmen nicht zum BIP bei. Die Menschen könnten das Geld, das sie bei den Steuern einsparen, dazu verwenden, ihre Schulden bei den Banken zurückzuzahlen, wodurch sich die private Nettoersparnis erhöht. Dies verändert das BIP nicht. Sinkende Steuereinnahmen können auch das Ergebnis eines Einbruchs der Wirtschaftstätigkeit sein. Sie werden kaum einen Anstieg der Wirtschaftstätigkeit bewirken. Der Staat kann die Steuersätze reduzieren und so versuchen, den Konsum anzukurbeln. Ob dann die Steuereinnahmen am Ende geringer ausfallen ist aber unsicher. Die Steuersätze sind geringer, aber es wird mehr umgesetzt – das kann am Ende zu weniger, aber auch zu mehr Steuerzahlungen führen.

Die Rolle der Importe im BIP
Importe fließen nicht als solche in das BIP ein, aber sie müssen mit einer der anderen Komponenten verbunden sein. Was ist mit den Importen geschehen? Wurden sie konsumiert, für Investitionen verwendet, vom Staat verbraucht oder für den Export verwendet? Jede Verwendung oder eine Kombination davon ist möglich. Dies bedeutet, dass ein Anstieg der Importe das BIP nicht verändert, da eine der anderen Komponenten immer mit den Importen steigt. Für jedes Minus, das durch Einfuhren entsteht, gibt es also ein Plus in gleicher Höhe, das durch die Verwendung von Einfuhren entsteht. Im Umkehrschluss bedeutet dies, dass ein Rückgang der Importe das BIP nicht verändert.

Wir brauchen zusätzliche Annahmen, um von einem Rückgang der Importe zu einem Anstieg des BIP zu kommen. Eine Möglichkeit ist, dass Importe durch einheimische Produktion ersetzt wurden, da einheimische Firmen Kunden von ausländischen Firmen abgeworben haben. Das Gleiche gilt für niedrigere Steuern: Wir müssen annehmen, dass die Haushalte mehr Geld für Konsum- oder Investitionsgüter ausgeben, wenn sie weniger Steuern zahlen. Wenn sie das Geld stattdessen auf den Finanzmärkten investieren würden, wird sich das BIP nicht verändern. Nicht zuletzt reicht ein Rückgang der privaten Ersparnis allein nicht aus, um das BIP zu erhöhen. Es ist einigermaßen wahrscheinlich, dass ein höherer Anteil der Ausgaben am verfügbaren Einkommen zu einem Anstieg des BIP führt, aber dann könnte das Ergebnis eine höhere private Ersparnis sein. Die Nettoersparnis des privaten Sektors könnte gleichbleiben. Wenn alle mehr ausgeben, haben auch alle mehr Einkommen! Wir stellen fest, dass der direkteste Weg zur Ankurbelung einer Wirtschaft darin besteht, die Ausgaben zu erhöhen. Dabei kann es sich um private Ausgaben (für Konsum oder Investitionen), staatliche Ausgaben oder Exporte oder eine beliebige Kombination dieser Ausgaben handeln. Da die Regierung letztlich politisch für das Beschäftigungsniveau verantwortlich ist, hat sie eine Reihe von Instrumenten entwickelt, um diese Nachfragekomponenten zu beeinflussen. Diese sind (Tab. 9.1):

Während im 20. Jahrhundert die meisten Länder alle Politikmaßnahmen durchgängig einsetzten, haben die Industrieländer in den letzten Jahrzehnten die makroökonomische

Tab. 9.1 Makroökonomische
Wirtschaftspolitik

Komponente des BIP	Politik
Staatsausgaben, Steuern	Fiskalpolitik
Private Investitionen	Geldpolitik
Konsum	Einkommenspolitik
Exporte	Handelspolitik

Quelle: eigene Tabelle

Fiskal- und Handelspolitik weitestgehend aufgegeben und sich nur noch auf die Geldpolitik verlassen, um die Wirtschaft zu steuern. Nach der Erörterung der drei Politikmaßnahmen werden wir feststellen, dass dies einige der aktuellen Probleme erklären könnte, die unsere Volkswirtschaften belasten.

Fiskalpolitik

Die Fiskalpolitik wird von der Bundesregierung betrieben. Sie ist die einzige Institution, die (staatliche) Wertpapiere (wie Staatsanleihen) ausgibt, welche als risikofrei gelten. Die Ausgaben des Staates erhöhen das Einkommen und die Guthaben im privaten Sektor und sorgen für zusätzliche Reserven bei den Banken. Sie erhöhen auch die Ersparnis des privaten Sektors, wenn Zahlungen an inländische Bürger geleistet werden.

▶ *Definition: Wir bezeichnen eine Erhöhung (Senkung) der Staatsausgaben als expansive (kontraktive) Fiskalpolitik. Eine Senkung (Erhöhung) der Steuersätze wird ebenfalls als expansive (kontraktive) Fiskalpolitik bezeichnet.*

Eine expansive Fiskalpolitik führt zu einem Anstieg des Gesamteinkommens, da die Staatsausgaben direkt den Konsum erhöhen. Steuersenkungen können zu mehr Konsum führen, wenn die Haushalte einen Teil ihres höheren verfügbaren Einkommens für Konsumgüter ausgeben. Dies ist wahrscheinlicher, wenn Steuersenkungen die unteren Einkommen erhöhen. Steuersenkungen für Reiche führen dazu, dass ein höherer Anteil des verfügbaren Einkommens in den Erwerb von Finanzanlagen fließt und so die private Ersparnis erhöht wird. Dies wird aber nicht dazu führen, dass die Wirtschaft schneller wächst (*trickle-down growth*, siehe Abb. 9.3), denn zu geringe Ausgaben bremsen weiterhin die Beschäftigung und die Produktion. Die Regierung kontrolliert dabei die Steuersätze und die Steuerarten, nicht aber die Steuerzahlungen. Diese hängen wesentlich von der Lage der Konjunktur ab.

Die Fiskalpolitik wirkt auch über die Zinszahlungen auf Staatsanleihen. Zinszahlungen stellen einen Transfer vom öffentlichen zum privaten Sektor dar und erhöhen das öffentliche Defizit. Dies ist zunächst etwas verwirrend, da es bedeutet, dass hohe (niedrige) Zinssätze mit einer fiskalischen Expansion (Kontraktion) verbunden sind. Dies ist im Zusammenhang mit den von den Zentralbanken festgesetzten Nullzinsen von Bedeutung. Wenn die Zinssätze bei null liegen, erhalten die Inhaber von Anleihen keine Zinszahlungen mehr aus dem Besitz von Schatzpapieren. Sofern sie aus den Zinserträgen konsumieren, sinkt dann der Konsum.

Abb. 9.3 Karikatur zum *trickle-down growth*. (*Quelle: Nathalie Freitag (c) 2020*)

Antizyklische Fiskalpolitik
Die Art und Weise, wie der Staatshaushalt automatisch auf Einkommensveränderungen reagiert, wird als antizyklisch bezeichnet. In Zeiten hoher (niedriger) gesamtwirtschaftlicher
Nachfrage sind die Staatsausgaben niedrig (hoch), weil die Arbeitslosigkeit niedrig (hoch)
ist, und die Steuereinnahmen sind hoch (niedrig), weil das Einkommen hoch (niedrig) ist.
Daher weist der öffentliche Haushalt in guten Zeiten einen Überschuss auf und entzieht so
der Wirtschaft Kaufkraft, wodurch er sich antizyklisch verhält. In Zeiten schwacher Nachfrage sorgen niedrigere Steuereinnahmen und höhere Ausgaben – die automatischen Stabilisatoren – für mehr Nachfrage, sodass der öffentliche Haushalt ins Defizit gerät.

   Wenn die Regierung in Zeiten wirtschaftlicher Schwierigkeiten beschließt, die Ausgaben zu erhöhen, nennen wir dies diskretionäre Fiskalpolitik. Eine Erhöhung der Ausgaben
führt zu neuen Nettoguthaben in der Wirtschaft und somit zu höheren Einkommen für den
privaten Sektor, was es ihm ermöglicht, mehr zu konsumieren und zu sparen. Die Unternehmen werden ihre Produktion erhöhen, da sie bei positiven Gewinnen mit einer höheren
Nachfrage rechnen können. Der Anstieg des BIP könnte zu einer Verschlechterung der
Handelsbilanz führen (wenn die Importe schneller steigen als die Exporte), sodass sich ein
Teil des Anstiegs des öffentlichen Defizits in einem höheren Überschuss für den Rest der
Welt niederschlägt.
   Der Anstieg der inländischen Beschäftigung wird wiederum die Einkommen erhöhen,
was zu einem Anstieg der Gesamtnachfrage führen wird. Es handelt sich um einen zirku-
lären Kausalverlauf, der in der Regel selten die Richtung wechselt. Daher kann man davon
ausgehen, dass ein einmaliger vorübergehender fiskalischer Anreiz ausreicht, um die Wirt-

schaft auf den Weg der Erholung zu bringen. Um die Vollbeschäftigung der Wirtschaft aufrechtzuerhalten, könnten jedoch dauerhafte Anreize erforderlich sein. Die Anreize könnten in Form von nachhaltigen öffentlichen Investitionen erfolgen, wie beim New Deal in den 1930er-Jahren oder beim Green New Deal, der heute diskutiert wird.

Von der Stabilität zur Instabilität

Der Gesamtumfang der Staatsausgaben im Verhältnis zum Umfang der Wirtschaft ist wichtig für die makroökonomische Stabilisierung. Da die Bundesregierung nicht zahlungsunfähig werden kann, solange die EZB sie unterstützt, erhöht ein Anstieg des relativen Umfangs der Staatsausgaben die finanzielle Stabilität der Wirtschaft. Ein Anstieg der Staatsausgaben induziert jedoch einen Anstieg der privaten Ausgaben, die häufig durch private Schulden finanziert werden. Höhere Staatsausgaben führen daher nicht automatisch zu einem größeren öffentlichen Sektor. Hyman Minsky entwickelte in diesem Zusammenhang seine Hypothese der finanziellen Instabilität (Minsky 1973, 1975). Die Zeiten finanzieller Ruhe in der Nachkriegszeit führten zu einer Verschiebung der Risikowahrnehmung: Investoren und Banken wurden risikotoleranter, da die letzte Finanzkrise vergessen war. Dieser Anstieg des finanziellen Risikos führte, nachdem einige Jahrzehnte vergangen waren, zur nächsten Krise – der von 2008/09 (Tooze 2018). Menschen werden sich eine Zeit lang an die Probleme der Finanzverschuldung erinnern und weniger Kredite aufnehmen als die Generation vor ihnen, wodurch eine weitere Periode finanzieller Ruhe entstehen könnte, welche die nächsten Jahrzehnte umfasst.

Geldpolitik

Der Vertrag über die Arbeitsweise der EU regelt auch die Aufgaben des Eurosystems. Das vorrangige Ziel besteht in der Gewährleistung von Preisstabilität. Dieses Ziel ist sehr einseitig. Die meisten anderen Zentralbanken haben noch weitere gleichrangige Ziele wie Vollbeschäftigung oder nachhaltiges Wirtschaftswachstum, welche der EZB teilweise als Sekundärziele mitgegeben wurden. Bei der Geldpolitik geht es hauptsächlich um die von der Zentralbank festgelegten Zinssätze, die Anforderungen an die Sicherheiten und die Rolle als Käufer von Staatsanleihen. Dies sind die wichtigsten geldpolitischen Hebel.

Die EZB muss sich für eine geldpolitische Strategie entscheiden. In den letzten Jahrzehnten war dies das Inflationsziel, basierend auf neukeynesianischer Theorie (Woodford 2003). Die EZB geht auf deren Grundlage davon aus, dass sie durch eine Senkung (Erhöhung) der Zinssätze die privaten Investitionen und damit die Inflation nach oben (unten) treiben und so die Wirtschaft beeinflussen kann. Sie will also Arbeitslosigkeit erzeugen, um zu hohe Inflation zu reduzieren. Die Realität hat allerdings nicht bestätigt, dass niedrige Zinssätze expansiv und hohe Zinssätze kontraktiv sind. Vielmehr widerspricht die Realität diesen Annahmen (Mosler 2010, S. 6).

Die Geldpolitik hat eine deutlich geringere Hebelwirkung auf die Wirtschaft als die Finanzpolitik. Dies ist eine empirische Beobachtung, die sich logisch erklären lässt. Angenommen, der Staat reduziert seine Ausgaben auf null. Welches ist dann der Zinssatz, der die privaten Investitionen derart ansteigen lässt, dass sie die entstandene Lücke der Gesamtnachfrage füllen? Sicherlich gibt es keinen Zinssatz, der das erforderliche Niveau an privaten Investitionen herbeiführen würde. Staatsausgaben und Steuern sind die wichtigsten Instrumente der Wirtschaftspolitik. Die Geldpolitik spielt eine sekundäre Rolle, auch wenn sie seit Jahrzehnten als Hauptinstrument angesehen und eingesetzt wird. So setzte die schwedische Zentralbank 1992 kurzzeitig den Zinssatz auf 500 (!) Prozent, ohne dass dies zum Kollaps der schwedischen Wirtschaft führte.

Zinsen und private Investitionen
Die Geldpolitik hat durchaus Einfluss auf die Wirtschaft. Sie kann die privaten Investitionen beeinflussen, aber auch die Preise von realen und finanziellen Vermögenswerten. Niedrigere Zinssätze ermöglichen es den Anlegern, mehr Geld für vorhandene Vermögenswerte auszugeben, da sie weniger Zinsen zahlen. Ein Beispiel: Ein Investor kann über fünfundzwanzig Jahre hinweg Schulden in Höhe von 250.000 € zurückzahlen. Bei einem Zinssatz von Null kann er ein Haus für 250.000 € kaufen und den Kredit zurückzahlen. Bei einem Zinssatz von mehr als Null muss der Investor seine Ausgaben zwischen der Bezahlung des Hauses und der Zahlung der Zinsen aufteilen. Wenn er 50.000 € an die Bank als Zinszahlungen leistet, kann er nur noch 200.000 € für das Haus zahlen.

Wenn der Konsum teilweise vom Privatvermögen abhängt, wirken sich die Zinssätze über diesen Kanal auf die Inflation aus. Dies hat Folgen für die Verteilung, da nicht alle ein Haus oder andere reale oder finanzielle Vermögenswerte besitzen. Bei einem Zinssatz von null sollten die Vermögenspreise ein Maximum erreichen. Die erwarteten Erträge aus dem Besitz von Vermögenswerten dürften sinken, da ihr Preis sehr hoch ist und die Erwartungen für weitere Preissteigerungen gering sind. Die Zentralbank könnte in den negativen Bereich gehen und die Leitzinsen in den negativen Bereich bringen. Allerdings wäre es ungerecht, einen Kredit aufzunehmen und weniger zurückzuzahlen, als man sich geliehen hat. Es ist also unwahrscheinlich, dass die EZB negative Zinsen nutzen wird.

Einkommenspolitik
Während die Geldpolitik das nominale Lohnwachstum und damit die Inflationsrate nur indirekt beeinflussen kann, gibt es einen direkteren Weg. Beschäftigte im öffentlichen Dienst erhalten Löhne, die von der Regierung (auf allen Ebenen) gezahlt werden. Dazu legt die Bundesregierung den Mindestlohn fest, was ebenfalls Auswirkungen hat. Eine Erhöhung des Mindestlohns wird wahrscheinlich zu einem Anstieg der Löhne im privaten Sektor führen. Höher qualifizierte Arbeitnehmer werden auf höhere Nominallöhne drängen, um den relativen Lohnabstand wiederherzustellen. Auch der Staat setzt einige Preise direkt fest oder beeinflusst sie stark. Er kontrolliert die Preise, die von öffentlichen Unternehmen (Deutsche Bahn) und der Regierung festgesetzt werden, z. B. die Preise für öffentliche Verkehrsmittel oder die Beiträge zu den Sozialversicherungssystemen.

▶ *Definition: Direkte und indirekte Preis- und Lohnfestsetzung durch die staatliche Einkommenspolitik. Die Regierung kann versuchen, Löhne und Preise nach oben oder unten zu bewegen, um Einfluss auf die Verteilung, die Gesamtnachfrage und die Inflationsrate zu nehmen.*

Da die Regierung auch Steuersätze festlegt, kann sie auch diese als Instrument zur Veränderung des Preisniveaus einsetzen. Sie könnte die Mehrwertsteuer erhöhen, um die Inflationsrate kurzfristig anzuheben. Eine einmalige Erhöhung der Mehrwertsteuer würde zu einem einmaligen Anstieg der Inflationsrate führen. Längerfristig könnten die höheren Steuern die Nachfrage senken und damit auch die Preise, sofern dies das Lohnwachstum verlangsamt. Daher ist dieses Instrument nicht die beste Wahl, um die Inflation anzukurbeln. Die Löhne im öffentlichen Sektor sind viel besser. Sie erhöhen direkt das Einkommen vieler Haushalte, und der private Sektor wird sicherlich mit höheren Löhnen nachziehen. Andernfalls besteht die Gefahr, dass die besten Arbeitnehmer in den öffentlichen Sektor abwandern.

Der Staat kann auch Einfluss auf die Preise nehmen, wenn er der einzige Käufer ist. Dies ist im Zusammenhang mit dem Militärsektor und der Raumfahrtindustrie von Bedeutung. Der Staat kontrolliert direkt die Preise, die er zahlt. Er kann auch die Preise für Medikamente beeinflussen, wenn er dies will. Die Regierung kann Kartelle, Monopole und andere Hindernisse von Wettbewerb regulieren oder auflösen, wenn sie dies will. Die Zerschlagung von Monopolen dürfte die Preise senken und somit einen deflationären Einfluss haben.

Die Regierung kann auch beschließen, ausgewählte öffentliche Güter kostenlos anzubieten. Eine Universitätsausbildung zum Nulltarif trägt zu einer geringen Verschuldung der Studierenden bei. Daher können sie mit weniger Lohn auskommen als Studierende, die nach dem Studium Hunderttausend Euro Schulden abbezahlen müssen oder mehr. Die Bereitstellung von Infrastrukturen wie Autobahnen, Eisenbahnlinien oder öffentlichen Nahverkehrsmitteln wirkt sich ebenfalls auf das Preisniveau aus.

Abb. 9.4 zeigt die Preisveränderungen in der Eurozone im April 2022. Insgesamt betrugen sie 7,4 % auf ein Jahr berechnet. Die mit Abstand deutlichsten Preistreiber waren Wohnen, Elektrizität, Gas, etc. sowie Transport. Es ist normal, dass einige Preise über ei-

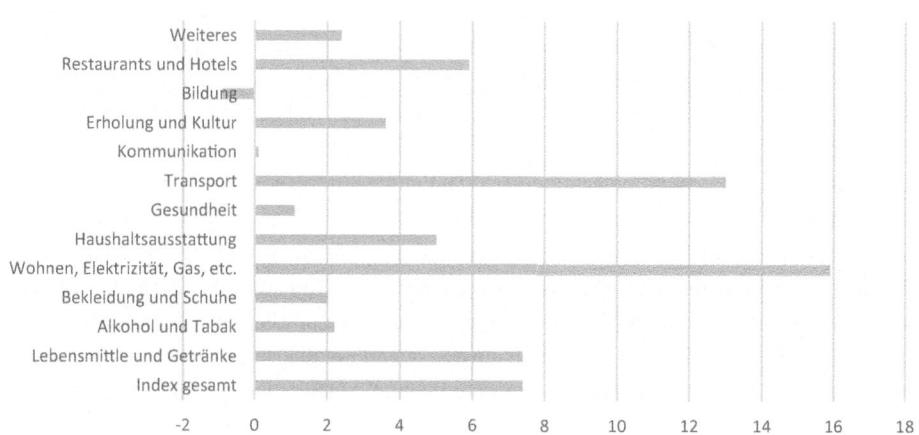

Quelle: EZB

Abb. 9.4 Gesamtinflationsrate und Komponenten in der Eurozone, April 2022. (*Quelle: EZB*)

nen bestimmten Zeitraum hinweg steigen und andere sinken. Ein steigender Preis allein führt nicht zu einer steigenden Inflationsrate, da andere Preise sinken können. Wenn die Regierung jedoch ihre Absicht ankündigt, das Preisniveau anzuheben, werden Arbeitnehmer darauf höhere Löhne fordern. Sollte die Stärke der Gewerkschaften nicht ausreichen, um dieses Ergebnis zu erreichen, wäre es eine Überlegung wert, die Gesetze so zu ändern, dass die Macht der Arbeitnehmer entsprechend gestärkt wird.

Handelspolitik
Die dritte Möglichkeit für eine Regierung, das Niveau der Gesamtnachfrage zu regulieren, besteht darin, die Position der Handelsbilanz zu beeinflussen. Änderungen der relativen Preise inländischer Unternehmen gegenüber ausländischen Unternehmen und Änderungen des relativen Einkommens ergeben sich sowohl aus Änderungen des nominalen Wechselkurses als auch aus Änderungen der Lohnstückkosten (verursacht durch Änderungen der Nominallöhne und der Produktivität). Während der Staat den Wechselkurs durch Interventionen der Zentralbank auf dem Devisenmarkt verändern kann, kann er die Lohnstückkosten nur indirekt verändern. Eine Steigerung der Wettbewerbsfähigkeit ergibt sich aus einer relativ schwachen Wachstumsrate der Nominallöhne, einem relativ starken Produktivitätswachstum oder beidem zusammen. Die Nominallöhne werden in der Regel kurzfristig ausgehandelt. Gewerkschaftlich organisierte Arbeitnehmer haben oft Verträge, in denen die Löhne für die nächsten 2 Jahre im Voraus festgelegt sind. Nicht gewerkschaftlich organisierte Arbeitnehmer verhandeln häufiger, manchmal jährlich, über Lohnerhöhungen.

Die Regierung kann direkt und indirekt Druck auf die Gewerkschaften ausüben, um den Lohnanstieg zu bremsen. Sie können sie zu einem runden Tisch einladen und sie davon überzeugen, eine bestimmte Zielrate für das nominale Lohnwachstum anzustreben – oder sie können die Gewerkschaften schwächen, indem sie Gesetze aufheben, die zur Stärkung der Gewerkschaften erlassen wurden. Die Regierungen können auch das Lohnwachstum im öffentlichen Sektor verlangsamen oder erhöhen und damit dem privaten Sektor einen Anreiz geben, ähnliche Maßnahmen zu ergreifen. Ein Rückgang der Nominallöhne hat den großen Nachteil, dass die Binnennachfrage sinkt. Auf der anderen Seite steigt die Nachfrage aus dem Rest der Welt. Ob der Nettoeffekt positiv oder negativ ist, hängt unter anderem von der Größe des Auslandssektors ab.

Ein Rückgang der Nominallöhne um 20 % kann beispielsweise zu sehr unterschiedlichen makroökonomischen Ergebnissen führen. In sehr offenen Volkswirtschaften, in denen die Exporte mehr als 30 % des BIP ausmachen, könnte der Anstieg der Exporte den Rückgang der Inlandsnachfrage überkompensieren, da Konsumgüter von den inländischen auf die ausländischen Märkte verlagert werden. Wenn die Ausfuhren eines Landes jedoch nur etwas mehr als 10 % des BIP ausmachen, dann überkompensiert der Rückgang der Inlandsnachfrage mit Sicherheit den potenziellen Anstieg der Ausfuhren. Daher ist es keine gute Wirtschaftspolitik, das Lohnwachstum stagnieren zu lassen.

Abb. 9.5 zeigt die Wachstumsrate der Stundenlöhne in der Industrie in Deutschland (schwarz), Italien (grau) und Spanien (gestrichelt) in Prozent. Es ist deutlich zu erkennen, dass in Deutschland das Lohnwachstum in den 2000er-Jahren deutlich unter dem von Ita-

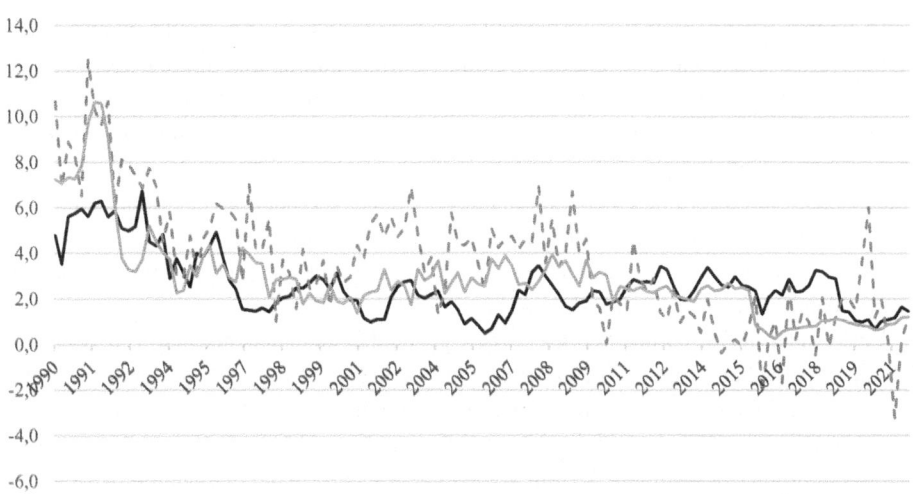

Abb. 9.5 Wachstumsrate der Stundenlöhne in der Industrie in Deutschland (schwarz), Italien (grau) und Spanien (gestrichelt), in Prozent. (*Quelle: OECD, „Main Economic Indicators – complete database", abgerufen am 31. März 2023*)

lien und Spanien blieb. Dies ist die Folge des Bündnisses für Arbeit unter der damaligen Bundesregierung Schröder. Die Idee war, durch Lohnverzicht Beschäftigung zu sichern. Im Resultat mussten sich die Unternehmen zunehmend in Richtung Export orientieren, weil das Wachstum der Löhne nicht ausreichte, um die Inlandsnachfrage auf ein ausreichend hohes Niveau zu bringen. Die deutschen Nettoexporte waren also das Ergebnis einer Politikmaßnahme. In den 2010er-Jahren war die Wachstumsrate in Deutschland dann höher als anderswo.

Die Steigerung der Produktivität ist eine wirksame langfristige Strategie zur Verbesserung der Wettbewerbsfähigkeit. In einem System mit festem Wechselkurs verschafft ein überdurchschnittliches Produktivitätswachstum den Ländern einen Spielraum, um die Löhne im Inland schneller zu erhöhen, ohne ein Leistungsbilanzdefizit zu erzeugen. Leistungsbilanzdefizite sind nicht per se schlecht, aber sie führen zu einem Anstieg des Bestands an Nettoauslandsverbindlichkeiten, was bedeutet, dass immer mehr auf Euro lautende Finanzaktiva an Ausländer übertragen werden. Mit anderen Worten: das Nettovermögen sinkt.

Wechselkurs und internationale Wettbewerbsfähigkeit
Die andere Möglichkeit, die relativen Lohnstückkosten zu verändern, ist eine Abwertung des Wechselkurses. Ein Rückgang (Anstieg) des nominalen Wechselkurses führt zu einem Rückgang (Anstieg) der relativen Lohnstückkosten. Die Regierungen könnten die Zentralbank einsetzen, um eine Änderung des nominalen Wechselkurses herbeizuführen. In einem flexiblen Wechselkurssystem kann die Zentralbank ausländische Währung mit inländischer Währung kaufen, die sie in unbegrenzter Menge schaffen kann. Daher kann eine Zentralbank ihre Währung jederzeit abwerten, wenn sie dies möchte. Wenn eine Zentralbank in ein ansonsten flexibles Wechselkurssystem eingreift, handelt es sich um ein so genanntes „Dirty Floating".

In einem System fester Wechselkurse kann die Zentralbank den Wechselkurs per Dekret abwerten. Dazu muss sie einfach fremde Währung kaufen und mit eigener bezahlen, bis das Wechselkursziel erreicht ist. Durch ständige Käufe und Verkäufe kann sie den Wechselkurs bestimmen. Alternativ kann sie sich verpflichten, Devisen zu einem bestimmten Wechselkurs ohne Begrenzung zu kaufen. Eine Veränderung der relativen Lohnstückkosten führt allerdings nicht automatisch zu einer Veränderung der Importe und Exporte. Der Grund dafür ist, dass die Preise oft in Landeswährung festgelegt werden. So werden beispielsweise europäische wie auch US-amerikanische und japanische Autos in Deutschland in Euro verkauft und bepreist.

Eine Änderung des Euro-Wechselkurses gegenüber dem japanischen Yen oder dem US-amerikanischen Dollar wird die Preise ausländischer Autos, die den deutschen Verbraucher angeboten werden, nicht verändern. Vielmehr ändert sich durch die Wechselkursänderung die jeweilige Anzahl von Yen und Dollar, die ausländische Unternehmen durch den Verkauf einer bestimmten Anzahl von Autos in Deutschland einnehmen. Anstatt ihre Produktpreise täglich an die Veränderungen des Wechselkurses anzupassen, sind ausländische Unternehmen, die in Deutschland verkaufen, meist damit zufrieden, dass ihre Gewinne mit den Veränderungen des Wechselkurses steigen und fallen. Wenn ausländische Unternehmen damit nicht einverstanden sind, können sie Finanzinstrumente einsetzen, um das Wechselkursrisiko auszuschalten. So können sie beispielsweise heute schon Euros verkaufen, die sie erst in drei Monaten verdienen und damit liefern werden. Auf diese Weise wird der heutige Wechselkurs effektiv festgeschrieben, da die Kassapreise (für den Kauf vor Ort) und die Terminpreise (für Käufe in der Zukunft) kaum schwanken.

Abgesehen von den relativen Preisen verändern Änderungen der Lohnstückkosten auch die relativen Einkommen. Dieser Effekt könnte wichtiger sein als der relative Preiseffekt, da er die relative Kaufkraft der verschiedenen Währungsräume verändert. Wenn die relativen Lohnstückkosten relativ stark (schwach) wachsen, dann können die Inländer bei stabilen Wechselkursen relativ mehr (weniger) Importe kaufen. Die Übertragung erfolgt über den Konsum: Wenn die Löhne relativ schnell steigen, können die Arbeitnehmer ihren Konsum schneller steigern. Da ein Teil der Konsumgüter importiert wird, kommt es zu einem Anstieg der Importe. Wenn beispielsweise die Löhne in Deutschland relativ schnell steigen, können die deutschen Verbraucher – bei einem gegebenen Wechselkurs – mehr Importe konsumieren. Warum? Weil die Importpreise stabil sind und höhere Löhne sich in höheren Einkommen niederschlagen. Im Laufe der Zeit könnte es zu einer Reaktion entweder auf die von ausländischen Unternehmen in Deutschland festgesetzten Preise (um die Gewinne zu steigern) oder auf den Wechselkurs (wenn deutsche Bürger mehr ausländische Währung kaufen, fällt der EUR) kommen.

Automatische Stabilisatoren
Wie auch immer die makroökonomische Politik aussieht, in den meisten Ländern gibt es keine großen Schwankungen bei BIP, Inflation und Beschäftigung. Diese Variablen bewegen sich eher langsam. Der Grund dafür sind die so genannten automatischen Stabilisatoren.

In Zeiten steigender Nachfrage wird ein Teil der zusätzlichen Nachfrage durch höhere Importe, höhere Steuerzahlungen und auch sinkende Zahlungen der Arbeitslosenversicherung sowie eine höhere private Ersparnis neutralisiert. All dies verringert das Einkommen und damit die Höhe der umlaufenden Bankguthaben. Dadurch wird es für die Menschen und Unternehmen schwieriger, Geld auszugeben. Jeder Aufschwung wird durch diese drei Faktoren gebremst. In einer Rezession oder einer Periode relativ schwacher Nachfrage hingegen werden die Ausgaben angekurbelt, da aufgrund des geringeren Volkseinkommens die Steuerzahlungen, die Importe und die private Ersparnis sinken. Daher werden weniger Bankguthaben aus dem inländischen Umlauf genommen, als dies sonst der Fall gewesen wäre.

Über diese Entwicklungen hinaus werden die Staatsausgaben in Zeiten der Rezession (des Aufschwungs) steigen (sinken), wenn ein Wohlfahrtsstaat besteht. Maßnahmen zur Unterstützung der Arbeitslosen werden zu mehr Ausgaben in der Wirtschaft führen, wenn diese am dringendsten benötigt werden, während in Zeiten des Aufschwungs die Ausgaben aufgrund der relativ geringen Arbeitslosigkeit sinken werden. Man könnte daher erwarten, dass eine Rezession auch ohne politische Intervention in einen Aufschwung umgewandelt werden könnte. Das mag stimmen, aber es würde wohl viele Jahre dauern, bis dies der Fall wäre – Jahre, in denen eine hohe Arbeitslosenquote soziale Probleme erzeugt, die zu einem politischen Wandel führen können. Eine neue Regierung könnte an die Macht kommen, welche die Arbeitslosigkeit aktiv bekämpft, anstatt passiv am Rande zu stehen. Daher erhöhen die Regierungen in Rezessionen auch die Staatsausgaben nach eigenem Ermessen. Dies wird auch als fiskalischer Stimulus bezeichnet.

Das Vollbeschäftigungsziel
Da eine monetäre Wirtschaft nicht automatisch Vollbeschäftigung erzeugt und sich auch nicht von selbst auf Vollbeschäftigung zubewegt, stehen dem Staat wirtschaftspolitische Instrumente zur Verfügung, um eine Vollbeschäftigungspolitik zu verfolgen – wenn er dies will. Die Geldwirtschaft ist gekennzeichnet durch staatliches Geld, welches von der Zentralbank für Staatsausgaben geschöpft wird. Diese legt auch die kurzfristigen Zinssätze auf dem Geldmarkt fest. Der Markt wird also nicht sich selbst überlassen. Die globale Finanzkrise von 2008/09 hat uns daran erinnert, dass die Wirtschaft tatsächlich in sich instabil ist und der Konjunkturzyklus eine regelmäßige Erscheinung ist.

Der Bundesregierung stehen Geldpolitik, die Steuerpolitik, die Einkommenspolitik und die Handelspolitik zur Verfügung. Sie kann diese Instrumente nach eigenem Gutdünken einsetzen oder nicht. Die Politikmaßnahmen sind nicht unabhängig voneinander. Sie können interagieren und sich selbst verstärken. So könnte beispielsweise ein Anstieg der staatlichen Ausgaben für öffentliche Investitionen zu mehr privaten Investitionen führen, da die Unternehmen auf den Anstieg der Gesamtnachfrage und die neue Infrastruktur mit einer Verbesserung und Ausweitung ihrer Produktionskapazität reagieren.

Preisstabilität

Die Erreichung von Preisstabilität ist ein weiteres politisches Ziel. Eine Währung funktioniert am besten, wenn es keine Überraschungen in Bezug auf das Preisniveau gibt. Wenn ein Haushalt einen Kredit in Höhe von 250.000 € aufnimmt und Kapital und Zinsen über zwanzig Jahre zurückzahlt, wäre es für den Kreditnehmer von Nachteil, wenn die Preise und Löhne zu fallen begännen. Das würde die Rückzahlung von 250.000 € im Vergleich zu einer Situation mit steigender Inflation und steigenden Löhnen unglaublich erschweren. Die meisten Menschen würden es wahrscheinlich als ungerecht empfinden, in einer unvorhersehbaren deflationären Situation einen festen Nominalbetrag zurückzuzahlen.

Das Moslersche Gesetz

Das Moslersche Gesetz besagt, dass es keine Finanzkrise gibt, die so tief ist, dass sie nicht durch eine ausreichend große finanzpolitische Anpassung (höhere Staatsausgaben, geringere Steuersätze) bewältigt werden kann. Der Staat kann und sollte eine ausreichende Gesamtnachfrage schaffen, um die Wirtschaft wieder in Richtung Vollbeschäftigung zu lenken. Längere Perioden der Depression werden eher als Versagen der Politik denn als Ergebnis eines „natürlichen" Marktanpassungsprozesses verstanden.

In einer deflationären Phase ist es außerdem sehr schwierig, einen Gewinn zu erzielen. Beim Kauf von Produktionsmitteln ist das Preisniveau hoch und die Kosten sind es auch. Dann sinkt das Preisniveau und damit auch die Preise, die auf den Märkten erzielt werden können. Für die Unternehmen besteht ein Anreiz, die Produktion einzustellen, bis sich das Preisniveau erholt. Ein Produktionsrückgang würde zu einem Anstieg der Arbeitslosigkeit und einem weiteren Nachfragemangel führen, wodurch das Preisniveau noch weiter sinken würde. Wenn die Wirtschaftseinheiten dann beginnen, finanzielle Vermögenswerte zu verkaufen, um die entgangenen Einkommen und Einnahmen auszugleichen, kommt es zu einer regelrechten Schuldendeflation.

Die importierte Inflation ist die Folge steigender Importpreise, wenn der Wechselkurs sinkt. Abb. 9.6 zeigt für Deutschland, dass eine Änderung des Ölpreises (gepunktet, linke Skala) mit der Inflationsrate (schwarz, rechte Skala) streckenweise korreliert. Steigende Energiepreise führen also häufig zu steigenden Inflationsraten.

Zeitverzögerungen

Die Zentralbank kann die Zinssätze nach oben und unten bewegen. Finanzielle Anpassungen an Änderungen der Zinssätze erfolgen unmittelbar. Da die Anleger versuchen zu erraten, in welche Richtung die Politik gehen wird, sind die Entscheidungen häufig bereits „eingepreist". Nur wenn die (durchschnittlichen) Erwartungen enttäuscht oder übertroffen werden, passen sich die Preise an, wenn die Änderung der Politik angekündigt wird. Die

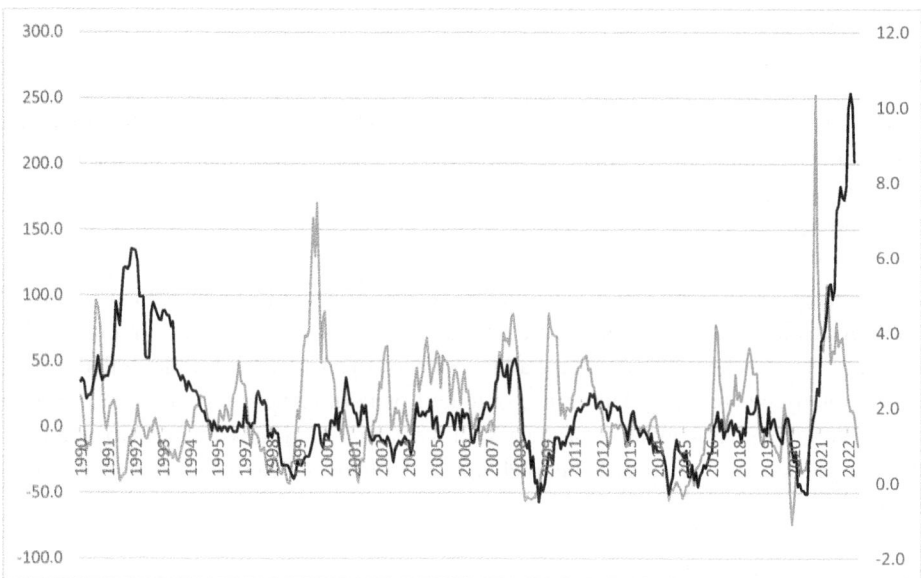

Abb. 9.6 Inflationsrate in Deutschland (schwarz), Veränderung des Erölpreises Brent Europe (grau), in Prozent. (*Quelle: OECD, „Main Economic Indicators – complete database", abgerufen am 31. März 2023*)

Fiskalpolitik arbeitet mit einer zeitlichen Verzögerung, da die Regierung nicht jeden Tag tagt. Jede diskretionäre Änderung der Staatsausgaben muss von den politischen Entscheidungsträgern bewertet werden und den entsprechenden politischen Prozess durchlaufen. Die Projekte müssen ausgewählt werden, und dann beginnen die staatlichen Stellen in der Regel mit der Planung der Investitionen, wobei es zu den gleichen Verzögerungen kommt wie bei den privaten Investitionen. Die Finanzierung wird sichergestellt, indem das jeweilige Projekt in den Haushalt aufgenommen wird.

Die Handelspolitik hat wahrscheinlich die größten zeitlichen Verzögerungen, da die Unternehmen viel Zeit brauchen, um auf Änderungen der Wechselkurse, Zölle oder handelsbezogenen Vorschriften zu reagieren. Da die Unternehmen ihre Waren und Dienstleistungen in der Regel in Landeswährung auszeichnen, passen sich die Preise nur langsam an nominale Wechselkursänderungen an. Dies ist nicht der Fall bei Waren, die an Spotmärkten gehandelt werden, wo Änderungen des Wechselkurses sofort den Geldbetrag verändern, der für den Kauf einer bestimmten Menge von Waren erforderlich ist.

Vorhersage

Eine Wirtschaftspolitik, die auf die Gegenwart reagiert, wird daher immer ein Nachzügler sein. Wenn eine Wirtschaft zu schrumpfen beginnt, kommt die Reaktion fast immer zu spät. Die zeitliche Verzögerung zwischen der Entscheidung und dem Auftreten höherer Ausgaben des privaten und/oder öffentlichen Sektors bedeutet, dass es Phasen der Arbeitslosigkeit oder eine übermäßig hohe Inflation geben wird. Die automatischen Stabilisatoren verhindern, dass die Wirtschaft außer Kontrolle gerät, sowohl nach oben als auch nach unten. Die Situation ist also schlecht, aber nichts, was wir nicht lösen könnten.

Die Gestaltung der makroökonomischen Wirtschaftspolitik beruht auf Prognosen. Politische Entscheidungsträger bilden Erwartungen über die Zukunft, indem sie Vorhersagen und Schätzungen verwenden, um ihre Entscheidungen in der Gegenwart zu steuern. Politisch gesehen wäre es für die derzeitige Regierung kostspielig, wenn die Wirtschaft kurz vor einer Wahl in eine Rezession geriete. Eine hohe Arbeitslosigkeit könnte die Wähler dazu bringen, für die Opposition zu stimmen. Daher haben die Regierungen einen Anreiz, die Wirtschaftspolitik zu nutzen, um die Arbeitslosigkeit zu verringern oder zumindest den Eindruck zu erwecken, dass dies der Fall ist. Sie wollen auch nicht, dass die Inflationsrate außer Kontrolle gerät, denn kurzfristig sind die Löhne (nominell) fest, die Preise jedoch nicht. Ein Inflationsschub kurz vor einer Wahl verringert die Kaufkraft der Arbeitnehmer und erhöht den Wohlstand der Unternehmen. Allerdings wählen die Arbeitnehmer und nicht die Unternehmen.

Schlussfolgerung

Die Höhe der Gesamtausgaben treibt den Konjunkturzyklus in einer Wirtschaft an. Dabei wird die Höhe der Gesamtausgaben nur zufällig ein Niveau erreichen, bei welchem Vollbeschäftigung herrscht. Da die privaten Investitionen sich weitestgehend an den Gesamtausgaben orientieren, schwanken diese im Zeitablauf am meisten. Ein Aufschwung führt üblicherweise dazu, dass die Steuereinnahmen steigen und dadurch Kaufkraft entzogen wird. Die dadurch relativ schwächelnde Nachfrage wird irgendwann einen Abschwung auslösen. Dieser verstärkt sich aufgrund des Multiplikatoreffekts, genauso wie der Aufschwung, selbst. Durch den schnellen Zusammenbruch der privaten Investitionen entwickelt sich der Abschwung deutlich schneller als der Aufschwung.

Die Bundesregierung kann durch eine Variation der Staatsausgaben und Steuersätze Ziele wie Vollbeschäftigung und Preisstabilität verfolgen. Dabei zeigt sich empirisch, dass die Höhe der Inflationsrate unabhängig ist von der Frage der Beschäftigung. Erhöhte Inflationsraten resultieren aus Preissteigerungen der Unternehmen, die nicht unbedingt in höheren Kosten begründet sein müssen. Sollten Energiepreise oder Löhne steigen, wären diese Kostensteigerungen die Ursache für erhöhte Inflationsraten. Sollten Unternehmen ihre Preise erhöhen, weil sie mehr Marktmacht haben, steigt ebenfalls die Inflation. Inflation ist also ein komplexes Phänomen. Die jetzige Geldstrategie, mechanisch mit Zinserhöhungen der Zentralbank auf überdurchschnittliche Inflationsraten zu reagieren (welche die Arbeitslosigkeit erhöhen), ist umstritten.

In der Eurozone haben sich Länder wie Deutschland wirtschaftspolitisch entschieden, durch mehr Exporte eine höhere Beschäftigung zu schaffen. Hier wurde Handelspolitik eingesetzt, um den Nachfragemangel in der Eurozone zu kompensieren. Allerdings reduzieren deutsche Exporte die Nachfrage im Ausland Euro für Euro. Deutsche Unternehmen exportieren also nicht nur Güter und Dienstleistungen, sondern auch Arbeitslosigkeit. Im Hintergrund wird ein institutionelles Problem der Eurozone sichtbar. Seit Beginn der Währungsunion verzeichnen wir erhöhte Arbeitslosigkeitsraten von deutlich über

6 %. Der Grund dafür sind zu niedrige Staatsausgaben bei gegebenen Sparwünschen, Technologie, Produktivität, Verteilung und Arbeitszeit. Die Ausgaben der EU-Kommission liegen unter einem Prozent des BIP der EU. Es sind also die Nationalstaaten, deren Ausgaben zu gering sind. Grund sind wahrscheinlich die sehr strikten Fiskalregeln, die 2023 überarbeitet werden sollen.

Ob wir zukünftig wieder eine Finanzkrise erleben werden wie die von 2008/09 ist eher unwahrscheinlich. Allerdings gibt es einige Volkswirtschaften mit sehr hoher privater Verschuldung, die anfällig sind für solche Krisen (Keen 2017). Die Höhe der Staatsverschuldung hingegen ist nicht mit finanzieller Instabilität in Verbindung zu bringen

Zusammenfassung

- Im Geldkreislauf geht es letztlich darum, den Staat mit Ressourcen zu versorgen und uns mit den Waren und Dienstleistungen zu versorgen, die wir konsumieren wollen.
- Injektionen und Leckagen verändern die Menge der im Umlauf befindlichen Guthaben.
- Der Staat gibt Geld aus und erhebt Steuern, der private Sektor nimmt Kredite auf und zahlt sie zurück, importiert und exportiert, und der Rest der Welt importiert und exportiert.
- Vollbeschäftigung und Preisstabilität sind Ziele der Wirtschaftspolitik.
- Ungleichheit wird durch die Art und Weise verursacht, wie die Ausgaben die Wirtschaft durchdringen, und durch die Preise, die von denjenigen gezahlt werden, die sie ausgeben. Die Regierung spielt eine große Rolle bei der Bestimmung der Ungleichheit.
- Instabilität ist endogen in den privaten Investitionen, die prozyklisch sind. Staatsausgaben können die Wirtschaft stabilisieren, indem sie antizyklisch wirken.
- Der Konjunkturzyklus wird durch private Investitionen (indirekt) und öffentliche Ausgaben (direkt) bestimmt.
- Das erwünschte private Nettosparen muss mit einer gewissen Kombination aus Staatsausgaben und Steuern zusammenfallen, um Vollbeschäftigung zu ermöglichen.
- Arbeitslosigkeit wird durch nicht ausgegebenes Einkommen und/oder fehlende Ausgaben verursacht.
- Die Wirtschaftspolitik wird eingesetzt, um Vollbeschäftigung und Preisstabilität zu erreichen. Die Regierung verfügt über eine Steuer- und Geldpolitik sowie eine Einkommens- und Handelspolitik.
- Obwohl es unmöglich ist, Rezessionen vorherzusagen, war die Zinskurve früher ein guter Indikator. Es wird interessant sein zu sehen, ob dies auch in den nächsten Jahren der Fall sein wird. ◀

Fragen

1. Was sind die Funktionen des Geldkreislaufs?
2. Was sind mögliche Ziele der Wirtschaftspolitik?
3. Was ist die Ursache für wirtschaftliche Instabilität?

4. Was ist der Konjunkturzyklus?
5. Was geschieht mit der Arbeitslosigkeit, wenn die gewünschte private Nettoersparnis steigt?
6. Wodurch wird das Niveau der privaten Investitionen bestimmt?
7. Warum wachsen private und öffentliche Verschuldung zusammen (Abb. 9.4)?
8. Was ist Einkommenspolitik?
9. Wie beeinflussen das Preisniveau und der nominale Wechselkurs die Handelsbilanz?
10. Was besagt das Moslersche Gesetz?

Übungen

1. Zeichnen Sie den monetären Kreislauf aus Abb. 9.1. Er umfasst die Fiskal-, Geld- und Handelspolitik sowie Injektionen/Lecks aus allen drei Sektoren.
2. Erörtern Sie, was die „Filterung" der Staatsausgaben mit der Ungleichheit zu tun hat.
3. Erörtern Sie Abb. 9.2 im Zusammenhang mit dem Konjunkturzyklus.
4. Ein Anstieg der Wirtschaftstätigkeit kann durch einen Anstieg der Gesamtnachfrage ausgelöst werden. Sie kann von Haushalten, Unternehmen, Nicht-Inländern (durch Exporte) und dem Staat kommen. Erläutern Sie, warum es unwahrscheinlich ist, dass sich die Wirtschaft ohne einen Anstieg der staatlichen Nettoausgaben stabilisiert.
5. Erläutern Sie die automatischen Stabilisatoren.

Literatur

Destatis (2022), Dashboard Deutschland, https://www.dashboard-deutschland.de/comparative-analysis/pulsmesser_wirtschaft, abgerufen am 31.3.2023
Forstater, Mathew (1999a), Public employment and economic flexibility: The job opportunity approach to full employment, Levy Economics Institute Public Policy Brief No. 50
Forstater, Mathew (1999b), Commitment to Full Employment and Activist Fiscal Policy, *Journal of Economic Issues* 33(2), 471–473
Holtfrerich, Carl-Ludwig (2007), Wo sind die Jobs?: Eine Streitschrift für mehr Arbeit, Deutsche Verlags-Anstalt
Keen, Steve (2017), *Can We Avoid Another Financial Crisis?*, Polity
Minsky, Hyman (1973), The Strategy of Economic Policy and Income Distribution, *Annals of the American Academy of Political and Social Science*, 409, 92–101
Minsky, Hyman (1975), *John Maynard Keynes*, Columbia University Press
Mosler, Warren (2010), *Seven Deadly Innocent Frauds of Economic Policy*, Valance Co., http://moslereconomics.com/wp-content/powerpoints/7DIF.pdf, abgerufen am 31.3.2023
Tooze, Adam (2018), *Crashed – How a Decade of Financial Crises Changed the World*, Penguin
Wicksell, Johan Gustaf Knut (1898), *Geldzins und Güterpreise: Eine Studie über die den Tauschwert des Geldes bestimmenden Ursachen*, Gustav Fischer, https://digi.ub.uni-heidelberg.de/diglit/wicksell1898/0007/image,info, abgerufen am 31.3.2023
Woodford, Michael (2003), *Interest and Prices: Foundations of a Theory of Monetary Policy*, Princeton University Press

Vollbeschäftigung, Arbeitslosigkeit und Arbeitsbeziehungen

10

Zusammenfassung

In diesem Kapitel geht es um Arbeitsbeziehungen. Diese beschreiben die Interaktionen zwischen Arbeitnehmern und Arbeitgebern. Gewerkschaften spielen heute eine schwächere Rolle als früher. Es werden Effizienzlöhne, durchschnittliche Jahresarbeitszeit und die Auswirkung von sinkenden Löhnen betrachtet. Maschinen vernichten erstaunlicherweise keine Arbeitsplätze, sondern erhöhen die Produktion. Die Frage der Auswirkung eines Mindestlohns auf die Beschäftigung ist eine empirische Frage. Interessante Indikatoren sind die Arbeitslosenquote und der Anteil der Beschäftigten an der Gesamtbevölkerung.

So etwas wie einen Arbeitsmarkt gibt es nicht. Arbeit ist keine standardisierte Ware, die millionenfach am Tag gehandelt wird. Arbeit ist spezifisch, da die Fähigkeiten und Kenntnisse der Arbeitnehmer in dem Unternehmen, in dem sie erworben oder verbessert wurden, oft nützlicher sind als in anderen Unternehmen. Außerdem ist „der Arbeitsmarkt" nicht national. Manchmal ziehen die Arbeitnehmer um, manchmal ziehen sie es aber auch vor, nicht umzuziehen. Während Kartoffeln jeden Marktpreis „akzeptieren", ohne Widerstand zu leisten, organisieren sich die Arbeitnehmer und haben auch eine Meinung zur Angemessenheit ihres Lohns. Sie könnten einen Generalstreik ausrufen oder ihre Arbeitskraft zurückhalten. Ein Markt ist ein Ort, an dem sich Käufer und Verkäufer treffen. In der Regel kaufen sie Dinge an Ort und Stelle und tauschen Geld gegen Waren und Dienstleistungen oder einen finanziellen Vermögenswert. So funktioniert das bei den Arbeitsbeziehungen nicht.

Die Art und Weise, wie in einer modernen Geldwirtschaft Arbeitskräfte eingestellt werden, unterscheidet sich stark von der Art und Weise, wie Waren gekauft und verkauft werden. Viele Löhne und Gehälter werden von der Regierung festgelegt: die von Staatsbediensteten, wie Lehrern an öffentlichen Schulen, Richtern und der Bundeskanzlerin oder dem Bundeskanzler. Diejenigen, die in diesen Berufen arbeiten wollen, haben also die Wahl: Nehmen sie den Arbeitsplatz mit dem entsprechenden Lohn an oder lassen Sie es? Andererseits versprechen einige öffentliche Stellen eine lebenslange Beschäftigung. In der Privatwirtschaft liegen die Dinge ein wenig anders. Die meisten Löhne sind Verhandlungssache, und obwohl eine lebenslange Beschäftigung möglich ist, ist sie sehr viel unwahrscheinlicher. Die Löhne werden meist zwischen Gewerkschaften und Arbeitgebern ausgehandelt. In Deutschland sind etwa 5,75 Mio. Menschen Mitglied einer Gewerkschaft. Anfang der 1990er-Jahre waren es noch mehr als 10 Mio., die Stärke der Gewerkschaften hat also deutlich abgenommen.

Die beiden wichtigsten makroökonomischen Themen in Verbindung mit den Arbeitsbeziehungen sind Löhne und Produktivität sowie Beschäftigung und Arbeitslosigkeit (vgl. Adam 2015, Kap. 4.1). Die erste Frage ist wichtig, weil sie uns erlaubt, die Entwicklung der Binnennachfrage zu verstehen und uns zur zweiten Frage führt. Wenn die Produktivität schneller wächst als die Nominallöhne, dann produzieren die Arbeitnehmer im Vergleich zum Vorjahr mehr, als sie sich leisten können (ohne ihre Nettoverschuldung zu erhöhen). Es sind zwei Lösungen denkbar. Die Arbeitgeber könnten die Produktion drosseln und damit das Wachstum einschränken. Das bedeutet, dass es zu einer zusätzlichen Arbeitslosigkeit kommen wird, da weniger Arbeitskräfte benötigt werden, um die gleiche Produktionsmenge wie zuvor zu erzeugen. In der nächsten Periode werden die Unternehmen immer noch Probleme haben, ihre Produktion zu verkaufen.

Die zweite Lösung wäre, nach anderen Nachfragequellen zu suchen, die die Lücke füllen, die dadurch entstanden ist, dass die Produktivität schneller gestiegen ist als die Löhne. Wenn die Staatsausgaben, die Exporte oder die Investitionen steigen würden, um die zusätzlich produzierten Waren und Dienstleistungen zu absorbieren, dann würde die Beschäftigung stabil bleiben und die Produktion würde steigen. Die beiden Fragen der Beschäftigung und der Entwicklung von Produktivität und Lohnwachstum sind also miteinander verwoben. Das bedeutet nicht, dass die Beschäftigung nicht zunehmen kann, wenn die Löhne weniger stark steigen als die Produktivität (die Haushalte können ihre Verschuldung erhöhen und tun dies auch oder die „überschüssige" Produktion wird exportiert), oder dass Vollbeschäftigung nur erreicht und erhalten wird, wenn Produktivität und Löhne parallel wachsen. In Wirklichkeit sind die Dinge etwas komplizierter.

In diesem Kapitel untersuchen wir zunächst das Produktivitäts- und Lohnwachstum aus empirischer und theoretischer Sicht. Da es sich um ein Buch über Makroökonomik handelt, sind wir hauptsächlich an Fragen der Nachfrage interessiert. Was passiert, wenn sich die Gesamtausgaben ändern? Wie wirken sich die Ausgaben von Haushalten und Unternehmen, der Regierung und der übrigen Welt auf unsere Wirtschaft aus? Bei all diesen Fragen wird davon ausgegangen, dass sich die Produktionsseite nicht verändert und dass es keine Probleme mit Engpässen, fehlenden Inputs (wie Energie und Rohstoffe) oder mit der Art des Wettbewerbs zwischen den Unternehmen (Oligopol, Monopol usw.) gibt. Anschließend werden wir uns mit der Beschäftigung und der Arbeitslosigkeit befassen. Nach einer kurzen Betrachtung der Arbeitslosigkeit als Übel sehen wir uns die Daten genauer an und versuchen, den Zusammenhang zwischen Nachfragewachstum und Arbeitslosigkeit besser zu verstehen.

10.1 Löhne und Produktivität

Die Arbeitnehmer unterzeichnen einen Arbeitsvertrag und erbringen dann ihre Arbeitsleistung. So sind die meisten Arbeitsverträge in einer modernen Geldwirtschaft organisiert. Die Arbeitnehmer werden pro Arbeitsstunde bezahlt, oft auf monatlicher Basis. Die Anzahl der geleisteten Arbeitsstunden ist im Arbeitsvertrag festgelegt. Die nationale oder regionale Gesetzgebung legt dann Feiertage, die Dauer des Urlaubs und andere Dinge fest. Das Sozialsystem legt fest, welcher Teil des Lohns ausgezahlt wird und welcher Teil in die staatlichen Versicherungssysteme fließt. Aus der Sicht des Unternehmens ist die Einstellung von Arbeitnehmern ein Risiko. Da zunächst der Arbeitsvertrag unterzeichnet wird, wird die tatsächliche Produktivität des Arbeitnehmers erst später bestimmt. Dadurch entsteht für die Unternehmen eine Situation der Unsicherheit, da sie nicht vorhersagen können, welche Produktivität die Arbeitnehmer haben. Die Unternehmen wenden verschiedene Strategien an, um sicherzustellen, dass sie die Arbeitnehmer nicht so auswählen, dass sie gegenüber den anderen Unternehmen benachteiligt sind.

Einige Unternehmen entscheiden sich für Löhne, die über dem Durchschnitt liegen. Diese werden als „Effizienzlöhne" bezeichnet. Dahinter steht die Idee, dass die Produktivität der Arbeitnehmer steigt, wenn sie höhere Löhne als nötig zahlen. Dies kann darauf zurückzuführen sein, dass über dem Marktdurchschnitt liegende Löhne höher qualifizierte Arbeitskräfte anziehen, dass die Arbeitskräfte effizienter arbeiten oder dass weniger Arbeitskräfte das Unternehmen verlassen, wodurch die Einstellungskosten sinken. Dies ist wahrscheinlich am wichtigsten in Industrie- und Dienstleistungsbranchen, in denen die Arbeitskraft ein sehr wichtiger Faktor im Produktionsprozess ist. Wenn in einem Sektor eine allgemeine Knappheit (nicht: Mangel) an Arbeitskräfte herrscht, könnte die Zahlung eines (höheren) Effizienzlohns eine gute Strategie sein. Das Gleiche gilt für Sektoren, in denen die Produktivität der Arbeitnehmer sehr unterschiedlich ist.

Subsistenzlöhne

Die Unternehmen könnten versuchen, die Löhne auf das Minimum zu begrenzen, wenn sie nicht sicher sind, wie hoch die Produktivität ihrer Arbeitnehmer sein wird. Der sogenannte Subsistenzlohn ist der Lohn, zu dem sich die Arbeitnehmer gerade so selbst erhalten können. Diese Strategie minimiert die Lohnkosten, schreckt aber offensichtlich Arbeitnehmer mit höherer Produktivität ab. Dies funktioniert nur bei Unternehmen, die eine hohe Fluktuation der Arbeitnehmer verkraften können. Wenn Einstellen und Entlassen von Arbeitnehmern teuer sind, dann wäre es für die Unternehmen von Vorteil, höhere Löhne zu zahlen, um die Fluktuation zu verringern.

Hat Henry Ford Effizienzlöhne gezahlt?
In einem Aufsatz von 1986 untersuchen Daniel Raff und Larry Summers den historischen Fall von Henry Ford, der im Januar 1914 die Löhne auf fünf US-Dollar pro Tag verdoppelte. Dies lag über dem Durchschnitt der Löhne, die anderswo gezahlt

wurden. In der Folge stieg die Produktivität, während die Fluktuation und die Abwesenheit von Mitarbeitern zurückgingen. Heute werden Effizienzlöhne meist in Branchen gezahlt, die einen raschen Produktivitätsanstieg verzeichnen.

Die Unternehmen können versuchen, ihre Arbeitnehmerschaft auf Aufgaben zu spezialisieren, die für das Unternehmen spezifisch sind. Auf diese Weise werden die Arbeitnehmer nicht in der Lage sein, eine andere Möglichkeit zu finden, die einen hohen Lohn bietet, da die Fähigkeiten außerhalb der aktuellen Beschäftigung nicht genutzt werden. Die Arbeitnehmer können sich revanchieren, indem sie nicht viel Zeit und Fähigkeiten in diese spezifischen Tätigkeiten investieren und stattdessen versuchen, allgemeinere Fähigkeiten zu erlernen. Spezifität hängt mit *learning by doing* zusammen. Wenn die Aufgaben relativ allgemein sind, wie z. B. die Verwendung einer gängigen Textverarbeitungssoftware, dann verbessern der Arbeitnehmer eine allgemeine Fähigkeit. Wenn die Software jedoch nur von einem Unternehmen verwendet wird, investieren die Arbeitnehmer in Fähigkeiten, die für das Unternehmen spezifisch sind. Spezifität ist bei Arbeitsplätzen, die eine gewisse Ausbildung erfordern, meist wichtiger als bei Arbeitsplätzen, für die nur eine geringe Ausbildung erforderlich ist.

Kapitaleinsatz als Vermeidung von Lohnzahlungen
Wenn die Unternehmen der Meinung sind, dass die Kombination aus Lohn und Produktivität, die Arbeitnehmer bieten, für sie nicht vorteilhaft ist, können sie beschließen, Arbeit durch Kapital zu ersetzen: mehr Maschinen, bessere Werkzeuge, bessere Gebäude, usw. Dies erhöht die Produktivität der im Unternehmen verbleibenden Arbeitnehmerschaft. Wo früher Dutzende von Arbeitskräften arbeiteten, um ein Auto zu bauen, baut heute eine Arbeitskraft viele Autos! Die Produktivität hängt in hohem Maße vom Einsatz von Kapital ab. Allerdings werden die Maschinen in der Regel von Arbeitnehmern gebaut und bedient. Folglich wird Arbeit verlagert und nicht komplett durch Maschinen ersetzt. Da wir allerdings bei fallenden Preisen, welche die Folge höherer Produktivität sind, meist nicht mehr konsumieren, kompensieren wir eine sinkende Nachfrage nach Arbeit mit Verkürzungen der (wöchentlichen) Arbeitszeit.

Die ultimative Drohung von Unternehmen, denen die angebotene Kombination aus Produktivität und Lohn nicht gefällt, besteht darin, die Arbeit auszulagern, sodass sie von einem anderen Unternehmen ausgeführt wird, welche dann vielleicht in einem anderen Land ausgeführt wird (von einer Tochtergesellschaft oder einem anderen Unternehmen). Die beiden Kategorien schließen sich nicht gegenseitig aus, sodass es möglich ist, eine Arbeit ins Ausland zu verlagern (engl. *offshoring*), sie aber nicht auszulagern (engl.: *outsourcing*), oder sie auszulagern, aber nicht ins Ausland zu verlagern. Während die Unternehmen individuell versuchen, ihre Lohnkosten angesichts der ihnen zur Verfügung stehenden Arbeitskräfte zu minimieren, ist dies auf makroökonomischer Ebene nicht sinnvoll.

Die Löhne auf null zu senken, wäre ziemlich extrem und würde letztlich eher zur Zerstörung von Unternehmen als zu deren Erfolg „im Wettbewerb" führen. Warum?

Lohnkürzungen

Die Unternehmen betrachten die Löhne der eigenen Arbeitnehmerschaft in der Regel als Kosten. Wie alle anderen Kosten möchten sie sie so weit wie möglich senken. Wenn es ihnen einzeln gelingt, die Kosten zu senken, gehen sie weiterhin davon aus, dass sie ihre Waren und Dienstleistungen verkaufen können. Das kann aber nicht funktionieren, wenn alle Unternehmen mit der Lohnsenkung erfolgreich sind. Wenn die Arbeitnehmer weniger Lohn erhalten, haben sie nicht mehr das Geld, um Waren und Dienstleistungen zu kaufen wie bisher. Die Unternehmen werden letztendlich nicht in der Lage sein, ihre Produktion zu verkaufen, weil auf der Nachfrageseite die Kaufkraft fehlt. Woher soll also die Kaufkraft kommen, die es den Unternehmen ermöglicht, ihre Produktion zu verkaufen?

Eine mögliche Lösung wäre eine zusätzliche Nachfrage, die von denjenigen ausgeht, die Gewinne, Zinsen oder Mieten erzielen. Es könnten mehr Konsumgüter verkauft werden, sodass es kein Problem gäbe. Das ist jedoch ein sehr unwahrscheinliches Szenario. Während die Bürger durchschnittlich etwa 80 % ihres Einkommens ausgeben, ist dieser Wert bei den relativ Wohlhabenden viel niedriger. Stellen Sie sich eine Verdoppelung des Lohns einer Arbeitskraft in einem Schnellrestaurant und eine Verdoppelung des Gewinns einer reichen Person vor. Während erstere wahrscheinlich einen großen Teil des zusätzlichen Einkommens ausgeben wird, wird die reiche Person dies sehr wahrscheinlich nicht tun. Auf einem sehr hohen Niveau des Reichtums geht es nur noch um Eigentum, nicht mehr um Konsum. Reiche Haushalte neigen nicht dazu, mehr zu konsumieren, wenn sich ihr Einkommen verändert. Dieses Einkommen könnte im Vergleich zum tatsächlichen Vermögen relativ unbedeutend sein. Ludwig Erhard (1957, S. 7–8), einflussreicher Wirtschaftspolitiker in der Nachkriegszeit, schrieb: „Am Ausgangspunkt stand der Wunsch, über eine breitgeschichtete Massenkaufkraft die alte konservative soziale Struktur endgültig zu überwinden. Diese überkommene Hierarchie war auf der einen Seite durch eine dünne Oberschicht, welche sich jeden Konsum leisten konnte, wie andererseits durch eine quantitativ sehr breite Unterschicht mit unzureichender Kaufkraft gekennzeichnet." Die Frage der Verteilung der Löhne war und ist eine politische Frage.

Aufstieg der Maschinen?

Es wird oft behauptet, dass die Arbeitsmenge abnimmt, wenn Maschinen die Arbeiter ersetzen. Daher würde es nicht genügend Arbeitsplätze geben. Das Problem mit dieser Sichtweise ist, dass Maschinen keine Güter und Dienstleistungen konsumieren. In einer Welt, in der die Arbeiterschaft vollständig durch Maschinen ersetzt ist, gibt es daher keine Nachfrage nach den Konsumgütern, die diese Maschinen produzieren. Die Arbeitnehmer hätten kein Geld, um sie zu kaufen. Dieses Ergebnis gilt unabhängig von der Menge der Güter, die Maschinen produzieren können: Niemand wird sie kaufen können. Daher schaffen Maschinen keine Arbeitslosigkeit.

Bedingungsloses Grundeinkommen

Eine Lösung für die Massenarbeitslosigkeit wäre, dass die Regierung ein bedingungsloses Grundeinkommen (BGE) zahlt. Die Idee ist, dass alle Bürger ein bestimmtes Einkommen erhalten, beispielsweise 1000 € pro Monat. Dies würde die Gesamtnachfrage erhöhen und Arbeitsplätze schaffen. Andererseits könnten die Bürger ihr Arbeitsangebot verringern, was zu einem Arbeitskräftemangel führen würde. Dies würde die Preise in die Höhe treiben und, wenn es in größerem Umfang geschieht, zu einem Anstieg des Preisniveaus führen. Es besteht auch das Problem, dass die Mieten steigen und einen großen Teil des BGE absorbieren könnten. Nicht zuletzt würde ein BGE die Bürger in zwei Klassen spalten: diejenigen, die aufhören zu arbeiten, und diejenigen, die weiterhin arbeiten. Die Gruppen würden wahrscheinlich gegensätzliche Interessen haben.

Was die Maschinen jedoch bewirken, ist ein Rückgang der Arbeitsstunden, die für die Produktion einer bestimmten Menge von Erzeugnissen erforderlich sind. In Verbindung mit der menschlichen Tendenz, Freizeit hoch zu bewerten, bedeutet dies, dass die Arbeitszeit in den letzten Jahrhunderten zurückgegangen ist. Der Rückgang der Gesamtarbeitszeit in der Wirtschaft wurde durch einen Rückgang der individuellen Arbeitszeit kompensiert. Maschinen haben durch die Steigerung unserer Produktivität zu höheren Löhnen für die Arbeitnehmer und auch zu mehr Freizeit geführt. Der Fortschritt, verstanden als mehr Zeit für den Einzelnen außerhalb der Arbeit, wäre ohne die Industrialisierung viel geringer gewesen, ungeachtet der frühen Exzesse. Es ist sehr unwahrscheinlich, dass sich dies in naher Zukunft ändern wird.

Abb. 10.1 zeigt, dass die durchschnittliche Jahresarbeitszeit in Deutschland von mehr als 2000 h pro Jahr in den frühen 1950er-Jahren auf etwas unter 1500 h pro Jahr in den 2010er-Jahren gesunken ist. Da das BIP in diesem Zeitraum nicht gesunken ist, muss der Rückgang der Arbeitszeit mit einem Anstieg der Produktivität einhergegangen sein. Der Trend zu sinkenden Arbeitszeiten ist in den 2000er-Jahren zum Stillstand gekommen.

Die Produktivität der Wirtschaftseinheiten

Die meisten Produktivitätssteigerungen sind in Sektoren zu verzeichnen, in denen der Kapitaleinsatz erhöht wurde. Durch den Einsatz von Maschinen, Fabriken und Robotern wurde die Produktion in der Automobilproduktion, einem ehemals arbeitsintensiven Fertigungsprozess, erheblich gesteigert. Die Löhne stiegen in etwa im Gleichschritt mit der Produktivität, sodass sich die Arbeitnehmer im Automobilsektor heute eine ganze Reihe von Konsumgütern leisten können. Was ist mit Sektoren, in denen die Produktivität nicht gesteigert werden kann? Was ist zum Beispiel mit den Schauspielern? Die Produktivität von Schauspielern hat sich in den letzten hundert Jahren wahrscheinlich nicht sehr verändert. Die Schauspielerei ist im Grunde die gleiche wie früher, und die Schauspieler führen heute oft Stücke auf, die Jahrzehnte oder sogar Jahrhunderte alt sind. Wenn ihre Produktivität nicht so stark gestiegen ist wie die der Arbeitnehmer im verarbeitenden Gewerbe, sollten Schauspieler nominal den gleichen Lohn erhalten wie vor hundert Jahren?

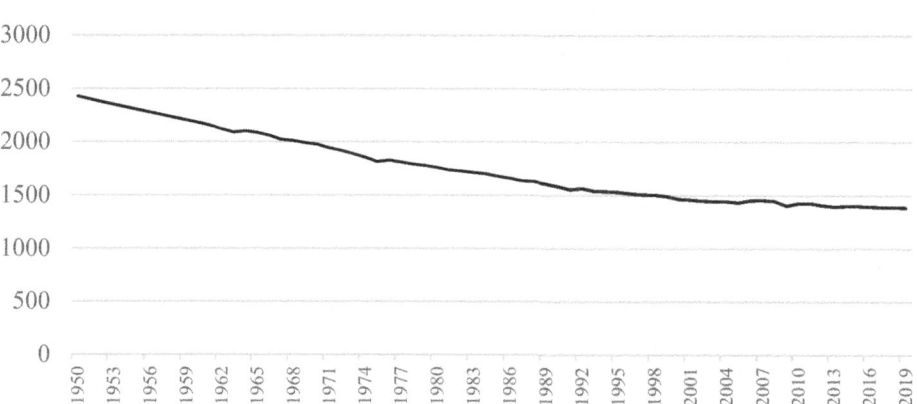

Abb. 10.1 Durchschnittliche Jahresarbeitsstunden der Beschäftigten in Deutschland. (*Quelle: University of Groningen and University of California, Davis, Average Annual Hours Worked by Persons Engaged for Germany [AVHWPEDEA065NRUG], retrieved from FRED, abgerufen am 31. März 2023.*)

Die offensichtliche Antwort lautet nein. Schauspieler könnten es sich nicht leisten, ein anständiges Leben zu führen, wenn sie nur sehr wenig Geld verdienen würden. Es ist sinnvoll, sie an der Produktivitätssteigerung anderer teilhaben zu lassen. Schließlich ist es nicht ihre Schuld, dass ihre Produktivität nicht überdurchschnittlich gestiegen ist. Solange die Menschen bereit sind, ihre Darbietungen zu einem Preis zu sehen, der den Schauspielern das Überleben ermöglicht, sollte es kein Problem geben. Viele Theater werden staatlich subventioniert. Dies ermöglicht es den Theatern, dem Publikum niedrigere Preise anzubieten und gleichzeitig den Schauspielern höhere Löhne zu zahlen, als es sonst möglich wäre. Es ist die öffentliche Intervention, die dafür sorgt, dass die Löhne der Schauspieler steigen, auch wenn ihre Produktivität nicht steigt. Es gibt weitere Sektoren, in denen die Löhne von der Öffentlichkeit subventioniert werden. Die Subventionen können dabei sowohl an die Arbeitnehmer als auch an die Unternehmen gehen.

Der Mindestlohn

Der bundesweite Mindestlohn beträgt ab dem 1. Oktober 2022 genau 12,- € pro Stunde. Vernichten Mindestlöhne Arbeitsplätze? Ein Anstieg der Unternehmenskosten könnte mit einem Rückgang der Produktion einhergehen, sodass einige meinen, dass eine Erhöhung der Mindestlöhne Arbeitsplätze vernichten muss. Die empirischen Daten zeigen jedoch, dass diese Befürchtung nicht gerechtfertigt ist. Mindestlöhne können die Kosten für die Unternehmen erhöhen, aber Löhne sind auch Einkommen für die Arbeitnehmer. Diese geben sie für Konsumgüter aus. Daher könnten die Unternehmen letztlich von einem Anstieg der Löhne profitieren, weil die Verbraucher mehr nachfragen und sich auch höhere Preise leisten können. Mindestlöhne legen die Löhne für meist ungelernte Arbeit fest, da für die meisten qualifizierten Arbeiten ohnehin ein höherer Lohn gezahlt wird. Eine Erhöhung des Mindestlohns kann jedoch das gesamte Lohngefüge verändern, da höher qualifizierte Arbeitnehmer verlangen, ihren Lohnabstand (Differenz zwischen den beiden Löhnen) zu ungelernten Arbeitnehmern zu wahren.

Tab. 10.1 Bruttomonatsverdienst von Vollzeitbeschäftigten, 2021, in Euro

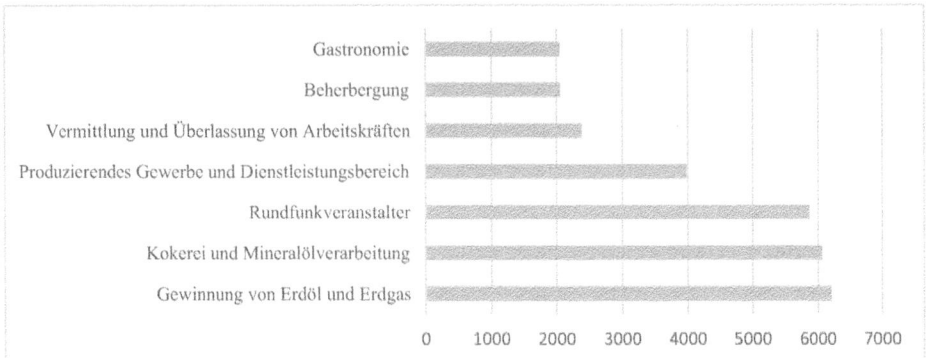

Quelle: Statistisches Bundesamt, https://www.destatis.de/DE/Themen/Arbeit/Verdienste/Verdienste-Verdienstunterschiede/verdienste-branchen.html

Sektorale Löhne

Die Löhne unterscheiden sich auch in den Sektoren verarbeitendes Gewerbe, Dienstleistungen und Landwirtschaft/Bergbau. Da in modernen Gesellschaften immer mehr Arbeitnehmer dem Dienstleistungssektor angehören, sind Produktivitätsveränderungen in diesem Bereich von immer größerer Bedeutung. Da viele Dienstleistungen mit dem verarbeitenden Gewerbe verbunden sind, sollte dessen Bedeutung nicht unterschätzt werden. Die Produktivität im verarbeitenden Gewerbe ist oft überdurchschnittlich hoch, da mehr Kapital im Prozess eingesetzt wird. Der Einsatz von Maschinen in der Landwirtschaft hat wahrscheinlich in den meisten Fällen ein Maximum erreicht, sodass keine steigenden Skalenerträge mehr genutzt werden können. Tab. 10.1 zeigt die durchschnittlichen Stunden- und Wochenverdienste aller Beschäftigten in der privaten nichtlandwirtschaftlichen Wirtschaft nach Wirtschaftszweigen. Am niedrigsten sind die Verdienste in den Sektoren Gastronomie und Beherbergung, am höchsten bei der Gewinnung und Verarbeitung von Erdgas und Erdöl. Die Einkommensverteilung wird durch die Struktur der Wirtschaft beeinflusst. Gäbe es mehr Arbeitsplätze im IT-Bereich und weniger im Freizeit- und Gastgewerbe, würde die Einkommensungleichheit abnehmen.

10.2 Beschäftigung und Arbeitslosigkeit

Unfreiwillige Arbeitslosigkeit ist das Ergebnis der Einführung eines Geldsystems, mit dem sich die Regierung mit Ressourcen versorgt. Sie legt Steuerverbindlichkeiten in ihrer Währung fest, um Verkäufer von Waren und Dienstleistungen zu schaffen, die die Währung als Gegenleistung nachfragen. Die Besteuerung hat die Funktion, Arbeitslosigkeit zu schaffen – Menschen, die bezahlte Arbeit suchen – damit der Staat sie einstellen kann, um sich mit seiner ansonsten wertlosen Währung zu versorgen. Die Regierung stellt dann Arbeitnehmer ein und bezahlt für Waren, Dienstleistungen und andere Ressourcen, die sie benötigt. Mit dem Geld werden dann später die Steuern gezahlt. Arbeitslosigkeit ist der

Beleg dafür, dass die Regierung nicht genug ausgegeben hat, gegeben die Sparwünsche der Bevölkerung. Seit der Nachkriegszeit ist es in westlichen Ländern Konsens, dass die Wirtschaftspolitik für Vollbeschäftigung sorgen muss (Beveridge 1946).

Arbeitslosigkeit ist eine der größten Ursachen für Unzufriedenheit und soziale Probleme. Menschen, die arbeitssuchend sind, leiden in vielerlei Hinsicht. Eine Studie von Linn et al. aus dem Jahr 1985 kommt zu dem Ergebnis, dass „nach der Arbeitslosigkeit die Symptome von Somatisierung, Depression und Angst bei Arbeitslosen deutlich stärker ausgeprägt waren als bei Beschäftigten. [...] Darüber hinaus suchten arbeitslose Männer signifikant häufiger ihren Arzt auf, nahmen mehr Medikamente ein und verbrachten mehr Krankheitstage im Bett als Beschäftigte, obwohl die Anzahl der Diagnosen in beiden Gruppen ähnlich war". Paul und Moser (2009) stellen fest, dass „[d]ie durchschnittliche Anzahl der Personen mit psychischen Problemen unter den Arbeitslosen 34 % betrug, verglichen mit 16 % unter den Beschäftigten. Moderatoranalysen zeigten, dass Männer und Personen mit Arbeiterjobs stärker von der Arbeitslosigkeit betroffen waren als Frauen und Personen mit Angestelltenjobs. [...] Darüber hinaus war die negative Auswirkung der Arbeitslosigkeit auf die psychische Gesundheit in Ländern mit einem schwachen wirtschaftlichen Entwicklungsniveau, ungleicher Einkommensverteilung oder schwachen Systemen zum Schutz vor Arbeitslosigkeit im Vergleich zu anderen Ländern stärker".

Abgesehen vom Leid der Arbeitssuchenden entsteht auch der Wirtschaft ein Schaden. Es werden weniger Güter und Dienstleistungen produziert als potentiell möglich wären. Die Nichtbeschäftigung von Arbeitnehmern führt zudem im Laufe der Zeit zu einem Verlust von Fähigkeiten und Kenntnissen. Waren die Arbeitnehmer längere Zeit ohne Beschäftigung, so sind die Kosten für die Wiedereingliederung erheblich. Arbeitslosigkeit kann auch politische Folgen haben, wenn die Arbeitssuchenden ihren Status auf die Untätigkeit der Regierung zurückführen (was nicht falsch ist). Die Wähler könnten sich entscheiden, nicht zu wählen oder ihre Stimme einer Oppositionspartei zu geben.

Die Arbeitslosenquote
Arbeitslosigkeit wird von fast allen Wirtschaftswissenschaftlern als schlecht für die Gesellschaft betrachtet. Alle sind sich einig, dass die Arbeitslosenquote beobachtet werden muss. Abb. 10.2 zeigt die (zivile) Arbeitslosenquoten in Deutschland und der Eurozone in Prozent. Die beiden bewegten sich bis zur Globalen Finanzkrise von 2008/09 im Gleichschritt, danach allerdings sank die Arbeitslosenquote in Deutschland beständig ab, während als Folge der Austeritätspolitik die Arbeitslosenquote im Rest der Eurozone anstieg. Erst seit Ende der staatlichen Ausgabenkürzungen in der Eurozone sinkt auch dort die Arbeitslosigkeit wieder. Die Pandemie hat diesen Trend nur kurz unterbrochen.

Die Arbeitslosigkeit wird durch einen Mangel an gesamtwirtschaftlicher Nachfrage bei gegebenen Arbeitszeiten und Produktivität verursacht. Ein Mangel an Gesamtausgaben veranlasst die Unternehmen, ihre Produktion zu drosseln. Dies führt zu Arbeitslosigkeit, da weniger Arbeitskräfte benötigt werden. Während der Großen Depression, die dem großen Börsenkrach von 1929 folgte, gab es in Deutschland bis zu 6 Mio. Arbeitslose im Jahr 1933. In den wesentlich größeren USA waren es doppelt so viele. Abb. 10.3

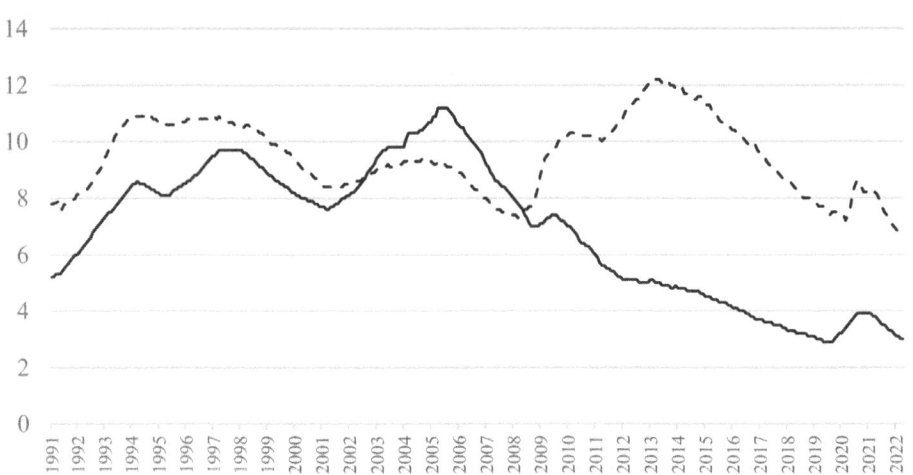

Abb. 10.2 Harmonisierte Arbeitslosenquoten in Deutschland (schwarz) und der Eurozone (gestrichelt), in Prozent. (*Quelle: OECD, [LRHUTTTTDEM156S] and [LRHUTTTTEZM156S]*)

Abb. 10.3 Arbeitssuchende in einer Schlange vor der Suppenküche in Chicago, 1931. (*Quelle: National Archives and Records Administration,* https://catalog.archives.gov/id/541927)

zeigt arbeitslose Männer, die vor einer Suppenküche in Chicago Schlange stehen. Diese Männer waren nicht wegen irgendeines individuellen Problems arbeitslos, sondern weil es nicht genügend Arbeitsplätze gab. Die Abhilfe bestand darin, mehr Arbeitsplätze zu schaffen, und genau darum ging es beim New Deal. US-Präsident Franklin Delano Roosevelt erhöhte die Staatsausgaben, um mehr Arbeitsplätze zu schaffen. Nach einem erfolglosen Versuch, den Haushalt 1937 auszugleichen, wurden die Staatsausgaben erneut erhöht, bis die Kriegsproduktion für den Zweiten Weltkrieg zu einer Situation führte, die sich der Vollbeschäftigung näherte. Die Arbeitslosenquote bei vielen Minderheiten war jedoch immer noch hoch.

Friktionale Arbeitslosigkeit
Die Arbeitslosenquoten variieren sowohl räumlich als auch zeitlich. Sie variieren auch je nach Beruf und Tätigkeit. Auch die Demografie spielt eine Rolle, da die Arbeitnehmer im Durchschnitt relativ jung oder relativ alt sein können, was sich auf ihre Bereitschaft, eine Arbeit anzunehmen, oder auf ihre Fähigkeit, eine Stelle an einem anderen Ort anzunehmen, auswirken kann. In jeder Volkswirtschaft gibt es zu jedem Zeitpunkt eine Reihe von offenen Stellen und eine Reihe von arbeitsuchenden Arbeitnehmern, die nebeneinander existieren. Einige Arbeitssuchende verfügen vielleicht nicht über die erforderlichen Qualifikationen, oder sie wollen für die Stelle nicht umziehen, oder sie haben bereits einen Arbeitsvertrag unterschrieben, der später beginnt, oder sie suchen eine Teilzeitstelle, wo eine Vollzeitstelle gesucht wird, usw. Ökonomen sprechen von Friktionen (Reibungen), um dieses Phänomen zu beschreiben. Es ist daher sehr unwahrscheinlich, die Arbeitslosenquote auf null zu senken, da es immer Reibungen geben wird. Die Reibungen bestimmen eher, wer arbeitslos ist, als wie viele es sind.

Trotz gegenteiliger Behauptungen kann die Massenarbeitslosigkeit nicht allein durch Friktionen erklärt werden. Wir haben in früheren Kapiteln gesehen, dass ein Mangel an Kaufkraft hohe Arbeitslosigkeit erklärt. Ökonomen wissen, wie man die Arbeitslosigkeit bekämpfen kann, aber manchmal lässt die Politik es nicht zu, Maßnahmen zu ergreifen, die die Arbeitslosigkeit verringern könnten. Insbesondere Langzeitarbeitslosigkeit (Arbeitslosigkeit von über einem Jahr) ist ein Hinweis darauf, dass es viele Arbeitnehmer gibt, die einen Job wollen, aber über längere Zeit keinen bekommen, was problematisch ist. Ihre Wiedereingliederung in den Arbeitsmarkt wird mit fortnehmender Dauer immer schwieriger, da sie mit dem technologischen Fortschritt im Laufe der Zeit ihre Fähigkeiten und Kenntnisse verlieren – sie sind fast immer die letzten, die eingestellt und die ersten, die entlassen werden.

Der empirische Befund
Da die Arbeitslosenquote für die Politik von Bedeutung ist, wurde die statistische Methode zur Messung der Arbeitslosenquote mehrfach überarbeitet. Es gibt keinen internationalen Standard, und einige Länder zählen daher kranke Arbeitslose als arbeitslos, andere nicht. Ein alternatives Maß zur Betrachtung der Beschäftigungssituation ist das Verhältnis

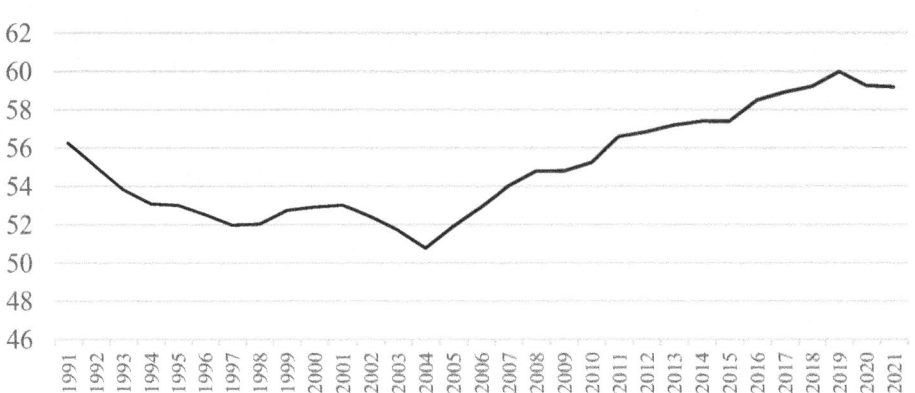

Abb. 10.4 Das Verhältnis von Beschäftigung zu Bevölkerung in Deutschland, in Prozent. (*Quelle: Weltbank, [SLEMPTOTLSPZSDEU]*)

zwischen Beschäftigung und Bevölkerung. Abb. 10.4 zeigt die Daten für Deutschland. In den 1990er-Jahre sank dieses Verhältnis, erst ab 2004 kam es dann zu einem sehr stetigen Anstieg, der erst durch Covid-19-Pandemie abgebremst wurde.

Eine weitere Perspektive auf die Beschäftigung und die Struktur der Wirtschaft ist die der Produktion handelbarer und nicht handelbarer Güter. Während die handelbaren Güter auf den internationalen Märkten konkurrieren, sind die nicht-handelbaren Güter nicht dem internationalen Wettbewerb ausgesetzt. Zu den handelbaren Gütern gehören Autos, Maschinen und andere Investitionsgüter. Zu den nicht-handelbaren Gütern gehören Immobilien, öffentliche Dienstleistungen, Strom und Wasser. Die Beschäftigung in der Industrie für handelbare Güter ist relativ gut bezahlt, da sie mehr Fähigkeiten und Ausbildung erfordert. Häufig sind multinationale Unternehmen an der Produktion dieser Güter beteiligt. Der Umfang des Exportsektors in Bezug auf das BIP und die Beschäftigung hängt von den hergestellten Produkten und Dienstleistungen ab. Einige Länder exportieren eine breite Palette von Industriegütern und Dienstleistungen, während andere nur ein oder einige Primärgüter exportieren.

Technologische Arbeitslosigkeit

Die Idee der technologischen Arbeitslosigkeit ist Jahrhunderte alt. Die industrielle Revolution machte diese Idee sehr bekannt, als eine Innovation nach der anderen Tausende von Arbeitern durch Maschinen ersetzt wurden. Die Ludditen bildeten eine Gruppe im frühen 19. Jahrhundert, die darauf hinwiesen, dass Maschinen Arbeitsplätze vernichteten, und die es daher für gerechtfertigt und notwendig hielten, Maschinen zu zerstören! In der Weltwirtschaftskrise der 1930er-Jahre erlebte die Idee der technologischen Arbeitslosigkeit ein Comeback (auch wenn sie nie in Vergessenheit geriet) und wurde populär, als die Arbeitslosenquote in vielen Ländern mehr als 20 % erreichte. Wie wir in den ersten Kapiteln gesehen haben, ist diese Vorstellung falsch, da nicht Maschinen Waren und Dienstleistungen kaufen, sondern Geld. Daher kann die Einführung von Maschinen Arbeitnehmer freisetzen, aber wenn mehr Geld ausgegeben würde, hätten diese Arbeitnehmer auch wieder Arbeit. Arbeitslosigkeit ist ein Problem der Nachfrageseite, nicht der Angebotsseite. Steigt die Produktivität und wir bekommen alles, was wir wollen, mit weniger Arbeitseinsatz, dann sollte die Wochenarbeitszeit nach unten angepasst werden.

Die Alternative zum extensiven Wachstum (Steigerung des Ressourcenverbrauchs) ist das intensive Wachstum (Steigerung der Produktivität bei gegebenen Ressourcen). Die Wirtschaft nutzt dabei ihre vorhandenen Ressourcen besser aus. Dies geschieht durch eine Steigerung der Produktivität. Sowohl die Kapital- als auch die Arbeitsproduktivität können gesteigert werden, ebenso wie die Gesamtfaktorproduktivität – der Rest des Wachstums, der nicht allein durch die Steigerung der Arbeits- oder Kapitalproduktivität erklärt werden kann. Eine steigende Produktivität kann das Ergebnis einer höheren Innovationsrate, einer stärkeren Spezialisierung, einer höheren Produktion pro Unternehmen, einer besseren Infrastruktur (Verkehr, Kommunikation, Bildung usw.) oder anderer Verbesserungen sein. Die meisten Länder setzen auf extensives Wachstum, wenn sie sich von einer Agrarwirtschaft (oder einer auf anderen Primärprodukten basierenden Wirtschaft) zu einer industriellen Wirtschaft wandeln.

Die jüngere Entwicklung Chinas lässt sich durch die Abwanderung weitgehend unproduktiver Arbeitskräfte aus der nicht mechanisierten Landwirtschaft in den hochproduktiven Industriesektor erklären. Zusammen mit dem Bau von Wohnungen und Verkehrsinfrastrukturen zur Unterbringung der zig Millionen neuer Arbeitskräfte in den zumeist an der Küste gelegenen Industriestädten – Shanghai hat inzwischen 26 Mio. Einwohner – hat dieser Prozess der wirtschaftlichen Entwicklung dazu geführt, dass Chinas Entwicklung zu einem der schnellsten Industrialisierungsprozesse aller Zeiten wurde.

10.3 Die Jobgarantie

Die Jobgarantie (JG) ist ein wirtschaftspolitisches Instrument, das zur Schaffung von Vollbeschäftigung beitragen soll (Mosler 1997–98; Murray und Forstater 2013, Murray und Forstater 2017; Tcherneva 2020a, b). Die Idee ist, dass jedem, der arbeiten kann und will, aber keine Stelle findet, ein Arbeitsplatz angeboten wird. Die Bundesregierung zahlt die JG-Löhne. Sofern die Ausgaben nicht zu Defiziten führen, die mit Schuldenbremse und Defizitgrenze der Eurozone kollidieren, gibt es auch kein finanzielles Problem. Die Arbeitsplätze werden auf lokaler Ebene geschaffen und sind auf das Gemeinwohl ausgerichtet. Die lokalen JG-Vorstände entscheiden, welche Arbeitsplätze sie anbieten. Es wird sichergestellt, dass die JG-Arbeitsplätze nicht die regulären Arbeitsplätze im privaten oder öffentlichen Sektor ersetzen. Der Grundgedanke der JG ist, dass diejenigen, die sonst arbeitslos wären, eine zusätzliche Option haben – nämlich einen JG-Job. Wer sich für eine Beschäftigung im Rahmen des JG-Programms entscheidet, kann und soll später in der Privatwirtschaft oder im öffentlichen Dienst angestellt werden. Anstatt aus der Arbeitslosigkeit kommen die Arbeitskräfte nun aus der Beschäftigung. Dies kommt sowohl den Unternehmen als auch den Arbeitnehmern zugute, da die Unternehmen in der Regel ungern Arbeitssuchende einstellen. Das JG dürfte also positive Auswirkungen haben, weil es den Übergang in die Beschäftigung im privaten und öffentlichen Sektor erleichtert.

Es erleichtert auch den Übergang aus der regulären Beschäftigung, wenn es zu einer Rezession und höherer Arbeitslosigkeit kommt. Anstatt arbeitslos zu werden, werden die JG-Beschäftigten weiterarbeiten. Dies steigert ihr Wohlbefinden und verringert die sozialen Kosten, die durch Drogenabhängigkeit, Alkoholismus, Einsamkeit und andere Probleme entstehen, die mit Arbeitslosigkeit einhergehen. JG-Jobs können sich auf alles konzentrieren, was die lokale Gemeinschaft als Problem identifiziert: Pflegearbeit, Umweltbedürfnisse, Armut, soziale Probleme, Klimawandel usw. Es ist von entscheidender Bedeutung, dass JG-Arbeitsplätze nicht dazu verwendet werden, dauerhafte und wichtige Arbeitsplätze im öffentlichen Sektor zu ersetzen.

Die Verringerung unseres CO_2-Fußabdrucks sollte beispielsweise zu gut bezahlten Arbeitsplätzen in der Privatwirtschaft und im öffentlichen Sektor führen und nicht an jeden delegiert werden, der im Rahmen des JG-Programms verfügbar ist. Daher wäre es eine gute Idee, JG-Jobs an einmalige „Missionen" zu binden. Dadurch wird sichergestellt, dass die JG-Jobs keine anderen Arbeitskräfte verdrängen und dass der Erfolg der JG gemessen werden kann. Unregelmäßige kulturelle Aktivitäten und Veranstaltungen scheinen für JG-Jobs geeignet zu sein, ebenso wie die Erforschung der gemeinsamen Geschichte lokaler Gemeinschaften – einschließlich ihrer sozialen Probleme. Möglicherweise wäre es auch möglich, dass gemeinnützige Organisationen Projekte vorschlagen, die sofort umsetzbar sind, wenn Arbeitssuchende daran interessiert ist.

Der JG-Lohn
JG-Beschäftigte erhalten einen Lohn, der von der Bundesregierung festgelegt wird. Alle JG-Beschäftigten erhalten landesweit den gleichen Lohn, und spontane Erhöhungen sind nicht möglich – dies ist das Merkmal, das eine Lohn-Preis-Inflationsspirale verhindert. Das andere Merkmal, das eine Inflation verhindert, ist die Tatsache, dass die JG-Finanzierung per Definition immer perfekt ist: Die Löhne werden an die Arbeitnehmer gezahlt, die derzeit im JG beschäftigt sind, und nicht an diejenigen, die nicht dort beschäftigt sind. Diese Lohnzahlungen wirken wie ein automatischer Stabilisator, da sie die Gesamtnachfrage stabilisieren. Das JG sorgt automatisch für zusätzliches Einkommen in Regionen, in denen es am dringendsten benötigt wird – durch das JG wird Geld in Regionen mit hoher Arbeitslosigkeit injiziert. Der JG-Lohn wird auch effektiv als bundesweiter Mindestlohn fungieren, da Arbeitnehmer kaum einen Anreiz haben, eine Beschäftigung unterhalb des JG-Lohns anzunehmen. Dies wäre eine willkommene Entwicklung für die meisten arbeitenden Arbeitnehmer, da es ihnen mehr Macht bei Lohnverhandlungen verschafft. JG-Jobs können an die Fähigkeiten und Vorlieben des Arbeitnehmers angepasst und weiterentwickelt werden. Es könnte möglich sein, halbtags zu arbeiten oder nur nachts oder am Wochenende, je nach den Bedürfnissen der JG-Beschäftigten.

Ein weiterer makroökonomischer Vorteil wäre, dass das JG zu echter Vollbeschäftigung führen würde. Das wichtigste Instrument zur Erreichung der Vollbeschäftigung sind und bleiben die Staatsausgaben (und die Steuern). Es ist jedoch unmöglich, die Steuerpolitik so anzupassen, dass Vollbeschäftigung erreicht wird. Da die Beschäftigung von den Gesamtausgaben der Haushalte und Unternehmen abhängt, ist es unmöglich, die Gesamtausgaben vorherzusagen. Insbesondere die privaten Investitionen werden von Zukunftserwartungen bestimmt, die sich schnell und heftig ändern können. Daher wird es immer eine gewisse unfreiwillige Arbeitslosigkeit geben. Das JG kann diejenigen, die das betrifft, direkt beschäftigen. Dies scheint der einzig plausible Weg zu echter Vollbeschäftigung zu sein. Die JG-Beschäftigten werden einen existenzsichernden Lohn mit Sozialleistungen (Gesundheitsversorgung, Rente, Sozialversicherung) erhalten. Da die Gesundheitsfürsorge an die Beschäftigung gekoppelt ist, scheint das JG die einzige Option zu sein, die zu echter Vollbeschäftigung führen würde.

Arbeitslosigkeit ist kein individuelles Versagen
Schließlich wird unfreiwillige Arbeitslosigkeit durch nicht ausgegebenes Einkommen und fehlende (defizitäre) Ausgaben verursacht, nicht durch ein individuelles „Versagen" (Flassbeck und Spiecker 2007). Es gibt nicht genügend Arbeitsplätze in der Wirtschaft, sodass die Frage nicht lautet, ob es Arbeitslosigkeit gibt, sondern wer arbeitslos wird. Es gibt also keinen Grund, Arbeitslose so zu behandeln, als hätten sie schlechte Entscheidungen getroffen. Der Fehler liegt eindeutig beim Wirtschaftssystem und nicht beim Einzelnen.

Nicht zuletzt wirkt das JG wie ein Puffer, was sich positiv auf die Inflationsrate auswirkt. In einer Rezession stabilisiert das JG die Einkommen derjenigen, die sonst arbeitslos wären. Statt auf die Leistungen der Arbeitslosenversicherung zurückzugreifen, zahlt das JG einen existenzsichernden Lohn. Daher wird die Gesamtnachfrage während des Abschwungs stabilisiert. Im Aufschwung wechseln viele Arbeitnehmer von JG-Jobs in den privaten und öffentlichen Sektor. Dies bedeutet, dass der Sprung im Zusatzeinkommen geringer ist, als wenn sie aus der Arbeitslosigkeit kommen würden. Auch dies hat eine stabilisierende Wirkung auf die Inflationsrate. Die Bundesregierung kann die Inflationsrate beeinflussen, da sie den JG-Lohn festlegt. Wenn die Inflationsrate zu hoch ist, können die JG-Lohnerhöhungen (ebenso wie die der öffentlichen Angestellten) reduziert werden. Private Unternehmen können dann auch die Lohnerhöhungen für ihre Arbeitnehmer senken. Da JG-Arbeitsplätze und reguläre Arbeitgeber um Arbeitskräfte konkurrieren, ist es nur logisch zu erwarten, dass ein geringerer Anstieg des JG-Lohns auch zu einem geringeren Anstieg der regulären Beschäftigung führt. Das JG wurde bereits in Argentinien, Indien und anderen Ländern erfolgreich erprobt und erfreut sich sowohl in den USA als auch anderswo zunehmender Beliebtheit. Derzeit gibt es auch in Deutschland immer noch mehr als zwei Millionen arbeitssuchende Bürger, die keine Arbeit finden.

Schlussfolgerung
Die Beschäftigung ist in einer Wirtschaft vielleicht das zentrale Moment. Sie erlaubt es uns, mit Geldeinkommen selber Ausgaben zu tätigen und so für uns und andere zu sorgen. Auch wenn es uns so erscheint, als ob Dinge Geld kosten, so ist auf der realwirtschaftlichen Ebene doch die Frage, was wir an Ressoucen aufgeben müssen, um Dinge zu produzieren (Forstater 1999, S. 472). Wenn wir Arbeitskraft als Ressource einsetzen, kann die

Antwort sehr unterschiedlich ausfallen. Wird eine Arbeitskraft von einem anderen Sektor abgeworben, um etwas zu produzieren, so entfällt die dortige Produktion. Die Opportunitätskosten bestehen in genau dem Verzicht auf das, was vorher produziert wurde. Wird allerdings eine Arbeitskraft aus der Arbeitslosigkeit geholt, so sind die Opportunitätskosten der Verlust an Freizeit. Bei Menschen, die unfreiwillig arbeitssuchend sind und eventuell über weniger Einkommen verfügen als gewünscht, kann dieser Verlust sehr gering ausfallen. Er kann sogar negativ sein, wenn Menschen soziale oder psychische Probleme als Folgen von Arbeitslosigkeit haben.

In der Realität ist es meist kompliziert. Wenn der Staat beispielsweise mehr Güter und Dienstleistungen von Unternehmen kauft, dann stellen diese mehr Arbeitskräfte ein. Ein Teil davon kommt aus der Arbeitslosigkeit, andere hingegen wechseln den Arbeitsplatz. Eventuell schafft der Staat auch mehr Arbeitsplätze im öffentlichen Sektor. Auch hier gilt, dass die Opportunitätskosten davon abhängen, ob und wo die Arbeitskräfte vorher beschäftigt waren. Wie gesagt sind können die Opportunitätskosten auch vom Wert der Freizeit abhängen. Es ist also nicht Ziel einer Politik der Vollbeschäftigung, alle Bürger in Arbeit zu bringen. Es geht darum, die unfreiwillige Arbeitslosigkeit zu bekämpfen. Letztlich ist der Staat dafür verantwortlich, denn nur er kann jederzeit mehr Geld ausgeben. Sollten ihn dabei politische Regeln hindern, kann er diese Regeln selber verändern.

Höhere Löhne und ein hoher Beschäftigungsstand sind dabei kein Widerspruch, wie die 1960er-Jahre gezeigt haben. Das hohe Wirtschaftswachstum in der Nachkriegszeit bezeichnen wir auch als Wirtschaftswunder (Herrmann 2019). Damals wurden mithilfe der D-Mark Ressourcen bewegt, sowohl durch den Staat wie auch durch Banken und private Unternehmen. Fiskalregeln und Schuldenbremsen gab es damals nicht, was in Verbindung mit einem expliziten Ziel der Vollbeschäftigung dazu führte, dass es sehr niedrige Arbeitslosigkeitsraten gab. Heute sind sie deutlich höher, gerade auch im internationalen Vergleich (Maul 2019). Mehr Nachfrage des Staates durch höhere Staatsausgaben auf nationaler Ebene wäre die eine wirtschaftspolitische Lösung, mehr Ausgaben auf europäischer Ebene etwa durch eine von der EU finanzierte Jobgarantie eine andere (Cruz Hidlago et al. 2019).

Zusammenfassung

- Arbeitsbeziehungen beschreiben die Interaktionen zwischen Arbeitnehmer und Arbeitgebern.
- Gewerkschaften spielen eine Rolle, aber nicht mehr so stark wie früher.
- Es kann für Unternehmen von Vorteil sein, überdurchschnittliche Löhne zu zahlen (Effizienzlöhne).
- Die durchschnittliche Jahresarbeitszeit ist im größten Teil des 20. Jahrhunderts gesunken, sinkt aber seit der Jahrhundertwende nicht mehr weiter.
- Sinkende Löhne wären für die Wirtschaft eine Schwächung, da die Arbeitnehmer ihre Ausgaben reduzieren müssten. Dies bedeutet, dass die Unternehmen ihre Produktion nicht verkaufen können und Arbeitnehmer entlassen, wodurch ein Teufelskreis in Gang gesetzt wird.

- Maschinen vernichten keine Arbeit. Die Produktion wird durch die Nachfrage bestimmt. Produktivitätssteigerungen führen zu einer höheren Produktion, wenn die Nachfrage steigt. Ansonsten kann die Arbeitszeit verkürzt werden.
- Ob Mindestlöhne zu mehr oder weniger Beschäftigung führen, ist eine empirische Frage. Zuletzt sah es danach aus, dass mehr und höhere Mindestlöhne zu mehr Beschäftigung führen würden.
- Das Verhältnis zwischen Beschäftigten und Bevölkerung zeigt, wie viele Menschen auf dem Arbeitsmarkt tätig sind. ◄

Fragen

1. Was sind die Ursachen für unfreiwillige Arbeitslosigkeit?
2. Welche Faktoren bestimmen, wer arbeitslos ist?
3. Wie wurde die Massenarbeitslosigkeit während der Großen Depression beseitigt?
4. Was versteht man unter friktioneller Arbeitslosigkeit?
5. Was sind freiwillige und unfreiwillige Arbeitslosigkeit?

Übungen

1. Erläutern Sie, warum eine Verkürzung der Arbeitszeit die Arbeitslosenquote senkt.
2. Erläutern Sie, ob sich friktionelle Arbeitslosigkeit und unfreiwillige Arbeitslosigkeit ausschließen.
3. Diskutieren Sie, was ein Mindestlohn bewirkt und wie die Arbeitsplatzgarantie ihn ersetzen würde.
4. Diskutieren Sie die Vor- und Nachteile der Arbeitsplatzgarantie.

Literatur

Adam, Hermann (2015), *Bausteine der Wirtschaft*, 16. Auflage, Wiesbaden: Springer VS

Beveridge, William H. Lord (1946), *Vollbeschäftigung in einer freien Gesellschaft.* Eine Zusammenfassung, Hamburg: Verlag für Wirtschaft und Sozialpolitik

Cruz Hidalgo, Esteban, Dirk Ehnts und Pavlina Tcherneva (2019), Completing the euro: The euro treasury and the job guarantee, *Revista de Economía Crítica* 27, S. 100–111

Erhard, Ludwig (2020) [1957], *Wohlstand für alle: Der Klassiker der deutschen Wirtschaftsliteratur*, Düsseldorf: Econ

Flassbeck, Heiner und Friederike Spiecker (2007), *Das Ende der Massenarbeitslosigkeit: Mit richtiger Wirtschaftspolitik die Zukunft gewinnen*, Frankfurt: Westend

Forstater, Mathew (1999), Introduction: Robert Eisner's Common Sense Commitment to Full Employment and Activist Fiscal Policy, Journal of Economic Issues 33(2), S. 471–473

Herrmann, Ulrike (2019), *Deutschland, ein Wirtschaftsmärchen: Warum es kein Wunder ist, dass wir reich geworden sind*, Frankfurt: Westend

Linn, M.W., R. Sandifer, und S. Stein (1985) Effects of unemployment on mental and physical health. American Journal of Public Health 75(5) 502-506 10.2105/AJPH.75.5.502, https://doi.org/10.1016/j.jvb.2009.01.001

Maul, Daniel (2019), *The International Labour Organization: 100 Years of Global Social Policy*, München: De Gruyter Oldenbourg, https://www.ilo.org/wcmsp5/groups/public/%2D%2D-dgreports/%2D%2D-dcomm/%2D%2D-publ/documents/publication/wcms_725012.pdf, abgerufen am 31.3.2023

Mosler, Warren (1997–98), Full Employment and Price Stability, *Journal of Post Keynesian Economics* 20(2), S. 167–182

Murray, M. und Mathew Forstater (2013), *The Job Guarantee: Toward True Full Employment*, Palgrave Macmillan

Murray, M. und Mathew Forstater (2017), *The Job Guarantee and Modern Monetary Theory*, Palgrave Macmillan

Paul, Karste I., und Klaus Moser (2009), Unemployment impairs mental health: Meta-analyses, *Journal of Vocational Behavior*, 74(3), S. 264–282. https://doi.org/10.1016/j.jvb.2009.01.001

Raff, Daniel und Larry Summers (1986), Did Henry Ford Pay Efficiency Wages?, NBER working paper 2101, https://www.nber.org/papers/w2101, abgerufen am 31.3.2023

Tcherneva, Pavlina (2020a), Unemployment: The Silent Epidemic, *Levy Economics Institute working paper 895*, http://www.levyinstitute.org/pubs/wp_895.pdf, abgerufen am 31.3.2023

Tcherneva, Pavlina (2020b), *The Case for a Job Guarantee*, Polity

Preisstabilität, Inflation und Deflation

11

Zusammenfassung

In diesem Kapitel wird der Verbraucherpreisindex (VPI) vorgestellt, welche Veränderungen der Preise für Konsumgüter erfasst. Änderungen der Löhne und des Preisniveaus verändern die Kaufkraft. Veränderungen des Preisniveaus werden von automatischen Stabilisatoren gedämpft. Das Preisniveau selbst wird im Wesentlichen vom Staat bestimmt, da dieser immer zahlungsfähig ist. Änderungen der Lohnstückkosten und Energiepreise korrelieren mit der Inflationsrate, Geldmengenveränderungen und Wechselkurse tun es nicht. Die jetzige Geldpolitik des Inflationsziels hat kurzfristig keinen Einfluss auf die Inflationsrate, mittelfristig jedoch erzeugt sie ggf. Arbeitslosigkeit. Durch diese Reduktion der Nachfrage wird Preisstabilität mit Arbeitslosigkeit erkauft, was zunehmend kritisiert wird.

Das Preisniveau spielt eine wichtige Rolle. Stellen wir uns vor, die Preise für Konsumgüter steigen um acht Prozent, während die Löhne um drei Prozent steigen. Im Mai 2022 war dies der Fall. Die Kaufkraft der Arbeitnehmer sank, es kam zu sozialen Härtefällen. Oder stellen wir uns vor, die Löhne würden um zehn Prozent und die Preise für Konsumgüter um zwei Prozent steigen. Dies würde die Gewinne schmälern und wahrscheinlich einige Unternehmen in Schwierigkeiten bringen, während die Kaufkraft der Arbeitnehmer steigen würde. Oder stellen wir uns vor, die Preise für Konsumgüter würden bei gleichbleibenden Löhnen um zehn Prozent sinken. Noch mehr Unternehmen würden aus dem Geschäft gedrängt werden. Diejenigen Arbeitnehmer, die Arbeit haben, könnten noch mehr Waren und Dienstleistungen kaufen. Ein kontinuierlicher Anstieg des Preisniveaus von Konsumgütern – wie wir die Inflation üblicherweise definieren – ist von Natur aus politisch, da er die Verteilung der Kaufkraft beeinflusst. In der Inflationsrate drücken sich nicht zuletzt Verteilungskämpfe innerhalb der Gesellschaft aus. Die einen wollen höhere Löhne in der Hoffnung auf höhere Kaufkraft, die anderen wollen höhere Preise in der Hoffnung auf einen höheren Gewinn.

Der Verbraucherpreisindex wird vom Statistischen Bundesamt definiert als „die durchschnittliche Preisentwicklung aller Waren und Dienstleistungen, die private Haushalte für Konsumzwecke kaufen". Es handelt sich quasi um einen durchschnittlichen Einkaufswagen mit Konsumgütern, dessen Preis von Zeit zu Zeit überprüft wird (vgl. BLS 2020). Neben Gütern sind auch Dienstleistungen enthalten wie beispielsweise Mieten. Die Inflationsrate ist dann üblicherweise definiert als die Veränderung des Verbraucherpreisindex im Vergleich zum Vorjahr bzw. Vorjahresmonat (gleicher Monat ein Jahr früher). Beim Verbraucherpreisindex handelt es sich um einen Durchschnittswert. Die Inflationsrate in Süddeutschland kann daher von der in anderen Regionen abweichen. Ebenso gibt es Preisunterschiede zwischen Stadt und Land. Der größte Unterschied sind die Mieten.

Inflations-nowcasting
Die *Federal Reserve Bank of Cleveland* hat eine interessante Webseite, auf der sie die Inflation vorhersagt. Sie beabsichtigt, die heutige Inflationsrate vorherzusagen. In ihren eigenen Worten: „Nowcasts" sind Schätzungen oder Prognosen für die Gegenwart. Das Modell, das die Cleveland Fed verwendet, stützt sich auf relativ wenige Variablen und wird anhand von Echtzeitdaten getestet, wie in einem Arbeitspapier erläutert wird. Es scheint relativ gut zu funktionieren.

Der Verbraucherpreisindex ist nur relevant in Bezug auf die Verbraucherpreise. Es geht ausschließlich um die Frage, wie sich die Preise von Konsumgütern verändern. Die Inflationsrate liefert keine nützlichen Informationen für diejenigen, die Geld für den Ruhestand oder das Studium sparen, oder für diejenigen, die eine Wohnung, ein Haus oder ein bestimmtes Auto kaufen. Aus diesem Grund scheuen Wirtschaftswissenschaftler den Begriff des „Werts". Geld hat Kaufkraft – nicht „Wert". Die Menschen geben ihr Geld für eine breite Palette von Dingen aus, wenn es um bestimmte Kategorien wie Konsumgüter oder Häuser geht. Aus diesem Grund gibt es keine wissenschaftliche Definition des „Werts" und wird es auch nie geben. Das bedeutet nicht, dass der Verbraucherpreisindex alle Fragen beantwortet. Diejenigen, die sich Sorgen um steigende Mieten oder eine Börsenblase machen, können Recht haben, aber sie müssen andere Daten verwenden. Der Verbraucherpreisindex ist dafür nicht relevant.

Die Bedeutung eines stabilen Preisniveaus
Warum sind das Preisniveau und seine Veränderung so wichtig? Es gibt drei große Themen, die von Änderungen des Preisniveaus betroffen sind (und die selbst Änderungen des Preisniveaus beeinflussen können):

- Verteilung
- Produktion
- Internationaler Handel

Wir haben oben die Auswirkungen auf die Verteilung andiskutiert und es gibt noch eine weitere Dimension. Ein Anstieg der Inflationsrate ist gut für diejenigen, die in der Zukunft inflationsindexierte Einkommen erhalten (z. B. Rentner), während sie nominale Schulden (in Euro, nicht inflationsbereinigt) zu zahlen haben, die sich nicht anpassen. Zu dieser Gruppe können Haushalte gehören, die mit Krediten Immobilien gekauft haben, und Unternehmen, die Kredite aufgenommen haben, um in (naher) Zukunft zu produzieren und zu verkaufen. Außerdem wirkt sich eine Änderung des Preisniveaus auf die Kaufkraft eines beliebigen Geldbetrags aus.

Hyperinflation in der Weimarer Republik
In den frühen 1920er-Jahren kam es in der Weimarer Republik zu einer Hyper-inflation (Holtfrerich 1980; Mosler und Armstrong 2020). Diese ist lose definiert als eine Zeit mit Inflationsraten von über 50 % – pro Monat! Was war passiert? Die Reichsregierung musste Reparationen zahlen in der Folge des 1. Weltkriegs. Dafür braucht sie ausländische Währung. Diese musste sie mit ihrer Reichsmark kaufen, was dazu führte, dass der Preis der Reichsmark verfiel. Damit stiegen die Import-preise an, was die Inflationsrate erhöhte. Als dann auch noch auf die Besetzung des Ruhrgebiets durch französische und belgische Truppen ein Generalstreik mit Lohn-fortzahlung durch die Reichsregierung folgte, geriet die Inflation vollends außer Kontrolle. Zusätzlich zu dem Problem des abstürzenden Wechselkurses und der stei-genden Importpreise fiel nun auch noch ein großer Teil des Angebots an Gütern weg. Eine Währungsreform sorgte dann für einen Neuanfang und den Beginn der „Golde-nen Zwanziger" auch in der Weimarer Republik.

Eine Änderung des Preisniveaus hat auch Auswirkungen auf die Produktion. Während ein Anstieg des Preisniveaus bedeutet, dass die Gewinne der Unternehmen in die Höhe ge-trieben werden – sie kaufen billig ein, produzieren und verkaufen teuer-, kann der gegen-teilige Effekt für die Produktion katastrophal sein. Sinkende Preise zehren die Gewinne der Unternehmen auf, bis die Produktion überhaupt nicht mehr rentabel ist. Wenn das Pro-dukt eines Unternehmens nicht zu einem Preis verkauft werden kann, der zumindest die Produktionskosten deckt, dann macht es selbst bei Nullzinsen keinen Sinn, Geld zu leihen, um mehr Inputs zu kaufen und zu produzieren.

Die Auswirkungen von Deflation und Inflation sind in Branchen am größten, in denen die Produktion relativ teuer ist und die Kunden auf Deflation mit einer geringeren Nach-frage reagieren. Im Falle einer Deflation kann dies zu Situationen führen, in denen die Er-wartung fallender Preise ausreicht, um potenzielle Kunden davon zu überzeugen, nicht zu kaufen (um später zu kaufen, wenn die Preise noch niedriger sind), was zu einer sich selbst erfüllenden Prophezeiung führt. Da niemand kauft, müssen die Produzenten die Preise weiter senken. Da die Menschen erwarten, dass die Preise noch weiter fallen werden, werden sie auch bei niedrigeren Preisen nicht kaufen. Dasselbe kann passieren, wenn die Preise steigen und die Menschen bestimmte Kategorien von Waren und Dienstleistungen kaufen, weil sie erwarten, dass die Preise weiter steigen. Dies ist in vielen Situationen des Wirtschaftsbooms zu beobachten, häufig bei Immobilienblasen.

Die Deflationspolitik unter Brüning
In den frühen 1930er-Jahren kam es in der Weimarer Republik zu einer Deflation. Diese ist definiert als eine Zeit mit negativen Inflationsraten. Die Idee des Reichskanzlers Brüning (1930–32) war, auf den „schwarzen Freitag" von 1929 und die folgende Weltwirtschaftskrise mit einer Reduktion der Preise und Löhne zu antworten, um so die Beschäftigung wieder zu erhöhen. 1932 erreichte die Deflation mehr als zehn Prozent, doch bis dahin stieg drei Jahre lang die Arbeitslosigkeit an bis auf 6 Mio. Diese verfehlte Wirtschaftspolitik bereitete den Nährboden für die Wahlerfolge der NSDAP von Adolf Hitler.

Automatische Stabilisatoren
Wie in Kap. 9 erörtert sind automatische Stabilisatoren am Werk, welche die Auf- und Abschwünge mildern. Wenn die Wirtschaft brummt, steigen die Steuerzahlungen (bei bestehenden Steuersätzen), sodass mehr Einkommen entfällt als zuvor. Dies verringert den Preisdruck und wirkt disinflationär (inflationsdämpfend). Das öffentliche Defizit kann sich in einen öffentlichen Überschuss verwandeln, wie in den 2010er-Jahren. Der Aufschwung, der auch mit einem Immobilienboom einherging, führte in Deutschland über höhere Steuerzahlungen zu einem öffentlichen Überschuss. Auf diese Weise wurde ein Teil der zusätzlichen Kaufkraft durch automatische Stabilisatoren neutralisiert. Die höheren Steuereinnahmen führten dazu, dass die Staatsverschuldung sank und die Nachfrage reduziert wurde. Dadurch wurde der Aufschwung eingebremst. Ende 2019 kam es dann kurz vor der Corona-Pandemie zu einer Rezession.

Das staatliche Defizit korreliert übrigens nicht positiv mit der Inflationsrate. Hohe staatliche Defizite sind meist Folge einer Rezession, also eines Rückgangs des Bruttoinlandproduktes. Dabei geraten die Preise unter Druck und gehen tendenziell zurück. Rein logisch entfernen höhere Steuereinnahmen Kaufkraft aus dem privaten Sektor und wirken damit tendenziell inflationsreduzierend, genau wie auch niedrigere Steuereinnahmen. Da der Effekt über die Lohnabschlüsse und Unternehmenspreise läuft, ist die Wirkung aber mit Unsicherheit behaftet. Wie die Stagflationsperiode der 1970er-Jahre zeigt, sind auch Perioden sinkender Nachfrage mit steigender Inflation denkbar.

11.1 Von den Löhnen über die Preise zum Preisniveau

Das Konsumentenpreisniveau ist eine Statistik, die sich aus den Preisen vieler Waren und Dienstleistungen zusammensetzt. Nach Angaben des Statistischen Bundesamts werden 650 Güterarten erhoben. Für die Messung der Preisentwicklung werden monatlich mehr als 300.000 Einzelpreise manuell erhoben. Für die Preismessung werden die Anschaffungspreise inklusive Mehrwert- und Verbrauchssteuern beobachtet. Dies erklärt, warum die Reduktion der Mehrwertsteuer im Jahr 2020 zu weniger Inflation führte und die Rücknahme diese Maßnahme dann im folgenden Jahr zu mehr Inflation.

Einige dieser Preise werden von privaten Unternehmen festgesetzt, andere von öffentlichen Unternehmen oder der Regierung. Um die Entwicklung des Preisniveaus zu verstehen, müssen wir wissen, wie die Preise festgelegt werden. Die Preise im privaten Sektor werden von den Unternehmen im Rahmen der jeweiligen Vorschriften festgesetzt. Da Unternehmen nicht über lange Zeiträume hinweg Defizite machen können, müssen sie die Preise als Aufschlag auf die Kosten festlegen. Dadurch wird sichergestellt, dass ihre Einnahmen über ihren Kosten liegen, wenn sie in der Lage sind, ihre gesamte Produktion zu verkaufen. Die Unternehmen können die Preise nicht dauerhaft unter den Kosten festsetzen, weil ihr Cashflow nicht ausreichen würde, um ihre Verbindlichkeiten (Schulden) zu tilgen. Als Währungsnutzer wird ihnen irgendwann das Geld ausgehen. Die Kosten spielen also eine Rolle.

Der Unterschied zwischen Preis und Kosten wird auch als Gewinnaufschlag bezeichnet. In Märkten mit sehr viel Konkurrenz und Produkten, die sich in Qualität und Wahrnehmung durch den Verbraucher nicht groß unterscheiden (z. B. Zucker oder Mehl), sollte der Gewinnaufschlag relativ klein und stabil sein. In anderen Märkten jedoch fallen Preise und Kosten teilweise sehr weit auseinander. Ferrari machte im ersten Halbjahr 2018 laut einer Studie einen Gewinn von 69.000 € pro verkauftem Auto (Wirtschaftswoche 2018). Unternehmen können also die Preise sehr viel höher als die Kosten ansetzen, sofern die Nachfrage nach ihren Produkten dann nicht einbricht. Dies war anscheinend auch zuletzt der Fall. In einigen Wirtschaftsbereichen haben die Unternehmen die allgemeinen Preissteigerungstendenzen auch dazu genutzt, ihre Gewinne zu erhöhen. Betroffen sind die Landwirtschaft, der Bau und der Handel (Rangnitz 2022). Es kann also hier von einer Gewinn-Preis-Spirale gesprochen werden. Solange die Unternehmen mit ihren Preiserhöhungen durchkommen, werden sie ihre Marktmacht weiter ausnutzen. Erst wenn die Beschäftigten mit Lohnerhöhungen reagieren, die sie über Streiks durchsetzen, wird wohl die Gewinn-Preis-Spirale durchbrochen.

Lohnkosten

Die Kosten werden ebenso wie Güter und Dienstleistungen in Euro bepreist. Einer der wichtigsten Kostenfaktoren der deutschen Unternehmen sind die Löhne. Die Löhne machen etwa 70 % des BIP aus. Wer legt also die Löhne fest? Der private Sektor als Währungsnutzer legt meist in Verhandlungen mit den Gewerkschaften die Löhne fest. Er muss

sicherstellen, dass die Löhne nicht die Gewinne schmälern. Der Staat als Währungsemittent hingegen kann sich jeden Preis „leisten", den er seinen Arbeitnehmer als Löhne
und Gehälter zahlt. Ihm geht das Geld nicht aus, sodass die Höhe der Löhne und Gehälter
und damit die Höhe der Preise im Wesentlichen davon abhängt, was der Staat zahlt (Levey
2021). Da der deutsche Staat bei einer zivilen Erwerbsbevölkerung von 46 Mio. etwa
5 Mio. Menschen beschäftigt, ist zu erwarten, dass die Einkommensveränderungen der
Staatsbediensteten mit der Inflation korrelieren.

Eine EZB-Studie von Afonso und Gomes (2008) weist zudem empirisch nach, dass
Wachstum der Löhne im öffentlichen Dienst und der Beschäftigung im öffentlichen Sektor mit steigenden Löhnen im privaten Sektor korreliert. Dies passt zur Beobachtung, dass
in vielen Ländern die Lohnsteigerungen im öffentlichen Dienst als Zielvariable von anderen Gewerkschaften dient.

Abb. 11.1 bestätigt dies. Die graue Linie zeigt die prozentuale Veränderung der von der
Regierung gezahlten Löhne und Gehälter, die schwarze Linie zeigt die Inflationsrate.
Beide stimmen mehr oder weniger überein. In den 1960er-Jahren lagen die Lohnerhöhungen im öffentlichen Dienst teilweise deutlich über der Inflationsrate. Die Kaufkraft der Arbeitnehmer nahm also deutlich zu. Seit den 1980er-Jahren korrelieren öffentliche Löhne und Inflationsrate.

Lohnstückkosten und Inflation
Da die Löhne im privaten Sektor einen höheren Anteil an den Gesamtlöhnen ausmachen,
sollten wir erwarten, dass die Korrelation der Veränderungen bei den Lohnstückkosten –
das ist der Betrag, den ein Unternehmen seinen Arbeitnehmern für die Produktion einer
Produktionseinheit zahlt – noch höher ist, und Abb. 11.2 bestätigt dies auch. Die Inflation

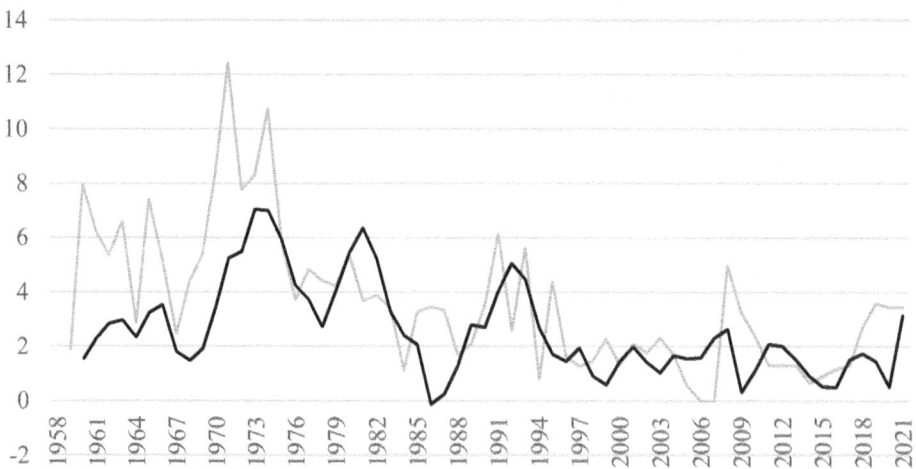

Abb. 11.1 Inflationsrate (schwarz) und Wachstumsrate der Monatsgehälter (grau) bei den Gebiets-
körperschaften (1959–2008) und bei öffentlicher Verwaltung, Verteidigung, Sozialversicherung
(2009–2021). (*Quelle: Sensch (2015) und Bundesamt für Statistik*)

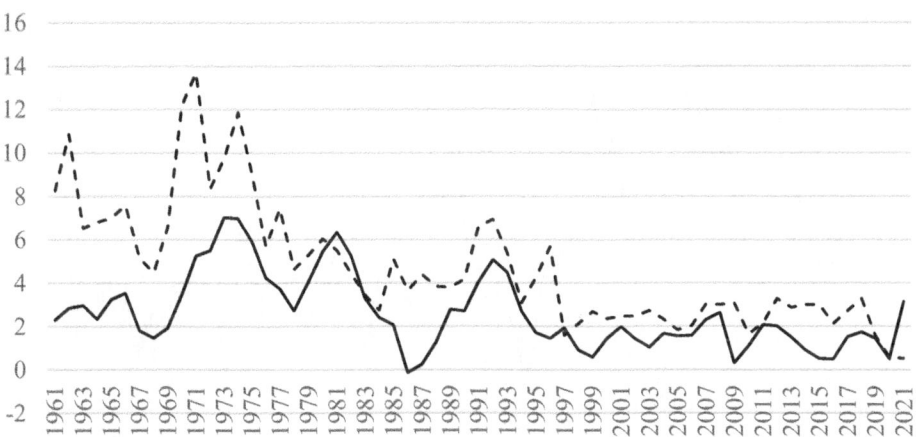

Abb. 11.2 Inflationsrate (schwarz) und Lohnwachstum in der Industrie in Deutschland (gestrichelt), in Prozent. (*Quelle: Weltbank [FPCPITOTLZGDEU] und OECD [DEULCWRM-N01IXOBQ]*)

(schwarze Linie) weist die gleichen Wendepunkte und Niveaus auf wie die Veränderung der Lohnstückkosten (gestrichelt). Da die privaten Löhne und Gehälter durch die öffentlichen Löhne und Gehälter verankert sind, bestätigt dies die Vorstellung, dass der Staat den größten Einfluss auf das Preisniveau und dessen Veränderung, die Inflationsrate, hat.

Wenn die Löhne schneller steigen als die Produktivität, steigt die Kaufkraft der Verbraucher stärker als die Produktivität und damit die Produktion. Bei gegebenen Preisen wird das Angebot an Waren und Dienstleistungen irgendwann nicht mehr ausreichen, um die Nachfrage zu befriedigen. Die Produzenten stellen fest, dass ihre Lagerbestände schrumpfen und dass sie entweder die Produktion erhöhen oder die Preise anheben müssen oder beides. Dadurch gerät das Preisniveau unter Druck (Aufwärtsdruck). Wenn andererseits die Kaufkraft nicht mit dem Produktivitäts- und Produktionsanstieg mithalten kann, müssen irgendwann die Preise nach unten angepasst werden, weil die Unternehmen keine wachsenden Lagerbestände halten wollen und können.

Wechselkurse und Inflation
Eine weitere Theorie besagt, dass Veränderungen des Preisniveaus durch Veränderungen des Wechselkurses bzw. der Wechselkurse ausgelöst werden. Wenn eine Währung teurer wird (aufwertet), werden die Importe billiger und die inländischen Preise steigen langsamer, da die inländischen Produzenten versuchen, den durch den Anstieg des Wechselkurses verursachten Verlust an Wettbewerbsfähigkeit auszugleichen, indem sie den Anstieg ihrer Kosten, einschließlich der Löhne, begrenzen. Eine schwächere Währung würde teurere Importe und damit einen Preisanstieg bedeuten, da die einheimischen Hersteller ihre eigenen Preise anheben, um ihre Gewinne zu steigern (und auf einen größeren Marktanteil zu verzichten).

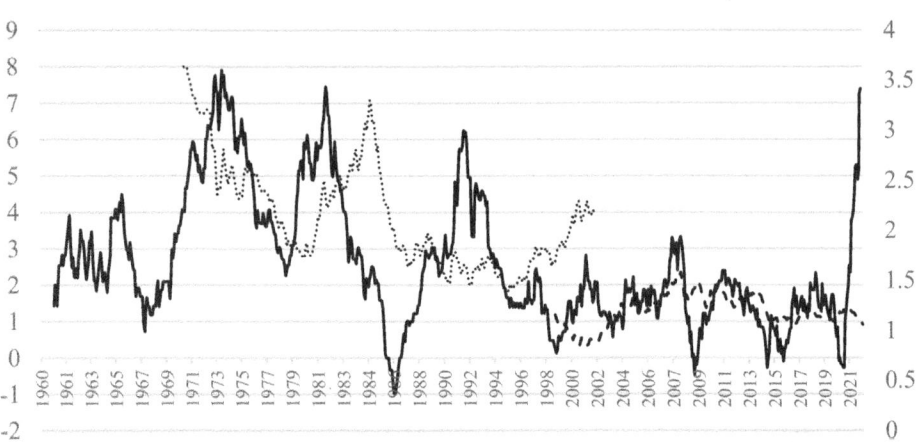

Abb. 11.3 Wechselkurs Dollar zu DM (gepunktet, rechte Achse) und zu Euro (gestrichelt, rechte Achse) und Inflationsrate in Deutschland (schwarz, linke Achse). (*Quelle: OECD [DEUCPIALL-MINMEI], Board of Governors of the Federal Reserve System [DEXUSEU] und Federal Reserve Bank of St. Louis [EXGEUS]*)

Abb. 11.3 zeigt, dass sich der Wechselkurs deutlich nach oben und unten bewegt (gestrichelte Linie, rechte Achse). Es ist keine eindeutige Korrelation von Wechselkurs und Inflationsrate erkennbar. Ende der 1970er beispielsweise kostet eine US-Dollar zwei D-Mark, 1985 waren es über drei D-Mark. Diese Abwertung der D-Mark ging aber einher mit fallenden Inflationsraten in den 1980er-Jahren. Der jahrelange Anstieg der Inflationsrate ab Ende der 1980er hingegen erfolgte bei stabilem Wechselkurs. Auch in den 2000er-und 2010er-Jahren schien der Wechselkurs zum US-Dollar keinen wesentlichen Einfluss auf die Inflationsrate zu haben.

Dies bedeutet nicht, dass wir den Gedanken verwerfen müssen, dass Wechselkursänderungen die Inflationsrate eines Landes beeinflussen können, aber wir erkennen an, dass dies nicht so relevant ist wie der Zusammenhang mit den Änderungen der Löhne im öffentlichen Sektor und den Lohnstückkosten. Je offener ein Land für den internationalen Handel ist, desto stärker sollte der Einfluss des Wechselkurses auf das inländische Preisniveau sein. Doch selbst für die großen Nettoexportländer wie Deutschland, China und Japan scheint es alles andere als offensichtlich, dass ihr inländisches Preisniveau durch Wechselkursänderungen gegenüber ihren Handelspartnern stark beeinflusst wird.

Dennoch können die Inflationstheorien parallel verwendet werden. Es gibt keinen Grund, sich nur an eine Theorie zu klammern und alle anderen für obsolet zu erklären. Es ist sicherlich so, dass sich bei ausreichend großen Wechselkursschwankungen ein gewisser Inflationseffekt ergibt. Vieles hängt davon ab, wie die Importeure und Exporteure ihre Preise festlegen. Normalerweise ändern sich die Inlandspreise nicht, wenn sich der Wechselkurs ändert. Der Preis von Mobiltelefonen, die in Asien hergestellt und in den USA verkauft werden, ändert sich beispielsweise nicht täglich aufgrund von Wechselkursschwankungen. Dies erklärt, warum die Preise vieler ausländischer Produkte, die in den

Abb. 11.4 Ölpreis Brent in US-Dollar pro Fass (gestrichelt, linke Achse) und Inflationsrate in Prozent (schwarz, rechte Achse). (*Quelle: OECD [DEUCPIALLMINMEI] und U.S. Energy Information Administration [DCOILBRENTEU]*)

USA verkauft werden, nicht auf den Wechselkurs reagieren. Die empfindlichsten Gruppen sind Primärinputs (Rohstoffe) und Energie (Öl). Abb. 11.4 zeigt den Ölpreis in den USA (schwarz, links) und den handelsgewichteten Wechselkurs des US-Dollars (grau, rechts). Die beiden Variablen scheinen negativ korreliert zu sein. Wenn der Ölpreis steigt (fällt), sinkt (steigt) der handelsgewichtete Wechselkurs des US-Dollars. Dies könnte sich umkehren, wenn die USA zum Nettoexporteur von Energie werden sollten.

11.2 Die Phillips-Kurve

Die Phillips-Kurve ist eine zurecht aus der Mode gekommene Theorie der Inflation. Sie wurde nach dem Ökonomen A. W. Phillips benannt und stellt die Inflationsrate (bzw. das Lohnwachstum) und die Arbeitslosenrate gegenüber. Die Phillips-Kurve für die Bundesrepublik Deutschland ist in Abb. 11.5 dargestellt. Die Punkte zeigen die jährlichen Kombinationen der Inflations- (horizontal) und Arbeitslosigkeitsraten (vertikal). Es sieht so aus, als ob niedrige und stabile Inflationsraten mit vielen verschiedenen Niveaus der Arbeitslosigkeit vereinbar sind. Die höchsten Inflationsraten fallen mit Arbeitslosenquoten von 1 bis 2 % zusammen. Bei sehr niedriger Arbeitslosigkeit liegen die Inflationsraten zwischen 0 und 12 %, mit einer relativ hohen Volatilität. Die höchsten Arbeitslosenquoten korrelieren mit einer Inflationsrate, die zwischen 0 und 4 % liegt.

Anhand dieser empirischen Belege lässt sich nicht bestätigen, was Phillips vermeintlich herausgefunden hat: dass eine hohe Arbeitslosigkeit zu einer niedrigen Inflation und eine niedrige Arbeitslosigkeit zu einer hohen Inflation führt. Die Theorie, die dahintersteht, ist ein einfaches Modell der Macht auf dem Arbeitsmarkt. In Zeiten niedriger Arbeitslosigkeit sind die Arbeitnehmer in der Lage, für sie günstige (also hohe) Lohnabschlüsse zu erzielen, sodass die Nominallöhne schneller steigen als die Produktivität.

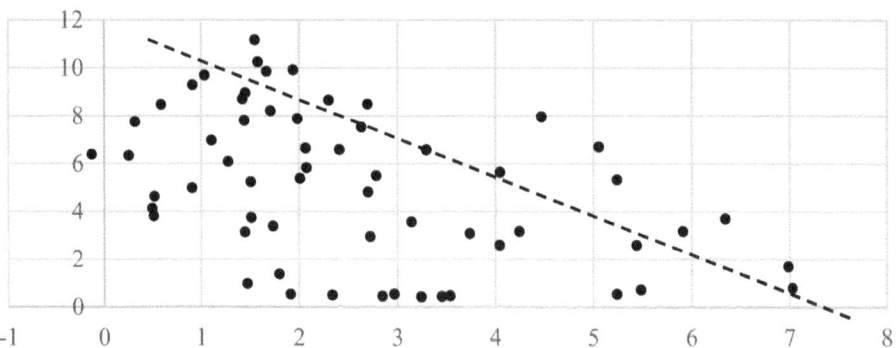

Abb. 11.5 Inflation (horizontal) und Arbeitslosenrate (vertikal), 1948–2021. (*Quelle: Weltbank [FPCPITOTLZGDEU] und OECD (Main Economic Indicators)*)

Wenn die Kaufkraft der Verbraucher schneller wächst als die Produktivität, steigt die Inflationsrate, da die Unternehmen die Löhne als Kosten betrachten und daher auf Lohnerhöhungen mit einer Anhebung ihrer Produktpreise reagieren. Die Unternehmen bestimmen die Preise, indem sie einen Aufschlag auf ihre Kosten erheben.

Abb. 11.5 zeigt jedoch, dass dies nicht der Realität entspricht. Die Punktwolke orientiert sich nicht an der gepunkteten Linie, welche die Phillips-Kurve darstellt. Das ist vielleicht keine große Überraschung. Die Menschen brauchen Arbeit, um Essen auf den Tisch zu bekommen, und sie sind bereit/gezwungen, diese zu jedem Lohn anzunehmen. Die Unternehmen schaffen Arbeitsplätze, wenn sie glauben, dass dies ihre Gewinne erhöht, aber ihr Überleben hängt nicht davon ab. Die Existenz von Gewerkschaften könnte an dem massiven Machtgefälle, das wir hier sehen, etwas ändern. Derzeit sind die Gewerkschaften relativ schwach und die Löhne sind seit den 1970er-Jahren weniger stark gestiegen als die Produktivität.

Dennoch hielten einige politische Entscheidungsträger diese statistische Beziehung für ein mechanisches Werkzeug. Sie glaubten, dass eine niedrigere (höhere) Arbeitslosenquote mit einer höheren (niedrigeren) Inflationsrate „erkauft" werden müsse und umgekehrt. Dies wird als Trade-off bezeichnet, bei dem „mehr A" mit „weniger B" erkauft werden muss. In den 1970er-Jahren versuchte man, die Beschäftigung zu erhöhen, indem man die Staatsausgaben steigerte und auf einen Anstieg der Beschäftigung hoffte. Die Beschäftigung stieg und die Arbeitslosenquote sank, aber die Inflationsraten waren im Allgemeinen sehr hoch, selbst bei hohen Arbeitslosenquoten. Dieses Phänomen ist auch bekannt als:

Stagflation in den 1970er-Jahren

Stagflation ist eine Wortprägung, die *Stag*nation und In*flation* zusammenbringt. Stagnation bedeutet negatives Wirtschaftswachstum und damit eine relativ hohe Arbeitslosigkeit. Inflation bezeichnet den Anstieg des Preisniveaus von Konsumgütern. Diejenigen Ökonomen, die die Phillips-Kurve als mechanisches Modell interpretierten, hatten Probleme zu erklären, wie es möglich war, eine hohe Arbeitslosenquote und eine hohe Inflationsrate

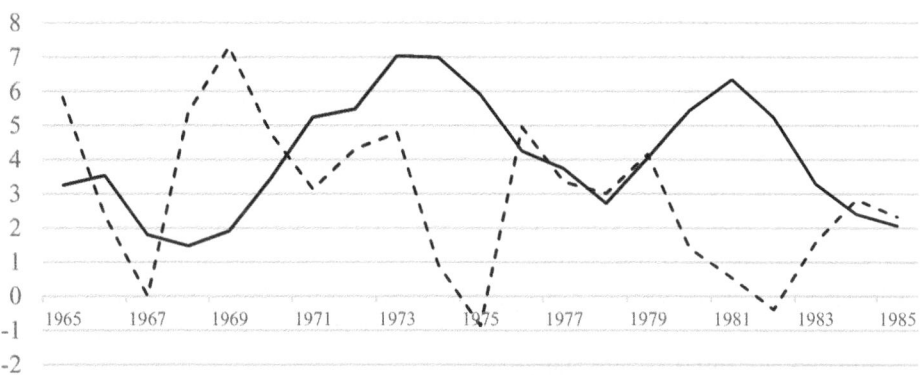

Abb. 11.6 Jährliches Wachstum des Konsumentenpreisindexes und des realen BIP in Deutschland, in Prozent. (*Quellen: University of Groningen and University of California, Davis, Real GDP at Constant National Prices for Germany [RGDPNADEA666NRUG] und OECD [DEUCPI-ALLMINMEI]*)

zur gleichen Zeit zu haben. Abb. 11.6 zeigt die Inflation (gestrichelt) und das reale BIP-Wachstum (durchgezogen) in den 1970er-Jahren. Von 1973–1975 und dann wieder 1979–1981 stieg die Inflation, während das reale BIP-Wachstum ins Stocken geriet. Auslöser waren Ölpreisschocks, durch die sich die Kosten in der Produktion stark nach oben veränderten. Dies ist eine empirische Beobachtung, die die Ökonomen seinerzeit beunruhigte. Sagte die Phillips-Kurve nicht, dass bei hohen Inflationsraten die Arbeitslosigkeit niedrig und/oder rückläufig sein würde?

Jimmy Carters Anti-Inflationsprogramm von 1978
Am 24. Oktober 1978 wendete sich der US-amerikanische Präsident Carter (1978) mit einer Rede an seine Nation. Er erklärte, dass hohe Inflationsraten ein Problem seien. Zwei Lösungen lehnte er dabei ab: ein kompliziertes System von Lohn- und Preiskontrollen und eine absichtliche Rezession, die Millionen von Menschen in die Arbeitslosigkeit treiben würde. Im Oktober 1978 betrug die Arbeitslosenquote in den USA 5,8 %. Nach den Zinssteigerungen der Zentralbank unter Paul Volcker betrug sie 10,8 % und die Inflationsrate sank, weil die Lohnabschlüsse deutlich schwächer ausfielen. Carter konnte sich also nicht durchsetzen: Massenarbeitslosigkeit wurde in Kauf genommen, um die Inflationsraten wieder zu reduzieren. Wesentlich war auch die Umstellung von Erdöl auf Erdgas in der Elektrizitätserzeugung.

Es scheint, dass die deutsche Wirtschaft in den 1970er-Jahren eine Wirtschaft war, in der die Gewerkschaften viel Macht hatten und selbst in Zeiten hoher Arbeitslosigkeit Lohnerhöhungen durchsetzen konnten. Die Unternehmen reagierten auf die höheren Kosten, indem sie die Preise für ihre Waren und Dienstleistungen anhoben, was zu einer Lohn-Preis-Spirale (oder Preis-Lohn-Spirale) führte. Die Ursache dafür war ein sozialer

Konflikt. Die Arbeitnehmer wollten nicht hinnehmen, dass durch höhere Energiepreise ihre Kaufkraft sinkt und so die Inflation den Nominallohnzuwachs übersteigt. Sie kümmerten sich wenig um die Arbeitslosenquote. Es ging ihnen um ihren Anteil an den Früchten der Produktion. Am Ende verloren die Arbeitnehmer den Machtkampf und der Anteil der Löhne am BIP brach ein. Die zunehmende Ungleichheit der Einkommen und Vermögen ist die Folge des Machtverlusts der Gewerkschaften, und viele Verbraucher verschulden sich, um ihren Lebensstil aufrechtzuerhalten. Die daraus resultierenden anhaltend niedrigen Inflationsraten des 21. Jahrhunderts haben zu der Frage geführt, ob die Phillips-Kurve „gebrochen" ist – aber es war von Anfang an eine wackelige Beziehung, wie Abb. 11.5 zeigt.

Asymmetrie von Inflation und Deflation
Obwohl Inflation und Deflation wie Gegensätze aussehen, gibt es eine gewisse Asymmetrie. Die meisten Volkswirtschaften sind in der Lage, mit einer hohen Inflation – z. B. zehn Prozent pro Jahr – über einen längeren Zeitraum hinweg zurechtzukommen, aber eine Deflation ist ziemlich bösartig. Eine Inflationsrate von minus zehn Prozent würde zu sehr großen Produktionsverlusten führen, da alles, was weniger als zehn Prozent Rendite abwirft, nicht mehr produziert wird. Investitionen, die bei einer Null-Inflation zehn Prozent Rendite bringen, würden bei einer zehnprozentigen Deflation so gut wie nichts einbringen. Da Unternehmen erst einkaufen, dann produzieren und erst später verkaufen, sind fallende Preise schädlich.

Oft ist die Inflation (oder Deflation) eher ein Symptom als eine Ursache für eine starke (schwache) Wirtschaft. Sie kann aber auch die folge von steigenden Importpreisen sein, z. B. im Bereich Energie. Dies kann, muss aber nicht mit einer Abwertung des Euros einhergehen. Wie wir in den ersten Kapiteln gesehen haben, spielt die gesamtwirtschaftliche Nachfrage eine wichtige Rolle bei der Bestimmung der Produktion. Wenn die Nachfrage hinter dem Angebot zurückbleibt, werden Anpassungsprozesse ausgelöst. Die beiden wichtigsten Optionen für Unternehmen sind Produktionskürzungen und Preissenkungen (oder eine Kombination aus beidem). In Zeiten der Deflation haben die Unternehmen finanzielle Probleme. Sie mussten die Produktion zunächst finanzieren und möglicherweise sind Schulden zu tilgen. Bei fallenden Preisen sinken auch die Einnahmen, sodass der Cashflow niedriger ausfällt als erwartet. Dies würde zu Problemen mit Banken und anderen Schuldnern führen. Unternehmen leisten Zinszahlungen aus dem Gewinn: kein Gewinn, keine Zinszahlung. Das bedeutet, dass die Gewinnrate (die Kapitalrendite) im Durchschnitt höher sein muss als die Zinsrate, wenn die Wirtschaft nicht in eine Phase dauerhafter finanzieller Schwierigkeiten geraten soll.

In guten Zeiten können Unternehmen auf Spekulations- und sogar Ponzi-Finanzierungen ausweichen und die finanziellen Probleme durch eine Erhöhung der externen Verschuldung in die Zukunft verlagern, aber irgendwann ist diese Möglichkeit nicht mehr gegeben. Es kommt zu einer Rezession oder Depression. Die Unternehmen können ihre externe Verschuldung nicht mehr wie während des Aufschwungs erhöhen. Aus diesem Grund wirkt die Deflation wie eine Produktionsbremse. Die Unternehmen müssen Vorleistungen kaufen, wenn die Preise hoch sind, und ihre Produktion verkaufen, wenn die Preise gefallen sind. Da sie Produktion und Lagerbestände finanzieren müssen, könnten sie gezwungen sein, mit Verlust zu arbeiten. Nicht zu produzieren könnte die einzige Lösung sein.

Gewinne mit Handel statt mit Produktion
Die Inflation schafft die entgegengesetzte Situation. Die Unternehmen kaufen ihre Vorleistungen, wenn die Preise niedrig sind. Sie verkaufen später, wenn die Preise hoch sind. Da die Preise der Vorleistungen mit dem allgemeinen Preisniveau steigen können, kann es für Unternehmen sogar rentabel sein, Vorleistungen wie Rohstoffe zu horten, anstatt zu produzieren. Das Unternehmen kann dann Gewinne erzielen, indem es als Händler für die Inputs auftritt. Dies ist besonders ausgeprägt, wenn die Vorleistungspreise schneller steigen als die Preise der vom Unternehmen produzierten Waren und Dienstleistungen. Für die Unternehmen ist es dann einfacher, Kredite zurückzuzahlen, denn die nominalen Einnahmen steigen mit dem Preisniveau. Die Inflation ist in Bezug auf die Verteilung nicht neutral. Unternehmen können in Zeiten hoher Inflationsraten so genannte Windfall-Profits (unerwartet hohe Gewinne) erzielen. Diese sind nicht verdient und die Politik kann beschließen, sie zu besteuern.

Unternehmen mit viel Marktmacht können auch in Zeiten erhöhter Inflation ihre Preise erhöhen, weil sie nicht befürchten müssen, dass die Konsumenten auf Konkurrenzprodukte umsteigen. So stiegen nach dem Corona-Jahr 2020 in den folgenden Jahren die Energiepreise, weil die Nachfrage nach Energie sehr unelastisch ist. Viele Unternehmen sind zwingend auf Energie angewiesen für ihre Produktion. Auch Arbeitnehmer, die zum Arbeitsplatz pendeln, haben teilweise keine adäquaten Alternativen. Hier sind dann steigende Inflationsraten das Symptom von steigenden Importpreisen. Die Nachfrage ist dabei dann nicht zwingend ein Grund für den Preisanstieg, gerade wenn im Bereich Energie Kartelle und Oligopole dominieren.

Nominallöhne und Inflation
Auch die Arbeitnehmer profitieren in der Regel von der Inflation, zumindest solange ihre Löhne im Einklang mit der Inflation steigen. In Bezug auf die Kaufkraft von Konsumgütern ändert sich nicht viel. Allerdings fällt es den Arbeitnehmern leichter, bestehende nominale Schulden zurückzuzahlen (z. B. Immobilienkredite), wenn sie höhere Löhne verdienen (was bei erhöhten Inflationsraten nicht automatisch der Fall sein muss). Wer ein Haus oder eine Wohnung gekauft hat finanziert mit einem Bankkredit, kann nun Schulden schneller zurückzahlen. Diese Gruppe profitiert eindeutig von einem Anstieg der Inflationsrate, bei dem die Löhne ebenfalls deutlicher steigen. Andererseits wird diese Gruppe bei einer Deflation härter getroffen. Wenn bei sinkendem Preisniveau die Nominallöhne sinken oder stagnieren, wird es schwieriger, bereits bestehende nominale Schulden zu bedienen. Diejenigen, die weder Vermögen noch Verbindlichkeiten haben, sind nicht betroffen – außer dass sie stärker von Arbeitslosigkeit bedroht sind.

Es ist auch möglich, dass sich die Wirtschaft in einer Situation befindet, in der die Preise steigen, die Löhne aber nicht. Oder die Löhne steigen und die Preise nicht (so schnell), wie in den 1960er-Jahren. In diesen Fällen ist die Einkommensverteilung betroffen, da die Kaufkraft der Arbeitnehmer entweder steigt oder sinkt. Die Unternehmen verkaufen an die Arbeitnehmer und sind daher auf deren Einkommen angewiesen. Langfristig können sich Löhne und Preisniveau nicht entkoppeln. Die Menschen können es sich nicht leisten, steigende Preise zu zahlen, wenn die Lohnzuwächse niedrig sind, und daher müssen die Unternehmen die Preisaufschläge nach unten anpassen, da sie sonst Umsatzeinbußen riskieren. Wenn die Löhne stark und die Preise schwach steigen, hindert nichts die Unternehmen daran, den Anstieg der Lohnkosten in höhere Preise umzuwandeln. Auch wenn es also zu Verteilungs- und Kaufkraftverschiebungen kommt, kann der Zusammenhang zwischen Preisen und Löhnen nicht völlig verloren gehen.

Inflation und Verteilung

Inflation kann auch das Ergebnis von Verteilungskonflikten sein. Wenn es den Arbeitnehmer gelingt, die Arbeitgeber zu einer Erhöhung der Nominallöhne zu bewegen, können sich die Unternehmen anschließend dafür entscheiden, den Kostenanstieg weiterzugeben. Wenn sie dies tun, steigen die Preise und die Arbeitnehmer sind frustriert. Der Anstieg der Nominallöhne wird durch den Anstieg der Preise neutralisiert. Die Kaufkraft des Reallohns (die Kaufkraft des Lohns) bleibt gleich. Die Arbeitnehmer können dann versuchen, ihre Lohnforderungen zu erhöhen und hoffen, dass sie beim nächsten Mal besser abschneiden. Die Löhne werden jedoch vereinbart, bevor die Unternehmen die Preise festlegen. Deshalb haben die Unternehmen mehr Macht als die Arbeitnehmer – sie können die Preise jederzeit anpassen, wenn ihr Stück vom Kuchen für sie nicht groß genug ist.

Das Ergebnis eines derartigen Verteilungskonflikts ist in der Regel eine Lohn-Preis-Spirale, in der Löhne und Preise zusammen wachsen. Diese Spirale kann nur durchbrochen werden, wenn die Unternehmen akzeptieren, den Lohnanstieg nicht auf die Preise zu übertragen, oder wenn die Arbeitnehmer ihre Lohnforderungen senken. Im ersten Fall haben die Unternehmen verloren, im zweiten Fall die Arbeitnehmer. Als es in den 1970er-Jahren in den USA zu dieser Art von Lohn-Preis-Spirale kam, war das Endergebnis eine Mäßigung der Lohnforderungen. Seitdem ist die Produktivität stärker gestiegen als die Löhne, und der Anteil des Volkseinkommens, der für Gewinne und Zinszahlungen aufgewendet wird, ist deutlich höher als zuvor.

Der schwedische Zentralbankpräsident tritt zurück
Im Dezember 1948 kam es in Schweden zu steigenden Inflationsraten. Die schwedischen Sozialdemokraten, welche die Regierung stellten, hatten die Staatsausgaben erhöht, um unter anderem Wohnungen für die Bevölkerung zu bauen. Ivar Rooth, der Präsident der schwedischen Zentralbank (Riksbank), riet der Regierung zu sinkenden Staatsausgaben und steigenden Zinsen. Dies hätte dazu geführt, dass das Wohnungsbauprogramm teurer geworden wäre und auch kleiner. Nach Druck der Regierung trat der Präsident der Riksbank zurück.

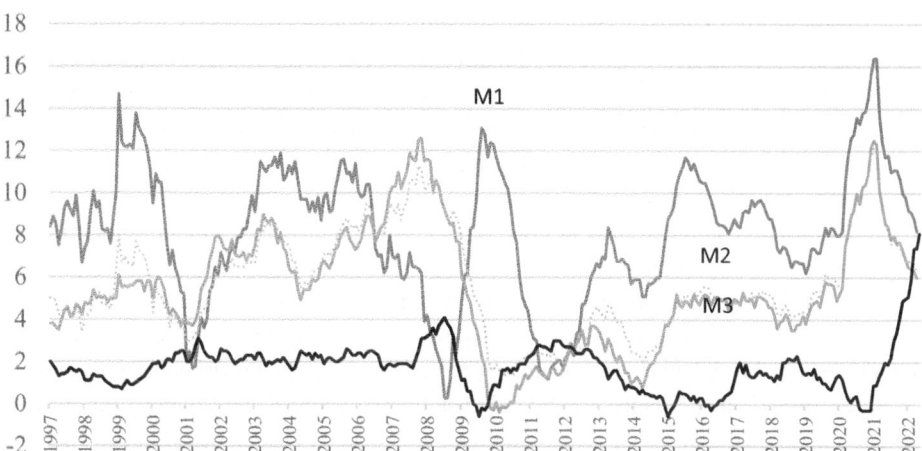

Abb. 11.7 Inflationsrate und jährliche Veränderungsraten der Geldmengenaggregate M1, M2 und M3, in Prozent. (*Quelle: OECD [DEUCPIALLMINMEI] und EZB*)

Die monetaristische Nicht-Theorie der Inflation

In den letzten Jahrzehnten war eine monetäre Theorie der Inflation recht populär. Wenn, so die Argumentation, die Geldmenge steigt, dann müssen sich die Preise an die neue, erhöhte Geldmenge anpassen. Ein Problem bei dieser Argumentation ist, dass „Geld" auf unterschiedliche Weise definiert werden kann und dass kein einziges Geldaggregat mit der Verbraucherpreisinflation über einen längeren Zeitraum korreliert. Abb. 11.7 dies wäre jedoch notwendig, um eine aussagekräftige Theorie der Inflation auf der Grundlage des Geldes zu erstellen. Ein weiteres Problem ist das Fehlen einer konkreten Theorie.

Eine Theorie als solche besteht aus zwei Fakten (A, X) und einem kausalen Zusammenhang (k). Wenn Fakt-A Fakt-X verursacht (k), haben wir eine richtige Erklärung. Das ist es, was eine Theorie tun sollte. In monetären Nicht-Theorien der Inflation gibt es jedoch keinen klar definierten kausalen Zusammenhang k. Wodurch wird ein Anstieg der Geldmenge in einen Anstieg des Preisniveaus umgewandelt? Diese Frage scheint einfach zu sein, aber die Realität ist kompliziert und nicht so einfach, wie es vielleicht auf den ersten Blick scheint. Zusammen mit den empirischen Belegen aus Kap. 4 können wir die monetären Nicht-Theorien der Inflation wegen mangelnder theoretischer Kohärenz und fehlender empirischer Evidenz verwerfen.

11.3 Stabilisierung des Preisniveaus

Wir sollten nicht erwarten, dass zwei Inflationsepisoden identisch sind. Preisveränderungen haben unterschiedliche Ursachen, und das bedeutet, dass keine Politikmaßnahme allein in der Lage ist, das Preisniveau zu stabilisieren. Insofern ist es nicht hilfreich, der Zentralbank das alleinige Mandat für die Preisstabilität zu übertragen. Sie kann weder private noch staatliche Preise direkt beeinflussen. Eigentlich hat eine Zentralbank nur den Leitzins als Instrument. Nach der Theorie des Inflationsziels führt eine Zinserhöhung dazu, dass weniger private Investitionen getätigt werden, denn die höheren Zinskosten vermindern den Gewinn. Einige Projekte werden dann nicht mehr rentabel sein, was die Arbeitslosigkeit erhöht. Allerdings ist diese Logik angreifbar. Was hindert die Unternehmen daran, die steigenden Zinskosten über höhere Preise an die Konsumenten weiterzugeben?

Es überrascht also nicht, dass in Folge von Zinserhöhungen die Inflationsraten in den folgenden 3–4 Jahren meist weiter steigen. Dies gilt für Deutschland und die Eurozone genauso wie für die USA und andere Länder. Was die Zentralbank bezweckt, kommt meist erst etwas später: eine Rezession. Diese soll den Anstieg der Löhne und Preise reduzieren, indem zusätzliche Arbeitslosigkeit erzeugt wird. Die Verteilungswirkung ist problematisch: die zusätzlichen Arbeitssuchenden konsumieren weniger und sollen so für zurückgehende Inflationsraten sorgen. Dazu kommen die sozialen Kosten der erhöhten Arbeitslosigkeit. Eine derartige Geldpolitik mit Inflationsziel ist heute sehr umstritten. Zu den Zinserhöhungen gibt es wirtschaftspolitische Alternativen.

Alternativen zum Inflationsziel
Um die Inflationsrate zu senken, könnte es sinnvoll sein, das Angebot und/oder den Wettbewerb zu erhöhen, wenn Knappheit die Preise in die Höhe treibt. Sind IT-Spezialisten knapp und treiben ihre Löhne die lokalen Immobilienpreise in die Höhe? Eine Lösung wäre, mehr IT-Studiengänge an Universitäten und anderen höheren Bildungseinrichtungen einzurichten. Eine andere wäre, die Gebühren für Studenten zu senken, Studiendarlehen zu erlassen oder Studierende während ihrer Zeit an der Hochschule zu subventionieren. Steigen die Preise für Medikamente ins Unermessliche? Der Staat könnte versuchen, die Preise zu regulieren, den Unternehmen Anreize zur Produktionssteigerung zu geben oder die Marktregeln zu reformieren, um den Wettbewerb zu erhöhen. Wenn das nicht funktioniert, kann der Staat direkt eingreifen und entweder selbst Güter und Dienstleistungen anbieten oder private Unternehmen aufkaufen, um sie in öffentliche Unternehmen umzuwandeln. Private Monopole können in öffentliche Monopole umgewandelt werden, wobei niedrigere Preise die finanzielle Belastung der Verbraucher auffangen.

Sind steigende Energiepreise das Problem, so gibt es nur sehr begrenzte Lösungsmöglichkeiten. Eine Substitution der Importe durch einheimische Energie wäre die beste Lösung, allerdings ist dies kurzfristig nur schwer umzusetzen. Eine Absenkung des Energieverbrauchs wäre auf jeden Fall sinnvoll, allerdings ist diese Lösung wohl meist unterdimensioniert für die Größe des Problems. Sollten die steigenden Energiepreise im Ausland gemacht werden, kann ein Land mit der Wirtschaftspolitik wenig dagegen ausrichten. Allerdings können die besonders schwer betroffenen Bürgern durch staatliche Eingriffe unterstützt werden. So führte die Bundesregierung im Juni 2022 das deutschlandweit gültige 9 €-Ticket für den ÖPNV ein, um den Pendlern eine Alternative zu bieten. Da Deutschland viele Rohstoffe importiert, ist Preisstabilität nur schwer zu erreichen, wenn Rohstoffpreise und/oder Energiepreise dauerhaft schneller steigen als die einheimischen Preise. Dies ist die Kehrseite des deutschen Exportmodells.

Schlussfolgerung

Im Sommer 2023 sieht es so aus, als würden die Energiepreise wieder auf das Niveau sinken, welches sie zuletzt 2019 vor der Pandemie hatten. Die erhöhten Inflationsraten der letzten zwei Jahre waren also ein Symptom von steigenden Importpreisen für Energie. Die Geldpolitik des Inflationsziels (*engl.*: inflation-targeting) war dementsprechend umstritten. Höhere Zinsen sollten die privaten Investitionen reduzieren, um so die Nachfrage nach Gütern und Arbeitskräften zu reduzieren. Sinkendes Lohnwachstum würde dann genauso zu sinkenden Preissteigerungen führen wie die geringere Nachfrage. Allerdings sind in der Eurozone die privaten Investitionen relativ stabil geblieben. Die Unternehmen sehen eine hohe Nachfrage im Bereich Elektroautos und auch in anderen Branchen. Sie werden weiter investieren, denn wenn sie es nicht tun, können sie keine zusätzlichen Gewinne machen. Die höheren Zinskosten werden sie einfach mit höheren Preisen an die Konsumenten weitergeben.

Die Entwicklung der Investitionen in Grundstücke und Bauten hingegen ist erwartungsgemäß eingebrochen. Die meisten Käufer haben beim Kauf eine Geldsumme im Hinterkopf, die sie in den nächsten Jahrzehnten sparen werden und die der Tilgung des Immobilienkredits dient. Wer sich vornimmt, 300.000 € zu sparen kann entsprechend einen Kredit über 300.000 € aufnehmen – allerdings inklusive Tilgung. Bei einem Nullzins stünde die gesamte Kreditsumme für den Hauskauf zur Verfügung. Ist der Zins hingegen positiv, so muss ein Teil der Ersparnis dazu aufgewandt werden, den Zins an die Bank zu zahlen. Es steht nicht mehr die volle Kreditsumme zur Verfügung bzw. diese würde geringer ausfallen. Von daher ist es zu erwarten, dass steigende Zinsen kurzfristig zu geringeren Immobilienpreisen führen. Damit sinken auch die Erwartungen, mit dem Bau oder Kauf von Immobilien Gewinne erzielen zu können – zumindest in der kurzen Frist. Die steigende Arbeitslosigkeit kann die Gesamtnachfrage reduzieren, sodass die Unternehmen weniger Güter und Dienstleistungen absetzen. Ob dies sie allerdings zwingt, ihre Preise oder das Preiswachstum zu reduzieren, ist offen. In industriellen Gesellschaften sinken die Kosten, wenn mehr produziert, da die Fixkosten auf mehr Güter umgelegt werden können. Tendenziell könnte also ein Rückgang der Produktion, induziert durch einen Rückgang der Nachfrage, preistreibend wirken.

Eine Alternative zur „Bekämpfung" der Inflation durch Geldpolitik der Zentralbank ist der Einsatz von gezielten Staatsausgaben (Ehnts und Plattner 2022, S. 58 ff.). Der Staat kann z. B. die staatlichen Löhne und Preise jedes Jahr in Höhe des Inflationsziels der EZB (gegenwärtig zwei Prozent) ansteigen lassen. Er kann auch Steuern reduzieren, um so Preise zu reduzieren und die Inflation zu dämpfen. Dies allerdings löst das angebotsseitige Problem nicht – den Anstieg der Preise der Energieimporte. Dazu müsste der Staat entweder aktiv eigene Energieerzeugung aufbauen oder private Unternehmen unterstützen durch Subventionen, Kredite oder Steuererleichterungen. Aufgrund der strategischen Bedeutung wäre es für Deutschland sicherlich sinnvoll, die Energieerzeugung in staatlicher Hand aufzubauen. Die sozial-ökologische Transformation bedeutet sehr viel Unsicherheit und private Unternehmen sind sicherlich froh, wenn der Staat langfristige Investitionen im Energiebereich unternimmt. Eine derartige Industriepolitik ist momentan im Entstehen begriffen. Der Chip Act in der EU z. B. hat zum Ziel, den Anteil der EU am Weltmarkt für Chips auszuweiten. Dies könnte auch für nachhaltige Energieerzeugung überlegt werden.

Eine weitere Komplikation der aktuellen Geldpolitik besteht in der Instabilität im Bankensystem. Bei steigenden Zinsen sinken die Preise der Staatsanleihen. Banken wie die Silicon Valley Bank, die im Winter 2023 geschlossen wurde, können damit Probleme bekommen, wenn sie ihre Staatsanleihen nach dem Marktwert in der Bilanz führen. Die resultierende Neubewertung sorgt für weniger Eigenkapital, eine Insolvenz droht. Wenn steigende Zinsen aber zu Instabilitäten im Finanzsystem führen, dann haben die Zentralbanken ein Problem. Sie sollen ja als Wächter der Finanzstabilität fungieren und nicht als Auslöser von Banken- und Finanzkrisen. Eine Neubewertung der Geldpolitik des Inflationsziels scheint aktuell angezeigt. Zentralbanken haben historisch gesehen immer die Rolle als Bank der Banken angenommen mit der Funktion eines „lender of last resort" (Kreditgeber der letzten Hand), welcher das Bankensystem vor dem Ruin rettet. Zudem fungierten sie als Hausbank des Staates und sorgten dafür, dass dieser seine Zahlungen zuverlässig abwickeln konnte. Vielleicht wären Zentralbanken gut beraten, sich zukünftig wieder auf ihre Kernfunktionen zu konzentrieren.

Zusammenfassung

- Änderungen der Löhne und des Konsumentenpreisniveaus verändern die Kaufkraft von Arbeitnehmern und von Personen, die von anderen Einkommensquellen abhängig sind.
- Der Verbraucherpreisindex (VPI) erfasst Veränderungen der Preise für Konsumgüter, die für die meisten Menschen am wichtigsten sind.
- Automatische Stabilisatoren dämpfen die Veränderungen des Preisniveaus.
- Das Preisniveau hängt sehr stark von den Löhnen ab, die der Staat zahlt, da ihm das Geld nicht ausgehen kann. Steigen die Löhne im privaten Sektor schneller als der Staat, führt dies zu Konkursen, da die Gewinne nicht genug steigen, um die höheren Löhne zu rechtfertigen.
- Änderungen der Lohnstückkosten korrelieren eng mit der Inflationsrate. Die Inflation ist hoch, wenn die Löhne schneller steigen als die Produktivität.
- Die Wechselkurse spielen bei der Inflation keine große Rolle.
- Der Ölpreis scheint einen Einfluss auf den handelsgewichteten Wechselkurs des US-Dollars zu haben, der sinkt, wenn der Ölpreis steigt. Dies muss nicht unbedingt zu einer Inflation führen, könnte es aber.

- Die Stagflation in den 1970er-Jahren lässt sich durch Lohn-Preis-Spiralen erklären. Der Anstieg des Ölpreises löste höhere Löhne aus, die von starken Gewerkschaften durchgesetzt werden konnten. Die Unternehmen reagierten mit Preiserhöhungen – Inflation war die Folge.
- Letztlich wurde die Macht der Gewerkschaften durch die hohe Arbeitslosigkeit, die durch die hohen Zinsen verursacht wurde, gebrochen. Die Löhne wuchsen schwächer, die Lohn-Preis-Spirale wurde durchbrochen – auf Kosten der Arbeitnehmer, die an Kaufkraft verloren.
- Die Phillips-Kurve, die davon ausgeht, dass bei hohen Beschäftigungsraten die Löhne und damit die Inflation stärker steigen, lässt sich empirisch nicht belegen.
- Rein monetäre Erklärungen für die Inflation sind ebenfalls empirisch nicht haltbar.
- Die Inflation kann durch eine Vielzahl von Maßnahmen bekämpft werden, von der Verstärkung des Wettbewerbs zwischen den Unternehmen über die Einstellung zusätzlicher Arbeitskräfte in Bereichen, in denen Engpässe bestehen, bis hin zur Reregulierung von Märkten, in denen die Preise von Monopolisten oder Oligopolisten festgelegt werden.
- Das Preisniveau kann stabilisiert werden, indem die Regierung die Preise und Löhne, die sie selbst festlegt, mit Blick auf die Inflation festlegt. Eine Jobgarantie würde weiterhelfen, da sie einen weiteren automatischen Stabilisator darstellt. ◄

Fragen

1. Was ist der Verbraucherpreisindex (VPI)?
2. Warum ist Preisstabilität wichtig?
3. Welcher Zusammenhang besteht zwischen den Löhnen im öffentlichen Sektor und dem Preisniveau?
4. Welcher Zusammenhang besteht zwischen den Lohnstückkosten und dem Preisniveau?
5. Warum ist der private Sektor nicht in der Lage, langfristig Durchschnittslöhne zu bestimmen (siehe Levey 2021)?
6. Welcher Zusammenhang besteht zwischen dem Wechselkurs und dem Preisniveau?
7. Welcher Zusammenhang besteht zwischen dem Ölpreis und dem Preisniveau?
8. Welcher Zusammenhang besteht zwischen der Arbeitslosenquote und dem Preisniveau?
9. Wie lässt sich Stagflation erklären?
10. Wie kann eine Regierung die Inflationsrate senken?
11. Was ist eine Arbeitsplatzgarantie und wie würde sie das Preisniveau stabilisieren?

Übungen

1. Erläutern Sie, was in Bezug auf die Verteilung passiert, wenn die Verbraucherpreise schneller steigen als die Löhne. Denken Sie an die Verschuldung der Arbeitnehmer.
2. Erläutern Sie die Rolle des Staates bei der Festlegung von Löhnen und Preisen.
3. Fassen Sie den Einfluss der Nominallöhne, der Lohnstückkosten, des Ölpreises und des handelsgewichteten Wechselkurses des US-Dollars auf die Inflationsrate zusammen.
4. Erörtern Sie die empirischen Belege für die Annahme, dass eine Erhöhung des Geldangebots zu einem Anstieg des Preisniveaus führt.

Literatur

Afonso, António und Pedro Gomes (2008), Interactions between Private and Public Wages, ECB working paper 971, https://www.ecb.europa.eu/pub/pdf/scpwps/ecbwp971.pdf, abgerufen am 31.3.2023

BLS (2020), *Handbook of Methods: Consumer Price Index*, https://www.bls.gov/opub/hom/cpi/, abgerufen am 31.3.2023

Carter, Jimmy (1978), Anti-Inflation Program, 24, *Vital Speeches of the Day* 45 (3), S. 66–69

Ehnts, Dirk und Jonas Plattner (2022), Die Eurozone und die Weltwirtschaft – Geld und Ressourcen, *Vierteljahrshefte zur Wirtschaftsforschung* 2/2022, S. 51–70

Holtfrerich, Carl-Ludwig (1980), *Die deutsche Inflation 1914–1923: Ursachen und Folgen in internationaler Perspektive*, Berlin: De Gruyter

Levey, Sam (2021), Modeling Monopoly Money: Government as the Source of the Price Level and Unemployment, Levy Economics Institute Working Paper 992

Mosler, Warren und Phil Armstrong (2020), Weimar Republic Hyperinflation through a Modern Monetary Theory Lens, http://mosleconomics.com/wp-content/uploads/2020/11/Weimar-Republic-Hyperinflation-through-a-Modern-Monetary-Theory-Lens.pdf, abgerufen am 31.3.2023

Rangnitz, Joachim (2022), Gewinninflation und Inflationsgewinner, https://www.ifo.de/publikationen/2022/monographie-autorenschaft/gewinninflation-und-inflationsgewinner-aktualisierung, abgerufen am 31.3.2023

Sensch, Jürgen (2015). histat – Datenkompilation online: Löhne und Gehälter (Indizes) in Deutschland 1913/14 bis 2006. GESIS Datenarchiv, Köln. ZA8614 Datenfile Version 1.0.0, https://doi.org/10.4232/1.12403, abgerufen am 31.3.2023

Wirtschaftswoche (2018), Ferrari macht 69.000 Euro Gewinn pro Auto, https://www.wiwo.de/unternehmen/auto/studie-ferrari-macht-69-000-euro-gewinn-pro-auto/22889008.html, abgerufen am 31.3.2023

Ausblick 12

Zusammenfassung

Im 21. Jahrhundert stehen Deutschland, die Eurozone und die Weltwirtschaft vor großen Herausforderungen. Damit Klimaneutralität und Nachhaltigkeit die Grundlage wirtschaftlicher Aktivität bilden. müssen Institutionen reformiert, die wirtschafts-politischen Instrumente überdacht und neu ausgerichtet werden. Die Bürger müssen im Einklang mit der Natur mit grundlegenden Gütern und Dienstleistungen versorgt werden. Dass dies ohne Rückkehr zur zentralen Rolle des Staates bei der Organisation der Privat-wirtschaft geschehen kann, steht nicht zu erwarten. Vor uns liegen spannende Zeiten!

Im 21. Jahrhundert tritt die Nachhaltigkeit unserer Wirtschaftsweise als dritte Komponente neben Vollbeschäftigung und Preisstabilität und wird zum übergeordneten Maßstab wirtschaftspolitischen Handelns. Zudem müssen wir mit den Folgen Corona-Pandemie umzugehen lernen. Gleichzeitig wird die steigende Ungleichheit der Einkommen und Vermögen zur Zerreißprobe für demokratische Gesellschaften. 2021 stiegen die Gehälter der DAX-Manager um durchschnittlich 24,0 %.[1] Für weite Teile der Mittelschicht dagegen ist der Erwerb von Immobilien nicht mehr möglich, das Einkommenswachstum hat mit den Preisen für Häuser und Wohnungen nicht mitgehalten, was einerseits an exorbitanten Preissteigerungen im Immobilienmarkt andererseits an zu geringen Lohnzuwächsen über einen langen Zeitraum liegt. Warum aber hat die Ungleichheit im Unterschied zu früher derart zugenommen?

Ausschlaggebend ist die Wirtschaftspolitik. Das Paradigma des *trickle-down-growth*, der vermeintlich wachstumserhöhenden Steuersenkungen, hat nicht die versprochenen Ergebnisse geliefert. Steuersenkungen haben nicht zu mehr Investitionen geführt, sondern

---

[1]Vgl. https://www.dsw-info.de/presse/pressekonferenzen-2022/dsw-vorstandsverguetungsstudie-2022/.

nur die Gewinne der Wohlhabenden erhöht. Auch der Erfolg von Privatisierungen blieb aus, weil aus öffentlichen Monopolen private Monopole wurden und damit eine Steigerung der Produktivität nicht verbunden war. (Dabei wurden die Privatisierungen auch damit begründet, dass der Staat generell nicht genügend Geld hätte). Politische Regeln wie die Defizitgrenzen des Stabilitäts- und Wachstumspaktes der EURO-Staaten sowie nationale Schuldenbremsen haben dazu geführt, dass die öffentlichen Investitionen der letzten Jahrzehnte sehr niedrig ausgefallen sind. Dies gilt für Deutschland und die Eurozone, aus anderen Gründen aber auch für Großbritannien und die USA.

12.1   Deutschland

Die Geldpolitik als vermeintlich zentrales Steuerungsinstrument der Wirtschaft, hat trotz einer sehr langen Nullzinsphase permanente Massenarbeitslosigkeit in der Eurozone nicht verhindern können. Die Arbeitslosenrate lag hier nie unter 6 %, was im internationalen Vergleich sehr hoch ist.[2]

Nach der Theorie des Inflationsziels soll die Zentralbank das Ziel der Preisstabilität erreichen, indem sie die Leitzinsen bzw. zwei bis drei wichtige Zinssätze so steuern würde, dass Preisstabilität resultieren würde. In Zeiten hoher Auslastung und Inflation sollen dieser Theorie zufolge hohe Zinsen durch Verteuerung von Krediten die private Investitionstätigkeit reduzieren, was einerseits zu weniger Nachfrage nach Arbeit und damit weniger Lohndruck und andererseits zu einer geringeren Nachfrage nach Gütern und Dienstleistungen führen soll, um Unternehmen von Preiserhöhungen abzuhalten oder sogar einen Preiswettbewerb zu entfachen.

In wirtschaftlichen Schwächephasen sollen Niedrig- und Nullzinsen dazu führen, die private Investitionstätigkeit anzuregen und die Preisentwicklung wieder in Richtung Inflation zu drehen Die 2010er-Jahre haben allerdings gezeigt, dass dieser Mechanismus nicht zu funktionieren scheint. Niedrige Kreditkosten alleine führen offenbar nicht zum Anspringen der Konjunktur. Eher scheint die Erwartung steigender Nachfrage der wesentliche Auslöser für private Investitionen zu sein, die wiederum ihrerseits gesamtwirtschaftlich zu steigender Nachfrage führen. Alles kommt daher darauf an, steigende Nachfrage zu schaffen, was als gesteuerte Wirtschaftspolitik alleine über eine Erhöhung der Staatsausgaben funktioniert. Aus logischer Sicht scheinen hier die Staatsausgaben das bedeutendere Instrument der makroökonomischen Steuerung zu sein. Wie Abb. 12.1 zeigt, sind in den 2010er-Jahren die Staatsausgaben der Bundesregierung deutlich schneller gestiegen als in den 1990er- und 2000er-Jahren. Die Wirtschaftspolitik in Deutschland besteht also aus einer aktiven expansiven Fiskalpolitik und einer begleitenden Geldpolitik, welche den Zins bis 2022 niedrig gehalten hat. Insbesondere die Covid-19-Pandemie hätten wir ohne höhere Staatsausgaben

---

[2] Arbeitslosigkeitsraten lassen sich allerdings international nur schwer vergleichen, weil die Statistiken national unterschiedlich sind.

Abb. 12.1 Staatsausgaben auf Bundesebene (schwarz) und Wachstumsrate des BIP (grau), Deutschland. (*Quelle: Eurostat (CLVMNACSCAB1GQDE) und IWF (NCGGSAXDCDEQ)*)

nicht so gut überstanden – die Arbeitslosigkeitsrate sprang nicht auf einen zweistelligen Wert, so wie es in den USA der Fall war.

Zudem sorgte die EZB seit 2012 dafür, dass die nationalen Regierungen der Eurozone keine Probleme hatten, ihr jeweiliges Zentralbankkonto wieder auf null zu bringen. Die EZB nutzte *quantitative easing* und dann die Ankaufprogramme dazu, die Nachfrage nach Staatsanleihen nicht abreißen zu lassen. Wie alle anderen Zentralbanken sorgte sie damit für Handlungsfähigkeit ihrer Regierungen (mit der Ausnahme Griechenlands bis 2020). Diese mussten nicht mehr befürchten, dass Spekulanten ihre Staatsanleihen massenhaft abstoßen und somit die Nachfrage am Primärmarkt auf null treiben würden. Dies hätte als Resultat einer falsch verstandenen Geldpolitik zu einer Zahlungsunfähigkeit der Regierungen geführt.

Der Nullzins und die steigenden Staatsausgaben auf Bundesebene haben allerdings nicht ausgereicht, um den Aufschwung zu stützen. So fiel Deutschland Ende 2019 wieder in eine Rezession. Schuld waren wohl die automatischen Stabilisatoren. Die gute wirtschaftliche Lage Mitte der 2010er-Jahre hatte zu permanenten fiskalischen Überschüssen des Staates geführt. Das reicht aus, um dem privaten Sektor derart viel Kaufkraft zu entziehen, dass die Gesamtnachfrage nicht mehr ausreicht, um das Gesamtangebot zu absorbieren.[3] So kam es wohl zur Rezession. Wenn dies so war, sollten wir darüber

---

[3] Das ist ein bisschen wie Monopoly spielen mit einer Regel, dass Spieler, die über LOS ziehen, Geld an die Bank abgeben müssen statt von ihr welches zu bekommen. Derartige Regeln gibt es beim *Modern Money Monopoly*, welche hier zu finden sind: http://neweconomicperspectives.org/2014/02/introducing-modern-money-monopoly-mmm.html.

nachdenken, wie wir die automatischen Stabilisatoren umbauen können. Es macht Sinn, dass höhere Steuerzahlungen bei stärkerem Wachstum die Konjunktur abdämpfen. Es macht aber keinen Sinn, wenn sie eine Rezession auslösen. Schließlich waren die 2010er-Jahre weder von Vollbeschäftigung noch von erhöhten Inflationsraten geprägt. Die Zahnlosigkeit der Zinssätze und Alternativen für eine effektivere Geldpolitik werden seit einigen Jahren stärker diskutiert (Mosler und Silipo 2017).

In der Corona-Pandemie kam es dann 2020 zu *lockdowns* und Beschränkungen. Dabei wurde die Bundesregierung aktiv, um die Wirtschaft zu stabilisieren. Sie zahlte vielen Arbeitnehmern Kurzarbeitergeld und die Kreditanstalt für Wiederaufbau sollte „unbegrenzte Kredite" gewähren, um die Wirtschaft am Laufen zu halten.[4] Der Stabilitäts- und Wachstumspakt war ausgesetzt, sodass nach EU-Jargon „exzessive" Defizite des Staates nicht mehr bestraft wurden bzw. zurückgeführt werden mussten. Das deutsche Haushaltsdefizit betrug 2020 189 Mrd. €, da die Ausgaben um 12,1 % stiegen und die Steuereinnahmen um 3,5 % sanken.[5] Die Energie- und Rohstoffpreise brachen ein, der Ölpreis notierte teilweise im April 2020 negativen Bereich.

Erst ab Mai 2021 kam es zu einer Erholung der Energie- und Rohstoffpreise. Mit diesen stiegen auch die Inflationsraten weltweit, wenn auch unterschiedlich. In Deutschland sind bisher die Arbeitnehmer die großen Verlierer, die Kaufkraft der Löhne hat rapide abgenommen. Schuld sind natürlich die gestiegenen Energie- und Rohstoffpreise. Der Anstieg der Inflationsrate ist ein Symptom. Da seit der zweiten Jahreshälfte 2022 die Energie- und Rohstoffpreise tendenziell wieder fallen, ist eine Abschwächung der Inflation in den nächsten Monaten (Jahreswechsel 203/24) eher wahrscheinlich. Da allerdings viele Unternehmen die Preise erhöht haben, obwohl es keine entsprechende Kostensteigerung gab, ist es alles andere als sicher, dass die Preise wieder auf das jeweilige Vorkrisenniveau zurückkehren (ifo Institut 2022).

In den USA hingegen steigen die Löhne in einigen Sektoren stärker als die Preise, hier sieht die Reallohnentwicklung anders aus. Weder Zentralbanken noch die Geschäftsbanken sahen den Anstieg der Inflation kommen. Die Zinsen wurden relativ spät angezogen. Es bleibt abzuwarten, ob diese Maßnahme die Wirtschaft abkühlt und so die Inflation senkt oder über eine Erhöhung der Staatsausgaben aufgrund der nun höheren Zinsen an die Besitzer der Staatsanleihen die Inflation sogar weiter ansteigt. Theoretisch ist ja nun mehr Kaufkraft im Kreislauf, und wenn die Empfänger der zusätzlichen Zinseinkommen einen Teil des Geldes für Konsumgüter ausgeben, dann könnte die höhere Nachfrage inflationär wirken. Allerdings hat diese Logik – mehr Nachfrage, mehr Inflation – zuletzt in der Realität nicht gegriffen. Fast alle Unternehmen können auf eine erhöhte Nachfrage mit einer Produktionsausweitung reagieren. Kurzfristig können sie die Auslastung hochfahren und langfristig neue Produktionsanlagen bauen.

Zentral für die Inflationsrate ist die Entwicklung der Energiepreise. Diese werden von Aramco (Erdöl) in Saudi-Arabien und von Gazprom (Erdgas) in Moskau bestimmt, wobei

---

[4] Vgl. https://www.tagesschau.de/wirtschaft/coronakrise-wirtschaft-101.html.
[5] Vgl. https://www.destatis.de/DE/Presse/Pressemitteilungen/2021/04/PD21_169_711.html.

es sich um Kartelle bzw. Oligopole handelt. Hier werden die Preise gesetzt, um die Profite zu maximieren. Es kann lohnend sein, das Angebot zu reduzieren, um den Preis hochzuhalten. Die Energiepreise sind also nicht das Ergebnis von Angebot und Nachfrage, sondern werden durch künstliche Angebotsverknappung im Rahmen von Kartellen und Oligopolen bestimmt. Ein Einbruch der Nachfrage kann, muss aber nicht zu einer Verringerung der Energiepreise führen.

Für die zukünftige Inflationsrate in Deutschland ist relevant, ob die Lohnsteigerungen zukünftig ein höheres Niveau erreichen. Steigen die Löhne stärker, dann wird wohl auch die Inflationsrate tendenziell höher ausfallen. Ebenso relevant ist die Frage, ob die Unternehmen ihre Preise erhöhen. Dies hat wieder etwas mit Marktmacht zu tun. Während eine Lohn-Preis-Spirale im Spätsommer 2022 nicht abzusehen ist, gibt es durchaus Anzeichen für eine Profit-Preis-Spirale (Weber 2023). So wird seit Monaten eine Übergewinnsteuer diskutiert. Zudem hat die Bundesregierung es in der Hand, durch eigene Preisveränderungen die Inflationsrate nach unten zu drücken. Das 9-Euro-Ticket und der Tankrabatt haben so im Sommer 2022 kurzfristig die Inflationsrate reduziert. Die Bundesregierung überlässt also die Bekämpfung der erhöhten Inflationsraten nicht der Europäischen Zentralbank, sondern wird selber aktiv.

Die Entscheidung, die Staatsausgaben auf Bundesebene im Jahr 2023 um zehn Prozent zu reduzieren, trägt allerdings das Potenzial in sich, eine erhöhte Arbeitslosigkeit zu erzeugen.[6] Damit droht eine Stagflation, die Mischung aus Stagnation (Rückgang des BIP) und Inflation. Diese Bedrohung wird auch deswegen gewichtiger, weil die Handelsbilanzüberschüsse durch die steigenden Rohstoff- und Energiepreise zurückgegangen sind. Konnten in den letzten Jahrzehnten der private Sektor in Deutschland vor allem deswegen sparen, weil mehr exportiert als importiert wurde, sieht es für die Zukunft nicht mehr so rosig aus. Bei einer ausgeglichenen Handelsbilanz wären private Überschüsse nur in Verbindung mit staatlichen Defiziten möglich. Da die privaten finanziellen Nettoersparnisse vor der Pandemie bei 6–8 % des BIP lagen, wären ebenso hohe staatliche Defizite notwendig. Diese sind aber weder mit der nationalen Schuldenbremse noch mit den Regeln des Stabilitäts- und Wachstumspaktes kompatibel. Ende September hat der Gaspreisdeckel die Lage wohl stabilisiert – nun können die Haushalte mehr Geld für Nicht-Energie-Güter ausgeben und damit die gesamtwirtschaftliche Nachfrage stärken.

In Bezug auf die Ungleichheit steht Deutschland vor der Frage, wie mit den steigenden Immobilienpreisen und den steigenden Mieten umgegangen werden soll. Die Knappheit von Wohnraum ist eine wesentliche Ursache. In Berlin war 2019 der Volksentscheid *Deutsche Wohnen enteignen* erfolgreich, wird aber von der Berliner Politik nicht umgesetzt. Im September 2022 sprach sich die IG Bau für die Teilverstaatlichung von Deutschlands börsennotierten Wohnungskonzernen wie Vonovia und LEG aus. Höhere Zinsen könnten in den nächsten Jahren wohl dazu führen, dass die Immobilienpreise sinken. Dies würde die Problematik bei den Preisen etwas entschärfen, wobei das Problem der Knappheit von Wohn-

---

[6]Vgl. https://www.bundesfinanzministerium.de/Monatsberichte/2022/07/Inhalte/Kapitel-2b-Schlaglicht/2b-bundeshaushalt-2023.html.

raum wohl verschärft werden. Wenn weiterhin keine adäquaten Marktlösungen existieren, dann wird die Politik wohl selbst (mehr) kommunalen Wohnungsbau betreiben müssen.

Die wichtigste Frage für die nächsten Jahre ist wohl die der Bekämpfung des Klimawandels und die Anpassung an dessen Folgen. Zukünftig sollten Geld und Ressourcen zusammen gedacht werden, denn jede Ausgabe hat Konsequenzen für die Nutzung von Rohstoffen, Energie und Arbeitskräften. Dabei gilt das Prinzip der Opportunitätskosten – alles kann nur einmal verwendet werden, und was in die Produktion von *A* einfließt steht für die Produktion von *B* nicht mehr zur Verfügung. Wir müssen uns als Gesellschaft entscheiden, welche Ressourcen wir nachhaltig nutzen können und wie. Alle wirtschaftspolitischen Entscheidungen sollten vor diesem Hintergrund analysiert werden. Vollbeschäftigung und Preisstabilität sind als makroökonomische Nebenziele zu verstehen, die sich unabhängig von der Frage des Ressourceneinsatzes erreichen lassen (Ehnts und Höfgen 2020).

12.2 Deutschland in der Eurozone

Auch auf europäischer Ebene sind die 2020er-Jahre geprägt von der Ausnahmesituation Corona-Pandemie. Im März 2020 beschloss die EZB das *Pandemic Emergency Purchase Programme*, kurz danach wurde der Stabilitäts- und Wachstumspakt aktuell bis Ende 2023 ausgesetzt. Dadurch können die nationalen Regierungen der Eurozone ihre Staatsausgaben an gesellschaftlichen Defiziten statt an fiskalischen ausrichten. Die Arbeitslosigkeit in der Eurozone ist durch die gestiegenen Staatsausgaben mit 6,6 % so niedrig wie nie zuvor in der Geschichte der Eurozone. Allerdings ist dieser Wert absolut betrachtet immer noch hoch. In der Bundesrepublik Deutschland lag die Arbeitslosenquote Ende der 1960er-Jahre bei unter einem Prozent. Im heutigen Japan liegt sie bei unter drei Prozent.

Allerdings tritt die EZB seit Mitte 2022 auf die Zinsbremse. Zinssteigerungen sollen die erhöhten Inflationsraten in Richtung des Inflationsziels von zwei Prozent reduzieren. Wie das genau funktionieren soll ist allerdings unklar. Die erhöhten Inflationsraten sind unbestritten ein Angebotsphänomen. Gestiegene Energiepreise schlagen sich in erhöhten Inflationsraten nieder, die daher nur eine statistische Folge sind. Die EZB hat aber kein Instrument, um die Energiepreise direkt zu beeinflussen. Der US-Ökonom Olivier Blanchard schrieb dazu auf Twitter:[7]

> „When inflation comes from overheating, convincing workers that the economy needs to slow down, and that unemployment has to increase to control inflation, is hard but at least the logic can be explained."

Die Idee von einigen Ökonomen ist also, dass höhere Zinsen die privaten Investitionen reduzieren. Dadurch würde dann die Arbeitslosigkeit steigen. Es würden weniger Güter und

---

[7] https://twitter.com/ojblanchard1/status/1550375189816410112.

Dienstleistungen nachgefragt und die resultierende höhere Arbeitslosigkeit sollte dann das Lohnwachstum reduzieren. Das Problem mit dieser Strategie ist, dass sie die Ursache der höheren Inflationsraten nicht angeht. Es ist auch unklar, ob höhere Zinsen dazu führen, dass die Preise von Gütern und Dienstleistungen tatsächlich sinken. Auf theoretischer Ebene kann eingewendet werden, dass höhere Kosten – und dazu gehören auch Zinskosten – normalerweise zu höheren Preisen führen. Unternehmen investieren, wenn sie der Meinung sind, dass diese Investitionen profitabel sind. Sie können einfach ihre Preise erhöhen, wenn ihre Kreditkosten steigen. Dieser kurzfristige Effekt überdeckt wahrscheinlich die Effekte einer erhöhten Arbeitslosigkeit – sofern diese überhaupt eintreten. Zudem führen geringere Investitionen zu einem zukünftig verringerten Angebot an Gütern und Dienstleistungen, was wiederum inflationär wirken sollte.

Ein expansiver Effekt ist die Ausweitung der Zinszahlungen des Staates. Höhere Zinsen führen dazu, dass neue Staatsanleihen höher verzinst sind, denn sonst würden die Banken sie nicht kaufen. Sie können Reserven in der Einlagefazilität verzinsen lassen und müssen durch einen höheren Zins dazu bewegt werden, ihre Reserven in Staatsanleihen zu investieren. Damit steigen die Zahlungen des Staats an die Haushalte und Unternehmen, was expansiv wirkt, selbst wenn die Empfänger der Zinszahlungen vielleicht nur wenig von ihren zusätzlichen Einkommen ausgeben.

Eine Studie des DIW (Ider et al. 2022) hingegen kommt zu dem Ergebnis, dass höhere Zinsen die Inflation reduzieren würden: „Grund ist, dass Zinserhöhung den Euro aufwerten lässt und damit die Preise für in Dollar gehandelten Ölprodukte senkt".[8] Ende September 2022 sieht es nicht so aus, also ob sich diese Vorhersage bewahrheiten würden. Das Problem ist wohl, dass momentan fast alle Zentralbanken ihre Zinsen erhöhen. Eine Veränderung des Wechselkurses des Euro ist unwahrscheinlich, wenn die Zinsen anderswo genauso schnell oder schneller steigen. Zusätzlich kann es sein, dass der US-Dollar in der Krise aufwertet, weil er als Weltreservewährung einen *safe haven* bietet.[9] Ob höhere Zinsen über den Wechselkurs tatsächlich Einfluss auf die Inflation haben, ist daher fraglich. Für die Preisentwicklung sind wohl eher andere Einflussgrößen wie automatische Stabilisatoren, Energiepreise, Lohnwachstum und Preissetzungsmacht der Unternehmen verantwortlich.

Das *Pandemic Emergency Purchase Program* (PEPP) der EZB wurde inzwischen durch das *Transmission Protection Instrument* (TPI) ersetzt, wobei es eine zeitliche Lücke gab. Das TPI soll die Preise der Staatsanleihen angleichen. Die EZB schreibt dazu:[10]

---

[8] Vgl. https://www.diw.de/de/diw_01.c.838539.de/publikationen/wochenberichte/2022_14_1/ezb_kann_kraftstoff-_und_heizkosten_mit_zinserhoehung_senken__riskiert_aber_wirtschaftliche_erholung.html.

[9] Was auch immer passiert: mit dem US-Dollar lässt sich bis heute auf internationalen Märkten Erdöl kaufen. Dies ist eine attraktive Eigenschaft in Krisenzeiten. Alle andere Währung müssen dafür erst in US-Dollar getauscht werden, was ein Wechselkursrisiko beinhaltet.

[10] Vgl. https://www.ecb.europa.eu/press/pr/date/2022/html/ecb.pr220721~973e6e7273.en.html, eigene Übersetzung.

„Vorbehaltlich der Erfüllung festgelegter Kriterien wird das Eurosystem in der Lage sein, am Sekundärmarkt Wertpapiere zu kaufen, die in Ländern begeben wurden, in denen sich die Finanzierungsbedingungen verschlechtert haben, was durch die länderspezifischen Fundamentaldaten nicht gerechtfertigt ist, um den Risiken für den Transmissionsmechanismus im erforderlichen Umfang entgegenzuwirken. Der Umfang der TPI-Käufe würde von der Schwere der Risiken für die geldpolitische Transmission abhängen. Die Ankäufe sind nicht ex ante beschränkt".

Der Vorschlag eines Europäischen Solidaritätsmechanismus
Eine dauerhafte Lösung der Probleme mit schwankenden Preisen wäre der Europäische Solidaritätsmechanismus. Bei dieser Politikmaßnahme verspricht die EZB, alle Staatsanleihen der nationalen Regierungen der Eurozone jederzeit unbegrenzt aufzukaufen. Dadurch würden schlagartig alle Anleihenpreise stabilisiert, die Verzinsungen würden nicht mehr auseinanderlaufen, denn es gäbe dann kein Ausfallrisiko mehr. De facto betreibt die EZB seit 2012 eine solche Politik, nur bis 2020 nicht für Griechenland. Es wäre sinnvoll, die Unterstützung der EZB von dem Einfluss der Politik zu isolieren, um die Eurozone zu stabilisieren. Die Spekulanten würden aus dem Spiel genommen.

Bisher hat das TPI funktioniert, ein Auseinanderlaufen der Verzinsungen (Renditen) der Staatsanleihen der Eurozone wurde verhindert. Die Höhe der Staatsausgaben ist aber immer noch abhängig von den Fiskalregeln. Diese legen fest, ob es „exzessive Defizite" gibt und wie hoch diese sein sollen. Eine Reform der europäischen Fiskalregeln ist schon seit 2020 angedacht. Angedacht sind eine Anpassung der Regeln an die jeweiligen Länder, ein Abschied von der Methodologie der sog. Output-Lücken („output gaps"), mehr Zeit zu Erreichung von Zielen und weniger Sanktionen – es wird sich zeigen, welche Ideen sich am Ende durchsetzen.

Die Kampagne gegen Output-Lücken („output gaps")
Adam Tooze (2019) startete eine Kampagne gegen Output-Lücken, so wie sie von der EU-Kommission berechnet werden. Was ist eine Output-Lücke? Eine Volkswirtschaft läuft fast nie mit maximaler Auslastung. Der Unterschied zwischen der aktuellen Auslastung und der potenziellen Vollauslastung wird als Output-Lücke bezeichnet. Deren Berechnung ist ein Buch mit sieben Siegeln, während hingegen mit der Arbeitslosenrate ein relativ einfacher Indikator bereitstünde. Die Output-Lücken sind wichtig, weil die EU bei großen Output-Lücken den Ländern höhere Staatsausgaben zugesteht als bei niedrigen. Da die Berechnungen der EU teilweise sehr merkwürdig waren, gibt es den Verdacht, dass hier hinter den Kulissen Politik gemacht wurde.

Auch Ideen wie eine Jobgarantie, ein Green New Deal und Vollbeschäftigungsziele wären möglich, sind aber anscheinend noch nicht mehrheitsfähig (Ehnts und Paetz 2021). Dabei wird die Eurozone seit Bestehen von zu geringen Staatsausgaben geplagt und genau hier müsste eine Reform der Eurozone entsprechend ansetzen. Die allerdings kann nur gelingen, wenn die falsche Bezeichnung einer „Transferunion" entkräftigt wird (Beretta und Neuberger 2022). Es geht um eine Transformation, die an den Resultaten gemessen werden soll (Göpel 2020).

12.3   Deutschland und Eurozone in der Weltwirtschaft

Die Probleme mit der Energieversorgung in Deutschland und der Eurozone gehen auf steigende Energiepreise zurück, aber auch auf die Invasion Russlands in der Ukraine. Die hohen Inflationsraten sind ein Symptom. Da die Löhne nicht mitsteigen, zumindest nicht während diese Zeilen geschrieben werden, haben wir in der Eurozone einen beispiellosen Verlust an realer Kaufkraft zu verzeichnen (Abb. 12.2). Zwei Alternative gibt es nun für die Wirtschaftspolitik: entweder wird versucht, die Inflation zu reduzieren, oder die Löhne müssen stärker steigen. Der letztere Fall droht in eine Lohn-Preis-Spirale zu führen. Folglich wäre es besser, durch gezielte staatliche Eingriffe wie einen Gaspreisdeckel einen weiteren Anstieg der Inflation zu verhindern (Dullien und Weber 2022). Andere Maßnahmen wie das 9-Euro-Ticket für den ÖPNV könnten Teil der Strategie sein, die sozialen Härten der gestiegenen Preise zu vermeiden.

Einige Länder haben Staatsanleihen in US-Dollar oder Euro, sind aber keine Geldschöpfer in diesen Währungen. Dies bedeutet, dass die nationalen Regierungen Währungsnutzer sind und entsprechend ein Ausfallrisiko für diese Anleihen existiert. Bei steigen-

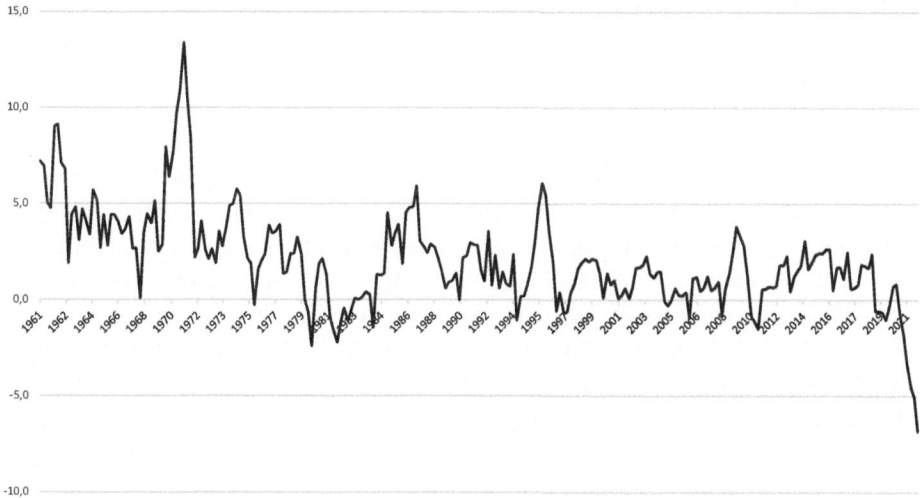

Abb. 12.2 Veränderung des Stundenlohns in der deutschen Industrie abzüglich der Inflationsrate, in Prozent. (*Quelle: OECD (LCWRMN01 und DEUCPIALLMINMEI)*)

den Zinsen wird es irgendwann für einige Regierungen schwierig, die dann höheren Zinszahlungen zu leisten. Sie werden auch Probleme bekommen, neue Staatsanleihen in US-Dollar zu verkaufen, um fällige Staatsanleihen abzulösen. Der IWF springt häufig ein, wobei es Kredite nur gegen Reformen gibt, die meist in Richtung Schwächung der Gewerkschaften und Deregulierung zielen. Länder wie China haben daher (durch andauernde Exportüberschüsse mit den USA) Devisenreserven in Höhe von Hunderten Milliarden US-Dollar aufgebaut und Verschuldung in US-Dollar verhindert. Andere Länder wie Sri Lanka haben das nicht und bekommen nun Probleme mit der Versorgung mit Nahrungsmitteln.

Interessant ist auch die Entwicklung des Welthandels. Bekommt die deutsche Automobilindustrie in diesem Jahrzehnt Konkurrenz von chinesischen Firmen, die mit guten und günstigen Elektroautos den Markt erobern? Adam Smith schrieb 1776 in seinem „Der Reichtum der Nationen" am Ende des ersten Kapitels:

> „It is the great multiplication of the productions of all the different arts, in consequence of the division of labour, which occasions, in a well-governed society, that universal opulence which extends itself to the lowest ranks of the people."

Der Reichtum einer Nation bemisst sich also nach Adam Smith nicht in Gold, wie es damals die Merkantilisten behaupteten oder in Devisen, so wie es etwas moderner wäre, sondern in der Bereitstellung von Konsumgütern für die gesamte Gesellschaft. Der Reichtum der Deutschen hängt daher davon ab, wie viele Konsumgüter sie herstellen können. Die Sektoren mit einer hohen Produktivität zahlen auch hohe Löhne. Der Reichtum Deutschlands basiert aktuell vor allem auf Automobilindustrie und Maschinenbau. Das Wirtschaftsmodell des Exportweltmeisters ist allerdings anfällig für Krisen in der Weltwirtschaft, z. B. sog. Schocks der *supply chains* wie die *lock-downs* in China (Kaczmarczyk 2022). Es beruht zudem darauf, dem Ausland mehr zu verkaufen, als wie aus dem Ausland kaufen. Das ist kein nachhaltig erfolgreiches Rezept für eine große Volkswirtschaft (Nölke 2020). Früher oder später wird es bei den Handelspartnern in der Eurozone und außerhalb zu Problemen mit den steigenden Nettoschulden kommen.

Schlussfolgerung
Feinig (2022) beschreibt in seinem Buch das *monetary silencing* als politische Praxis, den Wähler Entscheidungen über die Funktionsweise des Geldsystems vorzuenthalten. Seit dem *New Deal* werden Veränderungen am Geldsystem nur noch von den politischen Eliten, nicht aber von der Öffentlichkeit diskutiert. Diese Praxis hat dazu beigetragen, dass die heutigen Institutionen und wirtschaftspolitischen Instrumente in großen Teilen als veraltet erscheinen. Kaum jemand glaubt noch ernsthaft, dass Zentralbanken die Inflation geschweige denn die Wirtschaft steuern können. Nullzinsen haben keine höheren Inflationsraten hervorgerufen, und die jetzigen steigenden Zinsen scheinen auch keinen wesentlichen Einfluss auf die Inflationsrate zu haben. Die Spatzen pfeifen von den Dächern, dass einige Probleme nur dadurch gelöst werden können, dass mehr Geld ausgegeben wird. Mit

Geld werden Ressourcen bewegt, und brachliegende Ressourcen können mit mehr Geld gemeinwohlfördend eingesetzt werden Mazzucato (2022).

Kelton (2021) beschreibt für die USA Möglichkeiten, die Wirtschaft stärker an gesellschaftlichen Zielen auszurichten als an Staatsschuldenquote oder fiskalischen Defiziten. Auch für Deutschland und die Eurozone scheint es so, dass einige Probleme mit den alten Theorien nicht mehr zu bewältigen sind. Die Bundesregierung begegnete daher 2022 den steigenden Energiepreisen und den hohen Inflationsraten mit Fiskalpolitik (Preisdeckel, 9-Euro-Ticket, Tankrabatt) und 2020 die Pandemie mit Lohnfortzahlungen für Arbeitskräfte in privaten Unternehmen. Die heutige erhöhte Inflationsrate wird sicherlich nicht durch steigende Zinsen der EZB reduziert werden, sondern eher durch fallende Energiepreise und hoffentlich das Ende des Kriegs zwischen Russland und der Ukraine.
Sollten die Energiepreise langfristig hoch bleiben, dann würde auch die deutsche Industrie unter Druck geraten (Ehnts und Plattner 2022). Ohne Exportüberschüsse geriete das ganze deutsche Wirtschaftsmodell ins Wanken, denn dann würden die Ersparnis der Haushalte und der Unternehmen wieder mit fiskalischen Defiziten des Staates einhergehen. Diese Konstellation wird aber durch den Stabilitäts- und Wachstumspakt, den Europäischen Fiskalpakt und die Schuldenbremse ausgebremst – ein Umbau der Institutionen wäre wohl mittelfristig erforderlich. Durch das teurere Flüssiggas wird wohl mindestens ein Schatten auf die deutsche Industrie fallen. Da die Ökonomik keine Kristallkugel ist, müssen wir abwarten, welche Folgen sich einstellen werden.
Wir stehen als Gesellschaften vor elementaren Weichenstellungen, wie wir die Ungleichheit der Einkommen und Vermögen wieder unter Kontrolle bringen können, da sonst unsere Demokratien zunehmend unter Druck geraten. Auch beim Klimawandel wäre es notwendig, eine andere Rolle für Staat und Privatwirtschafts zu finden (Mazzucato 2021). Inzwischen betreiben die USA und auch die EU wieder eine Industriepolitik, um sicherzustellen, dass auch die Zukunftsindustrien sich in diesen Gebieten ansiedeln. Die richtige Balance zwischen Versorgung der Menschen und Sicherung der Nachhaltigkeit wird gesucht (Raworth 2018). Dieser Suchprozess wird uns die nächsten Jahrzehnte beschäftigen. Dieses Buch soll bei der Analyse der Realität und der Auswahl der richtigen makroökonomischen Instrumente helfen. Auch wenn wir alle zum Zuschauen verdammt sind, so haben wir dennoch durch die demokratischen Institutionen das Heft des Handelns in der Hand. Ob wir dabei zu den Vereinigten Staaten von Europa werden wollen oder nicht müssen wir quasi nebenher auch noch entscheiden (Piketty et al. 2017).

Zusammenfassung

- Die Theorie des Inflationsziels gerät immer mehr unter Druck; Nullzinsen haben nicht zu signifikant höherer Inflation geführt und steigende Zinsen scheinen nicht unbedingt kausal sein für eventuell zukünftig sinkende Inflationsraten.
- Die EZB agiert immer deutlicher als *dealer of last resort* und sorgt durch den Ankauf von Staatsanleihen dafür, dass die Anleihenpreise stabil bleiben und damit auch

der Verkauf von neuen Staatsanleihen problemlos funktioniert, was den nationalen Regierungen erlaubt, ihre Staatsausgaben unabhängig von der Höhe von Staatsverschuldung, Zins und Wachstumsraten zu tätigen.

- Die nationalen Regierungen nutzen Fiskalpolitik zur Inflationsbekämpfung, u. a. mit dem Wirtschaftsstabilisierungsfonds.
- Interessant wird die Beobachtung der Reaktionen auf die steigenden Zinsen sein: führen diese wirklich zu geringen Investitionen und damit mehr Arbeitslosigkeit und weniger Lohndruck? Und wertet der Euro gegenüber den anderen Währungen auf oder nicht? Sollte der US-Dollar weiter aufwerten, könnte das die Exportnachfrage in Deutschland ankurbeln und gegebenenfalls auch die Inflation.
- Ebenfalls interessant ist das das neue *Transmission Protection Instrument* der EZB, welches bisher nicht eingesetzt wurde. Wie könnte es in Zukunft gestaltet sein, um ein Auseinanderdriften der Eurozone zu verhindern?
- Als letztes ist die Entwicklung der Weltwirtschaft interessant, gerade in Bezug auf das Modell des Exportweltmeisters. Wird ein Leistungsbilanzüberschuss dauerhaft erreicht werden? Wenn nicht, wäre höhere staatliche Defizite vorprogrammiert und damit eine grundlegende Reform der Fiskalregeln der Eurozone.
- Die Makroökonomik ist so stark in Bewegung wie seit Jahrzehnten nicht mehr. Veränderungen stehen auf vielen Ebenen an, damit die Gesellschaften mit den heutigen Problemen fertig werden können. ◄

Fragen

1. Die EZB wollte im Herbst 2022 mit steigenden Zinsen die privaten Investitionen abschwächen und den Wechselkurs drücken – was ist bis heute daraus geworden?
2. Wie haben sich die Energiepreise bis heute entwickelt und welche Maßnahmen – Ausbau des Energieangebots, energetische Sanierungen, etc. – haben dazu beigetragen?
3. Norwegen als Exporteur von Gas und Öl hat 2022 sehr hohe Exportüberschüsse verzeichnet. Wie haben die Veränderungen der relativen Preise von Energie und Nicht-Energie in den letzten Jahren Einkommen zwischen Ländern umverteilt?
4. Was ist aus dem *Transmission Protection Instrument* der EZB geworden?
5. Wie haben sich die Reallöhne in Deutschland in den letzten Jahren entwickelt?
6. Wie ist die Debatte um die Reform der europäischen Fiskalregeln bzw. ein Euro Treasury (fiscal capacity) verlaufen? Was sind/waren die Argumente?
7. Gibt es eine öffentliche Debatte über Fragen des Geldsystems?

Übungen

1. Wie sollte die EZB künftig ihren Zins setzen? Sollte sie ihn weiterhin variieren? Oder vielleicht auf null oder zwei Prozent (Inflationsziel) permanent festsetzen?

2. Wie könnte zukünftig die Rolle der EZB ausgestaltet werden, um die dauerhafte Liquidität und Solvenz der nationalen Regierungen der Eurozone zu sichern?

3. Welche Maßnahmen könnten einen Zinswettlauf nach oben der Zentralbanken verhindern und damit für eine Koordination sorgen?

4. Wie können zukünftig die Staatsausgaben in der Eurozone erhöht werden, um das Ziel Vollbeschäftigung wieder in Angriff nehmen zu können?

5. Wie lässt sich die Inflationsrate in Richtung Inflationsziel stabilisieren? Ist das gerade ein Thema und wenn ja, welche Vorschläge werden diskutiert?

6. Wie kann der Klimawandel aufgehalten werden? Wie sieht die Geldschöpfung dahinter aus (privat/staatlich)?

7. Wie hat sich die Ungleichheit entwickelt und welche Bestrebungen gibt es, die Einkommen und Vermögen gleicher zu gestalten?

Literatur

Beretta, Edoardo und Doris Neuberger (2022), Narrative Ökonomik: Europa als „Transferunion" oder „Risikogemeinschaft"? Eine empirische Analyse, Forum for a New Economy working papers 05/2022

Dullien, Sebastian und Isabella Weber (2022), Mit einem Gaspreisdeckel die Inflation bremsen, *Wirtschaftsdienst* 102(3), S. 154–155

Ehnts, Dirk und Maurice Höfgen (2020), Eine fiskalische Theorie der Stabilisierung der Wirtschaft, Ökonomenstimme, https://www.oekonomenstimme.org/artikel/2020/04/eine-fiskalische-theorie-der-stabilisierung-der-wirtschaft/, abgerufen am 31.3.2023

Ehnts, Dirk und Michael Paetz (2021), COVID-19 and its economic consequences for the Euro Area, *Eurasian Economic Review* 11, S. 227–249

Ehnts, Dirk und Jonas Plattner (2022), Die Eurozone und die Weltwirtschaft – Geld und Ressourcen, *Vierteljahrshefte zur Wirtschaftsforschung* 91(2), S. 51–70

Feinig, Jakob (2022), *Moral Economies of Money: Politics and the Monetary Constitution of Society*, Stanford: Stanford University Press

ifo Institut (2022), Unternehmen in Handel, Bau und Landwirtschaft nutzten Inflation, um Gewinne zu steigern, Pressemitteilung vom 13. Dezember 2022, https://www.ifo.de/pressemitteilung/2022-12-13/unternehmen-handel-bau-und-landwirtschaft-nutzten-inflation-um-gewinne, abgerufen am 31.3.2023

Göpel, Maja (2020), *Unsere Welt neu denken: Eine Einladung*, Berlin: Ullstein

Ider, Gökhan, Alexander Kriwoluzky und Frederik Kurcz (2022), EZB kann Kraftstoff- und Heizkosten mit Zinserhöhung senken, riskiert aber wirtschaftliche Erholung, DIW Wochenbericht 14/2022, S. 220–225

Kaczmarczyk, Patrick (2022), *Kampf der Nationen: Wie der wirtschaftliche Wettbewerb unsere Zukunft zerstört*, Frankfurt: Westend

Kelton, Stephanie (2021), *Der Defizit-Mythos: Die Modern Monetary Theory und die Gestaltung einer besseren Wirtschaft*, Berlin: lola books

Mazzucato, Mariana (2021), *Mission: Auf dem Weg zu einer neuen Wirtschaft*, Frankfurt: Campus Verlag

Mazzucato, Mariana (2022), Rethinking the social contract between the state and business: A new approach to industrial strategy with conditionalities. UCL Institute for Innovation and Public

Purpose, Policy note no.002, https://www.ucl.ac.uk/bartlett/public-purpose/pn-002, abgerufen am 1.12.2022

Mosler, Warren und Damiano B. Silipo (2017), Maximizing price stability in a monetary economy, *Journal of Policy Modeling* 39(2), S. 272–289

Nölke, Andreas (2020), *Exportismus: Die deutsche Droge*, Frankfurt: Westend

Piketty, Thomas, Stéphanie Hennette, Guillaume Sacriste und Antoine Vauchez (2017), *Für ein anderes Europa: Vertrag zur Demokratisierung der Eurozone*, München: C.H.Beck

Raworth, Kate (2018), *Die Donut-Ökonomie: Endlich ein Wirtschaftsmodell, das den Planeten nicht zerstört*, München: Carl Hanser

Tooze, Adam (2019), Output gap nonsense, Social Europe, 30. April 2019, https://socialeurope.eu/output-gap-nonsense, abgerufen am 1.3.2023

Weber, Isabella (2023), Das Gespenst der Inflation: Wie China der Schocktherapie entkam, Berlin: Suhrkamp

The manufacturer's authorised representative in the EU is Springer
Nature Customer Service Centre GmbH, Europaplatz 3, 69115 Heidelberg,
Germany. If you have any concerns regarding our products, please
contact ProductSafety@springernature.com

Printed and bound by CPI Group (UK) Ltd, Croydon, CR0 4YY
24/04/2026
02096351-0015